Michael Lapsley
mit Stephen Karakashian
Mit den Narben der Apartheid

Michaels Leben ist eine faszinierende Metapher… ein Fremder, der in unser Land kam und eine grundlegende Verwandlung durchlebte. Sein Leben spiegelt die Komplexität der vielen langen Reisen und Kämpfe unseres Volkes wider.

Nelson Mandela

Das Leben von Pater Lapsley ist ein konkretes Zeichen der Hoffnung. Man wagt es aus Respekt vor seinen Leiden, kaum zu sagen: Aber durch seine brutale Verletzung und Verstümmlung in Folge eines Briefbombenanschlags auf ihn, ist er in besonderer Weise hinein genommen worden in die Sehnsucht der Menschheit nach Heilung und Versöhnung.

Dr. Stephan Ackermann, Bischof von Trier,
Vorsitzender der Deutschen Kommission Justitia et Pax

In seiner Biografie beschreibt Michael Lapsley, dass es Menschen leichter fällt, sich ihm mit ihren Schmerzen, die manches Mal gar nicht sichtbar sind, anzuvertrauen, eben weil seine Verletzungen so sichtbar sind.

Margot Käßmann

Die Botschaft Jesu von der Vergebung hat Michael Lapsley dazu befähigt, den Hass mit Liebe zu überwinden. Er hat – wie Hildegard von Bingen es ausdrückt – seine Wunden in Perlen verwandelt. Gerade als der verwundete Heiler vermag er nun die Verletzungen vieler Menschen zu heilen.

Anselm Grün

Michael Lapsley und seine Mitarbeiter versuchen, die Schmerzen der Folter zu heilen, sogar den Schmerz darüber, beide Hände verloren zu haben. Sie wollen eine kollektive Heilung für Individuen und ganze Gemeinschaften erreichen, die von der Geschichte betrogen wurden. Ihre Arbeit in Südafrika, Neuseeland und an vielen anderen Orten der Welt ist absolut vorbildlich.

Rev. Dr. Makhenkesi Arnold Stofile,
Botschafter der Republik Südafrika in Deutschland

… ein inspirierendes und leuchtendes Buch, das überzeugend zum persönlichen Zugehen auf den nächsten Menschen aufruft. Und auch zu Vergebung und Versöhnung. In Europa, in Afrika, überall auf der Welt!

Jean-Claude Juncker, ehem. Premierminister von Luxemburg

Durch die persönliche Begegnung mit diesem charismatischen Mann … werden sicherlich viele Menschen Kraft und Inspiration finden und sich mit der eigenen, sowie der kollektiven Vergangenheit in positiver Weise auseinandersetzen.

Arabella Kiesbauer

[Seine] zutiefst humane, vergebende und versöhnliche Grundhaltung verdankt Südafrika Persönlichkeiten wie Nelson Mandela, Bischof Desmond Tutu oder Pater Michael Lapsley, dem Autor dieser ergreifenden Lebensgeschichte. ... Durch [seine] schmerzhafte Erfahrung entwickelte er sich vom Freiheitskämpfer zum Heiler für viele Menschen Südafrikas, die durch die Apartheid traumatisiert worden waren.

Prof. Manfred Nowak, ehem. UN- Sonderberichterstatter über Folter

Eine einzigartig lebendige und wunderbare Erzählung.

Nadine Gordimer

Ich glaube, dieses Buch kann Menschen aus allen Gesellschaftsschichten begeistern, die die Bösartigkeit und Ungerechtigkeit in der Welt besiegen wollen – einzeln oder gemeinsam.

Danny Glover

Ein wunderbares Zeugnis dessen, was der Glaube möglich macht.

Rowan Williams, ehem. Erzbischof von Canterbury

Mit trockener Selbst-Ironie vermittelt Lapsley seinen Lesern die emotionale und packende Geschichte eines Priesters, seiner Prothesen und seines Versprechens, sich (mit den Worten der Heiligen Theresia von Ávila) ganz in Jesus Hände zu geben.

Publishers' Weekly

Michael Lapsley
mit Stephen Karakashian

Mit den Narben der Apartheid

Vom Kampf für die Freiheit zum Heilen traumatischer Erinnerungen

Mit einem Vorwort von Desmond Tutu

Übersetzung aus dem Englischen von
Hélène Rybol und Dieter Rybol

Verlag Barbara Budrich
Opladen • Berlin • Toronto 2014

Bibliografische Information der Deutschen Nationalbibliothek
Die Deutsche Nationalbibliothek verzeichnet diese Publikation in der Deutschen Nationalbibliografie; detaillierte bibliografische Daten sind im Internet über http://dnb.d-nb.de abrufbar.

Gedruckt auf säurefreiem und alterungsbeständigem Papier.

www.budrich-verlag.de

ISBN 978-3-8474-0171-1 (Paperback)
eISBN 978-3-8474-0443-9 (eBook)

Übersetzung: Hélène Rybol und Dieter Rybol, Luxemburg – www.helenerybol.com
Umschlaggestaltung: Bettina Lehfeldt, Kleinmachnow – www.lehfeldtgraphic.de
Lektorat und Satz: Judith Henning, Hamburg – www.buchfinken.com
Druck: Friedrich Pustet, Regensburg
Printed in Germany

Inhalt

Vorwort ... VII
Einleitung ... IX
Danksagung ... XIII

Teil I
Die Briefbombe und ihre Folgen ... 1

1 Der Anschlag ... 3
2 Genesung ... 13
3 Behinderung – Versehrtheit als Realität ... 23

Teil II
Freiheitskämpfer ... 33

4 Von Haus aus gläubig ... 35
5 Gespaltenes Südafrika ... 49
6 Glaubenskrise ... 63
7 Lesotho – ein Leben im Exil ... 71
8 Simbabwe – nur der Kampf zählt ... 89

Teil III
Die Wandlung zum Heiler ... 103

9 Die Rückkehr nach Südafrika – auf der Suche nach einer neuen Identität ... 105
10 Eingriff in die Zwangsläufigkeit der Geschichte ... 121
11 Wahrheit, Amnestie und Entschädigung ... 139
12 Täuschend einfach ... 163
13 Die Gründung des Institute for Healing of Memories ... 173
14 Kuba ... 183

Teil IV

Eine weltweite Mission ... 189

15 Ruanda und der Völkermord ... 191
16 Australiens gestohlene Generation ... 205
17 Simbabwe – Schrecken ohne Ende ... 213
18 Folter ... 225
19 Das Heilen der Erinnerungen in den USA ... 233
20 Pedro, ein Guerillakämpfer für den Frieden ... 243
21 Mit Mut und Hoffnung in die Zukunft ... 247

Vorwort

Erzbischof emeritus Desmond Tutu

Ich kenne Pater Michael Lapsley, seit er nach seiner Verbannung aus Südafrika Ende 1976 zum ersten Mal nach Lesotho kam. Es herrschten damals schwere Zeiten, denn wir litten alle unter der brutalen Knute der Apartheid. Obwohl er noch ein junger Priester war, erhob er unerschrocken seine Stimme gegen die Unterdrückung und wurde zur Belohnung dafür des Landes verwiesen. Anstatt nach Hause ins sichere Neuseeland zurückzukehren, ging er nach Lesotho, wo ich damals Bischof war. Dort setzte er den Freiheitskampf entschlossen fort und trat in der ganzen Welt für Freiheit und Gerechtigkeit in Südafrika ein. 1990, als er in Simbabwe lebte, forderte sein Engagement einen hohen Preis: Ihm wurde eine Briefbombe zugeschickt, die ihn schwer verletzte. Nachdem er sich von seinen Verletzungen erholt hatte, kehrte er nach Südafrika zurück, wo ich ihm eine Stelle als Priester in meiner Diözese anbot, der anglikanischen Diözese von Kapstadt. Dieses Amt übt er zu meiner Freude noch heute aus.

Vor etwas mehr als einem Jahr, am zwanzigsten Jahrestag des Briefbombenanschlags, konnte ich zu meiner großen Freude den Dankgottesdienst in der St.-Georgs-Kathedrale in Kapstadt abhalten. Wir dankten dafür, dass Pater Michael überlebt hat, und würdigten seine Arbeit, die er mit dem von ihm gegründeten *Institute for Healing of Memories* (Institut für das Heilen von Erinnerungen) vollbringt und dessen Förderung mir eine Ehre ist. Ich hatte schon seit geraumer Zeit gehofft, dass er seinen Lebensweg im Dienste des Herrn schriftlich festhalten würde, und bin nun hocherfreut, dass man mich darum gebeten hat, dafür dieses Vorwort zu verfassen.

Seit dem Anschlag betätigt sich Pater Michael als herausragender Fürsprecher für Heilung und Versöhnung, sowohl in Südafrika als auch in anderen zerrissenen Regionen der Welt. Er ist in der Tat ein Weltbürger geworden, und ich habe seine Arbeit mit zunehmender Bewunderung und Ehrfurcht verfolgt. Obwohl er körperlich gebrochen wurde, ist er der vollkommenste Mensch, den ich kenne, im wahrsten Sinne ein verwundeter Heiler. Seine Erinnerungen werden seine Botschaft vielen Menschen in der ganzen Welt näherbringen und dem Institut neue Tätigkeitsfelder erschließen – ein Segen für alle.

Einleitung

Die Geschichte Südafrikas ist eine Parabel für eine Welt, die sich nach Hoffnung sehnt. Nach langem, erbittertem Kampf brach ein System zusammen, dessen Verfassung Rassismus institutionalisierte. Die Apartheid fand damit ein Ende und wurde durch eine facettenreiche Demokratie ersetzt. Dieser Triumph hatte jedoch seinen Preis, für das Land und für mich. Mein eigener Lebensweg spiegelt die Geschichte meiner Wahlheimat wider. Als junger anglikanischer Priester aus Neuseeland wurde ich auf dem Höhepunkt der rassistischen Unterdrückung in Südafrika von meinem geistlichen Orden dorthin entsandt. Ich schloss mich dem Freiheitskampf an, ging ins Exil und wurde zum Stachel im Fleisch des Apartheidregimes. Eine Briefbombe nahm mir beide Hände und ein Auge, aber nicht mein Leben, ebenso wenig wie die Apartheid dem südafrikanischen Volk seine Ziele und Hoffnungen nehmen konnte. Als ich nach Südafrika zurückkehrte, musste ich erkennen, dass die Zeit der Apartheid bei allen Narben hinterlassen hatte und jeder hat seine eigene Geschichte zu erzählen. So kam ich zu dem Entschluss, ganz Südafrika bei der Heilung zu unterstützen. In dieser Autobiografie schildere ich also meinen Weg vom Freiheitskämpfer für Südafrika zum verwundeten Heiler mit einer globalen Mission.

Das Apartheidregime versuchte oft, die Repression mit einer pervertierten Interpretation der Bibel zu rechtfertigen: eine Entscheidung für den Tod, die im Namen eines lebensbejahenden Evangeliums gefällt wurde. Als Priester im Freiheitskampf zweifelte ich an der religiösen und moralischen Legitimität, die sich das Regime selbst zusprach. Nach einer tiefen Glaubenskrise gab ich den Pazifismus widerstrebend auf und befürwortete den bewaffneten Kampf als Notwendigkeit, um die Menschen Südafrikas zu befreien. Ich wurde von der Apartheidregierung vertrieben und ging ins Exil, zunächst nach Lesotho und anschließend nach Simbabwe. Dort wurde ich durch die Briefbombe schwer verletzt und trug eine dauerhafte Behinderung davon. Meine Genesung verlief zeitlich parallel zu den Verhandlungen, die in das Ende der Apartheid und die Einführung der Demokratie mündeten, so dass ich nach meiner Gesundung nach Südafrika zurückkehren konnte. Dort wurde ich Seelsorger im *Trauma Centre for Victims of Violence and Torture* (Zentrum für traumatisierte Gewalt- und Folteropfer) und gründete später das *Institute for Healing of Memories*.

Wo auch immer Gewalt, Armut und Unterdrückung herrschen, inspiriert die Geschichte Südafrikas nach wie vor die Menschen, die körperliche, geistige und seelische Verletzungen erlitten haben und erleiden. In unserer finstersten Stunde erwies sich die Macht des Guten als der des Bösen überlegen – das Apartheidregime stürzte, und die Gerechtigkeit siegte. So macht auch meine eigene Geschichte anderen Menschen Mut. Die Briefbombe ließ mir nicht nur mein Leben, sondern auch meine einzige Waffe gegen die Apartheid: meine Zunge. Durch meine sichtbaren Verletzungen entsteht jedoch eine Verbundenheit mit anderen Menschen, deren Verletzungen häufig weniger sichtbar, aber nicht minder spürbar sind. Und Schmerz bringt Menschen einander näher. Bei meiner Arbeit als Heiler höre ich von vielen, dass sie mir vertrauen können, weil ich selbst Schmerz erfahren habe. Am wichtigsten ist letztendlich unsere Fähigkeit, den Schmerz in eine lebensspendende Kraft umzuwandeln. Doch kann dies eine Reise in vielen kleinen Etappen sein. Unsere Arbeit bei Healing of Memories bietet Menschen die Chance, einen Anfang zu machen.

Diese Autobiografie besteht aus vier Teilen. Im ersten Teil schildere ich das Schlüsselerlebnis: den Briefbombenanschlag, durch den ich beide Hände und ein Auge verlor. Ich erzähle von der langen Zeit meiner Genesung und der Anpassung an meine Behinderung. In Teil II hören Sie die Geschichte meines Lebens als Freiheitskämpfer. Ich beginne jedoch mit einem Rückblick auf meine Kindheit in Neuseeland und auf die Entwicklung meines Glaubens, der jeden Aspekt meines Lebens geprägt hat und weiterhin prägt. Dann teile ich mit Ihnen, wie sehr mich die Konfrontation mit der Apartheid in Südafrika schockierte und wie mein Glaube dadurch erschüttert wurde, und schließlich meine Verbannung aus Südafrika und meine Jahre als Freiheitskämpfer in Lesotho, später in Simbabwe. In Teil III nehme ich den Briefbombenanschlag als Ausgangspunkt für die Veränderung meines Lebens vom Freiheitskämpfer zum Heiler, die mich letztlich das Institute for Healing of Memories gründen ließ. Im letzten Teil des Buches geht es um die weltweite Arbeit des Instituts, von Südafrika aus in die ganze Welt; überall dorthin, wo Menschen Hilfe und Heilung brauchen: unsere Arbeit mit australischen Aborigines, mit Überlebenden des Völkermords in Ruanda und der anhaltenden Repression in Simbabwe sowie mit Kriegsveteranen in den USA. In diesem Teil der Schilderung tritt mein Leben mehr in den Hintergrund, vor dem die Geschichten anderer bemerkenswerter Menschen erzählt werden, mit denen wir zusammengearbeitet haben.

Ich betone gern, dass nun die Zeit gekommen ist, die Erinnerungen, das Gedächtnis zu heilen. Wir beschäftigen uns mit grundlegenden Fragen, die sich Menschen überall auf der Welt angesichts ihrer eigenen Konflikte stellen. Was bedeutet heilen? Wird das Unrecht, das uns angetan wurde, jemals anerkannt werden? Wie gehen wir mit schrecklichen Erinnerungen um? Welche Rolle spielt der Glaube? Sollten wir vergeben? Kann man Vergebung mit dem Kampf für Gerechtigkeit vereinbaren? Unsere Workshops sprechen Menschen aus vielen verschiedenen Kulturen an. Sie eröffnen einen großen Raum, den die Teilnehmer mit all dem füllen können, was für sie persönlich oder kulturell bedeutsam ist. Wir arbeiten mit sehr unterschiedlichen Menschen, mit Opfern von Gewalt und Menschenrechtsverletzungen, von Diskriminierung und Ungerechtigkeit, mit Kriegsveteranen, Gefangenen und HIV/AIDS-Infizierten. In einer Welt begrenzter Ressourcen und eines wachsenden Bedarfs an unserer Art von Arbeit weist unser Erfolg den Weg in die Zukunft. Aus praktischen und theoretischen Gründen erkennen Menschenrechtsaktivisten, Traumahelfer und Pflegende im Allgemeinen zunehmend, dass kulturorientierten und gemeinschaftsbasierten Heilmethoden, wie sie *Healing of Memories* anwendet, die Zukunft gehört.

Abschließend möchte ich mich noch einmal dem Glauben zuwenden, der sich wie ein roter Faden durch meinen Lebensweg zieht. In gewisser Hinsicht stellen diese Memoiren die Geschichte meiner Berufung dar, meinen Glauben als Teil der Befreiung aller Völker Gottes zu leben. Auch wenn nicht alle Menschen religiös sind, sind wir doch alle spirituelle Wesen, indem wir versuchen, unser Leben zu verstehen und in ihm einen Sinn zu erkennen. Für mich, wie für die meisten Menschen, bedeutet dies eine lebenslange und nicht eben einfache Suche. Ich wollte meinen Glauben nicht lauthals verkünden, sondern ihn durch meine Handlungen leben. Meine eigene Glaubensentwicklung reichte vom einfachen Kinderglauben über die frühreife Frömmigkeit des Jugendlichen, eine durch den Konflikt zwischen Pazifismus und bewaffnetem Kampf ausgelöste Krise, lange Jahre des Ausharrens im Freiheitskampf, die Genesung nach dem Briefbombenanschlag, bis hin zu einem reiferen, heilenden Glauben, der zwar tief in der christlichen Tradition wurzelt, jedoch einen enormen Umfang spiritueller Erfahrung beinhaltet. Durch unsere Arbeit bei Healing of Memories haben wir eine sehr wirkungsvolle Methode entwickelt: Wir respektieren die Opfer, die die Menschen gebracht haben, ermutigen sie jedoch zugleich, sich ihrer Last nach und nach zu entledigen und ihren Schmerz als Teil eines neuen Lebens zu begreifen. So muss niemand in der eigenen Vergangenheit gefangen bleiben. Stattdessen werden wir zu Vertretern der Zukunft, indem wir helfen, eine bessere Welt zu schaffen und zu gestalten. Das ist für mich der Sinn von Befreiung. Das ist, glaube ich, Gottes Traum für die Menschheit.

Danksagung

An dieser Stelle möchte ich zunächst die zentrale Rolle Steve Karakashians hervorheben, der voller Großmut mehr als zwei Jahre seines Lebens der Niederschrift meiner Erinnerungen gewidmet hat.

Ich möchte mich bei der Vorsitzenden der Maryknoll-Schwestern, Schwester Janice McLaughlin, MM, sowie bei den Maryknoll-Patern und -Brüdern bedanken, die uns zwei Monate lang bei sich aufgenommen haben, als wir anfingen, diese Autobiografie zu verfassen. Meinem Freund Madoda Gcwadi danke ich für seine Unterstützung.

Dem *African National Congress of South Africa* werde ich ewig dankbar dafür sein, meinen Antrag auf Mitgliedschaft angenommen und mir dadurch die einzigartige Gelegenheit geboten zu haben, mich am Befreiungskampf zu beteiligen.

Der *Society of the Sacred Mission*, der *Sally and Dick Roberts Coyote Foundation* und dem Weltkirchenrat danke ich für die finanzielle Unterstützung und für ihren Zuspruch.

Wir bedanken uns bei der Rockefeller-Stiftung dafür, dass wir den Erstentwurf dieser Autobiografie inmitten einer idyllischen Landschaft im Rockefeller-Bellagio-Zentrum in Italien fertigstellen durften. Bruder Nkoenyane Maroka, SSM, danke ich für seine Unterstützung.

Herzlichen Dank an Paul und Sally Bermanzohn, Pedro Hinestroza, Immanuel Hlabangana, den verstorbenen Johnny Issel, Marlene Jackamarra, Alistair Little, den verstorbenen Ndukenhle Mtshali, Karin Penno-Burmeister, Deon Snyman, Christo Thesnaar und Michael Worsnip. Ihr habt Euch alle großzügig bereit erklärt, auch Eure Geschichten beizusteuern. Sie sind eine große Bereicherung für dieses Buch.

Danke an Thulani Xaba, Madoda Gcwadi, Ntsikelelo Mateta und Themba Lonzi sowie an Brenda Rhode, Victor Cervati, Nceba Mkwalo und Jonah Sithole, die durch die Welt reisen, um die Heilsbotschaft von *Healing of Memories* zu verkünden.

Meiner persönlichen Assistentin Eleanor Kuhn bin ich dankbar für ihre immense Unterstützung, ebenso wie Shanti Mather, die vor ihr diese Aufgabe erfüllte.

Mein Leben ist geprägt durch meine 41-jährige Mitgliedschaft in der *Society of the Sacred Mission*, und ich bin Generationen ihrer Mitglieder dankbar für ihre Liebe und Unterstützung. Vor allem möchte ich den Brüdern der Provinz des südlichen Afrika für die bereitwillige Unterstützung meiner Arbeit danken.

Tiro Motaung, meinem Weggefährten und Freund, möchte ich für mehr als zehn Jahre lebensbejahender Zuneigung und Unterstützung ganz besonders danken.

Bis zu ihrem Tod im letzten Jahr war meine Mutter meine größte Anhängerin; sie beschwerte sich sogar darüber, dass örtliche Fernsehsender mir nicht genügend Sendezeit einräumten. Ich danke allen meinen Geschwistern, vor allem meinen älteren Schwestern Helen und Irene, für ihre Unterstützung, besonders seit dem Briefbombenanschlag.

Für die uneingeschränkte Unterstützung bei der Niederschrift meiner Erinnerungen bin ich dem Vorstand des *Institute for Healing of Memories (IHOM)* unter der Leitung von Canon Delene Mark und zuvor Glenda Wildschut zu großem Dank verpflichtet. Ebenso begeistert unterstützt wurde ich durch den Vorstand von *IHOM – North America* unter der Leitung von Rev. Margaret Fell und zuvor Rev. Paul Feuerstein.

Von meinen Kollegen im *Institute for Healing of Memories* erhielt ich bei der Arbeit an dieser Autobiografie stets Zuspruch, obwohl dadurch ihre eigene Arbeitsbelastung zunahm. Dies gilt vor allem für meinen Stellvertreter Alphonse Niyodusenga und unseren Manager in KwaZulu-Natal, Mpendulo Nyembe.

Hilfe und Zuspruch erhielt ich von meiner engen Freundin Fatima Swartz besonders beim Verfassen des Kuba-Kapitels.

Im Laufe der Jahre war das Institut immer auf das Engagement ehrenamtlicher Seminarleiter angewiesen, besonders auf die langjährige Hilfe von Schwester Jacinta Bannon, IBVM, und Dick Herbert.

Mein Dank gilt *Orbis Books* und besonders Robert Ellsberg für die Veröffentlichung des Buchs und für seine hilfreichen Ratschläge und seinen Zuspruch. Ebenso danke ich meiner deutschen Verlegerin Barbara Budrich sowie Hélène Rybol und Dieter Rybol für die Übersetzung und Dagmar Dhyvert und Judith Henning für die Redaktion. Meinem lieben Freund Patrick Byrne danke ich ganz besonders: Seine Erfahrung und sein Engagement haben das ganze Übersetzungsprojekt erst ermöglicht.

Sehr viele Freunde haben mich im Laufe der Jahre dazu ermuntert, sowohl die Geschichte meines Lebens als auch die Geschichte des *Institute for Healing of Memories* mit meinen eigenen Worten zu erzählen. Hier ist sie nun.

Mit meinen Freunden Ntsikelelo Mateta und Stephen Karakashian (Foto: Bill Hackwell)

Teil I

Die Briefbombe und ihre Folgen

1

Der Anschlag

Am 28. April 1990, nach einer wunderschönen Abschiedsfeier, die meine Freunde für mich organisiert hatten, setzte ich mich etwas müde, aber glücklich in mein Wohnzimmer in Harare. Es fiel mir schwer, sie und Harare, das jahrelang mein Zuhause gewesen war, zurückzulassen, aber gleichzeitig freute ich mich auf meine neue Arbeit als Gemeindepfarrer in Bulawayo, der zweitgrößten Stadt in Simbabwe. Während ich mit meinem jungen Mitbewohner Andrew Mutizwa sprach, griff ich nach einem Stapel liegengebliebener Post und öffnete einen großen braunen Umschlag aus Südafrika, in dem sich zwei in Plastikfolie verpackte religiöse Zeitschriften befanden, eine auf Afrikaans, die andere auf Englisch. Ich zog die Folie ab, öffnete die englische Zeitschrift und schloss so den Schaltkreis.

Die Detonation traf mich mit voller Wucht. Ich fühlte, wie ich nach hinten geschleudert wurde, als würde ich in unendliche Dunkelheit eintauchen. Wenn meine Trommelfelle nicht geplatzt wären, hätte ich gehört, wie die Decke über mir und um mich herum einstürzte. Wenn ich mein Sehvermögen nicht verloren hätte, hätte ich vielleicht die Überreste meines Wohnzimmers in den Trümmern gesehen. Stattdessen trat ich in eine Welt der Stille, der Dunkelheit und entsetzlicher Schmerzen ein. Mir war sofort klar, dass das Apartheidregime dafür verantwortlich war. Und ich erinnere mich, dass ich den fremden Menschen, die vom Hotel gegenüber herbeigerannt kamen, um mir zu helfen, trotz der Schmerzen zuschrie: „Ich bin ANC-Mitglied. Holt Hilfe." Heute halte ich es für einen Segen, dass ich zu dem Zeitpunkt nicht sehen konnte, denn so blieb mir der Anblick des Blutes und der Stümpfe erspart, die zuvor meine Hände gewesen waren. Das Zimmer wurde fast vollständig zerstört. Wo ich vorher gesessen hatte, klafften nun im Boden und in der Decke gewaltige Löcher. Angesichts des Ausmaßes der Zerstörung ist es kaum zu glauben, dass ich überlebt habe.

Allein in dieser Leere, fühlte ich mich von Gott umgeben und spürte, dass Maria verstand, was ich durchmachte, denn sie hatte ja miterlebt, wie ihr Sohn gekreuzigt wurde. Obwohl ich viel Blut verlor, blieb ich bei Bewusstsein und begriff nach und nach den gesamten Schrecken meiner Situation. Um mich herum herrschte Chaos, als meine Freunde Rebecca Garrett und Hugh McCullum herbeieilten und sich bemühten, mich zum nächstgelegenen Krankenhaus zu transportieren. Der Krankenwagen, den sie gerufen hatten, kam nicht, und so fuhren sie mich mit ihrem eigenen Auto ins Krankenhaus.

Rebecca erinnert sich, wie ich vor Schmerz aufschrie, als sie mich mit der Hand berührte. Dennoch begleitete mich Gott durch diese grauenvollen Stunden, in denen das Krankenhauspersonal bemüht war, mein Leben zu retten und die Schäden an meinem Körper zu begrenzen. Zum Glück betäubt ein Schock die Sinne. Trotzdem hatte ich so große Schmerzen, dass ich dachte, kein Mensch sollte so sehr leiden müssen. Aber Gottes Versprechen, das große Versprechen der christlichen Schriften, wurde eingehalten: Er verspricht nicht, dass wir nicht leiden werden, sondern sagt „Und siehe, ich bin bei euch alle Tage bis an der Welt Ende". Ich bin keiner dieser selbstsicheren Christen, die die menschliche Weisheit und das Gottesverständnis gepachtet haben, doch diese Erkenntnis entspricht meiner Tradition, deren Innerstes sich mir in diesem Moment erschloss.

Meine gute Freundin Jenny Hanekom ist Physiotherapeutin. Sie wusste, dass der an jenem Tag im Krankenhaus von Harare diensthabende Chirurg den Ruf hatte, ein „Metzger" zu sein, wie sie es später etwas unverblümt formulierte. „Sie dürfen nicht operieren, bevor ich jemand anderen gefunden habe", befahl sie dem Krankenhauspersonal. Da sie kein Familienmitglied war, hatte sie eigentlich kein Mitspracherecht, aber ihr autoritärer Ton ließ keinen Widerspruch zu. Ihr Eingreifen war über alle Maßen wichtig, verzögerte jedoch auch die Operation. Ich hatte schwere Verbrennungen, zahlreiche Knochenbrüche, und mein Körper war übersät mit Wunden. Da Schmerzmittel die Anästhesie beeinflusst hätten, wartete ich einige Stunden unter starken Schmerzen. Während das Krankenhauspersonal versuchte, die Blutungen zu stillen, gelang es Jenny, Dr. Glenn Gordon zu erreichen, einen Chirurgen aus den USA, dessen Lehrauftrag an der medizinischen Fakultät seinem Ende entgegenging. Dr. Gordon eilte zum Krankenhaus und operierte, um, wie er sich ausdrückte, „zu retten, was zu retten war". Vor kurzem beschrieb er in einem Brief meine Verletzungen folgendermaßen:

> Als ich bei ihm in der Notaufnahme ankam, war seine Verfassung kritisch. Von den Bombensplittern hatte er tiefe Schnittwunden im Gesicht. Ein Auge war praktisch zerstört. Das Trommelfell beider Ohren war geplatzt. Die Bombe hatte ihm beide Hände teilweise weggerissen, sodass bloßgelegte Knochen ohne Fleisch herausragten. Große Teile seines Oberkörpers und seiner Arme waren ebenfalls durch Splitter verletzt. Erstaunlicherweise war er geistig präsent und konnte klar und ruhig kommunizieren. Die chirurgischen Eingriffe zur Behandlung seiner zahlreichen Körper- und Gesichtsverletzungen dauerten fast die ganze Nacht.

Ein oder zwei Tage später musste Dr. Rita Quaas, eine Ärztin aus der DDR, mein rechtes Auge herausoperieren, es war nicht mehr zu retten. In bewegenden Worten erklärte sie mir, wie schlimm es für sie als Augenspezialistin sei, ein Auge entfernen zu müssen. Inzwischen hatte ich auf dem linken Auge etwas Sehvermögen zurückgewonnen. Ich lag also nicht mehr in völliger

Dunkelheit da, und ich konnte wieder etwas hören, wenn sehr laut gesprochen wurde. Da ich ein Auge verloren hatte und mit dem anderen nur wenig sehen konnte, hatte ich zuerst Angst, völlig zu erblinden. So war ich sehr erleichtert, als das Sehvermögen in meinem verbliebenen Auge langsam wiederkehrte. Meine Hände zu verlieren war schlimm genug. Dazu noch blind zu sein wäre jedoch eine ganz andere Sache gewesen. Allerdings blieb mein Sehvermögen noch wochenlang sehr schlecht.

An jenem Schicksalsabend eilte meine Freundin Phyllis Naidoo ins Krankenhaus. Phyllis ist eine Art ‚Katholikin im Ruhestand' und ich bat sie, das Vaterunser aufzusagen. Sie hat es wahrscheinlich schon mit der Muttermilch aufgesogen, hatte aber trotzdem Probleme, es zu Ende zu bringen. Als sie bei ‚erlöse uns von dem Bösen' ankam, wo das Gebet nach der römisch-katholischen Tradition endet, protestierte ich: „Nein, nein, Phyllis. Du kannst nicht mit ‚Bösem' aufhören. Wir müssen weitermachen, ‚Denn dein ist das Reich und die Kraft und die Herrlichkeit in Ewigkeit'." So spürte ich sogar in diesem Moment trotz meiner schweren Verletzungen ein Gefühl des Sieges. Ich hatte gesiegt, denn ich war dem Mordanschlag der Buren entgangen. Ich hatte überlebt, und ich denke, dass meine Arbeit in den Monaten und Jahren seither dem Ziel galt, mir diesen Sieg zu eigen zu machen. Zwischen der Befreiung der Menschen und meiner Arbeit als Glaubensbote habe ich nie einen Unterschied gesehen. Für mich sind sie ein und dasselbe. Für die Täter war das Versenden der Briefbombe zweifellos ein politischer Akt, mit dem sie jemanden beseitigen wollten, in dem sie eine Gefahr für den Staat sahen. Andere jedoch betrachteten das, was mir widerfahren war, mit ganz anderen Augen. Michael Worsnip, ein Freund und Priesterkollege, besuchte mich drei Tage nach dem Bombenanschlag im Krankenhaus. Später schrieb er eine Biografie über mich und schilderte diesen Besuch mit sehr religiösen Worten. Ich zitiere ihn hier mit einem Gefühl von Demut und in dem Bewusstsein, dass sie auch die Opfer zahlloser anderer Menschen beschreiben.

> Ich sah Christus. Nicht in Michael … oder doch, vielleicht doch in Michael. Christus, der leidet. Christus ohne Hände. Christus, der mit blutenden Lippen zu uns spricht. Christus mit einem Auge. Christus mit einem fehlenden Zahn. Ja, ich sah Christus in dem Bett liegen, und ich spürte seinen Zuspruch. Es war wohl eine der intensivsten spirituellen Erfahrungen meines Lebens. Ich sah kein einziges Anzeichen von Bitterkeit oder Hass. Das ist Gott, nicht wahr? Ich stand dort und konnte nur noch zusehen und zuhören, während dieses außergewöhnliche christliche Drama die Form von Fleisch und Blut annahm – geschundenes, ver-

> branntes und zerstückeltes Fleisch in Gestalt eines Freundes, Pastors, Priesterkollegen und Weggefährten.[1]

Wir Freiheitskämpfer lebten alle in dem Bewusstsein, dass uns eines Tages etwas zustoßen könnte, wie es so vielen unserer Kameraden geschehen war. Die südafrikanischen Killerkommandos verfolgten ihre Ziele gnadenlos und oft mit Erfolg. Das Militär verübte sogar Attentate im fernen London. Mord, Autobomben und Psychoterror gehörten zum Alltag. Gegen Ende meiner Zeit in Lesotho, wo südafrikanische Exilanten in besonderer Gefahr schwebten, schliefen wir manchmal jede Nacht in einem anderen Haus, wenn Gerüchte von einem bevorstehenden Anschlag die Runde machten. Ich schaute auch immer unter meinem Auto nach Bomben, bevor ich den Motor anließ. Angesichts des weltweiten Amoklaufs des Apartheidregimes war dies kein blinder Verfolgungswahn. Auch wenn einige Kameraden sich etwas waghalsig über die Gefahr hinwegsetzten, hielt ich es für richtig, Vorsicht walten zu lassen. Jahre später erfuhr ich, dass südafrikanische Agenten mich tatsächlich ins Visier genommen hatten. Im Verlauf der Anhörungen der Wahrheits- und Versöhnungskommission erhielt ich Einsicht in meine Sicherheitsakte. Dort fand ich den Bericht eines Agenten, der mich während einer Vortragsreise in Kanada beschattet hatte. Mein Stolz litt ein wenig, als ich las, dass er mich für einen sehr langweiligen Redner hielt. Ich widerstand der Versuchung, der Akte eine empörte Notiz beizufügen, etwa „Das stimmt überhaupt nicht. Ich war kein langweiliger Redner!". Aber Scherz beiseite – in einer Ermittlungsakte der Wahrheits- und Versöhnungskommission über Killerkommandos fand ich einen Verweis auf eine Mitteilung eines gewissen ‚Colonel Hammer', der so genannt wurde, weil er angeblich einen Hammer benutzte, um Fliegen zu töten. Als ob er den Gang der Ereignisse vorausgeahnt hätte, sprach er sich dafür aus, andere Methoden in Betracht zu ziehen, um mich zu beseitigen. Ein Briefbombenanschlag sei nicht unbedingt tödlich, und ich könne zurückkehren und sie weiter heimsuchen. Genau dies habe ich dann ja auch getan.

Mein Leben blieb auch nach dem Umzug von Lesotho nach Simbabwe in Gefahr. Ich werde nie vergessen, wie mir der simbabwische Geheimdienst mitteilte, dass ich auf einer Todesliste des südafrikanischen Regimes stand. In diesem Augenblick stand die Zeit für mich still, und ich kann mich noch lebhaft an die Einsamkeit erinnern, die ich verspürte. Es handelte sich hier nicht um irgendjemanden, von dem ich in der Zeitung gelesen hatte. Die waren hinter mir her! Manchmal wachte ich nachts durch ein Geräusch auf und dachte: ‚Warum bin ich wach geworden? Wird hier gerade ein Anschlag verübt?'. Ich gewöhnte mir an, aus dem Bett auf den Boden zu rollen. Niemals sitzen oder aufstehen, denn genau dann wurde man zur Zielscheibe.

---

1 Michael Worsnip, Priest and Partisan. A South Africa Journey (North Melbourne: Ocean Press. 1996).

Nachdem herauskam, dass ich auf der Todesliste stand, stellte mich die simbabwische Regierung Tag und Nacht unter bewaffneten Schutz. Die Bewachung und die Tatsache, dass ich auf Beerdigungen von Kameraden sprach, erinnerten mich ständig daran, dass dieser Kampf mich jederzeit das Leben kosten konnte. Ich hatte lange mit dieser Gefahr gelebt, und das zwang mich dazu, mir Fragen zu stellen wie „Wofür lebe ich? Und was ist daran so schlimm, dass die südafrikanische Regierung mich umbringen will? Was sind meine ureigensten Werte? Woran glaube ich?"

Ich wusste, dass ich bereit war, für die Befreiung zu sterben, aber Angst ist ein sehr menschliches Gefühl. Menschen, die keine Angst haben, sind meines Erachtens nicht ganz menschlich, und so habe ich immer gebetet, dass ich den Mut aufbringen möge, nach meinem Glauben zu handeln und mich nicht durch meine Angst einschüchtern zu lassen. Trotzdem hatte ich nie damit gerechnet, als Folge dieser Einstellung mit einer dauerhaften, schweren Körperbehinderung leben zu müssen. Aber so kam es nun mal. Das Schlimmste war eingetreten, aber mir war praktisch sofort klar, dass ich überleben würde. Deshalb fühlte ich mich trotz der großen Schmerzen siegreich.

Ich dachte an die Folgen des furchtbaren Massakers von 1982 in Lesotho, als südafrikanische Soldaten nachts in das Land eindrangen und Bürger Lesothos sowie südafrikanische Mitglieder des ANC umbrachten, insgesamt 42 Menschen. Viele Kinder und Erwachsene starben in ihren Betten. Ich war damals im Ausland. Bei meiner Rückkehr merkte ich, dass manche Menschen andere des Verrats verdächtigten. Warum hatten manche überlebt? Warum wurden sie nicht umgebracht? Auf diese Fragen gab es keine Antwort, aber es war, als seien nur die Toten über jeden Verdacht erhaben. Phyllis Naidoo selbst wurde 1979 durch einen Briefbombenanschlag in Lesotho verletzt. Ein Jahr vor dem Anschlag auf mich wurde ihr Sohn Sahdhan in Lusaka von einem südafrikanischen Agenten kaltblütig ermordet. Phyllis wusste also, was Leiden bedeutet. An dem Abend, als sie mit mir im Krankenhaus betete, wurde mir klar, dass mein Anblick mit den blutgetränkten Verbänden schmerzliche Erinnerungen in ihr wecken musste. Trauer über ihren Verlust überkam mich, und ich hatte das Bedürfnis ihr zu sagen „Es tut mir leid, dass ich überlebt habe", – ich wollte mich dafür entschuldigen, dass ich lebte, während ihr geliebter Sohn sterben musste, und dann weinten wir gemeinsam.

Wenn man bedenkt, wie häufig Mordanschläge waren, ist es kaum verwunderlich, dass einer auf mich verübt wurde. Überraschend war jedoch der Zeitpunkt, denn Verhandlungen zwischen dem ANC und der Apartheid-Regierung standen unmittelbar bevor. Der südafrikanische Verteidigungsminister Magnus Malan hatte zudem versichert, dass es keine weiteren Attentate in Nachbarländern geben würde. Wir sagten uns immer wieder, dass wir nicht so gutgläubig sein dürften, ließen aber in unserer Wachsamkeit trotzdem etwas nach, ebenso wie die Simbabwer, die meine Personenschützer abberiefen. Knapp drei Monate zuvor war Nelson Mandela aus dem Gefängnis entlassen worden. Der ANC und andere politische Organisationen waren nicht mehr verboten. Nur vier Tage nach dem 28. April 1990, an dem ich die Briefbombe öffnete, setzten sich zum ersten Mal Vertreter des Apartheid-Regimes und des *African National Congress* (ANC) in Kapstadt zusammen, um Gespräche über die Normalisierung ihrer Beziehungen zu führen. Geheime Verhandlungen hatten schon vorher stattgefunden, doch dies waren die ersten offiziellen Gespräche. Damit gab man der Welt zu verstehen, dass beide Seiten ernsthaft eine einvernehmliche Lösung anstrebten. Als Höhepunkt dieser Gespräche wurde am 4. Mai das als Groote-Schuur-Protokoll bekannte Communiqué angenommen, das als Grundlage für die darauffolgenden Verhandlungen diente.

Natürlich stemmten sich viele Weiße gegen diese Entwicklungen. Manche meinten, dass der Anschlag auf mich womöglich diese Gespräche verzögern oder gar verhindern sollte. Außerdem wurden damals Weiße wie ich von Anhängern der Apartheid als Volksverräter verachtet und gehasst. So schmeichelhaft diese Erklärungen auch sein mögen, denke ich, dass mir dadurch viel zu viel Bedeutung beigemessen wird. Ein völlig banaler Grund wäre genauso plausibel: Vielleicht stand ich auf einer Todesliste, und der Anschlag auf mich war für die Handlanger des Regimes ein bis dato unerledigter Job, den sie in dem Irrglauben zu Ende brachten, damit die Gespräche torpedieren zu können. Was auch immer der Grund gewesen sein mag, der Anschlag auf mich war nur ein kleiner Vorgeschmack auf das, was kommen sollte. In den folgenden Jahren war in Südafrika nämlich die Hölle los. Das Regime brachte eine beispiellose Zahl wehrloser Menschen um. Gleichzeitig wurden die Verhandlungen mit dem ANC fortgesetzt und führten schließlich zur Schaffung einer echten Demokratie.

Unter diesen Umständen gingen die Simbabwer kein Risiko ein. Nachdem Dr. Gordon die Operationen abgeschlossen hatte, wurde ich in die Militärabteilung des Krankenhauses verlegt und ein Polizist wurde vor meiner Tür postiert. Da sie befürchteten, dass das Apartheidregime versuchen könnte, mich endgültig zu erledigen, hielten die simbabwischen Behörden – wie sie meinten zu meinem Besten – die meisten Besucher fern. Das war zwar verständlich, für mich war es jedoch eine zusätzliche Belastung, denn die wenigen Besucher, die es durch die Sicherheitssperren schafften, wirkten auf mich wie Medizin. Später erzählte mir eine Freundin, Geraldine Fraser-Moleketi, dass ihr in dem Augenblick klar wurde, dass ich es schaffen würde, als ich mich ihr zuwendete und sie fragte, wie ich aussähe. Als ich den Fehler beging, Phyllis Naidoo dieselbe Frage zu stellen, antwortete sie, dass ich genauso hässlich aussähe wie zuvor. In dem Moment wusste ich, dass sie von meiner Genesung überzeugt war. Einige meiner Besucher arbeiteten für den simbabwischen Geheimdienst. Es ist wohl ein Beispiel für die Ironie des

Schicksals, dass ich Jahre später eine Niederschrift meines Gesprächs mit ihnen im Krankenhaus in meiner südafrikanischen Sicherheitsakte fand. Mindestens einer von ihnen war also ein Doppelagent. So viel zu meiner Sicherheit!

Von dem Briefbombenanschlag auf mich wurde im Radio in ganz Simbabwe, ja sogar weltweit berichtet. Während meines vierwöchigen Aufenthalts im Krankenhaus von Harare erreichten mich zahlreiche Nachrichten von Freunden und Unterstützern. Zusammen mit dem Oberhaupt meines Ordens und anderen Mitgliedern meiner Ordensgemeinschaft trafen meine beiden Schwestern, Helen und Irene, sowie ein enger Freund der Familie, Charles Hamilton, aus Australien und London ein. Eine Zeit lang war ich Pfarrer in einem kleinen Township außerhalb von Harare gewesen. Viele ehemalige Gemeindemitglieder kamen, besonders Jugendliche, aber auch einige ältere Menschen, die dafür einen langen Fußmarsch in der heißen afrikanischen Sonne auf sich nahmen. Leider wurden sie nicht zu mir gelassen.

Einige Tage nach dem Anschlag fand in der anglikanischen Kathedrale von Harare ein Gottesdienst statt. Menschen aus dem ganzen Land kamen dorthin, um für meine Genesung zu beten. Ich schaffte es, eine Botschaft für die versammelte Gemeinde zu diktieren, die meine Schwester Helen vorlas. Beim Gottesdienst sagte ein Redner Folgendes über mich:

> Er kümmerte sich um südafrikanische Flüchtlinge in der ganzen Welt. Er sorgte für die Menschen des Landes, in dem er arbeitete. Er beerdigte unsere Verstorbenen, besuchte unsere Kranken, traute unsere Kameraden, taufte unsere Babys und besorgte so manchem Südafrikaner ein Stipendium. Er bot allen ein Zuhause. Er tröstete uns in guten wie in schlechten Zeiten. Vor allem aber kam dieser Unbekannte zu uns, schenkte uns seine Liebe und gewann die unsrige. Gemessen an seinem Mut sind wir alle Bettler. Die Buren werden gegen einen solch unbeugsamen Mut nicht gewinnen.

Der kubanische Botschafter besuchte mich und bot mir kostenlose ärztliche Behandlung in Kuba an, ebenso wie die Regierungen von Schweden und Norwegen. „Wir werden Ihnen jegliche Unterstützung bieten, die sie brauchen“, sagte der palästinensische Botschafter. Insgesamt boten mir sieben Länder kostenlose medizinische Behandlung an. Zu meiner großen Freude gelang es meinem ehemaligen Vorgesetzten im Lutherischen Weltbund, Wolfgang Lauer, mir Whiskey zu besorgen – eine sehr mitfühlende Geste. Leider musste ich nach einiger Zeit meinen Whiskey vor dem Abendessen aufgeben, da die Ärzte Wechselwirkungen mit den Medikamenten befürchteten. Sehr bedauerlich!

Janice McLaughlin, eine Freundin und Maryknoll-Ordensschwester aus den USA, besuchte mich im Krankenhaus zusammen mit den Pfarrern Cas

Paulsen und Dick O'Riordan sowie Dr. Gordon, meinem Chirurgen, und seiner Frau Sue. Gemeinsam feierten wir – Anglikaner, Methodisten und Katholiken – das Abendmahl in meinem Krankenhauszimmer, sobald ich dazu im Stande war. Trotz meiner blutigen Stümpfe schaffte ich es, das Zeichen des Kreuzes zu machen. Nach der Messe spielte Dr. Gordon Gitarre und sang für uns. Ein anderes Mal schlossen wir die Abendmahlsfeier mit der jetzigen südafrikanischen Nationalhymne, Nkosi Sikelel' iAfrica, ab, und ich beendete sie mit dem Black-Power-Gruß.

Meine Familie in Neuseeland hatte so etwas wie den Anschlag wohl schon lange befürchtet. Sie sprachen zwar nicht darüber, wussten jedoch von den Wachpolizisten und den Gefahren, denen ich ausgesetzt war. Besonders mein Vater war, ebenso wie ich, ein sehr emotionaler Mensch. Meine Mutter sagte oft, wie erleichtert sie war, dass er das nicht mehr miterleben musste, denn er hätte es wohl nicht verkraftet. Sie war schon über 70, als ich die Briefbombe erhielt, und sie war zutiefst erschüttert. Meine Familie wurde von der Presse belagert, da ich in Neuseeland wegen meines Einsatzes gegen die Apartheid bekannt war. Die anderen Familienmitglieder schützten meine Mutter, denn sie war ein zurückhaltender Mensch und empfand zweifellos keinerlei Bedürfnis, in der Öffentlichkeit über das schreckliche Schicksal ihres Sohns zu sprechen. Sie war außerdem zutiefst religiös und setzte sich in diesen Tagen wohl intensiv mit ihrem Glauben und dem, was mir passiert war, auseinander. Ich wollte mit ihr reden. Sobald ich sprechen konnte, telefonierten wir, und selbst am Telefon kümmerte sie sich liebevoll um mich. Als ich von meinem Krankenbett aus mit ihr sprach, schien es mir, als hätte ein Schwert ihr Herz durchbohrt. Später flog sie nach Australien, um mich dort im Krankenhaus zu besuchen.

Als ich wieder zu Kräften kam, hatte ein Teil von mir manchmal das Gefühl, dass ich noch glimpflich davongekommen war. Das Apartheidregime hatte zweimal versagt. Ich war nicht nur am Leben geblieben, sondern hatte auch keine großen inneren Verletzungen davongetragen. Obwohl ich meine Hände und ein Auge verloren und Schädelverletzungen davongetragen hatte, war mir meine Zunge geblieben, und im Grunde genommen war sie ja meine einzige Waffe gewesen. Wie brutal hingegen das Apartheidregime vorging, davon zeugt seither mein Körper. Ich war aber noch sehr schwach und über und über in Verbände gehüllt. Ehrlich gesagt, war ich genauso hilflos wie ein neugeborenes Kind. Ich konnte nichts allein tun. In manchen trostlosen Momenten dachte ich, dass Sterben sicher besser gewesen wäre. Würde das Leben sich jemals wieder wie Leben anfühlen? Wie sollte ich ohne Hände zurechtkommen? Würde ich jemals unabhängig sein und Auto fahren können? Wie würde ich denn unter diesen Umständen das Abendmahl feiern können? Menschen zu berühren war meine Art und Weise, Liebe und Zuneigung zum Ausdruck zu bringen. Was sollte ich denn jetzt bloß machen? Ich konnte immer noch nicht gut sehen, und mit jedem weiteren Tag stieg meine

Angst, nie mehr lesen zu können. Das wäre ein furchtbarer Schlag gewesen! So war es ein erhebender Moment, als die Ärzte später in Australien feststellten, dass ich mit einer Brille würde lesen können. Genauso wundervoll war die Nachricht, dass meine Sehkraft den rechtlichen Anforderungen für das Autofahren entsprach.

Wenn ich Besuch erwartete, machte mich das Krankenhauspersonal in der Regel zurecht und empfangsbereit. Mich präsentabel herzurichten war unter diesen Umständen natürlich nur bedingt möglich. Ich muss erschreckend ausgesehen haben. Ich kann mich an ein Paar erinnern, bei dessen Besuch ich wohl nicht ganz so ansehnlich zurechtgemacht war wie sonst. Sie sind völlig ausgeflippt. So nahm ich auf einmal die Rolle des Seelsorgers ein. „Ruhig, ruhig, es ist doch nicht so schlimm. Es hätte viel schlimmer kommen können. Schließlich bin ich noch am Leben", sagte ich als Opfer und versuchte, meine Besucher zu trösten. Es fiel ihnen jedoch sehr schwer, meinen Anblick zu ertragen. Ehrlich gesagt ging es mir selbst, als ich später wieder besser sehen konnte, genauso.

Manchmal ertappte ich mich dabei, mich in Gedanken selbst zu beschuldigen, wie Opfer das eben tun. Vielleicht hatte ich den Briefbombenanschlag ja verdient. Ich war versucht, die Liste der Sünden durchzugehen, die ich seit meiner Kindheit begangen hatte. Es war zwar kein vorherrschendes Gefühl und entspricht auch ganz und gar nicht meinem Glauben, aber es beschlich mich dennoch, so wie bei anderen Menschen, die traumatisiert sind. In diesen finsteren Momenten stützte ich mich auf meinen einfachen Kinderglauben an einen gütigen Gott und an Jesus, der so gelitten hatte wie ich und gekreuzigt wurde. In den Jahren meiner Ausbildung zum Priester hatte ich mich intensiv mit den Psalmen beschäftigt. In ihnen fand ich nun Trost und Halt. Die Gewissheit, dass Menschen seit 4.000 Jahren auf diese Worte reagieren, tröstete mich. Vor allem aber richtete mich die Flut von Gebeten und Liebe von Unterstützern aus der ganzen Welt auf. Ich habe Sammelalben voll mit den Botschaften, mit denen ich überschwemmt wurde. So gesehen wird bei meinem Tod keine Begräbnisfeier nötig sein, weil alle schönen Dinge damals bereits gesagt wurden. Es war sehr ergreifend.

Als Adressat einer Briefbombe wurde ich zum Ziel des Bösen. Böse bedeutet hier, Briefbomben herzustellen und an andere Menschen zu schicken, ihre Adresse in dem Bewusstsein auf einen Umschlag zu tippen, dass der Inhalt jemanden umbringen soll. Gleichzeitig wurde ich jedoch auch zum Empfänger alles Guten, zu dem die Menschen fähig sind, nämlich Zärtlichkeit, Liebe und Mitgefühl.

Mit meiner Mutter Laura, in Neuseeland

2

Genesung

Im Parirenyatwa-Krankenhaus hatten sich die Krankenschwestern mit viel Liebe und Zuwendung um mich gekümmert, und die Ärzte hatten mich zusammengeflickt. Mein Leben war nicht mehr in Gefahr, aber meine Wunden waren nach einem Monat immer noch schartig und unverheilt. Mir standen noch viele weitere Operationen bevor, die den Heilungsprozess erleichtern und meinen Körper auf die Prothesen vorbereiten sollten, die ich den Rest meines Lebens tragen würde. Ich entschloss mich, die Behandlung in Australien fortzusetzen. Meine Schwester Helen unterrichtete Gesundheitsökonomie an der Universität von New South Wales in Sydney und organisierte meine Aufnahme im Prince-of-Wales-Universitätsklinikum. Australien war die nächstliegende Lösung, weil ich dort meine Schwester und ihren Mann Clive sowie meine Glaubensbrüder aus der Zeit meines Theologiestudiums um mich haben würde. Es war ja absehbar, dass mir eine lange Genesungszeit bevorstand und ich neben einer ausgezeichneten medizinischen Betreuung auch die Unterstützung von Verwandten und Freunden brauchen würde. Bei der Fluggesellschaft war man ziemlich besorgt, dass ich als Passagier ein Sicherheitsrisiko darstellen könnte. Das südafrikanische Regime hatte schließlich einen Briefbombenanschlag auf mich verübt und würde nun vielleicht versuchen, in der Luft das zu Ende zu bringen, was es auf dem Boden verpfuscht hatte. Trotzdem willigte die Fluggesellschaft schließlich ein, mich zu transportieren.

Da es keine Direktflüge gab, dauerte der Flug von Harare über Perth nach Sydney fast vierundzwanzig Stunden und wäre selbst unter normalen Umständen sehr anstrengend gewesen. Aufrecht in einem Flugzeugsitz zu reisen stand für mich ohnehin nicht zur Debatte. Ich sollte in einem tragbaren Bett liegen und von einem Mitglied meines Ordens und einer Krankenschwester begleitet werden. Die Krankenschwester auszusuchen war einfach: Ich entschied mich für diejenige, deren Spritzen am wenigsten wehtaten. In dem Monat seit dem Anschlag hatte ich mein Krankenzimmer kaum verlassen – außer wenn ich zu Operationen und Untersuchungen gerollt wurde. Ich wurde rundum versorgt. Was für ein gravierender Unterschied zu meinem aktiven und unabhängigen Leben zuvor! Schon als Schuljunge in Neuseeland hatte ich oft meinen eigenen Kopf gehabt und in meinem bescheidenen Rahmen versucht, Rassismus zu bekämpfen und für Gerechtigkeit einzutreten. Später als Erwachsener übernahm ich nicht das offizielle Gedankengut, sondern handelte so, wie ich es für richtig hielt. Ich hatte mir einen gewissen Ruf erworben, Autorität und ihre Auswüchse in Frage zu stellen. Ich war kampferprobt, nicht nur durch Auseinandersetzungen mit der südafrikanischen Regierung, sondern auch mit Kirchenbeamten, die ich manchmal für engstirnig oder eigennützig, wenn nicht gar rassistisch hielt. Für mich war der Kampf um die Seele Südafrikas ein ethisches Problem, das die ganze Welt betraf. Obwohl ich nur eine bescheidene Rolle spielte, hatte ich bisweilen lange Flüge zurückgelegt, um den ANC gegenüber verschiedenen religiösen Organisationen zu vertreten. Flugzeuge waren also nichts Neues für mich. Jetzt befand ich mich aber zum ersten Mal seit dem Anschlag außerhalb des Krankenhauses und lag festgezurrt auf einer Trage, die auf eine hölzerne Transportpalette gestellt wurde. Und so lag ich da, bereit, wie das übrige Frachtgut in den Jumbo-Jet geladen zu werden. „Was für eine Welt kann es für mich geben? Werde ich jemals wieder ein sinnvolles Leben führen können?“, waren die Gedanken, die mir durch den Kopf gingen, während ich da auf der Rollbahn lag und in den Himmel schaute.

Der Flug war genauso schrecklich, wie ich es befürchtet hatte. Beruhigungsmittel linderten meine Beschwerden zwar etwas, aber richtige Ruhe fand ich kaum. Auf meinen früheren Reisen hatte ich oft davon geträumt, wie schön es wäre, auf den langen Strecken ein Bett im Flugzeug zu haben. Schwach und in Verbände eingewickelt auf einer Trage zu liegen, die mehr schlecht als recht auf sechs Sitzen festgezurrt war, gehörte nicht zu diesem Traum. Es war sehr unbequem, und für jede Kleinigkeit brauchte ich die Krankenschwester. Die letzten Wochen hatte ich so sehr um mein Leben gekämpft, und meine Freunde hatten mich mit Liebe und Zuspruch überhäuft. Jetzt aber, in dieser unwirklich anmutenden Situation, fühlte ich mich hilflos und verletzlich.

Als wir endlich in Sydney landeten, wartete ein Krankenwagen auf der Rollbahn, der mich planmäßig im Krankenhaus ablieferte. Obwohl ich auf einer Trage ankam und anstelle meiner Hände Verbände trug, wurden mir am Empfang Fragen über Fragen gestellt – ich nehme an, um festzustellen, ob mein Gehirn noch funktionierte. Psychologen nennen so etwas wohl psychologische Bestandsaufnahme. „Wie heißen Sie?“, wurde ich gefragt. In meinem Zustand konnte ich von Glück reden, dass ich mich noch daran erinnerte. „Welcher Tag ist heute?“ Da war ich mir wegen des Zeitunterschieds von neun Stunden, des Nachtflugs und der Zwischenlandung, die wir gemacht hatten, gar nicht so sicher. Die verantwortliche Person an der Aufnahme schien das Problem überhaupt nicht zu verstehen. Als sie mich dann noch fragten: „Wieso sind sie im Krankenhaus?“, dachte ich mir ‚Mein Gott, sieht man das denn nicht?‘

Es dauerte bis Mitternacht – dann hatte ich endlich ein Zimmer und lag im Bett. Die Krankenschwestern versuchten alles, um es mir bequem zu machen, aber nach einem Flug von über vierundzwanzig Stunden war ich nun völlig erschöpft. Im Krankenhaus in Harare war ich meistens von Freunden umgeben gewesen, und Polizisten und Soldaten hatten meine Tür bewacht. An meinem ersten Abend hier im Krankenhaus in Sydney war ich ganz allein und völlig ohne Sicherheitspersonal. In meinem geschwächten Zustand war das alles zu viel für mich. Das bisschen Energie, das mir noch geblieben war, verließ mich, und ich war vollkommen erschöpft. Mich überkam das Gefühl, dass ich in dieser Nacht sterben könnte. Noch nicht einmal meiner Schwester habe ich erzählt, dass ich in meiner Verzweiflung die Krankenschwestern bat, einige australische Freunde von mir anzurufen und sie zu bitten, für mich zu beten. Leider konnten sie niemanden erreichen. Ich versuchte, die ganze Nacht wach zu bleiben, um nicht zu sterben, aber ich wusste, dass es vergeblich war. Nur seelische Kraft konnte mich jetzt noch am Leben erhalten. Es gab nichts anderes mehr. Als die Nacht das Krankenhaus umhüllte, lag ich in meinem Bett und wiederholte leise: „Ich kann nicht ohne Hilfe überleben. Ich kann nicht ohne Hilfe überleben." Es war ein Gebet.

Am nächsten Morgen erfuhr ich, dass die Schwestern das Ausmaß meiner Verzweiflung erkannt und es später geschafft hatten, meine Freunde Helen und Jim Tregea in Wagga Wagga zu erreichen. Jim war der Pfarrer, bei dem ich viele Jahre zuvor als frisch geweihter Priester und Hilfsgeistlicher tätig gewesen war. Mit beiden verbindet mich eine lebenslange Freundschaft. Als sie mich kurze Zeit später besuchten, erzählten sie mir, dass sie nach dem Anruf aus dem Krankenhaus ein Abendmahl bei sich abgehalten und die ganze Nacht für mich gebetet hatten.

Am darauffolgenden Abend fühlte ich mich nach all den Anstrengungen immer noch zittrig. Plötzlich bemerkte ich eine schattenhafte Gestalt vor meinem Fenster. In meinem wehrlosen Zustand drehte ich völlig durch. Ich war mir sicher, dass meine Feinde mich endgültig eingeholt hatten. Der Schatten – so stellte sich heraus – war ein Fensterputzer, aber meine Angst war nicht unbegründet, denn mein Überleben war für das Regime, das mich umbringen wollte, gleichbedeutend mit einem Scheitern. Südafrikaner hatten kurz zuvor einen Bombenanschlag in Australien verübt, und ANC-Mitglieder waren in Frankreich und in Brüssel angegriffen worden. Bombenanschläge und Attentate gehörten leider zur Realität. Später schickte mir die australische Regierung einen Sicherheitsberater. Wenn ich mich in einen Schrank einsperren und die Tür abschließen würde, dann sei ich in völliger Sicherheit, gab er mir zu verstehen und ließ mich daraus meine eigenen Schlüsse ziehen. Mir war klar, dass das kein lebenswertes Leben sein würde. Ich musste vernünftig handeln, durfte mein Leben aber nicht von der Angst bestimmen lassen. Warum überleben, wenn ich nachher doch nur in ständiger Furcht vor einem Mordanschlag leben musste? Ab und zu gab es tatsächlich Drohungen. Drei Jahre später, 1993, drohte mir an demselben Abend als Chris Hani, ein sehr beliebter Anführer des bewaffneten Kampfes, ermordet wurde, ein anonymer Anrufer mit den Worten: „Wir kriegen dich!". Das verfehlte zwar nicht seine Wirkung, aber ich stand immer zu meiner Entscheidung, unbeirrt weiterzumachen.

Ungefähr zwei Wochen nach meiner Ankunft in Sydney diktierte ich einen Brief, den mein Freund George Makoko an Freunde und Unterstützer in der ganzen Welt schickte:

> Liebe Freunde,
>
> am Samstagabend, den 28. April, öffnete ich eine Briefbombe aus Südafrika. Sie sollte mich umbringen, aber ich bin am Leben! Mein Körper ist gezeichnet, aber ich lief ja noch nie Gefahr, einen Schönheitswettbewerb zu gewinnen.
>
> Einerseits ist mein Geist so zerbrechlich wie der jedes anderen Menschen auch. Andererseits bin ich gestärkt und mehr denn je entschlossen, gemeinsam mit dem südafrikanischen Volk für ein neues und freies Südafrika zu kämpfen. Die Geburtswehen dieses Landes sind weiterhin sehr schmerzhaft und verlangen viele Opfer. Ich hoffe und bete, dass alles, was mir widerfahren ist, mich zu einem sensibleren und mitfühlenderen Menschen macht.
>
> Es wird wohl lange dauern, bis mein Heilungsprozess abgeschlossen ist und ich wieder mit ganzer Kraft zum Kampf beitragen kann. Die Flut von Liebesbekundungen, Gebeten, Unterstützung und Verbundenheit von Menschen aus der ganzen Welt hat mich völlig überwältigt, zutiefst gerührt und gestärkt. „Danke" zu sagen erscheint mir völlig unzureichend und banal in Anbetracht dessen, was Ihr mir alle gegeben habt. Eines Tages werde ich versuchen, die Geschichte dieses verhängnisvollen Abends, wie sie sich in meine Erinnerung eingebrannt hat, und die Geschichte einiger der vielen Menschen zu erzählen, denen ich mein Leben zu verdanken habe.
>
> Viele von Euch wissen bestimmt, dass ich seit längerer Zeit Mitglied vieler Familien bin. Als erste ist da natürlich meine biologische Familie. Dann gibt es meine Ordensgemeinschaft, die *Society of the Sacred Mission.* Ferner gehöre ich seit einigen Jahren der großen Familie des *African National Congress* in Südafrika an, der den Befreiungskampf Südafrikas anführt. Sechseinhalb Jahre lang teilten darüber hinaus die Basotho ihr Leben mit mir. Seit 1983 sind Simbabwe und seine Menschen in so vieler Hinsicht mein Zuhause, dass ich hier nicht alle aufzählen kann. Menschen, die sich auf der ganzen Welt für ungezählte andere Ziele einsetzen, bereichern weiterhin mein Leben. In meiner eigenen Notlage haben sich all diese Familien vereint. Gemeinsam werden wir überleben und gewinnen.
>
> Wie immer, weiterhin kampfbereit und mit viel Liebe
> Michael Lapsley, SSM

Mein Schwager Clive wusste, dass ich süchtig nach Nachrichten bin, aber noch nicht lesen konnte. Er war sehr einfühlsam und nahm Auszüge aus großen Tageszeitungen für mich auf. Das half mir, die Zeit totzuschlagen. Insgesamt verbrachte ich sieben Monate in zwei Krankenhäusern in Australien und musste eine ganze Reihe von Operationen über mich ergehen lassen. Man operierte mich, um meine Armstümpfe zu reinigen, sodass sie die Prothesen vertragen würden. Andere Operationen dienten dazu, meine Augenhöhle für das künstliche Auge vorzubereiten. Meine zwei Ohroperationen waren nicht ganz erfolgreich. Bis heute ist mein Hörvermögen eingeschränkt. Mir graute vor diesen Operationen, und ich hatte Angst. Opfer eines Briefbombenanschlags zu werden war eine Sache. Immer wieder in den Operationssaal gerollt zu werden, bedeutet eine ganz andere Art von Trauma. Man hat viel zu viel Zeit, sich auszumalen, was auf einen zukommt. Zum Glück waren die Australier Meister der Schmerztherapie. Bei unsachgemäßer Behandlung können amputierte Menschen unter Phantomschmerzen leiden, manchmal sogar für den Rest ihres Lebens. Dank der Kunstfertigkeit, mit der die Ärzte mir Schmerzmittel verabreichten und sie langsam wieder absetzten, als ich sie nicht mehr brauchte, habe ich nie Phantomschmerzen gespürt.

Eine Psychologin wurde geschickt, um mir zu helfen, meine Operationen zu bewältigen. Bei ihrer Ankunft stellte sich heraus, dass sie eine weiße Südafrikanerin war. Überraschenderweise litt sie unter unserem Treffen. Nach ihrem Empfinden hatte ihr Volk einen Bombenanschlag auf mich verübt. Ich übernahm also schließlich die Rolle des Priesters und Helfers, obwohl sie doch die Psychologin und ich der Patient war. „Hören Sie, ich habe kein Problem damit, dass Sie eine weiße Südafrikanerin sind. Einige meiner besten Freunde sind Weiße. Ich bin ja selbst weiß. Aber ich hätte ein Problem damit, wenn Sie persönlich für die Apartheid wären“, sagte ich zu ihr. Sie trug schwer an der kollektiven Schuld und Scham für das, was mir von denen angetan wurde, die sie als ihresgleichen ansah.

„Glauben Sie, dass Sie die südafrikanische Regierung verärgert haben?“, fragte mich der Krankenhausseelsorger, als er zu mir kam. Ich war so perplex, dass ich ausnahmsweise mal sprachlos war. „Das will ich schwer hoffen, verdammt noch mal!“, hätte ich antworten sollen. An einem anderen Tag sagte er: „Natürlich gibt es unterschiedliche Meinungen zur Apartheid.“ Diesmal war ich aber vorbereitet und erwiderte: „Ja. Die Weltgemeinschaft hält sie für ein Verbrechen gegen die Menschheit, die Christengemeinde für Ketzerei, und dann gibt es natürlich auch noch diejenigen, die Apartheid unterstützen.“ Er kam nie wieder. Vier Monate verbrachte ich auf dieser Station. Wenn ich mich einmal daneben benahm, sagte mir die Krankenschwester mit einem Augenzwinkern: „Sie sind heute aber wirklich schwierig. Wenn Sie nicht aufpassen, rufen wir den Seelsorger.“ Sie drohte mir also mit der Höchststrafe!

Schließlich organisierte das Krankenhaus die Visite eines Psychiaters, Dr. Murray Wright. Er war freundlich und hilfsbereit. Wir verstanden uns auf Anhieb gut. Er kam vier Monate lang jede Woche. Es war unendlich hilfreich, mit einem Außenstehenden über alles reden zu können, was mich in dem Moment verrückt zu machen drohte: die Furcht vor dem Leben mit einer

Behinderung sowie die alltäglichen Dinge im Krankenhaus und die Beziehungen zu Familienmitgliedern. Mit Menschen, denen ich nahestand, hätte ich über all diese Dinge nicht geredet, aus Angst, sie zu verletzen oder zu beleidigen. Ich musste all dies aber in einem sicheren Umfeld loswerden. Dr. Wright hat mir sehr geholfen, und dafür bin ich dankbar. Als wir zusammen zu Mittag aßen, bevor ich das Krankenhaus verließ, erzählte er mir, dass er sich bei mir zum ersten Mal in seiner Karriere nach dem ersten Treffen mit einem Patienten keine Notizen gemacht hatte. „Ich hielt Sie für einen außerordentlich ausgeglichenen Menschen. Sie haben dieses Trauma großartig bewältigt“, erklärte er mir. Dann gab er zu, so viel Freude an unseren Gesprächen gehabt zu haben, dass er sie einige Wochen länger als nötig fortführte.

Da mein rechter Arm gebrochen war, erhielt ich zunächst die Prothese für meinen linken Arm, und so begann der schwierige Prozess der Anpassung an meine Behinderung. Ich musste mich an die Veränderung in meinem Aussehen und meiner Körperwahrnehmung gewöhnen. Dabei stellte ich fest, dass ich die Haltung der Menschen um mich herum unwillkürlich verinnerlicht hatte. Ich kann mich an einen Freund in Lesotho erinnern, der sich für eine junge Frau interessierte. Als er feststellte, dass sie behindert war, änderte sich seine Haltung schlagartig. „Natürlich konnte ich keine Beziehung mit ihr eingehen“, sagte er. Diese negativen Gefühle beschleichen uns alle, und ich bildete da keine Ausnahme. Der Prothetiker half mir, indem er ein Treffen mit einem jungen Mann arrangierte, der beide Hände bei einem Unfall verloren hatte und sein Leben dennoch zielstrebig weiterführte. Ich war dankbar, ein derart starkes Vorbild zu haben.

Kurz nachdem ich meine zweite Prothese erhalten hatte, besuchte mich meine Schwester Helen. Als ich in den Spiegel schaute, war ich entsetzt. „Mein Gott, so werde ich für den Rest meines Lebens aussehen“, dachte ich. In diesem Augenblick verhielt sich Helen wundervoll. Sie war auch der Meinung, dass die Prothesen hässlich waren. Wir saßen zusammen, weinten und tranken etwas Hochprozentiges. Das unausgesprochene Gefühl war etwa: „OK, so ist es nun mal. Tun wir nicht so, als sähe es gut aus.“ Ich werde immer noch jeden Tag unzählige Male daran erinnert, dass ich meine Hände nie wiederbekommen werde. Man trauert über den Verlust eines Körperglieds genauso wie über den eines geliebten Menschen, der ja auch Teil unseres Lebens ist. Er beeinflusst jeden Tag jeden einzelnen Aspekt unseres Lebens. Das Gefühl ist nicht erdrückend oder übermächtig, aber es ist immer da.

Der Genesungsweg verläuft nicht geradlinig, man geht zwei Schritte vorwärts und einen zurück. Die erste Herausforderung besteht darin, die Behinderung als Realität zu akzeptieren. Die zweite ist funktional – man muss lernen, im Alltag zurechtzukommen. Ursprünglich wünschte ich mir unbedingt Prothesen, die wie Hände aussahen. Die bekam ich auch und habe sie immer noch. Aber sie sind einfach unpraktisch. Ich trug sie ein- oder zweimal, aber letztendlich überwog der praktische Nutzen gegenüber der Ästhetik, und so entschied ich mich für die Haken, die ich jetzt benutze. Bischof John Osmers, mit dem ich befreundet bin, hat vor vielen Jahren in Lesotho einen Arm durch eine Paketbombe verloren. Mir wurde schnell klar, dass es ungleich viel schlimmer ist, beide Hände zu verlieren. John konnte nämlich fast alles mit seiner einen Hand erledigen. Er hatte, wie die meisten Menschen, die „nur" eine Hand verloren haben, eine Prothese in der Schublade liegen, benutzte sie aber nie. Für mich war es sehr viel schwerer, weil ich die Prothesen für jeden Aspekt des täglichen Lebens brauche.

Bei der zweiten Herausforderung geht es also um die Bewältigung des täglichen Lebens. Die Physiotherapeuten begannen mit den grundlegenden Dingen wie Toilettenbenutzung, Duschen und Anziehen. Besonders bemerkenswert fand ich, mit wie viel Einfühlungsvermögen sie sich bemühten, die Therapie den Besonderheiten meiner Arbeit anzupassen und die Qualität meines täglichen Lebens zu verbessern. „Was müssen Sie als Priester machen? Was brauchen Sie dafür?" fragten sie mich, da ich ja Priester bin. Ich erklärte, dass ich Gottesdienste abhalten und in der Lage sein muss, ein Auto zu fahren. Sie erkundigten sich auch, was mir im Leben Freude bereitet. Ich antwortete, dass ich gerne fotografiere. Ich folgte ihrer Aufforderung, den Fotoapparat mitzubringen. Sie statteten ihn mit einer Vorrichtung aus, sodass ich ihn halten konnte, was sonst völlig unmöglich gewesen wäre. Sie hätten in mir auch einfach nur einen Körper sehen, mir die technischen Funktionen meiner Prothesen beibringen und mich wegschicken können. Stattdessen bestätigten sie mich als vollwertigen Menschen, indem sie mich fragten, was zu meiner Lebensqualität beiträgt und meinem Leben einen Sinn gibt.

Die dritte und womöglich wichtigste Herausforderung findet auf der geistigen Ebene statt. Ich möchte nicht allzu dramatisch klingen, aber eine derartig schwere Verletzung wirkt verheerend. Niemand kann vorhersehen, wie man darauf reagieren wird. Bis dahin hatte ich mich in meinem Leben nicht unterkriegen lassen. Ich war zweifellos oft auf die Probe gestellt worden und hatte in kritischen Situationen eine gewisse Charakterstärke bewiesen. Dies hier jedoch war eine Herausforderung von ganz anderem Kaliber. Trotz meiner scheinbaren Robustheit hatte ich immer auch das Gefühl, empfindlich und verwundbar zu sein. Ich habe Schmerz nie mit Leichtigkeit ertragen. Nach dem Bombenanschlag hatte ich jedoch solche Schmerzen, dass es kaum vorstellbar ist, dass ein Mensch sie ertragen kann. Dadurch aber wurden in mir ungeahnte Kräfte freigesetzt. Doch nun stellte sich mir eine neue Aufgabe. Wie würde ich auf meine körperliche Einschränkung reagieren? Würde ich lernen, für den Rest meines Lebens Hilfe zu akzeptieren? Im Westen treiben wir den Wunsch nach Selbstständigkeit oft ins Absurde. Natürlich brauchen wir etwas Unabhängigkeit, wo immer das möglich ist. Mir ist jedoch klar geworden, dass nicht nur ich, sondern alle Menschen ein gesundes Maß an gegenseitiger Abhängigkeit akzeptieren lernen müssen. Die

Wochen vergingen, und meine Geduld wurde auf eine harte Probe gestellt. Manchmal schafft man's, manchmal nicht, aber man muss sich eingestehen, dass man seine Unabhängigkeit in einem Maß verloren hat, das man nie wieder ausgleichen kann, und dass man diesem Verlust immer nachtrauern wird. Es gibt unzählige Kleinigkeiten, die wir auf unsere eigene Art und Weise für uns selbst tun. Wenn Menschen uns helfen, tun sie dies auf ihre Art und nicht auf unsere. Das müssen wir akzeptieren, und das fällt uns manchmal recht schwer. Mein Leben würde von jetzt an völlig anders verlaufen, und ich musste mich fragen, was mir in diesem neuen Leben wichtig sein würde. Letztendlich ist dies eine spirituelle Frage, die einen neuen und tiefgründigeren Abschnitt meines Glaubensweges einleitete.

Als strenggläubiger Junge, der ganz in seinem Glauben aufging, stellte ich mir oft vor, wie gläubige Christen Stigmata entwickelten, also Wundmale von der Kreuzigung Jesu auf dem Körper eines Gläubigen. Im Laufe der Zeit wurde immer wieder von Stigmata berichtet, besonders von Mitgliedern geistlicher Orden, denen ich ja beitreten wollte. In meinem Fall handelte es sich um frühreife Vorstellungen eines stark religiös geprägten Jugendlichen. Die Ironie des Schicksals wollte es, dass ich schließlich die erkennbaren traumatischen Zeichen einer Art von Kreuzigung trug. Selbst aus der Sicht eines gereiften Gläubigen war dies eine Möglichkeit, dem Geschehen Sinn zu verleihen.

Wie so oft in diesen Fällen spricht Gott durch Menschen. Während meiner Genesung erhielt ich viele Botschaften mit Gebeten, Liebesbekundungen und Unterstützung, und ich erinnere mich besonders an die Rolle, die Kinder bei meiner Genesung spielten. Die Wände meines Krankenzimmers waren bedeckt mit Bildern und Zeichnungen, die mir Kinder aus Australien und Kanada, auch meine liebe kleine Nichte Lizzie Bick, zugeschickt hatten. Die kanadischen Kinder hatte ich erst ein paar Wochen vor dem Bombenanschlag kennengelernt, als ich in ihrer Schule in North Bay sprach. Sie waren erschüttert über die Nachricht, weil sie mich kannten und sich mir persönlich verbunden fühlten. Die australischen Kinder hingegen kannten mich nicht, waren aber dennoch von meiner Geschichte ergriffen. Gläubige und nichtgläubige Menschen schickten mir Botschaften der Liebe und des Zuspruchs. Das war das Mittel, mit dem Gott mir ermöglichte, den Anschlag auf mich in Erlösung umzuwandeln, Leben aus dem Tod und Gutes aus Bösem erwachsen zu lassen. „Es war Gottes Wille", sagen mitunter wohlmeinende Christen. Das weise ich energisch zurück! „Oh, Sie meinen also, dass Gott Briefbomben baut?", antworte ich darauf. Wenn ich sage, dass mir aus dem Anschlag etwas Erlösendes erwachsen ist, so heißt das nicht, dass das Böse nicht böse bleibt.

Meine Verluste sind offensichtlich dauerhaft, aber ebenso dauerhaft ist der Gewinn für mich und für andere. Ich habe durch den Anschlag zwar viel verloren, aber ich habe immer noch viel und habe auch etwas hinzugewonnen. Mein Lebensweg hat mich unermesslich bereichert, sodass mein Leben nicht nur aus

Bedauern besteht. Natürlich denkt ein Teil von mir: „Wenn ich doch nur bemerkt hätte, dass es eine Bombe war, und sie nicht aufgemacht hätte.“ Aber Gott ermöglichte mir, dem Anschlag etwas Erlösendes abzugewinnen. Manche Menschen, denen Schreckliches widerfahren ist, haben wohl überlebt, bleiben aber Gefangene dieses Abschnitts ihrer Vergangenheit. Meiner Meinung nach muss man einen weiteren Schritt bewältigen, indem man vom passiven Objekt der Geschichte – jemand, dem etwas Furchtbares zugefügt wurde – wieder zum aktiven Subjekt der Geschichte wird. Dazu muss man wieder zu einer Person werden, die sich an der Gestaltung der Welt schöpferisch beteiligt. Ich erkannte, dass ich immer Opfer bleiben würde, wenn ich Hass, Bitterkeit und Rachedurst nachgeben würde. Die Unterdrücker hätten dann zwar nicht meinen Körper getötet, aber sicherlich meine Seele. Die Welle von Liebe und Unterstützung, die ich erfuhr, ermöglichte es mir, den Weg vom Opfer zum Überlebenden und schließlich zum Sieger zu gehen. Das ging nicht schnell und es war auch nicht einfach. Es war ein langer Weg, der auch heute noch nicht zu Ende ist. Zunächst ging es darum, gesund zu werden und zu meinem Leben zurückzufinden, um es dann so erfüllt und mit so viel Freude zu leben wie möglich. Das würde mein Sieg sein.

Oft äußern sich Menschen sehr wohlmeinend über mich und stellen mich manchmal auch als Vorbild hin. Manches ist angemessen, aber anderes, obwohl es gut gemeint ist, wirkt entmenschlichend. Ich wäre nicht derjenige, der ich jetzt bin, ohne die Unterstützung der vielen, vielen Menschen, die mich liebten und sich um mich sorgten. Es ist nicht nur mein, sondern auch ihr Sieg. Wir neigen dazu Menschen, die wir bewundern, auf ein Podest zu stellen. Aber ich bin keine Heiligenstatue. Fragt den Menschen, der mir im Alltag hilft, er wird sagen, dass an mir nichts Heiliges ist. Mit meinen vielen menschlichen Schwächen kann ich für andere eher ein Beispiel abgeben als eine Heiligenfigur, die alles ohne Schaden zu nehmen und ohne Widersprüche überstanden hat. Wenn ich durch die Straßen Südafrikas gehe, werden Menschen durch mein Aussehen mit der Wahrheit unseres Volkes und mit dem, was wir uns gegenseitig angetan haben, konfrontiert. Es stimmt also, ich bin ein Symbol des Triumphes über das Unheil, aber genauso bin ich als Mensch mit all meinen Unzulänglichkeiten ein Zeichen dafür, dass Barmherzigkeit und Güte stärker sind als das Böse, als Hass und Tod. In ihrer ganzen Menschlichkeit ist diese Erkenntnis allen Kindern Gottes gegeben, nicht nur ein paar Auserwählten. Ich habe gesiegt, aber die Spuren der Vergangenheit haben mich gezeichnet. So gesehen stellt meine Entwicklung vom Freiheitskämpfer zum Heiler, wie die vieler anderer, eine Parallele zur Entwicklung Südafrikas dar. Wir mussten kämpfen und haben schließlich das Ungeheuer Apartheid erschlagen. Dann jedoch begann der lange Weg der Selbstheilung und des Aufbaus einer neuen Nation, in der alle Menschen die Möglichkeit haben, ihr Leben in vollem Umfang zu leben. Das ist nur möglich, wenn man nicht in der Vergangenheit gefangen bleibt.

3

Behinderung – Versehrtheit als Realität

Es war eine Genugtuung, nach sieben Monaten das Krankenhaus in Australien zu verlassen. Ich hatte nicht nur einen Bombenanschlag überlebt und mehr Operationen überstanden als mir lieb war, sondern war auch wieder auf den Beinen und bereit, mein Leben erneut in die Hand zu nehmen. Meine Widerstandskraft überraschte viele Menschen, ich zweifelte jedoch nie. Es ging einfach darum, das medizinisch Notwendige zu tun. Obwohl meine unmittelbare Zukunft unsicher war, war ich fest davon überzeugt, dass ich eine Zukunft hatte; ich wusste nur noch nicht, wie sie sich gestalten würde. Einerseits war ich noch derselbe unabhängige und dynamische Mensch wie immer, andererseits war nun alles anders. Ohne Hände in der Welt zurechtzukommen bedeutete praktisch, noch einmal ganz von vorn anfangen zu müssen. Ich fühlte mich gleichzeitig verwundbar und zuversichtlich.

Die nächsten Wochen und Monate entpuppten sich als Intensivkurs zur Bewältigung des Lebens mit einer schweren Behinderung. Es war ein hartes Stück Arbeit. Im Krankenhaus hatte ich immer Unterstützung gehabt, aber nun musste ich die Hilfe, die ich brauchte, selbst organisieren. Es gab furchtbar frustrierende Momente, wenn ich allein war und selbst mit simplen Aufgaben, die ich einst ohne nachzudenken erledigen konnte, nicht fertig wurde. Die Physiotherapeuten hatten mich zwar akribisch mit der Anwendung meiner Prothesen vertraut gemacht, nichts kann uns jedoch auf die unzähligen alltäglichen Herausforderungen vorbereiten, für die wir unsere Hände brauchen und deren Bewältigung körperlich unversehrte Menschen für selbstverständlich halten. Als nächstes kam die soziale Anpassung. Behinderungen rufen in vielen von uns starke Gefühle hervor, wohl weil wir dadurch mit unserer eigenen Verwundbarkeit, Zerbrechlichkeit und auch Sterblichkeit konfrontiert werden. Diese Reaktionen können, auch wenn sie unabsichtlich sind, sehr verletzend sein, besonders für jemanden wie mich, der durch sein neues Aussehen noch verunsichert war. Ein Vorfall kurz nach meiner Rückkehr nach Südafrika prägte sich mir besonders tief ein. Ich bog in einem Büro, in dem ich arbeitete, um eine Ecke und stieß fast mit einer Frau zusammen, die gerade von der Toilette kam. Als sie mein Aussehen bemerkte, schaute sie mich tief erschrocken und entsetzt an. Ich erinnere mich lebhaft an den Stich, den ihr Entsetzen auslöste, und daran, wie ich innerlich zusammenzuckte. Bei einer anderen Gelegenheit kaufte ich mit einem Freund in einem Supermarkt in Kapstadt ein. Das Einkaufen strengte mich an, und so beschloss ich, draußen auf ihn zu warten. Vor dem Supermarkt setzte ich mich auf eine Bank. Ich war erstaunt, als kurz darauf eine Frau auf mich zuging und ein Geldstück aus der Tasche holte. Sie streckte es mir entgegen, weil sie mich für einen Bettler hielt. Natürlich hatte ich keine Hände, um das Geldstück entgegenzunehmen, sodass sie erst etwas herumfummelte, dann die Münze wieder einsteckte und verschwand. Solche Vorfälle hinterlassen tiefe Spuren in der Seele eines Menschen. Manchmal bringen sie uns aber auch zum Lachen. Menschen, die weitaus größere Behinderungen haben als ich, zum Beispiel spastische Lähmungen, rufen noch stärkere Gefühle hervor. Ihre Körper können sich auf unvorhersehbare Weise verdrehen, oder sie haben Schwierigkeiten beim Sprechen. In ihrem Inneren verbirgt sich jedoch ein Mensch, der den Schmerz der Abstoßung zutiefst empfindet und sich danach sehnt, dass die anderen mehr in ihm sehen als nur eine Behinderung.

Plötzlich gehörte ich einer Minderheit an, der ich eigentlich nicht hatte beitreten wollen, und entwickelte alsbald ein Gefühl der Verbundenheit mit meinesgleichen. Ich wurde dadurch auch feinfühliger anderen Minderheiten gegenüber, die ebenfalls diskriminiert wurden. Meine Behinderung war nicht zu übersehen. Wenn man mich jemandem vorstellte, konnte ich keine Hand schütteln. Stattdessen bot ich meinen Arm an oder umarmte die Person sanft, aber auch das lenkte die Aufmerksamkeit auf meine Behinderung. Seltsam fand ich es, wenn Menschen darauf bestanden, meinen Metallhaken zu schütteln. Als körperlich unversehrter Mensch hatte ich es verstanden, wie die meisten anderen wohl auch, unerwünschte Aufmerksamkeit zu vermeiden. Diese Möglichkeit gab es jetzt nicht mehr. Mit der Anonymität war es nunmehr vorbei. Sobald ich einen Raum betrat, starrten manche Menschen auf die Haken an meinen Armen, während andere sich in geradezu absurder Weise bemühten wegzuschauen. Wiederum andere versuchten ihr Unbehagen zu überwinden, indem sie zu mir eilten und mir unerbetene und unnötige Hilfe anboten. Oft denke ich an ein Prinzip meiner Ordensgemeinschaft: „Bürde anderen keine Hilfeleistungen auf, die deiner eigenen Vorstellungswelt entspringen."

Ich begann, meine eigenen vorgefassten Meinungen über behinderte Menschen unter die Lupe zu nehmen. War ich ihrem Schmerz gegenüber blind gewesen? Hatte ich sie verdinglicht? Als ich tiefer grub, merkte ich beschämt, dass sich meine mangelnde Sensibilität schon in meiner eigenen Familie ausgewirkt hatte. Meine Beziehung zu meinem älteren Bruder Peter war schon immer etwas problematisch gewesen. Er stotterte, während ich als Jugendlicher meine frühreife Religiosität im Brustton der Überzeugung zum Ausdruck brachte. Ich war ausgesprochen wortgewandt, und so fiel es mir in Wortgefechten sehr viel leichter zu punkten als Peter, der damit Schwierigkeiten hatte. Ich sehe jetzt ein, dass ich seine Schwäche auf unfaire Weise ausnutzte, was sicherlich zu unserer distanzierten Beziehung beigetragen hat. Selbstverständlich können Behinderte den Spieß auch umdrehen, indem sie ihre Behinderung gezielt benutzen, um besondere Gefälligkeiten zu erwirken. Nach einem langen, anstrengenden Tag ist es nur allzu einfach, einen Freund zu fragen: „Könntest du dies für mich tun?“, auch wenn ich „dies“ mit etwas mehr Mühe auch selbst erledigen könnte. Außerdem gibt es Tätigkeiten, die mich eine größere Anstrengung kosten würden und die ich grundsätzlich nicht selbst verrichte, wie den Geschirrspüler einräumen, beim Kochen helfen und mein Gepäck tragen. In diesen Momenten denke ich dann: „Naja, eine Behinderung muss ja auch Vorteile haben.“ Schuldgefühle können auch als Waffe benutzt werden, um Menschen zu bestrafen, die auf unsere Ansprüche nicht eingehen. Genauso kann uns die Bewunderung anderer Menschen zu Kopf steigen – verführerisch und zugleich spirituell riskant. Diese gefährlichen Tücken, die Behinderungen mit sich bringen, verleiten uns dazu, in der Opferrolle zu verharren, und können die Beziehungen zu Familie und Freunden zerstören.

Wenn ich gefragt werde, wie meine Hände funktionieren, antworte ich normalerweise, dass sie von Glauben und Hoffnung geführt werden. Mechanisch gesehen sind sie aber mit meinen Schultern verbunden. Wenn ich meine Schulter auf eine bestimmte Weise bewege, öffnen sich die Haken, wenn ich die Schulter anders bewege, öffnen sie sich nicht. Sie sind also fein eingestellte Instrumente, auch wenn sie nicht danach aussehen. Ich kann sogar tippen und Auto fahren. Was ich machen oder nicht machen kann, ist oft nicht vorhersehbar. Es ist für mich zum Beispiel einfacher, Auto zu fahren, meinen Laptop oder mein Handy zu benutzen, als meinen obersten Hemdknopf aufzumachen. Kurz nach meiner Rückkehr nach Südafrika lud mich Erzbischof Tutu zum Abendessen ein. Ich lernte damals noch den Umgang mit meinen Prothesen. Wenn ich zum Beispiel mit dem rechten Haken eine Tasse hielt und gleichzeitig versuchte, mit dem linken etwas anderes zu tun, konnte es durchaus geschehen, dass die Tasse zu Boden fiel. Als Tutu mir dann Kaffee eingoss, rutschte die Tasse prompt weg, und der Kaffee ergoss sich über den Erzbischof. Er fragte mich, ob ich nach Hause wollte, aber ich erwiderte, dass mir eine zweite Tasse Kaffee lieber wäre.

Jede Behinderung hat ihre Besonderheiten. Dies kann man bei Einrichtungen für Behinderte am besten beobachten. Vor einigen Jahren nahm ich an einer Tagung in einem neuen Konferenzzentrum in Johannesburg teil. Die Gastgeber schienen außergewöhnlich erfreut über mein Erscheinen. Ich konnte ihre Begeisterung nicht begreifen, bis sich herausstellte, dass das neue Gebäude mit einer behindertengerechten Suite ausgestattet war. Mit großem Trara führten sie mich dorthin. Ich schaute mich darin um und fand die Suite ziemlich gewöhnlich – ein Bett, ein Stuhl, ein Schrank, also nichts, was man mit einer Behinderung in Verbindung bringen würde. Dann zeigten sie mir das Bad – das einzig Außergewöhnliche war eine Handdusche! Die Designer hatten offensichtlich nicht an mich gedacht. Meine Gastgeber waren bestürzt, als ich sie bat, mir ein anderes Zimmer zu besorgen.

In den USA ist es für mich besonders schwierig, da dort – im Unterschied zu vielen anderen Ländern – die Türen keine Klinken sondern Türknäufe haben und ich es nicht schaffe, diese Knäufe zu drehen. Bei meiner ersten USA-Reise nach dem Attentat konnte ich mein Hotelzimmer weder betreten noch verlassen, ohne den Sicherheitsdienst zu rufen. Daraufhin beschloss ich, nicht mehr ohne persönlichen Assistenten zu reisen.

Vor nicht allzu langer Zeit fuhr ich zu einer Tagung in einem teuer ausgestatteten Bürogebäude im Zentrum von Manhattan in New York City. Wieder wurde mir voller Stolz eine behindertengerechte Toilette gezeigt. Leider hatte auch deren Tür einen runden Knauf. In diesem Fall aber wurde die Tür gleich am darauffolgenden Tag mit einer Art Hebel ausgestattet, den ich betätigen konnte. In Restaurants muss ich oft mit der Bedienung verhandeln, damit ich meinen Tee in einem großen schlanken Glas serviert bekomme, das ich dann auch festhalten kann. Unbegreiflicherweise befürchten die Angestellten trotz meiner gegenteiligen Erfahrung immer wieder, dass das Glas durch den heißen Tee brechen könnte. Ich kann ihnen noch so geduldig erklären, dass das nicht der Fall sein wird, sie beharren dennoch darauf. Gebrochen ist es noch nie.

Zwar hatte mich meine monatelange Genesung die Grundlagen des Lebens mit einer Behinderung gelehrt, doch als ich eine lange Vortragsreise unternahm, kam ich mir vor wie auf einer Weiterbildung. Plötzlich war ich im Ausland gefragter als je zuvor. Mein Schicksal hatte sich herumgesprochen, und viele wollten mir ihren Zuspruch persönlich übermitteln. Auch ich wollte unbedingt allen Menschen danken, die mich bei meiner Genesung begleitet hatten. Endlos über diesen Anschlag zu reden war jedoch anstrengend. Nicht, dass ich das Trauma erneut durchlebt hätte – vielmehr wurde es einfach langweilig. Ich wiederholte die Geschichte immer wieder und dachte innerlich: „Jetzt geht es schon wieder los."

Politisch war der ANC seit kurzem zugelassen, und es fanden offizielle Verhandlungen zwischen der weißen Regierung und der Freiheitsbewegung statt. Das Land erlebte aber auch eine Welle der Gewalt, als die weiße Regierung die Bevölkerung gegen rivalisierende politische und ethnische Gruppierungen aufzuwiegeln suchte und sie auch gegeneinander aufhetzte. Darüber hinaus verschärfte sie ihre eigene brutale Repression. Das Apartheidregime hatte es geschafft, das gesamte südliche Afrika zu destabilisieren, und ging nunmehr daran, innerhalb von Südafrika dasselbe zu tun. Angesichts der bevorstehenden Wahlen wollte die Regierung die demokratischen Kräfte dazu bringen, sich gegenseitig zu bekämpfen, anstatt die Bevölkerung für die Wahlen zu mobilisieren. Bisweilen wurde vermutet, dass die Regierung in ihrer Naivität glaubte, die Freiheitskämpfer ausmanövrieren und sich an den Kern der politischen Macht klammern zu können. Niemand wusste, wie es ausgehen würde. Würde es zu einem Blutbad kommen? War ein friedlicher Regierungswechsel möglich?

Freunde im Ausland waren gespannt, die Geschichte aus meiner Sicht zu hören, sodass ich schon 18 Monate nach dem Attentat eine doch sehr anstrengende Tour durch Norwegen, Schweden, England, die Vereinigten Staaten und Kanada antrat. Das war wohl etwas voreilig von mir, denn diese Reisen waren immer strapaziös, und ich war ja immer noch nicht ganz bei Kräften und hatte außerdem keine Erfahrung damit, wie man Reisen mit einer Behinderung wie meiner bewältigt. Wenn ich zum Beispiel mit dem Zug anreiste, musste mich jemand am Bahnsteig abholen, da ich ja das Gepäck nicht tragen konnte. Toiletten waren manchmal problematisch. Um ehrlich zu sein, konnte ich selbst nicht immer voraussehen, welche Hilfe ich benötigen würde, und meine Gastgeber waren dazu ebenfalls kaum oder gar nicht in der Lage. So improvisierten wir eben. Ich musste sie oft beschwichtigen, und wenn ich etwas kurz angebunden war, wirkten sie manchmal frustriert. Dann wurden auch endlose Empfänge abgehalten. Manchmal gab es keine Gläser, die ich halten konnte, und natürlich konnte ich mit Appetithäppchen nicht umgehen. Wenn ich mit engen Freunden zusammen bin, bitte ich sie, mir das Essen direkt in den Mund zu schieben, aber bei Fremden war mir da manchmal etwas unbehaglich zumute. All das war neu für mich und bisweilen stressig. Ich kehrte etwas geläutert nach Hause zurück und hatte nun eine realistischere Vorstellung von dem, was solche Reisen mit sich bringen.

Kurz nachdem ich aus dem Krankenhaus in Australien entlassen wurde, kehrte ich nach Simbabwe zurück. Überall schienen die Menschen mich zu erkennen, und sie freuten sich offenkundig darüber, mich wieder auf den Beinen zu sehen. Eines Tages zum Beispiel ging ich mit einem Freund im Park spazieren, als ein Polizist auf uns zutrat und sagte: „Erinnern Sie sich an mich? Ich war einer Ihrer Leibwächter, als Sie im Krankenhaus lagen. Wie fühlen Sie sich jetzt?" Praktisch jeden Tag erlebte ich solche Momente mit Freunden und auch völlig fremden Menschen. Dies gab mir wirklich das Gefühl, in Simbabwe dazuzugehören und nicht nur ein Verbannter zu sein, der darauf wartete, nach Südafrika zurückzukehren. Kurz nach meiner Ankunft erfuhr ich zu meiner Verblüffung, dass mir in Neuseeland ein Verdienstorden, die *Queen's Service Medal* verliehen werden sollte, in Anerkennung meiner Bemühungen um die Befreiung Südafrikas. Wie ich bei der Verleihungszeremonie sagte, wird diese Ehre normalerweise Wirtschaftsführern und pensionierten hohen Armeeoffizieren zuteil, aber bestimmt nicht Priestern, die sich einer nationalen Freiheitsbewegung anschließen und die moralische Zulässigkeit des bewaffneten Kampfs verteidigen! Meine Worte riefen hier und da ein Lächeln hervor, doch niemand protestierte.

Ich begriff aber auch schnell, dass eine Behinderung für viele Menschen etwas völlig Fremdes ist. Zum Beispiel traf ich hin und wieder einige meiner früheren Kampfgefährten. Als ich mich ihnen gegenüber selbst als behindert bezeichnete, fühlten sie sich sichtlich unwohl. „Du bist doch gar nicht behindert!" sagten sie. Was sollte der Unsinn? Tatsächlich brachten sie damit zum

Ausdruck, dass meine Behinderung nicht in ihre Vorstellungswelt passte. Für sie war ich ein im Kampf verwundeter Soldat, und das war's. Dieses Konzept konnten sie verstehen, ob es meiner Realität entsprach oder nicht. Dass ich nie eine Waffe benutzt hatte, war unwichtig.

Ich fühlte mich bereit, meine Arbeit wieder aufzunehmen, und beschloss, den Bischof aufzusuchen, der mich in der Diözese von Bulawayo als Pfarrer angestellt hatte. Der Anschlag auf mich war zwei Tage vor meinem Amtsantritt verübt worden, sodass ich meine Aufgaben dort nie wahrgenommen hatte. Dieser Bischof war ein lieber Mensch, er hatte mich auch im Krankenhaus besucht und für meine Genesung gebetet. Sieben Monate später stand ich nun vor seiner Tür. Ich erklärte ihm, dass es mir jetzt wieder gut ginge, und dankte ihm für seine Gebete. Dann fragte ich ihn nach der Aufnahme meiner Tätigkeit. Er wurde ganz verlegen, und ich fragte mich, ob er als Bischof vielleicht nicht daran gewöhnt war, dass Gott seine Gebete erhörte. „Aber Sie sind doch behindert. Was können Sie denn tun?" sagte er schließlich. „Nun, Herr Bischof, ich kann vieles tun, ich kann sogar Auto fahren", erwiderte ich. Ich sah das Entsetzen in seinen Augen. Vielleicht befürchtete er, mir im Auto zu begegnen. „Wissen Sie, Herr Bischof, ich denke, ich kann ohne Hände ein besserer Priester sein, als ich es mit zwei Händen jemals war", fügte ich noch hinzu, aber es hatte keinen Zweck. Dieser Bischof war kein schlechter Mensch, er empfand mich jedoch als Belastung. Erzbischof Desmond Tutu hingegen gab mir eine Arbeit in der Diözese von Kapstadt. „Wissen Sie, ich habe einen Priester, der taub ist, und einen anderen, der blind ist. Jetzt habe ich einen ohne Hände. Na los! Worauf warten Sie?", sagte er mit einem Augenzwinkern. Ein Bischof sah mich also als Belastung, der andere als Bereicherung.

Es öffneten sich auch andere Türen für mich. Als ich noch in Australien im Krankenhaus lag, bekam ich einen Anruf von Horst Kleinschmidt, einem südafrikanischen Freund, der in London im Exil lebte. Er leitete den *International Defense and Aid Fund*, eine Organisation, die politischen Gefangenen in Südafrika juristische Unterstützung anbot. Durch seine Arbeit war er immer auf dem neusten Stand der Entwicklungen in Südafrika und wusste, dass das Apartheidregime womöglich seinem Ende entgegen ging. Horst war kurz zuvor zum ersten Mal seit langem nach Südafrika gereist und hatte dort erfahren, dass sich eine Gruppe von Psychotherapeuten mit der Frage befasste, wie man von der Apartheid geschädigten Menschen künftig emotionale und psychologische Unterstützung bieten konnte. Es wurden bereits Pläne geschmiedet, um in *Cowley House*, einer Einrichtung der anglikanischen Kirche in Kapstadt, ein Zentrum für traumatisierte Gewalt- und Folteropfer aufzubauen. Horst rief mich im Krankenhaus an und meinte, ich sei wie geschaffen für die Arbeit dort. Das Wunderbare an den Reaktionen von Horst und Erzbischof Tutu war, dass sie meinen Schicksalsschlag nicht als Handicap, sondern als Auslöser für die Entwicklung neuer Fähigkeiten betrachteten.

Während der Arbeit an diesem Buch las ich die bemerkenswerte Darstellung einer Behinderung von John Howard Griffin, einem Musiker, Autor und Mystiker, der sich später im sozialen Bereich engagierte und dann durch sein Buch „Black Like Me" berühmt wurde. Seine Geschichte erweckte in mir einen äußerst persönlichen Aspekt meines Heilungsweges wieder, über den zu reden mir schwerfällt, und bewirkte, dass ich noch einmal über meine eigene Erfahrung nachdachte. In seinem Buch „Scattered Shadows" beschreibt Griffin, wie er über einen Zeitraum von zwei Jahren hinweg völlig erblindete und zehn Jahre später gänzlich unerwartet sein Sehvermögen wiederfand. Obwohl unsere Lebenswege sich in vielem unterscheiden, spiegelt das Buch im Wechselspiel zwischen unseren Unterschieden und Gemeinsamkeiten jedoch auch meine Entwicklung wider. Als Jugendliche verließen wir beide unser Zuhause und begaben uns in fremden Ländern auf eine Sinnsuche. Für Griffin als Amerikaner bedeutete das zunächst, Antworten in der Musik und einer klassischen französischen Bildung zu suchen, während ich mich der Theologie und dem Priestertum zuwandte. Als junger Mann zog er in den Krieg und erlitt dort eine Verwundung, durch die er erblindete. Später wurde er Pazifist, während ich, zumindest vorübergehend, in die entgegengesetzte Richtung strebte. Unsere Gemeinsamkeit lag in unserem Engagement, Gottes Willen erkennen zu wollen. Seine Geschichte ist die Geschichte eines tiefen Glaubens, aber – und da unterscheiden wir uns – er musste starke Zweifel überwinden, bevor er sich schließlich dem römisch-katholischen Glauben anschloss.

Ich war sehr ergriffen von Griffins emotionalem und spirituellem Ringen mit seiner Behinderung, von seiner außerordentlichen Selbstwahrnehmungsfähigkeit und der kompromisslosen Klarheit, mit der er seine manchmal widersprüchlichen Gefühle darzustellen wusste. In seinen Memoiren lässt er zuweilen andere für sich sprechen. Als er noch ein wenig sehen konnte, besuchte er Tours, wo er einen blinden, heruntergekommenen Straßenhändler traf. Für beide war es eine sehr eindrucksvolle Begegnung: Griffin hatte noch nie zuvor mit jemandem darüber gesprochen, was es heißt, blind zu sein, und der Straßenhändler war nie zuvor wegen seiner Blindheit geschätzt worden. Die Schilderung der schmerzhaften Einsamkeit eines Lebens mit einer Behinderung, wie sie der Straßenhändler beschrieb, wühlte mich im Innersten auf:

> Ich lebe seit fast fünfzig Jahren in diesem Viertel. Keiner weiß, wie ich heiße … ich habe keinen Namen, nur eine Behinderung … ich bin der Blinde … Als ich jung war wie du, sehnte ich mich so sehr nach Zuneigung, dass ich es sogar bei Prostituierten versucht habe. Weißt du warum? Es ging eigentlich nicht um Sex, sondern darum, berührt zu werden … Einen Orgasmus kann man kaufen, aber nicht jene liebevollen Berührungen, die ihm Bedeutung geben. Man kauft nur eine elendere Erbärmlichkeit … ich hasste sie deswegen.

Die persönliche, innere Dimension meiner eigenen Heilung war im Grunde ein spiritueller Weg, auf dem ich Trost in der Weisheit meiner Glaubenstradition fand. Einmal hatte ich eine Ikone der orthodoxen Kirche gesehen, auf der Jesus mit zwei ungleich langen Beinen dargestellt war. Die vorherrschende westliche Ikonografie zeigt Jesus immer mit einem makellosen weißen männlichen Körper – einem Körper, den so niemand besitzt, außer vielleicht in Hollywood. Doch da war er, mit einem gravierenden Mangel, so wie ich. Wahrscheinlich ging das Bild auf Jesajas Gleichnis vom leidenden Knecht zurück:

> Siehe, mein Knecht wird weislich tun und wird erhöht und sehr hoch erhaben sein. Gleichwie sich viele an dir ärgern werden, weil seine Gestalt hässlicher ist denn anderer Leute und sein Ansehen denn der Menschenkinder, also wird er viele Heiden besprengen, dass auch Könige werden ihren Mund vor ihm zuhalten. Denn welchen nichts davon verkündigt ist, die werden's mit Lust sehen; und die nichts davon gehört haben, die werden's merken.

Der leidende Knecht nimmt natürlich den jüdischen Messias vorweg, hässlich, verunglimpft und verschmäht – eine Passage von Jesaja, die durch Händels glorreiches Altsolo „He was despised" im zweiten Teil seines „Messias" berühmt wurde:

> Er war der Allerverachtetste und Unwerteste, voller Schmerzen und Krankheit. Er war so verachtet, dass man das Angesicht vor ihm verbarg; darum haben wir ihn für nichts geachtet.

Während ich über diese Bibelpassagen nachdachte und ihre heilsame Wirkung verspürte, begriff ich, dass Behinderung eigentlich die Norm des menschlichen Befindens darstellt. Unvollkommenheit, Unvollständigkeit, Versehrtheit – sie alle sind universelle menschliche Erfahrungen. Menschen mit schlimmen körperlichen Behinderungen spiegeln die Wirklichkeit der gesamten Menschheit wider. Einige Jahre später, bei meiner Arbeit mit dem *Institute for Healing of Memories*, schafften die sichtbaren Zeichen meines Leidens ein Gefühl der Verbundenheit mit anderen Menschen, die ihre eigenen sichtbaren oder unsichtbaren Wunden mit sich trugen. Mit der Zeit überbrückte diese Verbundenheit Kulturen, Religionen und räumliche Entfernung. Schmerz ist tatsächlich ein Weg zur Transzendenz.

Der heilige Laurentius war ein christlicher Märtyrer im zweiten Jahrhundert, dem von römischen Verfolgern befohlen wurde, den Reichtum der Kirche als Tribut abzugeben. Natürlich erwarteten sie Gold und Silber. Stattdessen brachte Laurentius ihnen Alte, Kranke, Blinde und Menschen, die nicht gehen konnten. „Seht her“, sagte er, „sie sind der Reichtum der Kirche.“ Ich verstand, dass behinderte Menschen wie wir der Reichtum der Menschheit sind. Wir sind ein Ausdruck dafür, dass Zerbrechlichkeit, Krankheit und Versehrtheit zwangsläufig zum menschlichen Leben gehören. Durch unser Hilfebedürfnis verkörpern wir die Abhängigkeit der Menschen voneinander. Wir erwecken die Gabe des Mitgefühls in unseren Mitmenschen und erinnern sie daran, dass wir einander brauchen und niemals alleine ganz Mensch sein können. „Ich bin, weil du bist“, lautet ein Sprichwort in vielen afrikanischen Sprachen. Anders ausgedrückt, ein Mensch wird erst durch andere Menschen ein Mensch. In Südafrika sprechen wir von „Ubuntu“, der Großmut auf dem gemeinsamen Weg zur Ganzheit. Wenn behinderte Menschen wie ich einen Platz an der Sonne verlangen, bitten wir unsere Mitmenschen nicht nur darum, nett zu uns zu sein. Unsere Botschaft lautet vielmehr: „Ohne uns könnt ihr keine echte Gemeinschaft erlangen.“ Wir wollen kein Mitleid, sondern Gerechtigkeit. „Schließt uns nicht nur in eure Gemeinschaft mit ein, lasst uns vielmehr gemeinsam eine schaffen“, sagen wir. Das ist eine völlig andere Auffassung.

Manchmal frage ich mich, warum ich den Anschlag überlebte, während ich so viele meiner Freunde zu Grabe getragen und ihnen Lebewohl gesagt habe. Ich glaube, dass die Spuren des Anschlags Zeugnis ablegen von den Grausamkeiten, zu denen wir Menschen fähig sind, und diejenigen als Lügner entlarven, die diesen Horror leugnen oder kleinreden. Wichtiger aber noch ist meines Erachtens, dass Menschen, die sichtbar unter Krieg und Folter gelitten haben, liebevolle Reaktionen in anderen Menschen hervorrufen, was wiederum ein Zeichen dafür ist, dass Gerechtigkeit, Frieden, Güte, Mitgefühl und Hingebung stärker sind als Hass, Gottlosigkeit und Tod. Das ist die Botschaft der Erlösung.

Am 27. April 1991 wurde in der anglikanischen Kirche in Harare ein Dankgottesdienst abgehalten, um den ersten Jahrestag meiner Rettung zu feiern. In meiner Ansprache erklärte ich der Kirchengemeinde, dass ich nur dank ihrer Unterstützung und der Hilfe Gleichgesinnter in aller Welt den Sieg davontragen konnte, und ich schloss mit den Worten:

> „Diejenigen, die mir die Briefbombe schickten, sind eher Opfer als ich. Der Anschlag hat nicht nur meinen Glauben und mein Mitgefühl vertieft, sondern auch dazu geführt, dass ich meine Ganzheit verstanden und mich noch stärker für Gerechtigkeit und Freiheit in Südafrika und in der ganzen Region eingesetzt habe … Deswegen sage ich Euch jetzt, herzlichen Glückwunsch! Wir haben gewonnen! Der Sieg ist unser! *Makorokoto*!"

Teil II

Freiheitskämpfer

Mit meinem geliebten Stoffhasen

Bei meiner Ordinierung mit 24

Das einzige Bild meiner kompletten Familie.
Hinten: Peter, Irene, Mutter, Vater, Ian und ich. Vorne: Margaret, Barbara und Helen

4

Von Haus aus gläubig

Ob wir uns dessen bewusst sind oder nicht, besitzen die meisten von uns doch Prinzipien, die ihnen als moralische Richtschnur dienen. Für mich war diese Richtschnur immer das Evangelium, das uns dazu aufruft, menschliche Würde und Gerechtigkeit ohne Rücksicht auf die möglichen Konsequenzen zu verteidigen. Als Christen wissen wir, dass letzten Endes Gutes dem Bösen entspringt und Leben dem Tod. Wenn man dies ernst nimmt, dann spornt der Glaube dazu an, sich politisch zu engagieren. „Für den Triumph des Bösen reicht es, wenn die Guten nichts tun", ist eines meiner Lieblingszitate; es stammt von dem irischen Staatsmann Edmund Burke. Folglich war der Freiheitskampf in Südafrika für mich von Anfang an eine Frage des Glaubens. Die Apartheid war ein System, das durch den Mord an den Seelen von Weißen und Schwarzen gegen Gottes Willen verstieß. Der Mut, seine Worte direkt an das Machtzentrum zu richten und seinem Glauben gemäß zu handeln, kommt weder leicht noch über Nacht. Er wird über Jahre hinweg geformt und auf die Probe gestellt und beginnt als ganz allmählicher Prozess bereits in der Kindheit. In der Bibel steht: „Als ich ein Kind war, / redete ich wie ein Kind, / dachte wie ein Kind / und urteilte wie ein Kind. Als ich ein Mann wurde, / legte ich ab, was Kind an mir war" (1 Kor 13,11). Der Glaube ist eine Lebensaufgabe.

Ich bin in einer kleinen Stadt namens Hastings in Neuseeland aufgewachsen. Als Ziergärtner gestaltete mein Vater im Auftrag des Stadtrates schöne öffentliche Anlagen. Er war in der Gemeinde sehr bekannt. Die Menschen sahen ihn in den städtischen Gärten arbeiten und erfreuten sich an den Blumen, die er pflanzte. Meine Mutter war ein ruhiger, bescheidener Mensch, deren tiefer Glaube in ihrer Hingabe an ihre Familie und die Kirche Ausdruck fand. Die Generation meiner Eltern wurde durch einige schwerwiegende Ereignisse geprägt. Eines, von dem uns Kindern immer wieder erzählt wurde, war das Erdbeben von Napier 1931, das sich genau an dem Tag ereignete, an dem meine Mutter auf die Oberschule kam. Das Gebäude brach über ihr zusammen. Jemand zog sie aus den Trümmern, kehrte ins Gebäude zurück und kam bei dem Versuch, weitere Menschen zu retten, ums Leben. Ohne sein mutiges Eingreifen wäre keiner von uns hier. Ich erinnere mich noch gut an die Angst in den Augen meiner Mutter, wenn es ein Erdbeben gab, was in unseren Breiten häufig vorkam. Mein Vater beruhigte sie dann, indem er einfach seine Hand auf ihren Arm legte.

Natürlich beeinflussten zwei weitere einschneidende Ereignisse die Kindheit und Jugend der Generation meiner Eltern: die Weltwirtschaftskrise und der Zweite Weltkrieg. Kurz nach der Hochzeit meiner Eltern zog mein Vater in den Krieg. „Sein Blick sagt mir, dass er nicht zurückkommen wird", soll meine Urgroßmutter gesagt haben, als mein Vater sich von meiner Mutter verabschiedete, und damit meine Großmutter richtig wütend gemacht haben. Wie wunderbar, dass sie doch unrecht hatte! Trotzdem sagte meine Mutter mir einmal: „Dein Vater zog in den Krieg, aber der Mann, der zurückkehrte, war nicht mehr derselbe, der weggegangen war."

Unsere vielköpfige Familie gehörte zum Arbeiterstand und verfügte nur über begrenzte Mittel. Ich bin das fünfte von sieben Kindern, und da wir so viele waren, hatten meine Eltern stets mit finanziellen Schwierigkeiten zu kämpfen. Gleichzeitig habe ich viele liebgewordene Kindheitserinnerungen. In den Jahren nach dem Tod meines Vaters, als wir bereits erwachsen waren, machten unsere Erfolge meine Mutter überglücklich. Sie liebte jeden von uns auf einzigartige Weise, genauso wie mein Vater es getan hatte. Wenn ich sie besuchte, rief manchmal eines meiner Geschwister an, und ich hörte genau zu, wie sie reagierte, wenn sie die Stimme eines ihrer Kinder hörte. Jedem von uns begegnete sie mit derselben Zärtlichkeit und Freude. Unsere Eltern hatten jedem von uns ermöglicht, seine eigene Persönlichkeit zu entfalten. Sie liebten uns ohne Wenn und Aber und versuchten nie, uns in ein Muster zu zwängen. So wurden alle sieben Geschwister zu außerordentlich unterschiedlichen Menschen. Ich wusste, dass meine Mutter stolz darauf war, dass ich Priester geworden war, aber genauso stolz war sie darauf, dass Peter Ingenieur wurde und Helen Gesundheitsökonomin, und das galt für uns alle. Als wir erwachsen wurden, vergrößerte sich die Familie. Ehepartner, Partner, Freunde, Kinder, Enkelkinder und angeheiratete Verwandte – sie alle waren immer willkommen. Alle gehörten sie zur Familie, und alle wurden mit offenen Armen empfangen.

Eine siebenköpfige Familie galt damals in Neuseeland als sehr groß. Keiner meiner Altersgenossen hatte so viele Geschwister. Trotzdem hatte ich nie Hunger und immer ein Bett, auch wenn ich mein Zimmer mit zwei meiner Brüder teilte. Das war übrigens eine gute Übung für mein erstes Jahr in einer Ordensgemeinschaft, in der ebenfalls drei bis vier Personen in einem Zimmer schliefen. Erst als ich meine Priesterausbildung abgeschlossen hatte, bekam ich endlich ein Zimmer für mich allein. Da wir als verhältnismäßig arme Menschen in einem fortschrittlichen Sozialstaat lebten, erhielten meine Eltern für jeden von uns ein wenig Kindergeld vom Staat. Am Wochenende half mein Vater in Obstgärten in der Nachbarschaft bei der Ernte, um das Familieneinkommen aufzubessern. Meine Mutter gehörte einem sogenannten Weihnachtsclub an. Jede Woche legte sie bei unserem Lebensmittelhändler ein paar Schillinge zur Seite, damit Weihnachten genug Geld beisammen war, um ein gutes Weihnachtsessen einzukaufen. Neuseeland hatte eine relativ egalitäre Gesellschaft, sodass die Distanz zwischen Menschen aus unterschiedlichen sozialen Schichten weniger ausgeprägt war als in vielen anderen Ländern. Zum Beispiel spielte mein Vater sehr gerne *Bowls*, ein Kugelspiel, und nahm an Turnieren mit Spielern unterschiedlichster Herkunft teil. Meine Eltern waren eifrige Kirchgänger und führende Mitglieder ihrer Gemeinde. Menschen aus vielerlei sozialen Schichten kamen hier zusammen und übernahmen auch leitende Aufgaben in der Kirche. So wuchs ich mit dem Gefühl auf, einer recht aufgeschlossenen Gemeinschaft anzugehören, konnte mir deshalb eine Zukunft der unbegrenzten Möglichkeiten vorstellen und fühlte mich nicht durch wirtschaftliche Umstände eingeengt. Ich besuchte eine gute staatliche Schule und hätte in Neuseeland an der Universität studieren können, auch wenn ich mich dann für einen anderen Weg entschied.

Um etwas Taschengeld zu verdienen, kehrte ich nach der Schule in einigen Geschäften den Boden und brachte den Müll weg. Einige Jahre lang arbeitete ich morgens auch als Zeitungsbote. Dabei war ich so erfolgreich und dienstbeflissen, dass ich genug Weihnachtstrinkgeld bekam, um für zwei Wochen nach Auckland zu meinem Onkel und meinem Cousin zu fliegen, und sogar noch genug übrig hatte, um einen Ersatzzeitungsboten für die Zeit meiner Abwesenheit zu bezahlen. In der Oberschule gehörte ich zu den besten. Die Eltern vieler meiner Mitschüler arbeiteten in Unternehmen oder übten freie Berufe aus und waren dadurch viel wohlhabender als wir. Eine Zeit lang war mir der Beruf meines Vaters peinlich. Ironischerweise habe ich mich später, als ich mehr politisches Bewusstsein und zunehmend linke Ansichten entwickelte, für meine Reaktion geschämt. „Wie schön es doch ist, dass ich aus der Arbeiterklasse komme!“, dachte ich dann. Wie sich unsere Perspektive doch ändert!

Obwohl meine Eltern regelmäßig in die Kirche gingen, redete meine Mutter kaum über ihren Glauben, und wir hielten zu Hause keine regelmäßigen Andachten. Vor dem Abendessen sprachen wir ein Dankgebet, aber wir beteten sonst nicht gemeinsam und lasen auch nicht die Bibel im Familienkreis. Man kann sagen, dass meine Mutter ihren Glauben zum Ausdruck brachte, indem sie versuchte, ein christliches Leben zu führen, anstatt ihren Glauben zur Schau zu stellen. Sie war eine charakterfeste und liebevolle Mutter, die durch ihr Beispiel lehrte und uns genügend Freiheit ließ, uns selbst zu entfalten. Sie hatte nicht das Bedürfnis, uns ihren Glauben einzutrichtern. Sie lebte ihr christliches Leben, aber es gab genügend Freiraum, Respekt und Ehrfurcht für unseren individuellen Glauben und Lebensweg. Über die Jahre bin ich ihr für alles, was sie uns mit auf den Weg gegeben hat, zunehmend dankbar. Als Priester, der regelmäßig mit Menschen anderen Glaubens und in einem säkularen Umfeld arbeitet, bin ich ihr täglich dankbar für das, was sie uns lehrte und beispielhaft verkörperte.

Vor einigen Jahren erstellte meine Freundin Marion Keim Lees eine Sammlung mit Betrachtungen von fünfzig bekannten Südafrikanern über die

Frauen, die sie großgezogen haben.[2] Das Buch enthält auch einen Brief, den ich meiner Mutter zu ihrem neunzigsten Geburtstag schrieb. Hier ein Auszug daraus:

Liebe Mutter,

ich habe mich gefreut, heute wieder mit Dir zu telefonieren. Als Du neunundachtzig warst, habe ich mich gefragt, ob Du es bis neunzig schaffen würdest – ziemlich beeindruckend für jemanden, der sieben Kinder zur Welt gebracht und gesundheitlich einiges mitgemacht hat. Ich bin überglücklich, dass Du neunzig geworden bist und Dich auch darüber gefreut hast. Mir kommt es vor, als hättest Du uns erst vor wenigen Tagen gesagt, dass Du hoffst, bis zum Jahr 2000 durchzuhalten.

In dem Jahr, bevor ich von zu Hause wegzog und Neuseeland verließ, um meine Priesterausbildung anzutreten und mich einer Ordensgemeinschaft anzuschließen, waren wir ebenbürtiger geworden. Wir konnten fast wie zwei Erwachsene miteinander reden. Ihr beide, Du und Papa, habt nie versucht, unsere Lebensentscheidungen zu beeinflussen, sondern habt uns bei dem, wofür wir uns entschieden, immer unterstützt. Ich war siebzehn, als ich ging, und bin seitdem nur in den Ferien zurückgekommen. Ich kann mich noch erinnern, wie Ihr für meine Priesterweihe nach Australien gekommen seid. Ich weiß, dass es für Dich auch die Erfüllung eines Lebenstraums war. Seit 1973 habe ich mein Leben in südafrikanischen Ländern verbracht. Du wüsstest, dass ich nicht mehr nach Neuseeland oder Australien zurückkehren würde, weil meine Lebensaufgabe in Afrika liege, hast Du einer Deiner Freundinnen gesagt. Ich hatte den Eindruck, dass Du meine Entscheidungen verstanden und akzeptiert hast.

Mit den Jahren bekam ich das Gefühl, dass Du wieder mit mir redest, als sei ich ein Kind. Als ich Dich danach fragte, hast Du ganz ehrlich geantwortet, dass Du mich nicht mehr kanntest und es deshalb einfacher war, wieder zur Mutter-Kind-Beziehung zurückzukehren. Ich wusste, dass Du recht hattest, aber es hat mir sehr wehgetan. Einige Jahre lang war ich verkrampft und konnte nur schwer mit Euch kommunizieren, wenn ich Euch besuchte. In den letzten Jahren hat sich das geändert, und unsere Beziehung ist jetzt wieder offen und gelöst.

Natürlich war der Anschlag auf mich in Simbabwe, bei dem ich ein Auge und beide Hände verlor, ein großer Schock für Dich. Ich kann mich noch daran erinnern, wie wir ein paar Tage danach das erste Mal telefonierten. Es war wunderbar für mich, aber sicher sehr schmerzhaft für Dich, auch später, als Du mich im Krankenhaus in Australien besucht hast.

---

2 uMama: Recollections of South African Mothers and Grandmothers, Kapstadt: Umuzi, 2009.

In den letzten Jahren, als Deine Gesundheit sich verschlechterte, habe ich Dich oft gefragt, wie es Dir geht. Stets hast Du geantwortet, dass Dich die Kräfte verlassen, aber Du hast immer betont, dass „ich mich in mir selbst wohlfühle", „ich emotional und spirituell 100% da bin". Ich weiß, dass das wahr ist. Du hast ja gesagt, dass Du vor dem Tod keine Angst hast.

Vor einem Jahr ist kurz vor Weihnachten mein enger Freund Ndukenhle, den Du auch kennengelernt hast, an AIDS gestorben. Dein Mitgefühl und Deine Unterstützung in meiner Trauer haben mich zutiefst gerührt.

Oft erstaunt mich Dein beständiges Interesse an meinem Engagement bei *Healing of Memories*.

Eine meiner ehrenvollsten Aufgaben war es, die Heilige Messe in Deinem Haus zelebrieren und Dir das Abendmahl geben zu dürfen. Die Gelegenheiten, bei denen Du mich batest, Dir als Priester beizustehen, empfand ich als besonders ergreifend. Ich bewundere und beneide Dich manchmal sogar um die Tiefe und Schlichtheit Deines Glaubens an Gott und darum, wie Du diesen Glauben lebst.

Ich danke Dir für die bedingungslose Liebe, die Du mir und jedem Deiner sieben Kinder geschenkt hast. Sie hat mir eine grundlegende emotionale Stabilität verliehen. Danke dafür, dass Du stolz auf mich bist. Ich hoffe, dieses Stolzes würdig zu sein. Danke, dass Du meine Mutter bist.

Ich bete für Dich.

In aller Liebe
Michael

Meine Mutter starb mit dreiundneunzig, während ich an diesem Buch arbei tete. Bis zum Schluss war sie heiter und frohen Mutes, eine tief gläubige Frau und treue Anhängerin Jesu Christi. Sie besaß einen einfachen und unerschütterlichen Glauben und ihre ganz persönliche und direkte Erfahrung von Gottes Gegenwart. Sie wollte ihren Gedenkgottesdienst als Dankgottesdienst, und genauso war es dann auch.

Als Junge war ich zweifellos sehr viel gläubiger und frommer als meine Geschwister, abgesehen von meiner Schwester Irene, die zwei unterschiedlichen Klöstern beigetreten, aber in keinem lange geblieben ist. Man könnte sagen, dass ich „voll auf die Kirche abfuhr". Als Zwölf- oder Dreizehnjähriger war ich Messdiener in gleich zwei Kirchen, einer in der Nähe von zu Hause in der Vorstadt und einer anderen in der Stadt. Als ich in der Oberschule war, ging ich jeden Mittwoch zur Frühmette, und zwar als einziger Jugendlicher unter lauter älteren und alten Menschen. Der Priester der Stadtgemeinde war mein Beichtvater und mein geistlicher Berater. „Alle dürfen, keiner muss, manche sollten" lautet ein anglikanisches Sprichwort zum Thema Beichten in Anwesenheit eines Priesters. Einen Beichtvater auszuwählen war also ein zusätzlicher Ausdruck meiner jugendlichen Religiosität.

Leider bewies ich nicht immer ein altersgerechtes Gespür für meine Grenzen und war, denke ich, mit meiner Frömmigkeit manchmal ziemlich unausstehlich. Dies führte auf jeden Fall zu Ärger in der Kirche und sogar in meiner Familie. In der anglikanischen Kirche werden Menschen als Kleinkinder getauft, und damals wurden sie im Alter von dreizehn oder vierzehn Jahren konfirmiert, wonach sie dann am Abendmahl teilnehmen durften. „Nein, dieses Jahr nicht. Auf deine Konfirmation musst du noch ein Jahr warten", sagte mir der Priester meiner Ortskirche. „Kommt nicht in Frage", dachte ich. Also sprach ich noch einmal mit ihm und erklärte ihm, warum ich meiner Ansicht nach bereit sei. Anfangs zögerte er zwar, gab dann aber doch nach, und ich wurde konfirmiert. Ich wusste, dass es eigensinnig war, aber ich zog es durch.

Ein weiterer bezeichnender Vorfall ereignete sich, als ein presbyterianischer Theologe mit seinen unkonventionellen Ansichten zur Wiederauferstehung ziemliches Befremden auslöste. Damals war ich erst fünfzehn oder sechzehn, ging aber schnurstracks zu einem Treffen in der presbyterianischen Kirche, wo über diese potentielle Ketzerei diskutiert wurde. Mitten in der Debatte stand ich auf, um in die Diskussion einzugreifen und meine eigenen Ansichten darzulegen. Das war unerhört, und ich verdanke es wohl der Begleitung einer Gruppe guter Christen, dass ich nicht sofort hinausbefördert wurde. „Wer ist denn dieses altkluge Kind?", werden die sich bestimmt gedacht haben.

Die Oberschule war schwierig für mich. Schon damals wollte ich einer Ordensgemeinschaft beitreten und zeigte kein Interesse an den Machtspielchen der anderen Jungen. Auf dem Pausenhof gab es viel Streit und Aggressionen. Ich war kein guter Sportler, und die Prügeleien mit den anderen Jungen interessierten mich nicht. Ich lebte in meiner eigenen Welt, ich interessierte mich für die Kirche und die Bibliothek, in der ich viel Zeit verbrachte und Bücher über Religion und Literatur las. Durch den Einfluss meiner Schwester Irene, die eine überzeugte Pazifistin war, schottete ich mich noch mehr ab. Später las ich auch die Werke von Gandhi und Martin Luther King. Deren Ideen übten enormen Einfluss auf mich aus, der später im Seminar noch zunahm. In neuseeländischen Oberschulen musste jeder Militärdienst leisten. An staatlichen Schulen marschierten die heranwachsenden Jungen in Uniform und mit einer Waffe in der Hand hin und her und spielten Soldat – es wirkte ziemlich lächerlich. Befreit werden konnte man von dieser Pflicht nur durch einen Brief der Eltern an den Direktor der Schule. An meiner Schule waren die einzigen Kinder, die das taten, Zeugen Jehovas. Ich ließ mich jedoch nicht beirren und kündigte der Schulleitung an, dass ich nicht an der Militärausbildung teilnehmen würde und auch nicht die geringste Absicht hätte, meinen Vater um einen Brief zu bitten, denn er hatte im Zweiten Weltkrieg gekämpft, und ich nahm an, dass mein Pazifismus ihn wenig begeistern würde. Meine Eltern redeten kaum über solche Dinge. Meine Mutter gab vielleicht einen missbilligenden Kommentar ab, und damit hatte es sich; mein Vater ging nie darauf ein. Ich nehme an, dass sie das Thema aufgrund ihrer eigenen Erfahrungen mieden. Es liegt eine gewisse Ironie darin, dass meine armen Eltern dann Jahre später überrascht feststellen mussten, dass ich nun den bewaffneten Kampf befürwortete. Das war für sie bestimmt genauso schwer zu verdauen wie mein Pazifismus. Es war gewiss nicht leicht, meine Eltern zu sein.

Ich verursachte einigen Wirbel, setzte aber schließlich meinen Kopf durch. Ein Problem war es allerdings für mich, wenn an den Tagen der Militärausbildung die anderen Jungs in ihren Militäruniformen herumrannten, ich hingegen meine normale Schulkleidung trug. Natürlich wollten sie wissen, warum ich keine Militäruniform trug. Ich erfand Ausreden und log. Ich hatte also den Mut, mich mit der Schulleitung anzulegen, nicht aber mit meinen Mitschülern. Die Kluft zwischen ihnen und mir machte die Oberschuljahre zu einer ziemlich unangenehmen Erfahrung, sodass ich mehr und mehr Zuflucht in der Religion und der Literatur suchte. Meine relativ begrenzten Interessen führten zu mittelmäßigen schulischen Leistungen, doch war ich im letzten Schuljahr einer der Schulbesten in Englisch. Zum Glück hatten die Testosteronausbrüche der anderen Jungen mittlerweile etwas nachgelassen, und ich erfuhr von meinen Mitschülern mehr Respekt und Akzeptanz meiner Werte und Ansichten. Trotzdem war ich schon damals nicht damit einverstanden, dass die Schulzeit die schönste Zeit des Lebens sein sollte. Ich wusste, dass das nicht so war, und bin heute immer noch derselben Ansicht.

Erwachsene fragen Kinder oft, was sie werden möchten, wenn sie groß sind. Schon als Vierjähriger wollte ich Priester werden, obwohl ich damals wohl kaum richtig begriff, was das eigentlich bedeutete. Man kann jedoch nicht behaupten, ich hätte nie einen anderen Beruf in Betracht gezogen. Als Junge sammelte ich Briefmarken und wollte zeitweilig ein Briefmarkengeschäft aufmachen. Später, in der Oberschule, bewarb ich mich für eine Arbeit in der neuseeländischen Justizverwaltung, auch weil mir dies geholfen hätte, ein Studium an einer Universität zu finanzieren. Da ich praktisch veranlagt bin, hatte ich immer einen Plan B, falls sich meine Berufspläne in der Kirche nicht verwirklichen ließen. Als ich noch sehr klein war, träumte ich auch davon, Clown zu werden. Der Zirkus faszinierte mich, und ich genoss den Spaß und die Aufregung. Außerdem gibt es im Zirkus ebenso wie in der Kirche viel Prunk und Drama, was mir als Kind gefiel. Humor war für mich immer wichtig. Ich finde, es ist gesund, über sich selbst lachen und die lustige Seite der Dinge sehen zu können. Das habe ich von meiner Mutter geerbt. In vielen Gesellschaften ist ein Clown eine Figur, die den Menschen

Dinge sagt, die sie vielleicht nicht hören wollen, und das kann auch ein wichtiger Aspekt der Priesterarbeit sein. So hielt ich es für treffend, als mein Bruder Peter mich bei meiner Priesterweihe dazu beglückwünschte, beide Ziele erreicht zu haben. Trotz Peters Worten habe ich es nie bis in den Zirkus geschafft, obwohl einige meiner weltlicheren Freunde mir an dieser Stelle vielleicht widersprechen würden.

Durch Irene lernte ich sozusagen die katholische Seite der anglikanischen Kirche kennen. Sie war Mitglied einer Gemeinde in Auckland, die stark in der katholischen oder hochkirchlichen Tradition wurzelte. Im sechzehnten Jahrhundert unterdrückte Heinrich VIII. die Ordensgemeinschaften und ordnete die Auflösung der Klöster an. Im neunzehnten Jahrhundert aber wurden im Zuge des Wiederauflebens des Katholizismus wieder Orden in die anglikanische Kirche eingegliedert, wenn auch mit wenigen Mitgliedern. Alles an der Kirche faszinierte mich, und ich sah mich schon nicht nur als normalen Gemeindepfarrer, sondern als Mitglied eines dieser anglikanischen Orden. Ich las zahlreiche Bücher über Mönche und Nonnen, die mich als gläubigen Jungen fesselten. 1963 las ich in der ersten Ausgabe von „Anglican World“, einer illustrierten Hochglanzzeitschrift der anglikanischen Kirche, einen Artikel über *St. Michael's House*, den australischen Sitz der *Society of the Sacred Mission* (SSM). Ich schrieb dem dortigen Provinzial einen Brief, in dem ich mein Interesse an ihrer Ausbildung bekundete. Zumindest in meiner Vorstellung war ich schon bereit, von zu Hause wegzugehen und auf der Stelle mit der Ausbildung zu beginnen, aber er antwortete: „Da Du erst dreizehn Jahre alt bist, brauchst Du Dir noch keine Sorgen um Deine Ausbildung zu machen“. So musste ich auf die Verwirklichung meines Traumes bis zum Schulabschluss warten, aber ich gab ihn niemals auf. Durch den Beitritt zu einer Ordensgemeinschaft kam ich auf meine Art der radikalen Forderung nach, Jesus zu folgen und das Evangelium bis zur letzten Konsequenz zu leben. Mein Identitätsgefühl und meine Weltanschauung gingen völlig in der Glaubensgemeinschaft auf, und ich hatte eine sehr romantische Vorstellung davon, was es heißt, einem Orden anzugehören. Ich glaubte auch, dass eine Ordensgemeinschaft mich besser auf das Priesteramt vorbereiten würde. Meiner Fantasie Leben einzuhauchen und mit der Realität des Lebens in einer Ordensgemeinschaft zurechtzukommen, das blieb natürlich späteren Jahren vorbehalten.

Hätte ich den traditionellen neuseeländischen Weg zum Priestertum verfolgt, wäre meine Eignung wohl auf die Probe gestellt worden. Wenn die Kirche eingewilligt hätte, wäre ich dann vielleicht in eine theologische Ausbildungsstätte geschickt worden, doch hätte ich möglicherweise auch zuerst eine Hochschulausbildung absolvieren müssen, bevor ich mich im Priesterseminar hätte einschreiben können. Einer Ordensgemeinschaft hätte ich erst nach meiner Priesterweihe beitreten können. Das hätte alles Jahre dauern können, aber ich war ein Junge, der es eilig hatte. Eine andere Zukunft als das Priestertum konnte ich mir nicht vorstellen, und die Freiheit dieser Entscheidung wollte ich mir, wenn irgend möglich, nicht nehmen lassen. In so mancher Hinsicht war ich ein perfekter Kandidat für die SSM. Sie wurde im neunzehnten Jahrhundert in England gegründet, um Jungen aus der Arbeiterklasse, die nicht nach Oxford oder Cambridge gehen konnten, einen Weg zum Priesteramt zu eröffnen. Von Anfang an bot die SSM eine qualitativ hochwertige Priesterausbildung ohne Universitätsstudium an. Die Priesterausbildung war eines der Ziele der SSM; sie wurde als Ergänzung zu einem möglichen Ordensbeitritt, aber unabhängig davon angeboten. So befanden sich in St. Michael's House junge Männer, die Priester werden, und einige wenige, die wie ich dem Orden beitreten wollten. Andere anglikanische Orden hätten nicht nur von mir erwartet, dass ich zuerst ein Hochschulstudium und eine theologische Ausbildung abschließe, sondern ließen zum Teil nicht einmal Kandidaten zu, die jünger waren als einundzwanzig. Dagegen nahm mich die SSM mit siebzehn auf.

Als Mitglied der römisch-katholischen Kirche wäre es nichts Außergewöhnliches gewesen, in meinem Alter einem Orden beizutreten. Die anglikanische Kirche vertrat jedoch die Auffassung, dass es unklug sei, Jungen den Beitritt zu gestatten, bevor sie sich emotional etwas abreagiert hatten. Es handelt sich immerhin um ein sehr weitgehendes Engagement, das die lebenslang gültigen Gelübde von Armut, Zölibat und Gehorsam mit sich bringt. Wie bei der britischen Armee, hieß es manchmal, denn auch ihr kann man schon mit sechzehn beitreten und es später vielleicht bereuen, aber dort muss man weiß Gott keinen Zölibat geloben! Ich konnte der Ordensgemeinschaft jedoch gar nicht schnell genug beitreten und wollte keine Zeit verschwenden. Meine Eltern akzeptierten mein Vorhaben. Als Eltern ließen sie jeden von uns seinen eigenen Weg finden und akzeptierten unsere Wahl. Mehrere meiner Geschwister hatten unser Elternhaus mit siebzehn oder achtzehn verlassen und lebten selbstständig. Mein Gemeindepfarrer jedoch war etwas schockiert und gab mir zu verstehen, dass es doch eine gute Idee wäre, noch ein oder zwei Jahre zu warten. Aber ich war ziemlich eigensinnig und ging außerdem mit dem Einverständnis meiner Eltern von zu Hause weg. Ob sie es für voreilig hielten, ist eine andere Frage. Wenn ja, sagten sie jedenfalls nichts. Ich bin auch heute noch froh, damals diese Entscheidung getroffen zu haben, stimme im Nachhinein aber zu, dass es wahrscheinlich besser ist, wenn Bewerber mehr Lebenserfahrung haben, bevor sie einem Orden beitreten.

So erschien ich also in St. Michael's House, dem Hauptsitz der SSM, der auf den Hügeln in der Nähe von Adelaide gelegen war. Ich war siebzehn Jahre alt, und meine erste Anfrage lag genau vier Jahre zurück. Ich war für die Priesterausbildung angenommen worden, ohne die Verpflichtung, dem Orden beizutreten. Nun war ich da und hatte Neuseeland, mein Heimatland, zum ersten Mal verlassen. Die Umstellung fiel mir nicht leicht. Ich musste mich daran gewöhnen, mit siebzig anderen Menschen in einem Haus zu wohnen. Außerdem hatte ich mehr gelesen und war vielleicht auch öfter in die Kirche gegangen als die meisten anderen Jungen, von denen viele schon über zwanzig waren. Ich nehme an, dass ich ein naiver Siebzehnjähriger war. Ich erwartete im Priesterseminar und in der Gemeinschaft eine Glaubenstiefe, die dort nicht immer vorhanden war. Die anderen betrachteten mich ihrerseits als kleinen, übertrieben religiösen Streber.

Ich war immer noch fest entschlossen, einem Orden beizutreten, und so versuchte ich es am Ende meines ersten Jahres dort mit einem „Deal". Ich würde dem Orden als Novize beitreten, unter der Bedingung, dass ich nach Neuseeland zurückkehren und dort eine neue Ordensgemeinschaft gründen dürfte. Obwohl ich Heimweh hatte, waren meine Beweggründe kaum oder gar nicht darauf zurückzuführen. Vielmehr sah ich mich als Brückenkopf für die Gründung einer neuen anglikanischen Gemeinde. Ich war nun ganze achtzehn Jahre alt, hatte das erste Jahr meiner Priesterausbildung hinter mir und verfügte, um einen sehr anschaulichen jiddischen Ausdruck zu verwenden, über ein gehöriges Maß an Chuzpe – also ein für mein Alter sehr ausgeprägtes Vertrauen in meine eigenen Fähigkeiten. Die Mächtigen in der SSM lehnten meinen Vorschlag ab, was wohl nicht weiter verwunderlich war. Ich durfte mich als Novize bewerben, aber ohne jegliche Bedingungen. Also bewarb ich mich und wurde angenommen. Das war 1968, ich begann das zweite Jahr meiner theologischen Ausbildung und war zum Novizen der SSM-Gemeinschaft geworden.

Das Jahr 1971 war für mich von zwei Ereignissen geprägt: Ich wurde Vollmitglied der SSM, und ich wurde zum Diakon geweiht. Vollmitglieder widmen ihr Leben dem Dienst Gottes, binden sich für ihr ganzes Leben an den Orden und leisten die Gelübde der Armut, des Zölibats und des Gehorsams. In der Praxis bedeutet dies, dass Einkommen und Besitz der Gemeinschaft gehören, die Mitglieder nicht heiraten und lebenswichtige Entscheidungen nur im Einvernehmen mit der Gemeinschaft getroffen werden. Ich war erst zweiundzwanzig Jahre alt, aber ich war bereit. Diese Entscheidung habe ich nie bereut.

Noch im selben Jahr wurde ich zum Diakon geweiht. Nach dem Kirchenrecht muss man vierundzwanzig Jahre alt sein, um zum Priester geweiht zu werden, und normalerweise dreiundzwanzig, um Diakon zu werden. Es gab jedoch eine Ausnahme, nach der man auch früher Diakon werden konnte, und so wurde ich unter dieser Ausnahmeregelung geweiht. Ich war zwar in Australien ausgebildet worden, doch dank einer besonderen Vereinbarung zwischen dem Bischof von Canberra und dem Bischof von Waiapu in Neuseeland fand die Ordinierung in meiner Heimatkirche in Hastings statt, wo ich aufgewachsen war. Das Schöne daran war, dass meine ganze Familie, sogar meine hochbetagte Großmutter mütterlicherseits, anwesend sein konnten. Paul Reeves, der Bischof von Waiapu, der mich zum Diakon weihte, wurde übrigens später Generalgouverneur von Neuseeland. Er besuchte mich im Krankenhaus in Australien, und als ich nach dem Anschlag nach Neuseeland zurückkehrte, wohnte ich bei ihm in seinem Amtssitz.

Die drastischen Anforderungen des Lebens in einer Ordensgemeinschaft sind nicht jedermanns Sache. Für mich ist der Glaube eine Suche nach dem, was es heißt, Mensch zu sein. Einem Orden beizutreten ist für einen Christen ein möglicher Weg – nicht unbedingt der beste und bestimmt nicht der einzige – dieser Suche Sinn zu verleihen. Die Gelübde der Armut, des Zölibats und des Gehorsams zu leisten, gibt uns die Freiheit, unbeschwert die Welt zu bereisen, frei von Besitz und Familienverantwortung, und uns bei wichtigen Entscheidungen auf die Weisheit der Gemeinschaft verlassen zu können. Was den Zölibat angeht, habe ich meine eigene Entwicklung durchgemacht und anderen Menschen zugehört und bin zu dem Schluss gekommen, dass die meisten Menschen Schwierigkeiten mit ihrer Sexualität haben, wie immer diese auch aussehen mag. Ich denke, sie führt immer zu Versuchungen, innerem Ringen und Spannungen.

Sogar in meinem Orden haben einige eine Midlife-Crisis durchgemacht und ihren Zölibat hinterfragt. Einige sind aus dem Orden ausgetreten, um zu heiraten. Zwei davon waren zu meinem Erstaunen über achtzig. Solche Krisen gehören zum Menschenleben und sind manchmal weniger auf Sexualität als auf Einsamkeit und das Bedürfnis nach einem Partner zurückzuführen. Wenn man heiratet, entscheidet man sich dafür, jeden Tag verheiratet zu sein. Genauso ist es mit dem Zölibat. Die meisten von uns leben mit der Tatsache, das wir irgendwo tief im Innern unseren Lebensweg allein zurücklegen und am Ende allein sterben. Dadurch verbirgt sich in unserem Innern eine existentielle Einsamkeit, ganz gleich wie innig verbunden und nah wir unserem Ehepartner sind. Diese Realität bedeutet andererseits, dass man als Zölibatär die brüderliche Unterstützung und Zuwendung seiner Gemeinschaft genießt. „Und wer verläßt Häuser oder Brüder oder Schwestern oder Vater oder Mutter oder Weib oder Kinder oder Äcker um meines Namens willen, der wird's hundertfältig nehmen und das ewige Leben ererben“, lautet eine Passage in Matthäus 19. Selbst wenn man also seine natürliche Familie verlassen hat, wird man Teil einer anderen Familie. In meinem Leben ist der Kreis dieser Familie von Jahr zu Jahr größer geworden, sodass sie nun aus der ganzen Menschheit besteht.

Nach meiner Ordinierung als Diakon kehrte ich nach Australien zurück und wurde als eine Art Hilfspfarrer in Canberra eingesetzt. Plötzlich teilte ich mit nur drei Brüdern ein kleines Haus auf der anderen Seite der Stadt. Die zwei Jahre, die ich dort verbrachte, glichen einer verlängerten Hochzeitsreise. Ich genoss es richtig, jung zu sein – vielleicht zum ersten Mal. Das war in den frühen Siebzigern und in der Zeit der Flower-Power-Bewegung. Ich war jung und frisch geweiht. Ich fuhr mit einem kleinen Motorrad zur Gemeinde, meine langen Haare guckten unter dem blumenverzierten Helm hervor, und mein Habit flatterte im Wind. Ich liebte die Gemeinde und sie mich. Ich blühte wirklich in jeder Hinsicht auf. Ich arbeitete dort voller Begeisterung und wurde von der Gemeinde herzlich aufgenommen. Mit dem Gemeindepfarrer, Jim Tregea, verstand ich mich sehr gut, und seit dieser Zeit bin ich mit ihm und seiner Frau Helen befreundet. Sie sind einfach wundervolle Menschen.

Mitte 1973 war es dann endlich soweit: Ich war alt genug, um die Priesterweihe zu empfangen. In den Monaten vor meiner Weihe traf ich manchmal den Bischof, der mich jedes Mal fragte, ob ich denn nun alt genug sei. Am 2. Juni wurde ich vierundzwanzig Jahre alt, und am 29. Juni fand meine Priesterweihe statt. Meine Eltern und meine jüngere Schwester Margaret kamen aus Neuseeland, um der Zeremonie beizuwohnen. Es war das erste

Mal, dass meine Mutter Neuseeland verließ. Nach meinem ersten Gottesdienst bemerkte jemand, dass er den Eindruck hätte, ich hätte bereits mein Leben lang Gottesdienste abgehalten. Darauf erwiderte Pater Thomas Brown, der auch der SSM angehört, mit einem schiefen Lächeln, dass das wahrscheinlich zutraf und ich wohl zwanzig Jahre lang geübt hätte.

Ich wusste, dass der Orden mich möglicherweise ins Ausland schicken würde, und nach einiger Überlegung beantragte ich, nach Japan entsandt zu werden. Von wegen! Kurz darauf wurde entschieden, dass ich nach Südafrika gehen sollte. Ich weiß heute noch nicht, wer diese Entscheidung traf und warum. Ich kann mich erinnern, in jener Nacht nicht geschlafen zu haben, weil ich instinktiv wusste, dass sich mein Leben für immer verändern würde. In der Tat sollten mein Glaube und mein Mut auf eine Art und Weise auf die Probe gestellt werden, wie ich es mir nie hätte ausmalen können.

5

Gespaltenes Südafrika

Auf dem langen Flug von Canberra nach Johannesburg versuchte ich immer wieder, die in mir aufkommende Unruhe zu dämpfen. Das war im September 1973, und ich war erst vierundzwanzig Jahre alt. Bis dahin war ich nie weiter von zu Hause fort gewesen als in Australien. Je länger das Flugzeug über der endlosen Weite des Ozeans schwebte, desto weiter entschwanden meine Familie, meine Freunde, meine Ordensgemeinschaft und alles Vertraute in der Ferne. Südafrika kannte ich nur aus Büchern. Ich kannte sogar die Mitglieder der SSM-Gemeinschaft dort kaum. Dann war da die Apartheid. Ich war Mitglied des *South Australia Committee Against Racism* (Südaustralisches Komitee gegen Rassismus) gewesen und betrachtete Südafrika als eine Herausforderung für die praktische Anwendung meines Glaubens. Ich wusste, dass es nicht einfach werden würde, stellte mir jedoch vor, Gleichgesinnte zu finden, die gegen das System waren, und gemeinsam mit ihnen für das, was wir für richtig hielten, Stellung zu beziehen. In diesem Sinne bot Südafrika einem jungen idealistischen Priester spannende Aufgaben.

Bei meiner Landung in Johannesburg empfingen mich Verwandte eines meiner Oberschullehrer, der aus Südafrika stammte und nach Neuseeland ausgewandert war. Ich war erleichtert, von freundlichen, herzlichen Menschen begrüßt zu werden, auch wenn ich sie nicht kannte. Sie nahmen mich bei sich auf, gaben mir zu essen und ermöglichten mir, mich von dem langen Flug zu erholen. Schon an diesem ersten Abend machte sich die Realität der Apartheid in unserem Tischgespräch unheilvoll bemerkbar. Als wir anfingen, über die Kirche zu reden, fragte ich, ob ihrer Gemeinde auch Schwarze angehörten. „Oh ja", erwiderten sie, „und sie benehmen sich sehr gut – sie sitzen immer hinten." Sie sagten es mit einem Lächeln, aber es fühlte sich an wie eine Ohrfeige. Und das war nur ein Vorgeschmack auf das, was noch kommen sollte.

Kurz danach kam ich in Durban an, der Stadt, die drei Jahre lang mein Zuhause sein würde. Dort musste ich nach den geltenden Gesetzen in einem weißen Vorort wohnen. Die Zeichen der Apartheid waren allgegenwärtig. Am Tag nach meiner Ankunft ging ich zur Post, um meiner Mutter einen Brief zu schicken, dass ich gut angekommen war. Es gab zwei Eingänge, einen mit der Aufschrift „Nur für Weiße" und einen anderen für „Nicht-Weiße". Entlang der Straßen standen Bänke, die auch „Nur für Weiße" waren. Da Durban am Meer liegt, machte ich mich auf den Weg, den Strand zu erkunden. Dort entdeckte ich, dass sogar das Meer nach Ethnien aufgeteilt war. Die schönsten Strände waren für die Weißen reserviert. Dann gab es einen Strand für Inder, einen anderen für Mischlinge und zuletzt, weit, weit weg, einen Strand für Afrikaner. Zusätzlich galt eine Sperrstunde. Afrikaner konnten sich nach einer bestimmten Uhrzeit nicht mehr in der Stadt aufhalten, ohne verhaftet zu werden. Außerdem waren sie gezwungen, vierundzwanzig Stunden am Tag einen Ausweis bei sich zu tragen, in dem stand, in welchen Regionen des Landes sie sich aufhalten durften. Missachteten sie diese Vorschrift, landeten sie im Gefängnis.

Ein Bild werde ich bis heute nicht los: In dem Regierungsgebäude, wo ich mein Studentenvisum beantragen musste, gab es zwei Aufzüge. Über dem einen stand „Nur für Weiße" und über dem anderen „Waren und Nicht-Weiße". Demnach waren Weiße implizit Menschen, und Nicht-Weiße wurden als Ware angesehen. Ich war entsetzt. Es gab keinen Ausweg. Die Apartheid durchdrang auch noch den letzten Winkel des täglichen Lebens in Südafrika. Dies widersprach allem, was ich über die christliche Botschaft wusste. Es war so verstörend, dass ich kurz nach meiner Ankunft, als mein Vater schwer erkrankte, sogar meine Mutter anrief und sie fragte, ob ich nach Hause kommen solle, um ihr beizustehen. Ich wusste natürlich, dass ich zu Hause kaum etwas oder gar nichts ausrichten konnte, verspürte aber einen gewaltigen Drang, dieses Land zu verlassen, solange das noch möglich war. „Was für einen schrecklichen Fehler habe ich begangen. Dieses Land ist verdorben und verrückt!" sagte ich mir innerlich.

Es war ja nicht so, als hätte ich keine Vorstellung von Rassismus gehabt. In der ersten Grundschulklasse hatte ich auf dem Schulhof eine Auseinandersetzung mit einem anderen Jungen. „Du behandelst mich doch nur so, weil ich Maori bin", sagte er, als es vorüber war. Dieser Moment hat sich in mein Gedächtnis eingeprägt. Später begriff ich, dass dieser Junge sogar in seinem Alter schon ein Gefühl für Diskriminierung besaß. Bei mir zu Hause hingegen wurde jeder als gleichwertiger Mensch empfangen. Außerdem besuchten afrikanische Bischöfe ab und zu meine Kirche und wurden mit Freude aufgenommen und mit gebührendem Respekt behandelt. Der Maori-Bischof war ein guter Freund meines Vaters. Ich absolvierte meine Priesterausbildung im Australien der Sechzigerjahre, zur Zeit der Studentenrevolten und der überall in der Welt um sich greifenden Erkenntnis, dass der Vietnamkrieg, in den ja auch Australien und Neuseeland verwickelt waren, ungerecht war. Die Kirche stand damals unter dem liberalisierenden Einfluss des Zweiten Vatikanischen Konzils, der sich auch auf anglikanische Ordensgemeinschaften auswirkte. Als junger Novize nahm ich an Protesten gegen den Vietnamkrieg teil, und Bewegungen für soziale Gerechtigkeit, Gewaltlosigkeit und Antirassismus hatten prägenden Einfluss auf mein Leben. Im St. Michael's House waren wir eine multiethnische Gemeinschaft, zu der auch Studenten von den Salomon-Inseln und aus Papua-Neuguinea zählten. Dennoch wurden rassistische Kommentare und Witze über Ureinwohner in der Regel nicht hinterfragt.

Es war auch nicht so, als wäre Südafrika für mich ein unbeschriebenes Blatt gewesen. 1960, als ich elf Jahre alt war, weigerten sich die Südafrikaner, Mitglieder des neuseeländischen Rugbyteams zu einem Turnier einreisen zu lassen, weil sie Maoris waren. In meiner Kirche wurde eine Petition abgefasst: keine Maoris, kein Turnier. Leider gaben die Neuseeländer nach und schlossen die Maori-Spieler aus. 2010 entschuldigte sich die *New Zealand Rugby Association* (der Neuseeländische Rugbyverband) jedoch endlich bei den inzwischen gealterten Maori-Mitgliedern. Mit vierzehn oder fünfzehn las ich dann „Naught for Your Comfort“, ein Buch von Trevor Huddleston, einem anglikanischen Priester aus England. Er war Gemeindepfarrer in Südafrika gewesen, als die Regierung begann, Afrikaner gewaltsam aus Gegenden zu vertreiben, die als „Nur für Weiße“ gekennzeichnet worden waren. Mit seinem Buch führte er der angelsächsischen Welt vor Augen, was in Afrika passierte. Ich war also schon ein überzeugter Gegner der Apartheid, bevor ich überhaupt nach Südafrika kam. Dennoch hätte mich nichts emotional und spirituell auf diese Wirklichkeit vorbereiten können.

Rückblickend denke ich, dass ich wohl extrem naiv war. Nach und nach fühlte ich mich als Weißer wie ein Aussätziger. Ähnlich wie Lady Macbeth ihre Schuld, so wurde ich mein Weiß-Sein nicht los, ganz gleich wie viel ich schrubbte. Ich wusste, dass ich mich an dem unheilvollen System ungewollt beteiligte.

Das SSM-Priorat, in dem ich unterkam, war gleichzeitig das Wohnhaus des Universitätskaplans – ein angenehmes, modernes Gebäude in einem städtischen Außenbezirk. Ein paar andere der Brüder dort waren auch an der Universität tätig. Kurz nach meiner Ankunft erkundete ich das Gebäude und fand eine Außentreppe, die zum Zimmer der Hausangestellten führte. Verglichen mit dem Haus selbst war das Zimmer spartanisch eingerichtet. Das Badezimmer fiel mir besonders auf. Es gab ausschließlich kaltes Wasser und eine Dusche, die über einer primitiven Toilette angebracht war. Die Hausangestellte lebte zwar nicht dort – sie kam tagsüber zu uns, kochte unser Essen, putzte und ging wieder –, die soziale Kluft aber war unübersehbar. In meiner Zeit als junger Priester in Canberra hatten wir dort auch eine Haushaltshilfe, die das Abendessen für uns zubereitete, aber sie saß dann mit uns am Tisch, und wir aßen gemeinsam. Hier war die Hausangestellte abgesondert und aß schon gar nicht mit uns zusammen. Für mich war das sehr schwierig, und ich befürchtete auch, dass wir sie nicht gut genug bezahlten. Fragen der Gerechtigkeit und Ungerechtigkeit stellten sich für mich also sogar im SSM-Wohnhaus selbst. Im Großen und Ganzen waren dies kleine Vorfälle, aber sie nahmen mich ziemlich mit, vor allem weil die Mitglieder meiner Ordensgemeinschaft dem gegenüber offensichtlich gleichgültig waren und es gar nicht wahrzunehmen schienen.

Die SSM war seit 1902 in Südafrika und besonders in der Ausbildung für Afrikaner tätig. All das nahm 1954 mit der Verabschiedung des Gesetzes über die Bantu-Bildung ein Ende. Dieses Gesetz diente ausdrücklich dazu, die untergeordnete Rolle der Schwarzen durch eine minderwertige Ausbildung festzuschreiben. Dr. H. F. Verwoerd, damaliger Leiter der *National Party* im weißen Parlament und späterer Premierminister, rechtfertigte das Gesetz mit folgenden Worten:

> Der Bantu muss dazu angeleitet werden, seiner eigenen Gemeinschaft in jeder Hinsicht zu dienen. Für ihn gibt es in der europäischen Gemeinschaft über dem Niveau bestimmter manueller Tätigkeiten keinen Platz. Innerhalb seiner eigenen Gemeinschaft stehen ihm jedoch alle Türen offen … Bis jetzt wurde er einem Schulsystem unterworfen, das ihn seiner eigenen Gemeinschaft entfremdete und ihn in die Irre führte, indem es ihm die saftig grünen Wiesen der europäischen Gesellschaft zeigte, die er nicht beweiden durfte.

Als Reaktion auf dieses – ihren Grundsätzen widersprechende – Bildungsgesetz schloss die SSM alle ihre Schulen, führte aber die pfarramtliche Arbeit im Land fort, zumeist in ländlichen Gebieten. Das Hauptpriorat der SSM in Südafrika lag im Oranje-Freistaat, einer ländlichen Gegend, in der riesige Landstriche weißen Farmern gehörten. Die meisten Schwarzen waren Landarbeiter, falls sie überhaupt eine Arbeit hatten, und der Laune und mitunter Brutalität der Landwirte vollkommen ausgesetzt. Es war eine erzkonservative Gegend. Die Brüder waren zwar Seelsorger für die schwarzen Arbeiter, gesellschaftlichen Umgang aber pflegten sie nur mit den weißen Grundbesitzern. Ich war um einiges jünger als die anderen Brüder, die dort lebten. Sie hatten ihr ganzes Leben damit verbracht, Gottesdienste für Schwarze abzuhalten, doch konnten einige von ihnen keinen vollständigen Satz ohne rassistische Sticheleien hervorbringen. Sie entspannten sich auf der Veranda und blickten über die Steppe auf die Berge Lesothos am Horizont. Schwarze indessen durften noch nicht einmal auf dieser Veranda Platz nehmen. Einmal betete ich bei der Frühmette laut für jemanden, der verhaftet worden war. Anschließend unterbrach einer der Brüder das, was man im Kloster die Große Stille nennt, und raunte mir ins Ohr: „So beten wir hier nicht." Ein Brief, den einer von ihnen einige Jahre später an Clement Mullenger schrieb, den Provinzial der SSM in Südafrika, bringt ihre Einstellung ungeschminkt zum Ausdruck. Der Autor beschwert sich über mein politisches Engagement:

> In diesem Leben wird sich eine Utopie, wie sie Menschen wie Michael vorschwebt, nie verwirklichen lassen. Arme Menschen unter uns wird es immer geben. Die Gesellschaft ist seit Urzeiten unterdrückend und ausbeuterisch. Wechsel kommen und gehen. Veränderungen hier und jetzt sollten nicht den Grundpfeiler der Nachfolge Christi darstellen. Außer-

> dem müssen sie durch Bildung und nicht durch Revolution herbeigeführt werden. Gerechtigkeit wird sich letztendlich weder als ein absoluter noch universeller, sondern als ein relativer Segen erweisen. Manche Menschen werden immer gleicher sein als andere … Ich glaube einfach nicht an Revolution, habe es nie getan und werde es auch nie tun. Und ich glaube auch nicht, dass Jesus als Mittel zur Schaffung einer gerechten Gesellschaft viel davon hielt. Vielmehr trug Jesus gewiss höhere Werte in seinem Herzen, nämlich Vergebung, Mitgefühl und Liebe.

Weiterhin schrieb er:

> Ich bewundere den Mumm jener meiner Brüder, die „Integrität" als eines der Dinge betrachten, die sie unter dem Kreuz ablegen mussten. Welches größere Opfer könnte man als Mensch aus Liebe zum Evangelium bringen?

Ein Strudel widerstreitender Gefühle erfasste mich, als ich mit der haarsträubenden Realität konfrontiert wurde, dass die Mentalität meiner eigenen Gemeinschaft völlig von der Apartheid durchdrungen war. Sie hatte keinerlei Ähnlichkeit mit meiner SSM-Gemeinschaft in Australien. Ich wusste nicht, was schlimmer war: die Ungerechtigkeit an sich oder die Tatsache, dass niemand sie wahrzunehmen schien. Die Möglichkeit, dass sich hier etwas Skandalöses zutrug, passte einfach nicht in die Weltanschauung dieser Menschen. Es war eine schwierige Zeit für mich. Ich war in einem Albtraum gefangen und allein mit meinen Gefühlen. Seitdem interessiere ich mich für das, was unausgesprochen, aber überlebensgroß im Raum steht und worüber in vielen Gesellschaften nicht geredet werden kann, da es sich um „heiße Eisen" handelt. Tatsächlich zeigten einige der älteren Brüder keinerlei Anzeichen von Rassismus, auch wenn sie gewiss nicht politisch engagiert waren. Mindestens einer von ihnen hatte sogar bei Tagungen des ANC in der Hauptstadt des Freistaats Andachten gehalten, als der ANC noch zugelassen war. Als der Apartheidkonflikt jedoch anhielt, zogen sich sogar diese Brüder hinter die sichere Mauer des Schweigens zurück. Man muss allerdings auch bedenken, dass ich an der Universität in Durban, an der ich Kaplan war, mit aufgeweckten, politisch denkenden schwarzen Studenten zu tun hatte, die sich sehr von den Landarbeitern im Freistaat unterschieden. Im Laufe der Jahre jedoch, als ich immer freimütiger auftrat, hegten meine Brüder mir gegenüber bestenfalls zwiespältige Gefühle. Es erscheint mir eine herrliche Ironie der Geschichte, dass ich nun, so viele Jahre später, der Provinzial unserer Gemeinschaft im südlichen Afrika und verantwortlich für unsere gesamte Arbeit dort bin. Sogar Ordensgemeinschaften entwickeln sich weiter.

Unsere Arbeit in Durban, wo ich eingesetzt wurde, stellte eine Ausnahme für unser ländliches Pfarramt dar. Die SSM hatte dort die Studentengemeinde an der University of Natal übernommen, und so wurde ich zugleich Kaplan und Student. Ich übte meine Arbeit in drei verschiedenen Universitätsbereichen aus: an einem ausschließlich für Weiße, einem für Menschen indischer Abstammung und an einer medizinischen Fakultät für afrikanische, indische und andere nicht-weiße Studenten. Es war insofern eine privilegierte Stellung, als ich Beziehungen zu Studenten aller Ethnien unterhalten konnte, im Gegensatz zu den meisten weißen Südafrikanern, die mit Menschen anderer Bevölkerungsgruppen nur in einem Herr-und-Knecht-Verhältnis in Berührung kamen. Wäre ich nur Kaplan in der schwarzen Gemeinde gewesen, hätte ich ebenso leicht die stereotype Verteufelung aller Weißen übernehmen können, aber zum Glück ist die Realität doch komplizierter. Manche betrachteten Priester als eine eigene Kategorie – es gab Schwarze, Weiße und Priester. Man mag darüber lächeln, aber es öffnete mir eine Tür zum Leben anderer Menschen, die mir sonst verschlossen geblieben wäre. Ich wusste diese Chance zu schätzen und förderte sie, indem ich an der Universität stets mein Habit trug. Auch das gehörte für mich zum Leben in einer Ordensgemeinschaft.

Trotz meiner intensiven Bemühungen als Priester schuf die Apartheid Misstrauen und Distanz. „Sie wirken ja noch ganz nett, aber ich gebe Ihnen sechs Monate“, sagte mir ein junger afrikanischer Priester, den ich kurz nach meiner Ankunft in Südafrika traf. Er hatte andere Ausländer ankommen sehen, die sich wie normale Menschen verhielten, dann jedoch innerhalb kurzer Zeit die Werte und Einstellungen der dominierenden weißen Minorität übernahmen. Ich schwor mir, nicht so zu werden. Bei einer anderen Gelegenheit sagte ich einem schwarzen Medizinstudenten, dass ich nicht an die Apartheid glaubte. „Das ist sehr schön, Pater, aber wo schläfst du denn heute Nacht?“ kam als Antwort. Ich suchte instinktiv die Kameradschaft schwarzer Studenten, die ja schließlich in meinem Alter waren, aber ich traf auf eine schmerzvolle Grenze, für die ich nichts konnte. Ich kann mich noch peinlich genau an den Tag erinnern, an dem ich einige schwarze Studenten einlud, zusammen mit mir in eines der wenigen Restaurants zu gehen, die unauffällig und verbotenerweise Menschen verschiedener Abstammung erlaubten, gemeinsam zu essen. „Warum sind wir hier? Ist das eine Versammlung?“ fragten meine Freunde, als wir dort ankamen. Für mich jedoch ging es schlicht und ergreifend um den sehnlichen Wunsch, Anschluss an Menschen jeglicher Abstammung zu finden und nicht in einem goldenen Käfig für Weiße festzusitzen. Hätte man mich später nicht aus Südafrika verbannt, wäre ich wohl wahnsinnig geworden. Es war eine geisteskranke Gesellschaft, die mich zutiefst traumatisierte.

In dem Universitätsbereich für Weiße gab es relativ progressive Professoren, die versuchten, den Studenten die Augen zu öffnen. Ich studierte immerhin zum ersten Mal an einer Universität, und das Wissen aus meinem Soziologiekurs verband sich nun mit meiner inneren moralischen und religiösen Empörung über die Ungerechtigkeit der Apartheid. Ich begann zu verstehen, dass Gewalt nicht nur aus einem Gewehrlauf kommen kann. Strukturelle und systembedingte Gewalt waren weniger augenfällig, aber dafür noch unerbittlicher als die rohe Gewalt der Polizei. Ich konnte mich gegen die Apartheid stemmen soviel ich wollte: Ich würde das immer von der Seite aus tun, auf der die Nutznießer jener Gewalt standen, die die Apartheid am Leben erhielt. Ich begriff, dass man das System, das uns alle, Schwarze und Weiße, gefangen hielt, intellektuell analysieren konnte. Allmählich erkannte ich auch die Macht der Sprache. Ich war zwar immer noch Pazifist und predigte Schwarzen und Weißen Gewaltlosigkeit, sah aber schon bald, dass von Gewalt und Terrorismus die Rede war, wenn Schwarze zu den Waffen griffen, es jedoch um den Schutz von Recht und Ordnung ging, wenn Weiße Gewalt gegen Schwarze ausübten. In Wirklichkeit würden Polizei und Militär Menschen erschießen, um meine Interessen als Weißer zu schützen, obwohl ich Pazifist war. Religion wurde auch als Beruhigungsmittel benutzt, um die Nicht-Weißen fügsam zu halten. Alles, was mit Staat und Apartheid zu tun hatte, wurde als Politik deklariert, und Priester erzählten den Gläubigen, besonders schwarzen Gläubigen, dass „gute Christen sich nicht um Politik kümmern", was in Wahrheit bedeutete: „Kämpft nicht gegen Ungerechtigkeit". Dies legte in mir den Keim für die gegenteilige, nach und nach immer tiefer werdende Überzeugung, dass das Evangelium und die Befreiungspolitik eng miteinander verflochten waren.

Abgesehen davon, dass Nicht-Weiße nicht wählen durften, bestand der Aberglaube der Apartheid darin, dass die Ethnien zwar getrennt, aber dennoch gleichwertig seien. Als wir einen Studentenprotest vor dem mobilen Postamt auf dem Campus organisierten, in dem es getrennte Schalter für Weiße und Nicht-Weiße gab, sagte der Postangestellte entrüstet: „Aber ich behandle doch alle gleich." Tatsache war natürlich, dass die Ethnien getrennt waren und extrem ungleich behandelt wurden. Eine Sache fiel mir in Durban und Umgebung ganz besonders auf, nämlich dass Weiße optisch viel Raum einnahmen. Sie besaßen große Häuser, umgeben von schönen Gärten. Ihre Schulen hatten große Schulhöfe und verfügten über ausgedehnte Sportanlagen. Außerdem war das Geschäftsviertel hauptsächlich eine Gegend für Weiße, besonders nach Einbruch der Dunkelheit. Ein oberflächlicher Betrachter hätte leicht den Eindruck gewinnen können, dass die Mehrheit der Bevölkerung weiß sei. Tatsächlich war es aber so, dass Weiße weniger als 10 Prozent der Bevölkerung ausmachten, aber mehr als 87 Prozent des Landes besaßen. Afrikaner wurden in überfüllte Townships gezwungen, wo sie in winzigen Hütten ohne Grünanlagen wohnten. Die meisten besaßen kein Land. Per Gesetz wurden Schwarze in ihre abgetrennten ländlichen *Homelands*, auch Bantustans genannt, verbannt, die nur 13 Prozent der Gesamtfläche des Landes ausmachten und landwirtschaftlich minderwertig waren. Damit wurden Nicht-Weiße zu Besuchern in städtischen Gegenden erklärt, in denen sie als billige Arbeitskräfte dienten. Diese Konstruktion, die Schwarze in „weißen Gegenden" zu Besuchern deklarierte, bildete die Rechtsgrundlage für die *Pass Laws* (Passgesetze). So war ich als weißer Ausländer berechtigt, nach fünf Jahren die Staatsangehörigkeit und das Wahlrecht zu beantragen, während Schwarzen die Staatsbürgerrechte in dem Land verweigert wurden, in dem bereits ihre Vorfahren seit Generationen gelebt hatten. Kurz gesagt ging es bei der Apartheid immer um politische Unterdrückung und wirtschaftliche Ausbeutung.

Mit der Zeit begriff ich jedoch, dass es eine weitere, tiefer gehende Dimension gab, nämlich die Verweigerung der grundlegenden menschlichen Würde. Auch wenn es den Weißen nicht unbedingt klar war: Ich begann einzusehen, dass alle, Weiße und Schwarze, Unterdrücker und Unterdrückte, Gefangene des Systems waren. Eine in den siebziger Jahren in Südafrika veröffentlichte Umfrage belegte, dass die weißen Südafrikaner überwiegend Schuldbewusstsein, Angst und Besorgnis empfanden. Das zeugt ja nicht gerade von Befreiung. Die Weißen lebten in Furcht vor ihren schwarzen Mitbürgern. „Eines Tages werden sie uns angreifen", vertrauten mir einige an. Man könnte natürlich auch nicht von Freiheit sprechen, wenn die Unterdrückung durch Weiße gegen die Unterdrückung durch Schwarze ersetzt würde. Wenn Freiheit verwirklicht werden sollte, würde sie für alle Südafrikaner gelten müssen oder für niemanden.

Die anderen Brüder in unserem Priorat in Durban zog es nach und nach von der Universität weg zu anderen Dingen. Der eine interessierte sich nicht wirklich für die Universität, der andere hatte eine Liebesaffäre, die ihn gänzlich beschäftigte, sodass er schließlich die Gemeinschaft ganz verließ. So kam es, dass ich in der Studentengemeinde eine zentralere Rolle übernahm. Die weiße Universität in Durban beruhte auf englisch-liberaler Tradition und hatte sich schon häufig mehr oder weniger energisch gegen die Apartheid gewandt. Im Gegensatz dazu waren Universitäten, in denen Afrikaans gesprochen wurde, weitaus konservativer und konformistischer. Auf dem Campus in Durban war eine ganze Palette unterschiedlicher Einstellungen vertreten, vom höflichen „Wir sind gegen die Apartheid" bis hin zu denen, die mutig dagegen hielten und den Wehrdienst verweigerten. Wehrpflicht war ein brisantes Thema für manch weißen Studenten. „Ich muss zur Armee", sagten die meisten, anstatt „Ich habe mich entschieden, zur Armee zu gehen." Somit war die Frage nach der moralischen Verantwortung vom Tisch. In meiner Rolle als Kaplan sprach ich diese Studenten auf Wehrdienstverweigerung aus Gewissensgründen an. Die allgegenwärtigen Spitzel der Regierung sahen in mir sicherlich einen Provokateur. Ich brachte auch Anträge zur Unterstützung von Wehrdienstverweigerern vor die Synoden der anglikanischen Kirche, die allerdings nicht immer gern gesehen wurden. Traditionell liegt uns der Pazifismus nicht. Anglikaner haben die meisten Kriege der Geschichte abgesegnet. Mein Engagement schärfte zwar mein Profil in der Kirche – jedoch auf eine Art und Weise, die bei vielen nicht gut ankam.

Die weißen Studenten hielten mich in der Regel für zu radikal. Mein Ziel aber war es, ihnen den Zusammenhang zwischen ihrem Glauben und Gerechtigkeitsfragen aufzuzeigen. Meinen Erfolg konnte man an der Lage meines Büros messen. In den drei Jahren, in denen ich Kaplan war, wurde das Büro von der obersten Etage, wo sich die Studentenvereinigung befand und wohin sich praktisch niemand ohne Termin verirrte, nach und nach ins Erdgeschoss verlegt, also mitten in den Trubel der kommenden und gehenden Menschen. Ich betrachtete dies als Zeichen meines Beitrags zur Ideenwelt auf diesem Campus.

Nelson Mandela saß schon seit elf Jahren im Gefängnis, die Apartheidregierung stellte ihn als Terroristen und Extremisten dar, und seine geschriebenen Werke waren in Südafrika verboten. Mein politisches Erwachen machte einen großen Entwicklungssprung, als ich meine Eltern in Neuseeland besuchte und mir aus der Bibliothek Mandelas Buch „No Easy Walk to Freedom" auslieh. Ohne es zu bemerken, hatte ich einen Teil der rassistischen Propaganda übernommen, die Mandela als Terroristen darstellte, der vor nichts zurückschrecken würde, um Weiße zu vernichten. Besonders schockiert war ich über die Kluft zwischen seinen ethnisch neutralen Wertvorstellungen und der Art und Weise, wie er von weißen Südafrikanern wahrgenommen wurde. Seine moralische Vision für das Land beeindruckte mich sehr, und mir wurde klar, dass das Buch wegen seiner Vernunft, Weisheit und wahren Menschlichkeit verboten worden war.

Ich begann, mit den politischen Ansichten des ANC und seiner Vision einer multiethnischen Gesellschaft zu sympathisieren. Ende 1975 wurde ein Juradozent an der Universität, der Bruder eines meiner Kommilitonen, wegen seines Engagements im ANC und in der kommunistischen Partei verhaftet. Während des Gerichtsverfahrens diente ich seiner Familie als Seelsorger und lernte seine Mutter gut kennen. Der „Terrorakt", der ihm vorgeworfen wurde, bestand darin, Flugblätter gedruckt zu haben, in denen zur Erhaltung des Namens und des Programms des ANC aufgerufen wurde. Dies war ein weiterer Schritt auf dem Weg meiner politischen Entwicklung, und mein Kontakt zu diesem sogenannten Terroristen könnte einer der Gründe für meine spätere Ausweisung gewesen sein.

Der 16. Juni 1976 stellte einen Wendepunkt in der Geschichte Südafrikas sowie in meinem eigenen Leben dar. Zwei Jahre zuvor hatte die südafrikanische Regierung ein Gesetz verabschiedet, dem zufolge Afrikaans als Unterrichtssprache nun an allen schwarzen Schulen Pflicht war. Die Schüler nahmen das übel, weil Afrikaans nicht ihre eigene Sprache war, sondern als die Sprache der Unterdrücker angesehen wurde. Außer gegen die Sprache protestierten sie auch gegen die minderwertige Ausbildung, die sie unter dem Bantu-Bildungsgesetz erhielten. Am 16. Juni organisierten Schüler in Soweto, außerhalb von Johannesburg, einen Protestmarsch gegen das Gesetz. Die Polizei eröffnete das Feuer und tötete dreiundzwanzig junge Menschen.

Dieses Massaker war der Auslöser für Proteste im ganzen Land, bei denen Hunderte von Menschen umgebracht und mehr als eintausend verletzt wurden. Tausende wurden verhaftet, einige der Verletzten wurden ins Polizeirevier geschleppt und kamen in Särgen wieder heraus. Schüler, die ich kannte, wurden verhaftet und gefoltert. Dies waren die gewalttätigsten und größten Proteste von Schwarzen, die Südafrika je erlebt hatte. Fernsehen gab es dort erst seit einem Jahr, und die Regierung erkannte zunächst nicht die einzigartige Macht der Fernsehberichterstattung, sodass in Südafrika und auf der ganzen Welt einige Tage lang Bilder von Polizisten übertragen wurden, die Kinder erschossen. Binnen kurzem jedoch wurden sie durch Nachrichtensprecher ersetzt, die ihre Meinung zur Gefahr für Recht und Ordnung verbreiteten.

Die Repression wurde verschärft, und es zeigte sich immer deutlicher, dass Südafrika ein Polizeistaat war. Es hieß, dass schwarze Radiokommentatoren nicht einmal ihr eigenes Mikrofon kontrollieren durften, sondern einen weißen Aufseher zugeteilt bekamen, der es gegebenenfalls ausschalten konnte. Einmal pro Woche veröffentlichte die Regierung ein Amtsblatt, in dem alle in der vorherigen Woche erlassenen Verbote aufgeführt waren. Eine ganze Reihe von Zeitschriften wurde verboten, zu Themen von Sex über Politik bis hin zu Religion. Das Chaos diente mehr und mehr als Vorwand, alles zu verbieten, was die niederländisch-reformierte Kirche für anstößig hielt. Mit Hilfe einer rasch verhängten Zensur versuchte die Regierung, der weißen Bevölkerung Informationen über Gewalttaten gegen Schwarze vorzuenthalten. Das gelang ihr zum Teil auch. In meiner Rolle als Kaplan hatte ich jedoch Kontakt sowohl zu schwarzen als auch zu weißen Studenten und konnte so in einer Zeit, in der Informationen zurückgehalten wurden, den Weißen weitergeben, was sich ereignete.

Dass Schulkinder getötet wurden, erschütterte mich zutiefst, und obwohl die akute Krise nachließ, hielten die Proteste und Demonstrationen viele Monate lang an und noch mehr Kinder starben. Mein eigenes Studium hatte ich schon deutlich eingeschränkt, um meiner Tätigkeit als Kaplan mehr Zeit widmen zu können. Es schien mir maßlos selbstsüchtig zu sein, in einem Klassenzimmer zu hocken, während das Land in Flammen aufging. Als Universitätskaplan erhob ich sofort meine Stimme gegen die Unterdrückung. Um noch in den Spiegel schauen zu können, musste ich jedoch wirksamere Methoden finden, um den Rassismus zu bekämpfen und die Gerechtigkeit zu verteidigen. Eine Möglichkeit dazu bot sich bald.

Einen Monat nach den Geschehnissen in Soweto fand die jährliche Konferenz des Anglikanischen Studentenbundes statt. Dort kamen anglikanische Studenten aller Ethnien zusammen, Weiße und Schwarze, man sprach Englisch und Afrikaans. Trotz aller Anstrengungen der Regierung kursierten zu diesem Zeitpunkt bereits Berichte über Verhaftungen und Folter unter den Studenten. Da ich die Brutalität der Regierung öffentlich verurteilte, wurde ich unter den Studenten ziemlich bekannt. Natürlich war ich nicht der einzige. Viele andere, unter ihnen Desmond Tutu, der neuernannte Bischof von Lesotho, hatten ihre Stimme erhoben. Als Kaplan hatte ich jedoch direkten Kontakt zu den Studenten. Einige der militanten Studenten unter den Konferenzteilnehmern organisierten eine erfolgreiche Wahlkampagne für mich, und ich wurde zum nationalen Studentenkaplan gewählt. Dieser besaß insofern eine außergewöhnliche Stellung, als er nicht von den Bischöfen ernannt oder von den anderen Kaplanen gewählt, sondern von den Studenten direkt bestimmt wurde. Meine Freimütigkeit hatte meinen Bekanntheitsgrad in einem entscheidenden Moment des Kampfes erhöht, und der amtierende nationale Studentenkaplan war ziemlich unangenehm berührt, als er plötzlich sein Amt verlor.

Ich begann sofort, meinen frisch erworbenen nationalen Spielraum auszunutzen, und bezog an Universitäten im ganzen Land Stellung gegen die Tötung, Folterung und Verhaftung von Studenten. So fiel ich natürlich noch mehr auf. Selbstverständlich war die Regierung alles andere als glücklich über den Wirbel, den ich verursachte. So erfuhr ich Ende September eine unerwünschte Anerkennung in Form eines amtlichen Schreibens, in dem mir mitgeteilt wurde, dass mein Studentenvisum nicht verlängert würde und ich vierzehn Tage Zeit hätte, das Land zu verlassen. Die Regierung wählte den einfachen Weg, indem sie mein Visum nicht erneuerte. Sie hätte mich ja genauso gut in ein Flugzeug stecken und mich abschieben können, wenn sie gewollt hätte. Ich reagierte darauf, indem ich auf so vielen Massenveranstaltungen wie möglich sprach und in den zwei Wochen mehrere Universitäten außerhalb von Durban besuchte, um dort die Regierungspolitik anzuprangern. Als ich meine Ausweisung als Beispiel für die Unfähigkeit der Regierung heranzog, Kritiker ihrer repressiven Politik zu tolerieren, nahm meine Bekanntheit noch ein wenig mehr zu.

Die Regierung hoffte bestimmt, dass ich mich stillschweigend nach Australien oder Neuseeland zurückziehen würde, aber diese Möglichkeit zog ich nicht einmal in Erwägung. Bereits kurz nach meiner Ankunft in Südafrika war ich zu der Erkenntnis gekommen, dass ich entweder nach Hause zurückkehren oder mir hier ein Zuhause schaffen musste. Ich entschied mich für den Freiheitskampf. Meine Ausweisung und der zweifelhafte Ruf, den sie mir bescherte, brachte meine Ordensbrüder doch einigermaßen auf. Einige von ihnen hätten zwar sicherlich beteuert, dass sie gegen die Apartheid seien, sie wären jedoch in keiner Weise politisch gegen die Regierung aktiv geworden. Tatsächlich überwog unter ihnen die Ansicht, dass direktes politisches Engagement ein Zeichen mangelnder Reife sei. Ein erwachsener Mensch diskutierte vielleicht bei einem Glas Gin Tonic über Fragen der Gerechtigkeit, unternahm aber nicht tatsächlich etwas dagegen. Diese Haltung war extrem herablassend. Dessen ungeachtet muss ich anerkennen, dass sich mein Orden mit meinem Umzug nach Lesotho einverstanden erklärte; in dieses kleine, von

Südafrika völlig umgebene Land, in dem Südafrikaner im Exil lebten und die SSM vertreten war. Obwohl mein Verhalten, das sie zweifellos als provozierend empfanden, bei einigen meiner Ordensbrüder Unbehagen auslöste, erhielt ich doch viel Unterstützung durch die Kirche. Der Erzbischof und der Bischof von Natal versuchten vergeblich, die Regierung dazu zu bewegen, ihre Entscheidung rückgängig zu machen. Der Bischof von Natal gab sogar eine Pressemitteilung heraus, in der er mir seine volle Unterstützung zusagte. Der SSM-Provinzial für das südliche Afrika David Wells schrieb dem SSM-Provinzial in Australien:

> [Michael] genießt in beeindruckendem Ausmaß die Unterstützung des Klerus im Raum Durban. In einem Schreiben an ihn sagten sie ihm volle Rückendeckung zu … Ein Priester, der Michael auf der Synode widersprochen hatte, schrieb ihm, dass er ihn trotz einiger Meinungsverschiedenheiten insgesamt wegen seines Engagements bewundere und sich als Südafrikaner dafür schäme, dass die Regierung ihn des Landes verwiesen habe. Studentenverbände von sechs verschiedenen Universitäten aus dem gesamten Land teilten ihm schriftlich mit, dass er als nationaler Studentenkaplan nicht zurücktreten dürfe, auch wenn er sein Amt im Exil ausüben müsse.

In den Tagen unmittelbar vor meiner Abreise fuhr ich nach Modderpoort, einer ländlichen Stadt an der Grenze zu Lesotho, in der unser Orden ein kleines Priorat unterhielt. Schon vor meiner Ausweisung befürchtete manch einer in meiner Ordensgemeinschaft, dass ich gefasst werden könnte, und wir hatten besprochen, was die Brüder in einem solchen Fall unternehmen würden. Es wurden so viele Menschen festgenommen, dass es sogar Organisationen gab, die Listen der Sachen bereitstellten, die man griffbereit haben sollte: eine Zahnbürste, Zahnpasta, saubere Kleidung und so weiter. Aus irgendeinem Grund stand ein Tennisball ganz oben auf der Liste. Wir scherzten dann darüber, ob ich denn meinen Tennisball bereitgelegt hätte.

Die wachsende Exilbevölkerung in Lesotho war der südafrikanischen Regierung ein Dorn im Auge, und die Grenze wurde streng bewacht. Sie zu überqueren war für eine verdächtig wirkende Person äußerst gefährlich, und alle waren verständlicherweise nervös. Nachdem die Aktion geglückt war, schrieb Pater Wells seinem Amtskollegen in Australien, sicher mit einem Gefühl der Erleichterung: „Heute haben wir ihn sicher nach Lesotho gebracht."

Die Brüder und ich hatten uns eine List ausgedacht, um die Grenze so problemlos wie möglich zu überqueren. Ich würde nicht versuchen, im eigenen Auto nach Lesotho zu fahren. Da die SSM dort eine Niederlassung besaß und als unpolitisch angesehen wurde, verfügten wir über einen sechs Monate gültigen Passierschein, der uns freie Fahrt zwischen Modderpoort und Lesotho gewährte und der oft verwendet wurde. Ich hielt mich an den Plan und packte meine Siebensachen, Kleidung und Sonstiges, darunter auch

Schriften, die bestimmt als verboten gegolten hätten. Einer der Brüder packte alles in sein Auto. Er überquerte die Grenze, ohne Verdacht zu erregen, da die Grenzwachen daran gewöhnt waren, dass er Waren hin und her beförderte. Als er in Lesotho angekommen war, rief er uns an, um Entwarnung zu geben. Daraufhin fuhr ich mit einem anderen Bruder Richtung Grenze, ohne Gepäck. „OK, alles zeigen, was ihr dabei habt", sagten die Grenzwachen. Ich hatte buchstäblich nur die Kleidung dabei, die ich am Leib trug. Trotzdem wurde ich zum Verhör in einen Raum geführt, und als der Grenzer nicht nur die Tür zumachte, sondern auch noch die Jalousien herunterließ, bekam ich es mit der Angst zu tun. Eine geraume Weile befragte er mich über meine Absichten, aber schließlich ließ er mich doch passieren. Südafrika sollte ich erst sechzehn Jahre später wiedersehen.

Im *Lelapa La Jesu Anglican Seminary* in Lesotho; mit Bischof Philip Mokuku

6

Glaubenskrise

Knapp vier Monate nach dem Soweto-Aufstand war geradezu die Hölle los. Tränengas, Panzer und Schusswaffen hatten die Apartheid als das entlarvt, was sie war: ein auf Brutalität und Terror gestütztes System. Es war ein System, das die moralischen Werte auf den Kopf stellte: Gutes wurde zum Bösen, und Böses nannte man gut. Die Sprache wurde pervertiert, um etwas zu rechtfertigen, wofür es keine Rechtfertigung gab. Schwarze mussten schweigen, um überhaupt zu überleben, während die Weißen gleichgültig gegenüber der Ungerechtigkeit ihr bequemes Alltagsleben genossen. Ich spürte mit jeder Faser meines Herzens, dass das, was als normal betrachtet wurde, in Wahrheit das Böse war. Da sich das System auf Terror stützte, war es unmoralisch, und da es die Wahrnehmung der Wirklichkeit zu verzerren suchte, war es psychopathisch. Angesichts dessen konnte man sich eigentlich nur betäuben oder seine Wut hinausschreien. Letztendlich tat ich keins von beidem, obwohl ich manchmal das Gefühl hatte, verrückt zu werden, wenn ich nicht schreien würde. Dennoch hatte ich in gewisser Weise Glück, denn meine öffentliche Stellung als Universitätskaplan bot mir die Möglichkeit, meiner Wut und begründeten Empörung Ausdruck zu verleihen. So konnte ich wenigstens anprangern, was sich vor meinen Augen abspielte: Mord, Entführung, Folter. Zusätzlich zu ihrer möglichen politischen Wirkung halfen meine öffentlichen Äußerungen mir wahrscheinlich, nicht den Verstand zu verlieren. Erst zwanzig Jahre später sollte es den Leidtragenden der Apartheid möglich sein, gebannt auf den Fernsehschirm zu starren und der südafrikanischen Wahrheits- und Versöhnungskommission dabei zuzuschauen, wie sie das Leiden aufdeckte und das Böse eingestand, das das Land so lange ertragen hatte.

Ich verließ Südafrika zugleich erleichtert und betrübt. Ich war froh, nicht mehr in diesem grausamen, irrsinnigen System festzustecken, und gleichzeitig traurig darüber, dass ich ein Land und mit ihm die Menschen zurückließ, die mir so sehr am Herzen lagen. Zur SSM nach Australien zurückzukehren kam nicht in Frage. Andererseits empfand ich den Tumult um mich herum als sehr verstörend. Ich hatte mich dem Freiheitskampf verschrieben und blickte in eine ungewisse Zukunft. Ich traf in Lesotho ein, traumatisiert von der Entmenschlichung durch das Leben unter der Apartheid und der Gewalt der letzten vier Monate. Ich war aus einem Land geflohen, das ich liebgewonnen hatte, obwohl ich es erst seit gerade einmal drei Jahren kannte. Erfüllt von ernsthafter Überzeugung und jugendlichem Idealismus war ich nach Südafrika gekommen, um das Evangelium der Liebe und des Friedens zu predigen. In der Bibel steht geschrieben, dass wir Gott mit unserem Herzen, unserem Geist, unserer Seele und unserer Kraft lieben sollen und unsere Nächsten wie uns selbst. In Südafrika konnten ein Schwarzer und ich jedoch nicht Nachbarn sein. Ich war gefangen in einer Dynamik von Unterdrückern und Unterdrückten. Meine Erfahrungen in diesen drei Jahren unterminierten allmählich meinen Glauben, der angesichts der Tötung unschuldiger Kinder endgültig zusammenbrach. Ich begann einzusehen, dass meine Auffassung vom Christentum dem gewaltigen Ausmaß des Bösen nicht Rechnung trug. Es war womöglich angemessen für eine andere Zeit und einen anderen Ort, bot jedoch unbewaffneten Demonstranten angesichts eines tödlichen Geschosshagels wenig Hilfe. So fing ich an, meinen Pazifismus immer stärker in Frage zu stellen. Inmitten der Unterdrückung hatte mein Glaube mir als Trost gedient. Jetzt konnte ich mich nicht einmal mehr darauf verlassen, sodass ich in geistlicher Hinsicht den Boden unter den Füßen verlor. Ich musste also mein Verhältnis zum Evangelium genau zu einer Zeit überdenken, zu der ich auch mit all dem zu kämpfen hatte, was der Beginn eines neuen Lebens in einem wiederum unbekannten Land mit sich brachte. Es erforderte meinen ganzen Mut, doch Mut hatte mich ja im Grunde genommen in diese Lage gebracht.

Ich wusste, dass die Antwort auf meine Glaubenskrise irgendwo in meinem Engagement für den Freiheitskampf lag. Junge Südafrikaner reagierten auf die Repression durch die Regierung, indem sie in großer Zahl nach Lesotho gingen, um sich dem bewaffneten Kampf anzuschließen oder eine bessere Ausbildung zu finden, und ließen so die dortige Exilgemeinschaft anwachsen. Ich führte viele Gespräche mit ihnen, und die meisten waren schon oder wurden nun militante ANC-Mitglieder. Der ANC wirkte wegen seiner Einstellung zur Gleichberechtigung aller Ethnien auf mich als Christ sehr anziehend. Mit dieser Auffassung griff er die Deklaration der Freiheitscharta von 1955 auf, in der es heißt: „Südafrika gehört allen, die dort leben, Schwarzen und Weißen“. John Dube, der erste ANC-Präsident, war Pfarrer, Sohn eines Geistlichen und Gründer einer christlichen Schule. Tatsächlich waren seit der Gründung des ANC im Jahr 1912 viele seiner führenden Köpfe bekennende Christen, darunter auch einige Pfarrer, die ihren christlichen Auftrag offenbar ernster nahmen als ihre weißen Amtskollegen. Erzbischof Desmond Tutu wies oft darauf hin, dass Schwarze die Bibel lasen, sie sich zu Herzen nahmen und als Verkündung von Gerechtigkeit und Freiheit ansahen.

Dennoch war ich in der Frage des bewaffneten Kampfs weiterhin anderer Meinung als der ANC. Ich war als überzeugter Pazifist nach Südafrika gekommen. In der Oberschule hatte ich, trotz des Gruppenzwangs und des unausgesprochenen Missfallens meiner Eltern, den Wehrdienst verweigert und gefunden, dass mein Vater im Zweiten Weltkrieg nicht gegen die Nazis hätte kämpfen sollen. Gewalt war für mich das völlige Gegenteil der Heilsbotschaft von Frieden und Liebe. Als junger Student hatte ich nicht nur Jesus von Nazareth gelesen, sondern auch Mahatma Gandhi und Martin Luther King Jr. So sah ich Pazifismus gleichzeitig als Taktik und als Grundsatz des Evangeliums und hielt gewaltlose Methoden für den einzig moralisch vertretbaren Weg, Konflikte zu lösen. Ich war davon überzeugt, dass sie, in Form von Gebeten angewendet, sich im Endeffekt behaupten würden, ganz gleich in welcher Situation. War Jesus denn nicht am Kreuz gestorben und hatte durch die Wiederauferstehung triumphiert? Diese Frage rührte an den Grundfesten meines Glaubens. Während ich schwarzen und weißen Studenten Gewaltlosigkeit predigte, musste ich jedoch feststellen, dass der Apartheidstaat sich sehr darüber freute, dass ich Schwarzen empfahl, beim Eintreten für ihre Rechte keine Waffen zu gebrauchen. Weißen vorzuschlagen, den Wehrdienst zu verweigern, war jedoch etwas ganz anderes. Allein ein Gespräch darüber war bereits illegal. Der Staat glaubte also an Gewaltlosigkeit für Unterdrückte, zögerte aber nie, zur Durchsetzung seiner eigenen Interessen Gewalt anzuwenden.

Nach und nach erfuhr ich mehr über den ANC und erkannte, dass er auf die eine oder andere Art schon immer eine offene Organisation gewesen war. „Wenn uns Stammesinteressen entzweien, werden wir auf ewig geknechtet sein", sagte der erste Präsident. So begann der ANC zwar als ausschließlich afrikanische Organisation, bot aber allen Volksstämmen Südafrikas ein Zuhause. Über die Jahrzehnte erweiterte er seine Vision und nahm auch Angehörige anderer ethnischer Gruppen auf. Zur Zeit des Soweto-Aufstands konnten auch Weiße beitreten, die die Werte und das Programm des ANC mittrugen, sie durften jedoch anfangs keine hohen Führungspositionen bekleiden. 1985 nahm ich an dem Kongress in Kabwe in Sambia teil, auf dem beschlossen wurde, dass die Führungspositionen auf allen Ebenen Angehörigen aller Ethnien offenstehen sollten. Dieser erstaunliche Durchbruch machte sich 1990 besonders bemerkbar, nachdem die Befreiungsorganisationen zugelassen wurden und die Verhandlungen begannen. Auf der einen Seite des Tisches saßen die Verfechter der Demokratie, ein bunter Reigen aller Farben und Geschlechter, auf der anderen die Vertreter der Apartheid in Südafrika, ein mürrischer Haufen ausschließlich weißer Männer.

Ich spürte, dass ich denselben Weg einschlug wie der ANC als Organisation insgesamt. Meine Achtung vor ihm nahm zu, als ich erfuhr, dass auch er nur widerwillig zum bewaffneten Kampf übergegangen war. In den Anfangsjahren setzte man eher auf Argumente und Petitionen, wurde aber mit der zunehmenden Unterdrückung immer militanter. In den Fünfzigerjahren erließ die Regierung das Bantu-Bildungsgesetz, das die schwarze Bevölkerung auch noch von der dürftigsten Ausbildung ausschloss, sowie eine Vielzahl von Gesetzen, die unter anderem die Bewegungsfreiheit der Schwarzen drastisch einschränkten. Sie begann außerdem, Schwarze gewaltsam zu vertreiben, um eine eindeutige ethnische Trennung zu erzeugen. Der ANC reagierte mit einer Widerstandskampagne gegen dieses Unrecht, durch die er zu einer Massenbewegung wurde. Jedoch erst nach dem Massaker von Sharpeville 1960, als Demonstranten bei Protesten gegen die Pass Laws umgebracht wurden, beschloss der ANC, den bewaffneten Kampf aufzunehmen. Selbst dann bestanden die ersten bewaffneten Angriffe aus Sabotageakten, die vorsichtig begangen wurden, um den Verlust von Menschenleben zu vermeiden. Natürlich eskalierte die Gewalt, je heftiger und erbitterter der Kampf wurde, aber sie war eine Taktik, die der ANC nur widerwillig als Antwort auf extreme Provokation einsetzte. Dabei machte er im Laufe seiner Geschichte immer wieder deutlich, dass er ein unterdrückerisches System bekämpfte und keine ethnische Gruppe.

Mir wurde klar, dass die Lösung meiner Glaubenskrise in politischem Handeln lag. Je mehr ich die Heilige Schrift mit neuen Augen las, desto deutlicher wurde das. Es ging nicht so sehr um das, was geschieht, wenn wir sterben. Vielmehr galt die Frohe Botschaft für das Hier und Jetzt. So las ich das Evangelium nun nicht mit dem Wissen, das die Kirche mir beigebracht hatte, sondern mit den Augen von jemandem, der sich für die Befreiung aller Menschen engagierte. Im Zentrum dieses Kampfes lag ein Verständnis, das auch die Bibel als zentrale Botschaft vermittelt: Selbstaufopferung und die Bereitschaft, sein Leben für die Freiheit anderer hinzugeben.

Bei weitem die Mehrheit der Südafrikaner würde sich selbst als Christen bezeichnen, doch in Wirklichkeit gibt es ein ganzes Spektrum an Religionen: Muslime, Juden, Hindus, Buddhisten und Menschen, die keinem bestimmten Glauben angehören. So kam ich darüber hinaus zu der Schlussfolgerung, dass die Zukunft der Menschheit keine christliche, sondern eine interreligiöse ist, in der auch Atheisten, Agnostiker, und Menschen indigener Spiritualität zutiefst geehrt und geachtet werden. Ich bin zwar immer sehr religiös gewesen, aber Zweifel waren stets ein Bestandteil meines Glaubensweges. Ich empfinde immer mehr Achtung vor dem Zweifel, weil ich glaube, dass absolute Sicherheit schnell in Fundamentalismus umschlagen kann. Jeder Fundamentalismus, ganz gleich welcher Religion, ist furchterregend, weil damit letztendlich das Töten anderer Menschen im Namen des Glaubens gerechtfertigt wird. Zweifel führen zu einer Art Demut und ermöglichen Achtung vor der Sichtweise anderer.

Der erste, der mir die Vision einer religionsübergreifenden Menschheit beschrieb, war Erzbischof Trevor Huddleston, ein weiterer Mensch, der mir Zeit meines Lebens ein Vorbild war. Als christlicher Erzbischof war er mit der interreligiösen Thematik seiner Zeit voraus. Im Freiheitskampf waren wir ein gemischter Haufen nicht nur verschiedener Religionen, sondern auch unterschiedlicher Weltanschauungen. Es erfüllt mich mit Sorge, dass eine wachsende Anzahl der heutigen Konflikte in der Welt eine religiöse Dimension annimmt. Meiner Meinung nach ist es dringend notwendig, einer neuen

Generation junger Menschen anderen Religionen gegenüber nicht nur Toleranz beizubringen, sondern auch Ehrfurcht und Achtung sowie die Fähigkeit, deren Wissensschatz zu erkennen und für sich zu erschließen. Seit langem schon komme ich mit der bisweilen vertretenen christlichen Auffassung, dass wir im Licht stehen und andere Religionen in der Dunkelheit, nicht zurecht. Ich halte das für eine sehr seltsame Auffassung von Gott. Nach wie vor will ich Christ sein, aber ich versuche vom christlichen Standpunkt aus andere Traditionen sowie die Integrität und Menschlichkeit derer, die keinem religiösen Glauben anhängen, zutiefst zu respektieren. Wir müssen ein Verständnis für die Gründe entwickeln, die jemanden zu seiner Auffassung veranlasst haben. Anders ausgedrückt, wir beten keinen kleinen Stammesgott an, und Gottes Möglichkeiten, auf Menschen einzuwirken, sind unbegrenzt. Man soll unseren Glauben daran erkennen, wie wir leben, wie wir unsere Mitmenschen lieben und sie unterstützen. Das soll das wahre Bekenntnis sein, das andere Menschen unserem Glauben gegenüber öffnet.

Vor vielen Jahren wunderte ich mich über die Schriften des christlichen Theologen Carlos Mesters aus Lateinamerika. Er behauptet, dass die gesamte erschaffene Ordnung, auch die Menschen, Gottes Erstes Buch bilden. Die Bibel sei Gottes Zweites Buch, eine Art Wegweiser für das Verständnis des Ersten Buches. Die Lateinamerikaner haben vielen von uns beigebracht, dass immer unsere eigenen Lebensumstände den Ausgangspunkt bilden müssen. Niemand nähert sich der Heiligen Schrift mit objektiven Augen. Wir betrachten sie subjektiv, geprägt durch unsere Persönlichkeit, durch unsere Stellung in der Welt und alles, was in ihr vorgeht. Das bedeutet, dass dieselbe Bibelstelle von verschiedenen Menschen anders interpretiert wird, ja sogar von uns selbst, zu unterschiedlichen Zeiten, wenn sich unsere Lebensumstände ändern.

Angesichts der beherrschenden Rolle der Religion im Leben der schwarzen und der weißen Südafrikaner war der Kampf gegen die Apartheid in gewisser Hinsicht immer auch eine theologische Auseinandersetzung. Schon im neunzehnten Jahrhundert hatten sich weiße südafrikanische Christen geweigert, das Abendmahl mit schwarzen Christen zu teilen. So war eigentlich die theologische Apartheid der politischen vorausgegangen. Als sie zur offiziellen Politik wurde, stellte der Staat sich als irdischen Ausdruck von Gottes Willen dar. Die Deutungshoheit hatte in diesem Fall – wie jedermann wusste – die niederländisch-reformierte Kirche, die vorrangigste Verfechterin der Apartheidregierung, die über ihren politischen Zweig, die National Party, starken Einfluss ausübte. „Die National Party beim Gebet", wurde sie sarkastisch genannt. Wenn Demonstranten wegen politischer Vergehen festgenommen und vor Gericht gestellt wurden, stützten sich die Richter in allererster Linie auf einen Bibelvers (Römer 13, Vers 1):

> Jeder leiste den Trägern der staatlichen Gewalt den schuldigen Gehorsam. Denn es gibt keine staatliche Gewalt, die nicht von Gott stammt;

> jede ist von Gott eingesetzt. Wer sich daher der staatlichen Gewalt widersetzt, stellt sich gegen die Ordnung Gottes, und wer sich ihm entgegenstellt, wird dem Gericht verfallen.

Die Heilige Schrift, die die ureigenste Grundlage meines Glaubens darstellt, wurde in eine ideologische Waffe verkehrt, die dem Bösen diente. Die Regierung sah das zweifellos mit einem gewissen Zynismus, aber wie sollte ich die Tatsache verstehen, dass Millionen weißer Südafrikaner diese Einstellung als Gottes Weisheit akzeptierten, wie sie in der Bibel zum Ausdruck kam? Schwarze hingegen wurden von schwarzen und weißen Pfarrern dazu angehalten, gefügig und duldsam zu sein und sich nicht darum zu kümmern, dass sie unterdrückt wurden, da sie eine Zukunft im Himmel erwartete.

Diese Regierung erklärte nicht nur ihrer eigenen Bevölkerung den Krieg, sondern exportierte ihn in die ganze Region. In allen Staaten des südlichen Afrika jagte uns das Regime wie Tiere. Was hatten wir verbrochen? Wir wagten es zu glauben, dass Gott alle Menschen gleich erschaffen hatte und alle das gleiche Recht auf einen Platz an der Sonne haben. Wir wagten es, an die uns allen innewohnende Menschlichkeit zu glauben, und wir strebten danach, dementsprechend zu leben. Für dieses Verbrechen wurden wir alle zum Tode verurteilt. Banditen, die Mosambik zum ärmsten Land der Welt machten und in Angola mehr Amputierte hinterließen, als es damals in jedem anderen Land der Welt gab, wurden von dem Regime finanziert, ausgerüstet und ausgebildet – alles im Namen des Christentums. Dieselben Menschen, die Kinder in ihren Häusern erschossen oder in Angola neben brennenden Leichen feierten, gingen in die Kirche, nahmen das Abendmahl ein und durften hören, dass ihnen ein Platz im Himmel sicher sei. Ich fragte mich, ob wir in denselben Himmel kommen würden.

In Südafrika gibt es viele verschiedene Kirchen. Die weiße niederländisch-reformierte Kirche war praktisch gleichbedeutend mit der Apartheid. Am anderen Ende des Spektrums gab es aber auch Kirchen, die immer wieder betonten, dass Apartheid falsch und ein Ausdruck des Bösen sei. Bei genauerem Hinsehen merkte man, dass die Kirchen selbst zu Orten der Auseinandersetzung geworden waren, die nicht nur zwischen ihnen, sondern auch innerhalb der einzelnen Kirchen stattfanden. 1985 veröffentlichte eine Gruppe progressiver Theologen das sogenannte Kairos-Dokument. In ihm wurden drei Theologierichtungen in Südafrika analysiert. Von der ersten, der staatlichen Theologie, wurden der Staat und alles, was er tat, abgesegnet. Der zweiten, der Kirchentheologie, war Versöhnung wichtiger als Gerechtigkeit. Sie verurteilte alle Formen von Gewalt, so als hätten sie alle die gleiche moralische Grundlage. Anhänger der Kirchentheologie erhoben ihre Stimme oft gegen die Apartheid, unternahmen aber nichts dagegen. Dann gab es noch die prophetische Theologie, die eigentlich eine Befreiungstheologie war. Für sie zählten Taten mehr als Worte, und ihre Anhänger schlossen sich dem Freiheitskampf an und waren dort aktiv. Sie versuchten, den Armen Hoffnung zu geben. Sie blieben nicht neutral, sondern glaubten an Eingreifen und Parteinahme. Im Laufe der Zeit, vor allem während der Achtzigerjahre, konnten einige Menschen in traditionell sehr konservativen Kirchen angesichts des Ausmaßes der Unterdrückung nicht umhin, die Auslegung des Glaubens ihrer Kirche in Frage zu stellen. Gewissenhafte Menschen dachten über ihr eigenes bisheriges Leben nach und begriffen, dass sie sich um ihrer Menschenwürde willen für Gerechtigkeit einsetzen mussten. Sie konnten nicht länger schweigen. Alle drei Theologierichtungen entfalteten sich innerhalb einer Kirche und manchmal sogar in einem einzigen Menschen. In den Achtzigerjahren stellten sich die Kirchen des Südafrikanischen Kirchenrats sowie die römisch-katholische Kirche der Apartheid immer stärker entgegen. So konnte es auch geschehen, dass sich manche Christen mutig der Freiheitsbewegung anschlossen, während andere das Apartheidregime unterstützten.

Meine Glaubenskrise entfremdete mich von vielen meiner Ordensmitglieder und den lautesten Stimmen in der anglikanischen Kirche. Das bedeutet nicht, dass sie mich von allen Anglikanern trennte. Einige hätten mir tatkräftige Unterstützung geboten. Mit meiner Entscheidung, einer Ordensgemeinschaft beizutreten, wurden meine Ordensbrüder zu meiner Familie. Doch in Südafrika fühlte ich mich den meisten wegen ihrer passiven Hinnahme der Apartheid entfremdet. Natürlich haben sie getan, was in der jeweiligen Situation von ihnen erwartet wurde. So haben sie mir zum Beispiel geholfen, wohlbehalten nach Lesotho zu entkommen, doch die meisten empfanden dies als brüderliche Pflicht mir gegenüber und handelten nicht, wie ich, aus der zutiefst empfundenen Überzeugung, dem ureigensten Auftrag des Evangeliums zu folgen.

Ursprünglich war es mein Pazifismus, der mich von den meisten Anglikanern unterschied. Nun sollte es bald meine Befürwortung des bewaffneten Kampfes sein. Die Kirche hatte die meisten Kriege in der Geschichte entweder abgesegnet oder gebilligt, doch in Südafrika nahm sie eine unklare Haltung ein. Einerseits verurteilte sie die Apartheid als Missachtung des Willens Gottes, andererseits betrachtete sie jegliche Form von Gewalt als Sünde. Sie neigte also dazu, die Gewalt der Befreiungsbewegung und die des Staates als gleichermaßen sündhaft einzustufen. Durch diesen Denkansatz wurden, wie so oft, die bestehenden Machtstrukturen implizit begünstigt. Die Kirche nahm zum Beispiel nie einen festen Standpunkt zugunsten der Wehrdienstverweigerung weißer Wehrpflichtiger ein, obwohl vereinzelte Pfarrer und Laien dies durchaus taten. Tatsächlich stellte die Kirche der Armee Pfarrer als Militärkaplane zur Verfügung, jedoch nie offiziell dem bewaffneten Flügel der Befreiungsbewegungen. Wenn den Befreiungsorganisationen Seelsorge angeboten wurde, dann von Menschen wie mir, die selbst die Initiative ergriffen. Ich sah nun ein, dass es im Kampf gegen die Apartheid keinen Mittelweg geben konnte. Die Kirche musste unmissverständlich und entschlossen Partei ergreifen, und auch dadurch stellte ich mich deutlich außerhalb der Kirche. Letzten Endes war der Soweto-Aufstand ein Wendepunkt in meinem Leben. Wie konnte ich angesichts der Schüsse auf Schulkinder für Gewaltlosigkeit plädieren? Zögernd rang ich mich zu der Einsicht durch, dass Pazifismus nicht mehr vertretbar war und dass Menschen ein Recht darauf haben, sich angesichts einer Übermacht zu verteidigen. Etwas anderes zu predigen hätte bedeutet, schwarze Südafrikaner aufzufordern, an ihrem eigenen Tod mitzuwirken. Es war keine leichte Entscheidung. Plötzlich stand ich einem Gott gegenüber, der Armen und Unterdrückten immer beisteht. Ich wurde von der festen Überzeugung gepackt, dass die Befreiungsbewegung in unserer Situation die menschliche Verkörperung der Bibelbotschaft von Liebe und Gerechtigkeit darstellte. Der bewaffnete Kampf war ein wichtiges Mittel, um dies zu erreichen, und war somit moralisch zulässig und auch gerechtfertigt. Dies war eine grundsätzliche Richtungsänderung, und in den kommenden Jahren sollte ich mich voll und ganz für den Befreiungskampf einsetzen.

Zwar umfasste dieser Kampf alle möglichen Seiten des Lebens, doch für mich war und wird mein politisches Engagement immer Ausdruck meines tiefen Glaubens an Gottes Hinwendung zur Menschheit sein.

7

Lesotho - ein Leben im Exil

Durch meinen plötzlichen Aufbruch aus Südafrika hatte ich keine Zeit, mich auf die Zukunft vorzubereiten. Zum Glück kam mir Desmond Tutu zu Hilfe. Er war nämlich kurz zuvor zum Bischof von Lesotho ernannt worden und half mir mit der Einschreibung an der Universität von Lesotho, damit ich mein Studium beenden konnte, das durch die gewaltsamen Ereignisse in Südafrika unterbrochen worden war. Ich erwarb dort endlich meinen Hochschulabschluss in Englisch und Soziologie sowie eine Lehrbefähigung.

Anfangs kampierte ich im Haus eines SSM-Bruders, der auch in Lesotho lebte. Nach meiner Immatrikulation zog ich dann in ein Studentenwohnheim. Dies bot mir die willkommene Gelegenheit, andere Studenten kennenzulernen. Bischof Tutu setzte sich auch für meine Ernennung zum Assistenten des Pfarrers Donald Nestor ein, der der anglikanische Universitätskaplan war. Im Jahr darauf trat ich seine Nachfolge an. Von Pfarrer Nestor übernahm ich eine weitere Aufgabe, nämlich die Ausbildung einiger junger Männer, die sich im Lelapa La Jesu, einem kleinen Seminar, das einem größeren römisch-katholischen Seminar angeschlossen war, auf das Priesteramt vorbereiteten. Mittlerweile wohnte ich in den Räumlichkeiten der anglikanischen Studentengemeinde, die durch mein wachsendes politisches Engagement zu einem Treffpunkt für Studenten und ANC-Mitglieder wurden. Zu diesen Studenten gehörte auch Michael Worsnip. Seine Zeugenaussage vor der Wahrheits- und Versöhnungskommission, in der er seine Studienzeit an dieser Universität und meine Rolle als Kaplan aus seiner Sicht beschreibt, ist diesem Kapitel beigefügt.

Ich begrüßte meine afrikanischen Kommilitonen wie Geschwister, doch anfangs wurden meine Gefühle nicht immer in vollem Umfang erwidert. Schließlich war ich als weißer Neuseeländer überwiegend von schwarzen Afrikanern umgeben. Außerdem hatte ich einen komplizierten multifunktionalen Status. Ich war gleichzeitig Student, Universitätskaplan und nationaler Kaplan für anglikanische Studenten in der gesamten Provinz des südlichen Afrika. Manchmal fühlte ich mich genötigt, mich in den Augen afrikanischer Studenten zu bewähren, und da immer wieder Neuankömmlinge eintrafen, legte sich das Problem nie vollständig. Ein besonders einschlägiges Beispiel war eine Konfrontation am Rande eines ANC-Treffens. Ich erstattete dort über eine internationale Jugendkonferenz in Osteuropa Bericht, die kurze Zeit zuvor stattgefunden und bei der ich die ANC-Jugend vertreten hatte. Anschließend hatte ich eine Auseinandersetzung mit Tito Mboweni, einem Kommilitonen. Jahre später, nach dem Ende der Apartheid, wurde Mboweni der erste Präsident der südafrikanischen Landeszentralbank. „Wie kannst du als Weißer die ANC-Jugend vertreten? Hätte man denn keinen Schwarzen als Vertreter schicken können?“, fragte er mich damals. Ich erinnere mich noch, dass ich ihn ganz ruhig ansah und dann antwortete: „Naja, Tito, weißt du, der ANC ist eine gemischtethnische Organisation. Ob weiß oder schwarz, alle sind im Befreiungskampf willkommen. Er ist ein Parlament aller Menschen in Südafrika.“ Tito wirkte skeptisch, und doch war es der Beginn einer langen Freundschaft und vieler lebhafter Diskussionen über ethnische Freiheit, und zwar nicht im abstrakten Sinne, sondern ganz konkret. Wir beide verkörperten sie, Streitsucht und alles mögliche andere inklusive. Es mutet schon seltsam an, dass ich viele Jahre später meinen alten Freund Tito gerade in dem Moment anrief, in dem die Bombe hochging. Er erinnert sich noch, dass die Leitung plötzlich tot war und er sich fragte, ob mir etwas Schreckliches zugestoßen war.

Trotz der Schwierigkeiten wirkte Lesotho befreiend auf mich. Obwohl ich einer von nur zwei weißen Studenten an der Universität war, fühlte ich mich frei, ich selbst zu sein. In Südafrika hingegen hatte die Hautfarbe jeden Aspekt meines Lebens bestimmt. Die Universität lag in Roma, einer kleinen Stadt in einiger Entfernung von der Hauptstadt Maseru. Nach dem Soweto-Aufstand war die südafrikanische Exilgemeinschaft rasant gewachsen. Immer mehr junge Menschen flüchteten, um sich dem bewaffneten Kampf anzuschließen oder eine gute Ausbildung zu erhalten, die wiederum als wichtiger Beitrag zum Kampf betrachtet wurde. Simbabwe sollte erst vier Jahre später seine Unabhängigkeit erlangen, sodass es auch viele simbabwische Studenten gab. Maseru beheimatete eine beträchtliche internationale Gemeinschaft, die viele Verbindungen zur Universität unterhielt. Einige waren Professoren, andere arbeiteten für internationale Hilfsorganisationen, und es gab eine große Gruppe südafrikanischer Flüchtlinge, von denen manche für den ANC aktiv waren. Das Leben auf dem Campus trug radikale Züge, es sprudelte nur so vor intellektueller und politischer Leidenschaft, überall gab es Bücher, politische Traktate und Plakate, und studentischer Eifer war überall spürbar. Ich schloss lebenslange Freundschaften mit basothischen, simbabwischen und südafrikanischen Studenten. Ich hatte das Glück, Student unter Studenten zu sein, auch als Weißer, Pfarrer und Kaplan in einer fast ausschließlich schwarzen Studentenschaft. Es waren wunderschöne und aufregende Jahre. Vor kurzem schwelgte mein Freund Tito in Erinnerungen. „Wir waren damals ein aufmüpfiger Haufen. Es ging uns um die Lösung äußerst schwieriger und komplexer Fragestellungen, oftmals mit sehr einfachen Rezepten“, und er schüttelte den Kopf, dann grinste er. „Trotzdem schafften wir es manchmal, den Anstoß zu den komplizierten Antworten zu geben, die die

Situation erforderte." Als Leiter der Zentralbank hat er sicher erfahren müssen, wie kompliziert diese Probleme sein können.

Ich engagierte mich sehr in der Studentenpolitik und wurde zum Vizepräsidenten der Studentenvertretung gewählt. Einmal löste das Essen auf dem Campus eine Kontroverse aus. Wir organisierten Studentendemonstrationen; das war in Lesotho, wo Autoritätsgläubigkeit tief in der Tradition verwurzelt ist, etwas nie Dagewesenes. Fazit: Der gesamte Studentenausschuss wurde zwangsexmatrikuliert. Diese Sanktionen wurden später jedoch wieder aufgehoben. Sogar meine Eltern erhielten einen Brief von der Universität, der zu Hause in Neuseeland natürlich für ziemliche Aufregung sorgte. Ich befand mich nun in einer höchst ungewöhnlichen Situation, die der Hochschulverwaltung sicher graue Haare verursacht hat, denn man hatte mich zwar der Hochschule verwiesen, aber gleichzeitig war ich Kaplan und wohnte als solcher in den Räumen der Studentengemeinde. Ich weigerte mich, das Amt aufzugeben, und handelte, kreativ wie ich war, nach der Devise: „Der Vizepräsident ist gegangen, doch der Kaplan bleibt." Daraufhin versuchte die Hochschulverwaltung, Bischof Tutu einzuspannen, damit er sich mit meinem Fall befasste, doch der war gerade außer Landes. Als er zurückkehrte und seine letzte Post las, musste er feststellen, dass mir für etwas verziehen wurde – wofür wusste er nicht. Erst als er seine ältere Post öffnete, erfuhr er, welche Sünde ich begangen hatte. Es sollte nicht das letzte Mal sein, dass meine Tätigkeiten bei ihm für Kopfschütteln sorgten.

Meine Beziehung zur Kirche im südlichen Afrika war nie nur eitel Freude und Sonnenschein gewesen und nahm auch in Lesotho einen holprigen Anfang. Ich war nämlich dazu übergegangen, mich Nationalkaplan im Exil zu nennen. Es handelte sich selbstverständlich eher um ein Zeichen der Solidarität als um einen geistlichen Titel, vor allem auch da ich von den Studenten gewählt und nicht von den Kirchenoberen ernannt worden war. Den Ausdruck „im Exil" als Teil des Titels empfanden die südafrikanischen Bischöfe als Provokation, und sie waren sehr erbost darüber. Verwaltungsmäßig bestand das Problem darin, dass die anglikanische Provinz des südlichen Afrika Lesotho, Südafrika, Mosambik und Swasiland umfasste. So betrafen alle Apartheidprobleme die gesamte Provinz, und die südafrikanischen Bischöfe waren der Ansicht, dass sie in dieser Sache ein Wörtchen mitzureden hatten. Tatsächlich ärgerten sich aber einige schon vorher, das heißt, bevor ich Südafrika verließ, darüber, dass ich die Regierung öffentlich verurteilte. Offensichtlich dachten sie, ich hätte einfach zurücktreten und fortgehen sollen, vorzugsweise so weit wie möglich. Ich erhielt ein recht strenges Schreiben des Kontaktbischofs für Kaplane, der gleichzeitig Bischof von Pretoria war, in dem er sich über meinen Gebrauch des Titels Nationalkaplan im Exil beschwerte. Er kritisierte auch meine öffentliche Befürwortung des Befreiungskampfs, mit der Begründung, dass es mir eindeutig an christlicher Ausdrucksweise mangele und sie somit als rein humanistisch oder, Gott bewahre, marxistisch interpretiert werden könne. In meiner Antwort weigerte ich mich, seinen Rat zu befolgen, und betonte, man könne nicht leugnen, dass ich immer noch Nationalkaplan sei und dass ich zwar Priester in der Provinz des südlichen Afrika war, aber zweifelsohne nicht in dem Land wohnte, in dem ich dienen sollte und in das meine Ordensgemeinschaft mich entsandt hatte. Einige meiner engen Kameraden waren keine Christen und schon gar keine Anglikaner, und ich konterte mit dem Argument, dass die Prophezeiungen Gottes tatsächlich durch Humanisten und Marxisten zum Ausdruck kommen konnten. Die Heilsbotschaft in ausschließlich christlicher Sprache auszudrücken könne einige Studenten dazu veranlassen, sie als irrelevant abzulehnen. Die Kirche war zu diesem Zeitpunkt nicht bereit, etwas gegen mich zu unternehmen, und so geriet das Thema nach anfänglichem Unmut in Vergessenheit.

Die Schockwellen der Ereignisse, die durch den Soweto-Aufstand ausgelöst wurden, waren in Südafrika auch noch das ganze Jahr 1977 hindurch spürbar, also in dem Jahr nach meinem Aufbruch ins Exil. Steve Biko, der allseits verehrte Führer der *Black-Consciousness*-Bewegung, wurde im Gefängnis ermordet. Bedeutende Führer der Widerstandsbewegung in Südafrika, wie Winnie Mandela und Mamphela Ramphele, wurden unter Hausarrest gestellt und somit erfolgreich zum Schweigen gebracht, da sie nicht mehr öffentlich auftreten durften. Im selben Jahr fand die jährliche Konferenz anglikanischer Studenten in Morija in Lesotho statt. Sie wurde zum ersten Mal außerhalb von Südafrika abgehalten, ausdrücklich mit dem Ziel, mir die Teilnahme zu ermöglichen. Die Kirchenführer empfanden das sicher als Provokation vonseiten der anglikanischen Studenten, und dieser Eindruck wurde durch meine eindeutige Parteinahme auf der Konferenz noch verstärkt. Ich erklärte, dass ich es nicht für moralisch vertretbar hielt, der Armee beizutreten, um die Apartheid zu verteidigen, es jedoch moralisch vertretbar fand, gegen die Apartheid zu den Waffen zu greifen. Die Nachricht von meiner Haltung wurde in Südafrika verbreitet und löste Empörung und Fassungslosigkeit aus. Es trifft wohl zu, dass ich mich in dieser Frage und bei einigen anderen Gelegenheiten nicht sonderlich um die Kirchendiplomatie scherte, aber meiner Ansicht nach wurde Diplomatie oft benutzt, um ethisch unhaltbare Einstellungen zu rechtfertigen. Während ich es also als meine christliche Pflicht empfand, den Mächtigen die Wahrheit zu sagen, betrachteten andere das als Unruhestiftung. All dies führte innerhalb der Kirchenhierarchie und meiner Ordensgemeinschaft in Südafrika zu wachsendem Unbehagen. Zuvor hatte ich in meiner Gemeinschaft nur als „Vorreiter" vor den anderen Brüdern gegolten, aber nun versuchten sie, mich auszuschließen; allerdings wurde daraus zu diesem Zeitpunkt nichts.

Im Laufe der Zeit gewann ich immer mehr die Überzeugung, dass die Vision des ANC für Südafrika die Befreiungsbotschaft des Evangeliums verkörperte. Viele wohlmeinende Christen sahen die Kirche als Mittelweg zwischen dem Apartheidregime und dem ANC, doch für mich gab es keine vertretbare Mitte, und das Programm des ANC war der christliche Weg. Ich kam auch zu dem Schluss, dass einzelne Propheten, so wichtig sie auch sein mochten, keine ausreichende Bedrohung für den Status quo darstellen und dass Menschen nur dann ausreichende Macht gewinnen, um ein ungerechtes System ins Wanken zu bringen, wenn sie sich zu einer disziplinierten Organisation zusammenschließen. Denn der Staat lobte sich ja sogar bisweilen selbst dafür, dass er einige wenige Menschen frei sprechen ließ. Auf diese Weise versuchte er, sich selbst in den Augen der internationalen Gemeinschaft den Anstrich von Legitimität zu geben. Natürlich geschah es viel häufiger, dass Menschen, besonders Schwarze, zum Schweigen gebracht wurden, sobald die Herrschenden glaubten, damit durchkommen zu können. Aus all diesen Gründen hielt ich es für wichtig, nicht als einzelner zu handeln, sondern Mitglied der Befreiungsbewegung zu werden.

Deswegen stellte ich beim ANC einen offiziellen Aufnahmeantrag. Die Mitgliedschaft erforderte weitaus mehr als eine Unterschrift auf einem Stück Papier im Anschluss an eine politische Veranstaltung. Der ANC agierte in einem äußerst gefährlichen Umfeld. Angesichts der zunehmenden Proteste im Land, der von der Befreiungsbewegung verübten Sabotageakte, der Unabhängigkeit von Mosambik und Angola mit einer marxistischen Regierung in Mosambik und einem Bürgerkrieg in Angola sowie der bevorstehenden Unabhängigkeit Simbabwes fühlte sich die weiße Regierung in Südafrika im Belagerungszustand. Südafrikanische Agenten waren überall. Sie infiltrierten ANC-Strukturen und gaben Informationen an das Apartheidregime weiter, häufig mit tödlichen Folgen. Oft hörten wir, dass Kameraden ungeklärten „Unfällen" zum Opfer gefallen oder einfach kaltblütig ermordet worden waren. Wir lernten, auch mit scheinbar harmlosen Informationen vorsichtig umzugehen, wenn andere dabei waren.

1966 hatte Lesotho die Unabhängigkeit von Großbritannien erlangt. Anfangs war die Regierung recht autokratisch, und sie teilte seit jeher die Interessen Südafrikas. Deshalb war sie unter Studenten auch weiterhin unbeliebt. In vielerlei Hinsicht hatte sie jedoch kaum eine andere Wahl, denn Lesotho ist ein Binnenland, von Südafrika gänzlich umschlossen und wirtschaftlich völlig von ihm abhängig. Viele Jahre lang verweigerte Lesotho südafrikanischen Flüchtlingen die Einreise, doch ab 1973 begann es unauffällig, seine Pforten zu öffnen. Die Regierung zeigte zunehmend Verständnis für die Interessen des ANC und begann, sich so weit wie möglich vom Apartheidregime zu distanzieren, trotz des damit verbundenen erheblichen Risikos und der Tatsache, dass sie bei vielen ihrer eigenen Staatsbürger weiterhin unbeliebt war. Der Apartheidstaat versuchte äußerst geschickt, die direkte Kommunikation zwischen den Widerstandskräften in Südafrika und ANC-Mitgliedern im Exil zu unterbinden. Als ich dort ankam, existierte deshalb schon eine „Untergrundlinie", auf der Menschen und Informationen nach Südafrika und aus Südafrika heraus geschmuggelt wurden, üblicherweise in abgelegenen ländlichen Gegenden im Schutze der Dunkelheit. Chris Hani leitete die ANC-Operationen in Lesotho. Er war auch einer der Führer der südafrikanischen kommunistischen Partei und später Generalstabschef der *Umkhonto we Sizwe*, des bewaffneten Arms des ANC. Ich war zwar an der Universität tätig und nicht direkt an diesen Untergrundaktivitäten beteiligt, unterlag nach meinem Beitritt aber dennoch, wie alle ANC-Mitglieder, der Befehlsstruktur und unterstand eine Zeit lang Chris Hani direkt. Wegen des hohen Risikos war eine geordnete Befehlsstruktur in den Reihen des ANC zwingend notwendig. Er war straff organisiert und verlangte strikte Disziplin. Bewerber wurden sorgfältig überprüft. Es gab andere Weiße im ANC, die Schlüsselfunktionen ausübten, doch ich wurde mit einiger Skepsis betrachtet, nicht zuletzt weil ich Neuseeländer war. Ich wusste, dass viele Weltverbesserer nach Südafrika reisten und die Antiapartheidbewegung unterstützten, solange sie dort waren. Sie waren jedoch stets darauf bedacht, ihre Pässe zu behalten, und wenn die Situation allzu brenzlig wurde, setzten sie sich ab. Ich fasste den Entschluss, nicht so zu sein wie sie. Wenn ich mich aufrichtig dem Kampf für ein freies Südafrika verschreiben wollte, konnte ich nicht meinen Pass in der Hosentasche behalten und denken, ‚wenn es hart auf hart kommt, verschwinde ich.‘ Ich musste mich unwiderruflich engagieren oder gar nicht. Die ANC-Führung stimmte zu, und meinem Antrag wurde stattgegeben. 1990 wurde ich von Hilda Berstein für ihr Buch „The Rift" über die Erfahrungen südafrikanischer Exilanten interviewt. Dabei zitierte ich aus meiner Bewerbung um die ANC-Mitgliedschaft:

> Ich beantrage die Mitgliedschaft im ANC und verstehe darunter, dass ich die Staatsangehörigkeit eines Landes annehme, für das wir noch kämpfen … Ich akzeptiere die Konsequenzen meiner Entscheidung. Wenn ich mit diesen Menschen diesen Weg einschlage, werde ich ihn so lange gehen, wie wir ihn gehen müssen, und sei es für immer.

Zwei Monate nachdem ich Hilda dieses Interview in Simbabwe gegeben hatte, wurde der Anschlag auf mich verübt.

Im Laufe der Zeit wurde ich immer stärker in den ANC eingebunden. Im übrigen Land blieben die Aktivisten im Untergrund, um keine Aufmerksamkeit zu erregen. Im Gegensatz dazu stellten wir an der Universität einen sichtbaren Teil des ANC dar, der damals eine der wenigen öffentlich wahrnehmbaren Gruppierungen des ANC überhaupt war und eine Zeit lang von mir geleitet wurde. Wir versuchten erst gar nicht, unsere Botschaft zu verstecken, und erfüllten eine nützliche Funktion, denn wir sorgten dafür, dass die Stimme der Befreiung von Südafrikanern und unter den Studenten gehört wurde, vor allem in Lesotho, in geringerem Maße aber auch in allen Frontstaaten des südlichen Afrika. Die anglikanische Studentengemeinde wurde zum diskreten Zentrum für politische Agitation. Besucher kamen und gingen, wie und wann sie wollten, Tag und Nacht. Manche kannte ich, andere nicht. Unser Engagement hatte eine Eigendynamik entwickelt, und ich bemühte mich kaum noch, den Überblick zu behalten. Überall herrschte Aufbruchsstimmung, auch eine gewisse Romantik, wie sicherlich überall in politischen Bewegungen. Da ich meine Energie damals hauptsächlich für politische Tätigkeiten nutzte, die sich nicht unbedingt in spirituellen Worten äußerten, war ich in den Augen anderer womöglich in erster Linie ANC-Aktivist. Um ehrlich zu sein, sah ich mich manchmal selbst auch so. Trotz meines politischen Engagements diente ich jedoch weiterhin als Universitätskaplan, und ich vergaß nie, dass die Grundlage meines Engagements in diesem Kampf die Heilsbotschaft der Befreiung war.

In Südafrika galt für männliche weiße Bürger die Wehrpflicht, und die meisten jungen Männer, die keinen Wehrdienst leisten wollten, verließen einfach das Land. Mit Hilfe neuer Gesetze führte die Regierung drakonische Strafen für Wehrdienstverweigerer ein, und schon ein Gespräch mit jungen weißen Männern über dieses Thema wurde zum Gesetzesverstoß. Trotzdem wuchs die Zahl junger Männer, die den Mut aufbrachten, den Wehrdienst zu verweigern und dennoch im Land zu bleiben. Ihre Wirkung war weitaus bedeutender als ihre relativ geringe Anzahl, da sie mit ihrer eindeutigen Haltung die Bemühungen der Regierung, die Auseinandersetzung als einen rein ethnischen Konflikt und den Wehrdienst als selbstverständlich darzustellen, als Lüge entlarvten. Die Regierung stellte die Auseinandersetzung auch als Kampf zwischen Christentum und gottlosem Kommunismus dar. Deshalb begann ich mit Unterstützung des ANC, meine Stellung als Pfarrer und ANC-Mitglied zu nutzen, um diesen Missbrauch der Religion anzuprangern und innerhalb der Glaubensgemeinschaft um Unterstützung zu werben.

Als eine meiner ersten Reaktionen schrieb ich unter anderem für die ANC-Zeitschrift „Sechaba“, die in Daressalam erschien, einen Artikel mit dem Titel „Die Christenheit und der gerechte Krieg“. Ich führte aus der Glaubensperspektive einige Argumente für die Befürwortung des bewaffneten Kampfes an. Gewaltlosigkeit ist zweifelsohne der moralisch überlegene Weg und ist – wann immer möglich – vorzuziehen; dennoch besteht innerhalb des Christentums eine lange Tradition der Theorie des gerechten Krieges. Der heilige Thomas von Aquin entwickelte diese Theorie, nicht jedoch um dem Krieg an sich seinen Segen zu erteilen, sondern um hervorzuheben, dass auch im Krieg, wenn er denn unvermeidlich sein sollte, gewisse ethische Grundsätze gewahrt werden müssen. Nach der Theorie des gerechten Krieges muss auf einer Art Kontrollliste Punkt für Punkt abgehakt werden, bevor man zu dem Schluss kommen kann, dass ein Krieg zulässig ist. In dem Artikel für „Sechaba“ ging ich diese Theorie Punkt für Punkt durch und legte dar, dass der Befreiungskampf meiner Ansicht nach ihren Kriterien entsprach. Ich betonte, dass die Theorie des gerechten Krieges nicht als bequeme Rechtfertigung des Tötens erfunden wurde – es ging im Gegenteil darum, so viele moralische Schutzwälle wie möglich zu errichten, um sicherzugehen, dass Krieg wirklich nur als letztes Mittel eingesetzt wird. Gewaltlosigkeit wird äußerst problematisch, wenn die Unterdrücker die Unterdrückten in keiner Weise als Menschen anerkennen. Wenn man den gewaltlosen Widerstand der Juden im Zweiten Weltkrieg betrachtet, so zeigt sich, dass er sie nicht vor den Gaskammern bewahrt hat. Ist es denn wirklich wünschenswert, dass Menschen angesichts eines solchen Faschismus keinen Widerstand gegen die Gewalt leisten? Für mich war der südafrikanische Staat in gleicher Weise von Grund auf gewalttätig. Er hielt sich durch strukturelle, institutionelle und physische Gewalt an der Macht; und unter diesen Umständen, so argumentierte ich, war Widerstand moralisch legitim.

Im Falle Südafrikas hat interessanterweise die Mehrheit fünfzig Jahre lang versucht, eine friedliche Lösung zu finden, bevor sie schließlich zu den Waffen griff. Trotz dieser Gewaltlosigkeit weitete das Regime seine eigene Gewalt immer stärker aus. Ebenso wenig darf Gewalt verklärt werden. Der bewaffnete Kampf bedeutete für uns einen großen Verlust an Menschlichkeit. Da sich das Regime in Südafrika weigerte, eine gerechte Lösung auszuhandeln, wurde eine bewaffnete Auseinandersetzung mit der Zeit unvermeidlich. Der Einsatz von Waffen sollte meiner Meinung nach nur das letzte Mittel sein, keinesfalls das nächstliegende. Ich führte einige dieser Ansichten in meinem Artikel „Warum ich dem African National Congress beitrat – eine Entscheidung fürs Leben“ weiter aus, den ich für das Antirassismusprogramm des Weltkirchenrats schrieb. In ihm beschrieb ich die Entmenschlichung, die das Apartheidregime Schwarzen und Weißen gleichermaßen aufzwang, und erklärte, warum ich als Christ meines Erachtens keine andere Wahl hatte, als den bewaffneten Kampf zu befürworten. Dieser Artikel wurde von vielen progressiven Christen in der ganzen Welt gelesen und war zweifellos einer der ersten Schritte, durch die die internationale Glaubensgemeinschaft auf meine Ansichten aufmerksam wurde.

Das Antirassismusprogramm des Weltkirchenrats wurde 1969 im Verlauf eines Workshops, an dem sowohl Oliver Tambo als auch Bischof Trevor Huddleston teilnahmen, ins Leben gerufen. So lag sein Schwerpunkt von Anfang an auf Südafrika. Im darauffolgenden Jahr wurde im Rahmen des Programms ein Sonderfonds eingerichtet, aus dem die Befreiungsbewegungen in Südafrika großzügige Darlehen für humanitäre Zwecke erhielten, vor allem der ANC und die SWAPO (*South-West Africa People's Organization*). Diese Politik war sehr umstritten, besonders in Europa und in den Vereinigten Staaten, wo die Regierungen oft den Status quo unterstützten. So erschien zum Beispiel am 2. Oktober 1978 im „Time Magazine“ ein Artikel mit dem Titel „Going ‚Beyond Charity‘: Should Christian Cash Be Given to Terrorists?“ („‚Jenseits der Wohltätigkeit‘: Sollten Terroristen Geld von Christen erhalten?”). Der Erzbischof von Kapstadt schrieb im November desselben Jahres in der Kirchenzeitschrift „Seek“:

> Bereits seit 1970 – und auch noch heute – ... lehnen wir die anscheinend vorbehaltlose Unterstützung von bestimmten politischen Bewegungen, und im Übrigen auch von Regierungen, durch die Kirche sowie ihre Identifikation mit ihnen ab. Eine solch bedingungslose Unterstützung ... der jeweiligen Politik macht die Unterstützer auch verantwortlich für all jene Aktionen dieser Bewegungen, die dem christlichen Glauben und der christlichen Ethik widersprechen.

Als Antwort darauf verfassten Pfarrer John Osmers und ich einen offenen Brief an den Erzbischof mit Kopien an alle Bischöfe der Provinz. Wir zählten die vielen Beispiele dafür auf, wie die Kirche der Apartheid in die Hände spielte, und wiesen darauf hin, dass die anglikanische Kirche offensichtlich keine Schwierigkeiten damit hatte, der südafrikanischen Armee Pfarrer als bezahlte Offiziere zur Verfügung zu stellen, die ja auch der Disziplin und den Vorschriften des Militärs unterlagen, und dass somit die Kirche für deren Taten vermutlich auch verantwortlich sei.

Mit der Zeit führten meine zunehmende Bekanntheit als Pfarrer und ANC-Mitglied sowie meine Identifizierung mit dem bewaffneten Kampf zu Meinungsverschiedenheiten mit Bischof Tutu. Ich hatte ihn aufgesucht, um die Möglichkeit zu erörtern, am *Solomon Mahlangu Freedom College* des ANC in Morogoro in Tansania zu unterrichten, oder mich Umkhonto we Sizwe anzuschließen. Seine Warnung vor den Gefahren der Überidentifizierung empfand ich damals als fragwürdig, und das gilt auch heute noch. Ich glaube, ich war ihm einfach zu radikal, und er bemängelte, dass ich mich „mitreißen" ließ. Zum Teil war es vielleicht auch eine Frage des Stils. Als ich mich dem Befreiungskampf anschloss, musste ich lernen, um mein Überleben und für die Unversehrtheit meiner Ideen zu kämpfen. Das galt auch in der Kirche und in meiner Gemeinschaft, und machte mich bisweilen unnötig und unangemessen aggressiv, zumal ich als Weißer in einer überwiegend schwarzen Bewegung einerseits mit dem Strom und andererseits gegen den Strom schwamm. Diese Situation löste in mir innere Spannungen aus, die sich womöglich von Zeit zu Zeit in Form von Streitsucht entluden. Im Laufe der Jahre hat Bischof Tutu immer wieder davon gesprochen, wie ungebärdig und schwierig ich als Pfarrer in Lesotho gewesen sei, aber ich glaube, dass das, was er als meine mangelnde Fügsamkeit empfand, eher Ausdruck unserer grundlegend unterschiedlichen Ansichten über die Rolle der Religion und der Politik war. Für mich waren und sind beide untrennbar verbunden. Es gab da aber noch einen anderen Aspekt. Ich weiß nämlich nicht, inwieweit wir beide uns bewusst waren, dass ich den Rassismus und die Gewalt, die ich in meinen Jahren unter der Apartheid in Südafrika erlebt hatte, als Albtraum mit mir trug.

Nichts von alledem sollte jedoch so verstanden werden, dass Bischof Tutu das Apartheidregime nicht scharf und offen kritisiert hätte. Er ist eine der Galionsfiguren des Befreiungskampfes, und auch er formulierte seine

Kritik des Regimes oft mit ausdrücklich religiösen Worten. Der Unterschied zwischen uns liegt darin, dass er als Christ davon überzeugt ist, dass man nach allen Seiten offen sein müsse, während ich mich berufen fühlte, einem Gott zu dienen, der sich unmissverständlich für eine Seite entschied. Es gibt historische Präzedenzfälle von Religionsführern, die genauso handelten. Ein Beispiel aus jüngster Zeit ist Papst Johannes Paul II., der dekretierte, dass Priester sich nicht in die Politik einmischen sollten, außer natürlich in seinem Heimatland Polen, wo er entschieden Partei ergriff. Nicht einmal er selbst konnte die Schnittstelle von Religion und Politik vermeiden, und letzten Endes war er ein polnischer Katholik. Jahre später, während des schwierigen Heilungsprozesses nach dem Anschlag auf mich und der mühevollen Anpassung an ein Leben mit schwerer Behinderung, wusste ich in meinem Herzen, dass das, was mir widerfahren war, eine Folge meiner Entscheidung war, meinen Glauben politisch umzusetzen. Ich bedauerte die Auswirkung, bereute jedoch in keiner Weise meine Entscheidung.

Kurz nach unserem Gespräch verließ Bischof Tutu Lesotho und wurde Generalsekretär des südafrikanischen Kirchenrats. Da ich nun an der Universität von Lesotho meine Lehrbefähigung erworben hatte, entschloss ich mich, meinem Wunsch gemäß an der ANC-Schule in Morogoro zu unterrichten. Es wäre eine äußerst interessante Herausforderung gewesen, denn die Schule war neu und verfolgte zwei Ziele: Einerseits sollte sie den jungen Exilanten, die nach dem Soweto-Aufstand aus Südafrika ins Land strömten, eine gute Ausbildung bieten. Andererseits sollte sie als Pilotprojekt beispielhaft zeigen, wie eine revolutionäre Ausbildung aussehen würde, nachdem der ANC die Regierung in einem nichtrassistischen Südafrika übernommen hätte, für das wir ja kämpften. Ich war dort zuvor bereits als Lehrer angenommen worden, doch als Oliver Tambo, der ANC-Präsident, davon erfuhr, war er anderer Ansicht. Die Arbeit in Lesotho sei von strategischer Bedeutung, an der ANC-Schule könnten auch andere unterrichten, es wäre aber weitaus schwieriger, mich in Lesotho zu ersetzen. Das Problem war allerdings, dass ich Bischof Phillip Mokuku, Bischof Tutus Nachfolger, schon berichtet hatte, dass ich dafür gebetet und der Heilige Geist mich zu diesem Entschluss geführt hatte und ich deshalb meine Arbeit in der Studentengemeinde aufgeben würde. Er und der Direktor der SSM waren damit einverstanden. Nun musste ich also dem Bischof erklären, dass ich doch weiterhin als Universitätskaplan tätig sein wollte, woraufhin dieser mich anschaute und mit einem schiefen Lächeln meinte, dass der Heilige Geist vielleicht Oliver Tambo hieße.

Es war vorauszusehen, dass unsere politischen Aktivitäten die Aufmerksamkeit der südafrikanischen Presse erregen würden. Einmal interviewte mich ein Reporter einer südafrikanischen Zeitung und schrieb danach einen völlig skurrilen Artikel, in dem er behauptete, dass die anglikanische Studentengemeinde geradezu eine Bombenfabrik sei. Das war wirklich beängstigend, weil es nicht nur die Studentengemeinde in Gefahr brachte, sondern auch einen Kindergarten, der in der nahegelegenen anglikanischen Kirche untergebracht war. Später wurde ich zum Gegenstand eines Artikels unter der Überschrift „Pfarrer als ANC-Propagandist", der in der rechtsgerichteten Zeitung „The Citizen" erschien, dem englischen Sprachrohr der National Party. Der Artikel war in mancher Hinsicht ungewollt schmeichelhaft, denn darin wurde behauptet, dass ich als Propagandastimme des ANC in den Kirchen auftrat, wodurch meiner Rolle eine übertriebene Bedeutung beigemessen wurde. In einem anderen Artikel ging der Autor sogar so weit, mich mit Camilo Torres Restrepo, einem römisch-katholischen Priester und lateinamerikanischen Revolutionär zu vergleichen, der versuchte, katholische Theologie und revolutionäres marxistisches Gedankengut in Einklang zu bringen. Seinem Beispiel zu folgen wäre wohl keine so geglückte Idee gewesen, denn er wurde 1966 bei seinem ersten Gefecht in Kolumbien getötet. Als besonderes Ärgernis empfand das Apartheidregime Weiße, die sich wie ich dem Kampf verschrieben hatten und deshalb nicht nur als politische Aktivisten, sondern auch als Volksverräter galten. Außerdem entlarvte ich, ein weißer Priester, die Schutzbehauptung, dass sich aus dem Glauben eine moralische Legitimierung der Apartheid herleiten lasse.

Die Aufmerksamkeit der südafrikanischen Presse, wie ungerechtfertigt sie auch sein mochte, schmeichelte meinem Ego, schuf aber auch ein Klima, in dem Mordanschläge möglich wurden, da auf diese Weise Zweifel über mich gesät wurden, nach dem Motto: „Wer ist dieser Mann wirklich?" Ich vermute, dass ich zu diesem Zeitpunkt ohnehin schon auf einer Todesliste stand, und das musste ernst genommen werden, denn der Apartheidstaat befand sich auf einem Amoklauf durch das gesamte südliche Afrika. Der südafrikanische Sicherheitsapparat wusste zweifellos von der geheimen Untergrundorganisation in Lesotho. Der Apartheidstaat nutzte dies sowie die Unterstützung des ANC durch mich und andere an der Universität aus, um Ängste zu schüren und seine eigene Stellung zu untermauern. Lesotho wurde als ein Nährboden für gottlosen Kommunismus dargestellt. Es war eine gefährliche Situation, die schließlich explodierte, als ich im Ausland war.

Am 10. Dezember 1982, während ich bei meiner Familie in Neuseeland Urlaub machte, flogen die südafrikanischen Streitkräfte, die *South African Defence Force* (SADF), mitten in der Nacht einen Hubschrauberangriff auf Lesotho. Etwa einhundert südafrikanische Soldaten sprangen über Maseru ab. Was folgte, war blanker Terror, als sie von Tür zu Tür stürmten, wie wild um sich schossen, Brandsätze warfen, in Häuser eindrangen, durch zerborstene Fenster stiegen und viele Menschen in ihren Betten erschossen. Insgesamt wurden dreißig südafrikanische Exilanten und zwölf Staatsbürger Lesothos, Männer, Frauen und Kinder, niedergemetzelt. Häuser wurden in Brand gesteckt oder gesprengt, und kleine Kinder, die mit ansehen mussten, wie man ihre Eltern umbrachte, mussten aus den blutbespritzten brennenden Trümmern gezogen werden. Die gesamte Exilgemeinschaft stand unter Schock.

Siebentausend Meilen weit entfernt in Neuseeland erschien mir diese Nachricht unwirklich. Sie kam zwar nicht völlig unerwartet, denn wir lebten täglich mit der Gefahr und waren auf Mordanschläge vorbereitet. Wir alle kannten Fälle, in denen jemand durch eine Auto- oder Briefbombe getötet oder verstümmelt worden war, aber einen Angriff solch gewaltigen Ausmaßes hatten die meisten von uns nicht erwartet. Die schiere Brutalität des Blutbads war schreckenerregend. Als ich die Nachricht erhielt, befand ich mich auf einer Vortragsreise. Ich war wie benommen, schockiert und fassungslos, doch schlugen diese Gefühle alsbald in Zorn und Trauer um, und ich schwor mir an diesem Tag, dass ich mich mein Leben lang dafür einsetzen würde, der Apartheid ein Ende zu bereiten und eine Gesellschaft zu errichten, in der kleine Kinder abends schlafen gehen und morgens unversehrt aufwachen können.

Es waren nur ein paar Stunden, aber die Ungewissheit verwandelte sie in eine Ewigkeit. Waren Menschen, die ich kannte und liebte, umgekommen? Ich wagte zu hoffen, dass sie überlebt hatten, denn es wurde berichtet, dass der Angriff der Hauptstadt Maseru gegolten hatte, und Roma, wo die Mehrheit der Hochschulgemeinschaft lebte, unversehrt geblieben war. Das Kommunikationssystem des ANC bewährte sich nach einer Weile sogar in dieser Notsituation, und ich erhielt ein Fernschreiben vom ANC-Sitz in Lusaka mit den Namen derer, die ihr Leben verloren hatten. Ich kannte einige der Opfer, aber zu meinem Glück befanden sich keine engen Freunde unter ihnen. In Neuseeland war ich als Sprecher der Befreiungsbewegung ziemlich bekannt, sodass die nationalen Medien sofort Kontakt mit mir aufnahmen und ich noch am selben Abend im Staatsfernsehen eine Erklärung abgeben konnte, in der ich das Massaker verurteilte. Ich war nicht zu Hause, als die Nachricht in Neuseeland eintraf, doch meine Eltern hatten sich mit meinem gefährlichen Leben schon längst abgefunden. Als sie von dem Angriff erfuhren, machten sie sich sicher große Sorgen, aber sie haben sich, selbst wenn es so war, nie etwas anmerken lassen, und keiner in meiner Familie empfahl mir auch nur andeutungsweise, nicht nach Lesotho zurückzukehren. Wie sich allerdings herausstellen sollte, waren manche Kirchenmitglieder da anderer Meinung.

Im Laufe der Jahre hatte meine ANC-Mitgliedschaft in meiner Ordensgemeinschaft und in der Kirchenhierarchie zu großem Unbehagen geführt. Da sich ihre Interessen in diesem Fall deckten, wollten sie die durch den Angriff ausgelöste allgemeine Angst ausnutzen, um mich loszuwerden. In einem von Bischof Mokuku unterschriebenen Brief wurde mir die Entscheidung des Kirchensenats mitgeteilt, dass ich nicht zurückkehren sollte. Glücklicherweise – zwar nicht für sie, aber für mich – hatte ich Neuseeland schon verlassen, sodass der Brief mich nicht erreichte. Bei meiner Ankunft in Lesotho Mitte Januar wurde ich von Bischof Donald Nestor, dem Weihbischof, und Pater Clement Mullenger, dem SSM-Provinzial für das südliche Afrika, empfangen. Sie teilten mir mit, dass ich nun offiziell zur Persona non grata geworden sei und sie sich persönlich dafür einsetzen würden, mich des Landes verweisen zu lassen. Sie fingen mich schon am Flughafen ab, um meiner Rückkehr an die Universität in Roma zuvorzukommen, da sie wussten, dass die Studenten mich dort weitgehend unterstützen würden. Als entwürdigend empfand ich allerdings, dass ich meine gesamten persönlichen Habseligkeiten aufgeben sollte und mir noch nicht einmal erlaubt wurde, mich von meinen Freunden und Kollegen an der Universität zu verabschieden, die doch meine Familie dort gewesen waren. Es war unklar, wo ich ihrer Ansicht nach diese Nacht verbringen sollte, denn die Brüder in unserem SSM-Priorat hatten entschieden, dass ich unerwünscht war und sie nicht mit mir unter einem Dach schlafen wollten. Von der Kirche verstoßen zu werden war eine Sache, von meinen eigenen Ordensbrüdern abgelehnt zu werden jedoch eine ganz andere.

Die Kirchenbehörden waren der Meinung, dass der Angriff unter anderem mir gegolten hatte und meine weitere Anwesenheit in Lesotho dazu führen würde, dass die südafrikanischen Truppen wiederkommen und noch mehr Blutvergießen anrichten würden. Mir fiel auf, dass sie um mein Leben nicht sonderlich besorgt waren, wohl aber um ihres. Sie fürchteten, zum Kollateralschaden zu werden. Fairerweise muss ich einräumen, dass nach dem Angriff Angst und Schrecken im Land herrschten. Die Soldaten hatten absichtlich rücksichtslos um sich geschossen und mit Brandsätzen um sich geworfen, um die Bevölkerung zu terrorisieren und sie vor einer Unterstützung des ANC zurückschrecken zu lassen. Teilweise waren sie erfolgreich, denn viele verdächtigten sich gegenseitig, weil sie ständig Angst vor Infiltration durch Spione hatten. Nur als Toter wäre man über jeden Verdacht erhaben gewesen. Einige fragten sich, ob die Angreifer absichtlich den einen oder anderen verschont hatten. Wen hätte man schon ausgespart, außer einem Spion? Da ich im Ausland gewesen war, dachten einige wohl, dass man mich gewarnt hatte. So sahen manche in mir tatsächlich eine Gefahr. In Wirklichkeit aber lebten wir alle jeden Tag mit dieser Gefahr, sie war also nichts Neues. Die Angst dieser Menschen war verständlich und echt, aber ich halte den Gedankengang, dem zufolge ich und nicht das Apartheidregime das Problem darstellte, für falsch. Sie gaben dem Opfer die Schuld.

Das Argument, durch meine Anwesenheit würden andere gefährdet, diente eigentlich nur als Vorwand für den Versuch, mich loszuwerden, der schon vor dem Lesotho-Massaker begonnen hatte. Am Anfang des Jahres erging ein offener Brief, womöglich auf Betreiben der südafrikanischen Sicherheitspolizei, an Erzbischof Russell in Kapstadt, in dem man dazu aufrief, wegen meiner ANC-Mitgliedschaft Disziplinarmaßnahmen gegen mich zu ergreifen. Der Erzbischof verwarf diesen Antrag mit der Begründung, dass die Kirche die Entscheidung von Christen für den Eintritt in die Befreiungsbewegungen als ebenso legitim anerkannte wie den Dienst in der südafrikanischen Armee.

Unter Missachtung der Anordnungen des Bischofs kehrte ich noch am selben Abend in das Haus des Kaplans nach Roma zurück und erklärte dem Priester, der in meiner Abwesenheit das Amt bekleidet hatte, dass ich am nächsten Morgen, zufällig einem Sonntag, die Messe lesen würde. Als ich vor den Studenten berichtete, was vorgefallen war, versuchten viele aufgeregt, sich für mich einzusetzen. So begann ein langes und heftig umstrittenes Verfahren, in dessen Verlauf sich herausstellte, dass die Entscheidung der Kirche und die Haltung der SSM-Brüder auf ihrer Missbilligung meiner ANC-Mitgliedschaft beruhten. Priester und Seminarleiter, die die südafrikanische Regierung unterstützten, betrachtete die Kirche hingegen nicht als Problem, und darauf wies ich bei jeder Gelegenheit hin.

Tatsächlich hatte die Diözese das kanonische Recht missachtet, als sie mich kurzerhand entließ. Ich weigerte mich, das zu akzeptieren, und erhob Einspruch dagegen, zuerst bei der Diözese und später bei Erzbischof Philip Russell in Kapstadt. Das Verfahren zog sich monatelang hin. Die Kirche vertrat zunehmend die Ansicht, dass ich ihrer Autorität den Gehorsam verweigerte, während ich der Meinung war, dass sie ihre Autorität missbrauchte. All diese administrativen Probleme kaschierten jedoch lediglich den eigentlichen Kern des Konflikts, nämlich dass ich einem Gott Rechenschaft ablegte, der ohne jeden Zweifel den Armen und Unterdrückten beistand, und ich somit implizit eine Kirche kritisierte, die Kompromisse einging. Dies fanden die Kirchenoberen unerträglich. So belastend dieses Verfahren auch war, es verschaffte mir Zeit, mich in Lusaka mit dem ANC zu beraten und meine Tätigkeit an der Universität und im Seminar in geordneter Weise abzuwickeln. Am wichtigsten war aber, dass ich vor mir selbst und vor meinem Glauben bestehen konnte.

Meine Rückkehr mitten in die nach dem Massaker herrschende Atmosphäre der völligen Verstörung und des tiefen Misstrauens war schrecklich genug, aber aus einem Land, das mein Zuhause geworden war, und der Hochschulgemeinschaft, in der ich gute Freunde hatte, erneut vertrieben zu werden, verunsicherte mich im Innersten. Menschen, die täglich in Gefahr schweben und zum Überleben völlig voneinander abhängig sind, gehen Bindungen ein, die nicht so leicht zu lösen sind. Die Missbilligung durch den Kirchensenat und den Bischof kam nicht überraschend. Ich war an Konflikte mit der Kirche gewöhnt, doch dieser hatte es in sich. Dass ich von meiner eigenen Ordensgemeinschaft gemieden wurde, verstärkte jedoch die Entfremdung von ihr, die ich seit geraumer Zeit spürte. In einem Brief an den Provinzial, Pater Clement Mullenger, schrieb ein Bruder beispielsweise:

> Ich bin wie einige andere der Ansicht, dass in dieser Angelegenheit genug angerichtet wurde. Wenn weiterhin nichts unternommen wird, könnten sich schwerwiegende Konsequenzen für die Society ergeben. Die Brüder sind sehr verärgert … Durch seine Handlungen zeigt Michael, dass ihm nicht daran gelegen ist, mit seinen Brüdern im Reinen zu

> sein. In dieser Situation ist er im Recht, und alle anderen in der Provinz sind im Unrecht. Er verlangt von uns, Partei zu ergreifen und uns somit einem Teil des Leibes Christi zu entfremden, für den Sorge zu tragen Teil unserer Mission ist. Ich stelle nicht sein „christliches" Recht infrage, im Namen Gottes zu töten … Ich bezweifle jedoch seinen Gehorsam gegenüber der Autorität der SSM. Seine Loyalität zu einer Partei scheint stärker zu sein als seine Bekenntnisse zur Religion … Wenn er auf diese Weise leben und arbeiten möchte, sollte er sich selbst und anderen nicht vormachen, Teil einer Ordensgemeinschaft zu sein oder deren stillschweigende Rückendeckung zu besitzen.

Er beendete den Brief mit einem Zitat aus der SSM-Satzung:

> Lasst niemanden, besonders nicht Novizen, glauben, dass sonstige Tätigkeiten, die ohne Rücksicht auf die geltenden Regeln und um eines vermeintlichen Nutzens willen, etwas anderes als Eitelkeit sein können.

Ein weiterer Bruder verfasste einen noch verletzenderen persönlichen Angriff:

> Ich fühle mich geschändet, beschmutzt und zutiefst verstört durch Michaels Angriff auf die Unbescholtenheit der Brüder, die ohnehin schon unter der Last der Apartheid leiden und in ihrer gegenwärtigen Lage nicht imstande sind, die Herrlichkeit, die sich ihnen durch ihr geduldig ertragenes Leiden offenbaren wird, zu erkennen … Das Leben besteht nie nur aus schwarz und weiß, wie Menschen wie Michael es sich vorstellen. Welche Naivität und Blasiertheit er doch durch seine Selbstgefälligkeit zur Schau trägt. Mein ganzes Leben bin ich vor Drangsalierern zurückgewichen, und genau diese Wirkung hat Michael jetzt auf mich. Er ist schlau, versiert und sehr gewieft, und er vergisst kein Wort von dem, was wir in unserer Unfähigkeit immer wieder auszudrücken versuchen. Aber wir sprechen nicht dieselbe Sprache, und wir sind nicht schlau … Das Wort „Ketzerei" im Zusammenhang mit der Apartheid zu gebrauchen ist etwa so zutreffend, wie zu behaupten, dass Rauchen Ketzerei sei.

Für mich ging es hier um das, was das Herz meiner Ordensgemeinschaft ausmachte. Wem sind wir letzten Endes treu ergeben? Den Regeln der SSM oder Gott, der ohne jeden Zweifel den Armen und Besitzlosen beisteht? Ich dachte über meine ungewisse Situation nach und kam zu der Überzeugung, dass nichts meine Treue zum Befreiungskampf erschüttern konnte. Diese Erkenntnis gab mir innere Ruhe und Mut. Als ich ANC-Mitglied wurde, sagte ich, dass ich mich nicht als unzulänglich erweisen würde. Meine Freunde und Kameraden hatten ihr Leben geopfert. Mein ungebrochener Wille zur Fortsetzung des Kampfes war das Mindeste, was ich aufbringen konnte, um ihr Andenken zu ehren. Auch in Bezug auf mein Priesteramt hatte ich keine Zweifel, meiner Ordensgemeinschaft war ich mir aber weniger sicher.

Die Brüder schickten dem SSM-Direktor des Vereinigten Königreichs, Pater Edmund Wheat, eine Resolution, in der es hieß, dass ich den afrikanischen Kontinent nicht mehr betreten solle und dass meine politischen Aktivitäten und Einstellungen „eine Gefahr für das Leben und die Arbeit dieser Provinz darstellten“. Pater Mullenger, der SSM-Provinzial, war der Ansicht, dass ich wegen meiner ANC-Mitgliedschaft aus der Ordensgemeinschaft austreten sollte. Ich begann mich zu fragen, ob er nicht vielleicht Recht hatte. Ich musste entscheiden, ob ich weiterhin Mitglied der Ordensgemeinschaft sein wollte, besonders nachdem die Brüder mich so ausgestoßen hatten. Vielleicht sollte ich wirklich gehen.

Nach einiger Zeit schickte ich den Brüdern eine Gegenschrift, in der ich beschrieb, wie sehr ihre Ächtung mich verletzt hatte, und in der ich mit folgenden Worten schloss:

> Das vielleicht vernichtendste Urteil über unsere Gemeinschaft ist die Tatsache, dass wir keine Gefahr für das Leben und Funktionieren des Apartheidstaats darstellen …Wäre es denn nicht segensreicher, diejenigen von uns, ob jung oder alt, deren Worte und Taten weiterhin von Rassismus geprägt sind, nach Hause zurück zu schicken, anstatt mir oder jemand anderem zu verbieten, den afrikanischen Kontinent zu betreten? … In Euren Herzen wisst Ihr alle, dass Euer Versuch, mich aus der SSM und aus Afrika zu vertreiben, unchristlich und ungerecht ist … Den Kopf in den Sand zu stecken wird den unausweichlichen Prozess nicht aufhalten, der eines Tages zum Sturz des Apartheidstaates und zur Schaffung einer ethnisch neutralen Demokratie in Südafrika führen wird.

Von der Kirche verstoßen und von meiner Ordensgemeinschaft als Terrorist abgestempelt, stimmte ich dem Vorschlag zu, nach England zu gehen und dort mit Pater Wheat persönlich meine nächsten Schritte zu besprechen. Seit einiger Zeit war die Rede davon, dass ich einen Masterstudiengang in England absolvieren sollte. Die Kirche hoffte sicherlich, dass ich genau das tun und somit aus ihrem Blickfeld verschwinden und ihr keinen Ärger mehr bereiten würde. Kurz nach meiner Ankunft in England erfuhr ich, dass der Erzbischof in Kapstadt meinen Einspruch abgelehnt hatte. Damit musste ich auf absehbare Zeit jegliche Hoffnung aufgeben, nach Lesotho zurückzukehren.

Heutzutage haben natürlich viele Menschen überall auf der Welt erkannt, dass die Vertreter des Apartheidsystems die wahren Terroristen waren. Aber auch unsere SSM-Gemeinschaft hat sich in der Zwischenzeit weiterentwickelt. 1985, nur zwei Jahre nach meiner Verbannung aus Lesotho, schloss die SSM ihre Provinz im Süden Afrikas. Damals war das die richtige Entscheidung, denn die Provinz war zu einem traurigen Häuflein orientierungsloser Männer geworden. Es wurde beschlossen, zwei oder drei Brüder zurückzulassen. Später schlossen wir uns den Australiern an und gründeten eine neue südliche Provinz, die unserer Präsenz im südlichen Afrika Auftrieb gab. Im Laufe der Zeit entschieden sich die Brüder dafür, wieder eine unabhängige Provinz zu bilden. Zu diesem Zeitpunkt waren wir nur zwei Weiße unter lauter Schwarzen, die fast ausnahmslos aus Lesotho kamen. Ausgerechnet ich wurde zum ersten SSM-Provinzial oder Provinzvorsteher gewählt, und ich bekleide diesen Posten noch heute, während ich diese Zeilen schreibe. Ich lebe zwar nicht bei den Ordensbrüdern in Lesotho, besuche sie aber oft. Unser aller Auftrag ist es, den Willen Gottes zu erkunden und auszuführen. Meine Aufgabe besteht zum Teil darin, für meine Mitbrüder da zu sein und in Abstimmung mit ihnen unserer Ordensprovinz eine Orientierung zu geben. Wir haben beschlossen, Healing of Memories als Teil unserer Mission im südlichen Afrika zu betrachten. Ich bin also in vollem Umfang im Sinne des Auftrags unserer Gemeinschaft tätig. Bevor ich meine Arbeit für Healing of Memories beginne – besonders in neuen Ländern oder in sehr schmerzhaften Situationen – suche ich oft meine Brüder auf und bitte sie, mich mit ihren Gebeten zu unterstützen. Ihre Liebe und Unterstützung tragen mich.

Michael Worsnips Aussage vor der Wahrheits- und Versöhnungskommission zu Pater Michaels Rolle in Lesotho

Ich lernte Michael 1979 kennen, als ich Südafrika verließ und als Kriegsdienstverweigerer nach Lesotho ging, weil ich erkannt hatte, dass es mir unmöglich war, in irgendeiner Form in der South Africa Defence Force (SADF) zu dienen. [Michaels] Haus war ein Treffpunkt für südafrikanische Flüchtlinge, und wir lernten uns alle dort kennen. Es war ein wirklich bemerkenswerter Ort. Für einen Menschen wie mich, der in einer weitgehend abgeschotteten weißen Umgebung gelebt hatte, war es das erste Mal, dass ich in direktem Kontakt und von gleich zu gleich mit anderen, schwarzen Südafrikanern zusammenkommen, argumentieren, diskutieren und anderer Meinung sein konnte. Das war für mich ein Schlüsselerlebnis. Danach gab es kein Zurück mehr. Es war aber auch für andere Menschen ein wichtiger Ort. Es war ein Haus des Friedens. Ich möchte betonen, dass ich dort niemals Waffen sah – nie! Es war ein Haus des Protests, ein Haus der Debatten, in dem Menschen aufrichtig miteinander diskutieren und unterschiedlicher Ansicht sein konnten, aber ein Haus des Friedens und manchmal auch des Betens. In diesem Umfeld traf ich Michael.

Die einzige Gewalt, die ich in Lesotho erlebte, waren die zwei Angriffe Südafrikas 1982 und 1985. Um zu beschreiben, welches Entsetzen diese

Angriffe unter der Zivilbevölkerung auslösten, unter der es Tote und Verstümmelte gab, fehlen mir die Worte. Das Land und wir alle, die darin lebten, fühlten uns vergewaltigt durch diese Aggression und das sinnlose Töten. Bei einem dieser Angriffe stand Michaels Name wahrscheinlich auf einer Liste. Er war zu der Zeit rein zufällig im Ausland. Es gab in Lesotho Zeiten, in denen alle Menschen Angst hatten, besonders dort lebende Südafrikaner, und Michael war offensichtlich eine Zielscheibe des Apartheidregimes. Anders als viele andere in der Kirche ging er nämlich keine Kompromisse ein. Michael wurde zur Zielscheibe, weil er Weißer ist und weil er als sehr engagierter und bekannter Christ den bewaffneten Kampf gegen die Apartheid befürwortete. Darüber konnte das Apartheidregime nicht einfach hinwegsehen, denn durch seine bloße Existenz stellte Michael eine Gefahr für viele Mythen dar, die das Apartheidregime konstruiert hatte.

Der erste Mythos bestand darin, die Situation als Überlebenskampf der weißen Bevölkerung gegen die schwarze darzustellen. Der ANC wurde als ausschließlich schwarze Organisation beschrieben, der kein Weißer bei klarem Verstand beitreten würde, weil sie es sich zum Ziel gemacht habe, die Weißen zu vernichten. Der zweite Mythos bestand in der Darstellung des ANC als marxistische und atheistische Organisation. Dass ein anglikanischer Priester, der auch noch als ihr Kaplan fungierte, in aller Öffentlichkeit zu seinen Mitgliedern zählte, war einfach nicht hinnehmbar, obwohl im Verlauf seiner Geschichte viele Pfarrer und religiöse Menschen unterschiedlicher Glaubensrichtungen dem ANC angehörten. Außerdem wurde der ANC fast ausschließlich mit Umkhonto we Sizwe (dem bewaffneten Arm des ANC) gleichgesetzt. Anders gesagt, das einzige Bild des ANC, das der südafrikanischen Bevölkerung vermittelt wurde, war das einer Organisation, die nur ein Ziel kannte: Gewalt, Terror und Zerstörung. Michael, der zwar nicht Mitglied des Umkhonto we Sizwe war, aber den bewaffneten Kampf voll und ganz unterstützte, deckte einige der Widersprüche dieser Art der Darstellung auf, und ich denke, dass allein der Erfolg, mit dem er diese Botschaft vermittelte, eine große Gefahr für den Staat darstellte und ihn somit zur Zielscheibe machte.

Ich wünsche mir, dass die heutige Regierung Reue und Bedauern zum Ausdruck bringt über das, was nicht nur Michael, sondern uns allen angetan wurde, und dafür, dass sie unser ganzes Volk körperlich und seelisch gequält hat.

8

Simbabwe – nur der Kampf zählt

Nachdem ich Lesotho verlassen hatte, gab mir mein Aufenthalt in Manchester Gelegenheit, über die Ereignisse nachzudenken. Das Argument der Kirche, ich sei ein bevorzugtes Angriffsziel und bringe dadurch andere in Gefahr, war zweifellos in erster Linie eine List, um mich loszuwerden. Die Kirche konnte einfach meine Parteinahme als ANC-Mitglied nicht ertragen. Es waren natürlich dieselben Kirchenoberen, die der südafrikanischen Armee, die für das Lesotho-Massaker verantwortlich war, Kaplane bereitstellte. Meine Ausweisung war eine politische Entscheidung.

Die Verantwortlichen der Amtskirche und meine SSM-Brüder wähnten mich zweifellos in einer Art sicherem kirchlichen Hausarrest – wenn auch mit Privilegien aufgrund meines Studentenstatus' – unter dem wachsamen Auge von Pater Edmund Wheat, dem Direktor der SSM in England. Sie hatten jedoch nicht mit Pater Wheats Charakter gerechnet, denn er war von ganz anderem Kaliber. Er nahm die Situation zwar ernst, konnte es sich aber nicht verkneifen, sich über die in seinen Augen aufgeblasene Haltung der Bischöfe lustig zu machen. Er unterstützte meinen Standpunkt, dass mein Gehorsam in erster Linie Gott galt, wie er sich meinem Gewissen offenbarte, und dass diese Haltung von der SSM-Satzung gestützt wurde. Pater Wheat und auch Ordensmitglieder in Australien waren mit der Haltung der Brüder im südlichen Afrika recht unzufrieden. Ich wollte meinen Masterstudiengang an der Universität in Manchester nicht belegen, und er bestand nicht darauf. Stattdessen einigten wir uns darauf, dass ich neun Monate lang im Priorat in Manchester wohnen und gemeinsam mit ihm entscheiden würde, was als nächstes zu tun wäre. Er teilte mir keine Arbeit zu, sodass ich uneingeschränkt für den ANC tätig sein konnte.

Ich schrieb Artikel für die weltliche und die kirchliche Presse, in denen ich um die Unterstützung des Kampfes durch die Öffentlichkeit warb, sowie für Zeitschriften des ANC und der Südafrikanischen Kommunistischen Partei. Der ANC organisierte für mich Vortragsreisen in England und nach Holland und Schweden, auf denen ich persönliche Kontakte knüpfte, die auch in den folgenden Jahren für mich und für den ANC sehr wertvoll waren. Piet Meiring, heute Vorstandsmitglied im Institute for Healing of Memories, erinnert sich noch, wie wir uns damals in London kennenlernten. Piet ist ein aufgeschlossener Kleriker und Professor der Theologie, der damals als Mitglied der niederländisch-reformierten Kirche gezielt eingesetzt wurde, um die

Rolle der kommunistischen Theorie in der Denkweise der ANC-Führung zu studieren. Piet und ich bauten damals eine Verbindung auf, die bis heute besteht.

Bei meinem ANC-Beitritt hatte ich geschworen, dass mein Engagement unwiderruflich sein würde. Wie sollte ich nun, da der Erzbischof meine Berufung abgelehnt hatte und ich endgültig aus Lesotho vertrieben worden war, diese Verpflichtung einhalten? In England stand ich dem ANC zwar als Publizist und Fürsprecher zur Seite, doch mein Herz gehörte Afrika. Wäre ich in Europa geblieben, hätte ich mich vom Kampf ausgeschlossen gefühlt, auch wenn ich weiterhin für den ANC gearbeitet hätte. Das konnte ich einfach nicht ertragen. Ich musste einen Weg finden, um ins südliche Afrika zurückzukehren.

Simbabwe war die naheliegende Lösung. Nach einem langwierigen Krieg gegen das weiße Herrenregime von Ian Smith war das Land 1980 unabhängig geworden und wurde nun von einer Mehrheitsregierung geführt. Simbabwe und Südafrika verfügen über eine lange gemeinsame Grenze und die neue Regierung Robert Mugabes gewährte einer kleinen Gemeinschaft südafrikanischer Exilanten Unterschlupf. Mugabes Regierung übernahm damals das am weitesten entwickelte Land der Region, abgesehen von Südafrika. Die Universität von Simbabwe war eine ausgezeichnete Hochschule und Professor Adrian Hastings, der dort Religionswissenschaft lehrte, war einer der führenden Kirchenhistoriker Afrikas. Dort bewarb ich mich und wurde angenommen. Ich studierte Kirchengeschichte bei Professor Hastings und besuchte einen Kurs über marxistische Philosophie. Als Professor Hastings' Student angenommen zu werden war ein gelungener Schachzug, und so verließ ich Manchester Ende 1983 und begann meinen einjährigen Masterstudiengang in Harare, der Hauptstadt Simbabwes.

Professor Hastings war zu meinem Glück ein Freidenker mit einer langen, glänzenden Karriere, der sich ebenso wenig vor Auseinandersetzungen scheute wie ich. Er entstammte einer wohlhabenden englischen Familie, wurde römisch-katholisch erzogen und in Oxford und Rom ausgebildet. Er wurde zum Priester geweiht, trat in eine Ordensgemeinschaft ein und wurde nach Afrika entsandt. Nach einiger Zeit verließ er den Orden und ging nach Masaka in Uganda, weil er lieber als einfacher Diözesanpriester unter dem zu der Zeit einzigen schwarzen afrikanischen Bischof der katholischen Kirche dienen wollte. Er kritisierte den Kolonialismus vehement und erlangte einen beträchtlichen Bekanntheitsgrad, als er den Portugiesen vorwarf, während des Unabhängigkeitskrieges in Mosambik Gräueltaten begangen zu haben. Er engagierte sich in ökumenischen Kreisen, besonders in der anglikanischen Kirche, und unterstützte tatkräftig die Reformbestrebungen des Zweiten Vatikanischen Konzils. Er war gegen das kirchliche Verbot der künstlichen Empfängnisverhütung und begann, sich für die Abschaffung des Zölibats für Angehörige des Klerus einzusetzen, das er besonders in Afrika als Hindernis bei der Anwerbung junger Männer für die Priesterlaufbahn ansah. 1979, nur wenige Jahre bevor ich mein Studium bei ihm begann, nahm er sich selbst beim Wort und heiratete, ohne um kirchliche Erlaubnis zu ersuchen oder das Priesteramt abzulegen.

Es war ein wunderbares Gefühl, wieder inmitten einer kleinen südafrikanischen Exilgemeinschaft im südlichen Afrika aufgenommen zu werden. Ich wurde sofort in die ANC-Organisationsstrukturen in Harare einbezogen und war an der Herausgabe einer ANC-Zeitschrift beteiligt, daneben besuchte ich meine Kurse und schrieb an meiner Masterarbeit. Dafür untersuchte ich die Rolle der anglikanischen Kirche während des Kampfes um die Mehrheitsregierung gegen Ian Smiths rassistisches Regime. Ich gab mir zwar keine Mühe, meine Parteinahme zu kaschieren, lieferte aber dennoch eine akademische Arbeit ab, in der ich Erklärungen und Schreiben der Kirche und ihrer Führer minutiös dokumentierte. Dies ergab eine bunte Mischung. Mehrere bedeutende anglikanische Bischöfe waren regelrechte Apologeten des Regimes von Ian Smith und gaben Äußerungen von sich wie „‚ein Mann eine Stimme' ist an sich kein christliches oder anglikanisches Prinzip". Viele andere versteckten sich hinter einer pflaumenweichen Neutralität, durch die sie im Endeffekt den Status quo unterstützten. Einige wenige jedoch kritisierten die weiße Regierung freimütig und traten mit Nachdruck für die Rechte der Unterdrückten ein. Ich brauchte kaum redaktionelle Arbeit zu leisten – die Beweise sprachen für sich. Allerdings nannte ich Namen und brachte die Wahrheit ans Licht.

Meine Masterarbeit „Neutralität oder Anpassung? Die anglikanische Kirche und der Staat von 1964 bis zur Unabhängigkeit Simbabwes" wurde 1986 in Simbabwe veröffentlicht. Ich widmete sie „allen gläubigen und hoffnungsvollen Menschen, die ihr Leben für die Befreiung Simbabwes geopfert haben, sowie all jenen, die für die Schaffung einer humanen Gesellschaft in Südafrika leben und sterben". Das Vorwort schrieb der Präsident von Simbabwe, Canaan Banana, selbst Methodistenpfarrer. Er beschönigte nichts:

> Bis auf wenige bemerkenswerte Ausnahmen … speisten und tranken die Kirchenoberen fürstlich mit dem Teufel. Sicherlich werden einige diese Analyse als explosiv betrachten und den Autor als Unruhestifter, der es wagt, im Allerheiligsten zu wühlen und „heilige" Geheimnisse zutage zu fördern, die doch in das Museum der privilegierten Minderheit gehören. Vielen wird sie jedoch die Augen öffnen.

Die Masterarbeit verursachte tatsächlich einigen Wirbel, doch schwebte ich nie in Gefahr, denn die Macht war, anders als in Südafrika, bereits an die schwarze Mehrheit übergegangen. Außerdem lag Simbabwe in einem anderen Zuständigkeitsbereich der anglikanischen Kirche als Südafrika und Lesotho, sodass ich mich außerhalb der Reichweite der Bischöfe dieser beiden Länder befand. Dessen ungeachtet weigerte sich die Leiterin der örtlichen christlichen Bücherei, das Buch in ihr Sortiment aufzunehmen. Auf die Frage, ob sie das Buch denn gelesen hätte, antwortete sie: „Natürlich nicht, und ich werde es auch nie tun".

Der Bischof der Diözese von Harare, Peter Hatendi, bot mir eine Vollzeitstelle als Priester in seiner Diözese an. Diözesanbischöfe zögern manchmal, Priester einzustellen, die auch einer Ordensgemeinschaft angehören, weil sie gleichzeitig dem Bischof und dem Ordensoberhaupt unterstehen, was zu Loyalitätskonflikten führen kann. Um meine Bewerbung zu unterstützen, reiste Pater Wheat aus England an, traf Bischof Hatendi und wurde sich mit ihm rasch einig. Ich war begeistert, denn ich genoss die Arbeit als Gemeindepfarrer. Außerdem konnte ich so in Simbabwe bleiben und somit diskret für den ANC arbeiten.

1985, im ersten Jahr nach meinem Studienabschluss, wurde mir keine Gemeinde zugeteilt. Stattdessen half ich in der Studentengemeinde aus und arbeitete auch direkt dem Bischof in der Diözese zu. Er vertraute mir wichtige Aufgaben an, und ich wurde sein Schützling. Er machte mich zu seinem Prüfungskaplan, und in dieser Eigenschaft beriet ich ihn bei der Auswahl der Kandidaten für das Priesteramt. In seinem Auftrag übernahm ich auch weitere bedeutende administrative Aufgaben. So wurde ich zum Beispiel Mitglied des Amtes, das die Verbindung zu anderen simbabwischen Diözesen pflegte. Am Ende des Jahres ernannte er mich zum Rektor der Gemeinde St. Michael in Mbare, einer benachbarten Township. St. Michael war eine große städtische Kirchengemeinde, die sich in einer kritischen Situation befand. Ich war glücklich, in einer Township leben und arbeiten zu können, und ich konnte meine Arbeit für den ANC fortsetzen.

Bei der Zusammenarbeit mit meiner Gemeinde verfolgte ich eher eine Methode des Zuhörens und Einbindens und weniger die dirigistische Linie, die bei Kirchenvertretern allzu verbreitet ist. Sie sehen sich selbst als Führer einer Gemeinde, die nicht imstande ist, ihren eigenen Weg zu bestimmen, und strikte geistliche Anweisungen benötigt. Mir fiel bald auf, dass sonntags nur etwa ein Viertel der Gemeinde zum Abendmahl nach vorne trat. Als sich dies Woche für Woche wiederholte, versuchte ich vorsichtig herauszufinden, woran es lag. Ich erfuhr, dass vielen von ihnen das Sakrament vom Priester verboten worden war und andere es sich selbst versagten, da sie oder ihre Kinder nicht kirchlich getraut waren oder sie uneheliche Kinder hatten. Die Gemeindemitglieder waren arm, und eine kirchliche Trauung bedeutete für sie ein teures Hochzeitskleid, Blumen und einen feierlichen Empfang, was viele sich unmöglich leisten konnten. Ich versicherte ihnen, dass man für eine christliche Trauung nur zwei Eheringe braucht und zwei Menschen, die ihr Leben lang einander lieben und treu bleiben wollen. Das führte dazu, dass die Heiratswilligen bald Schlange standen, oft genug ein strahlendes Paar samt Kindern und Großeltern. Den Gemeindemitgliedern gefiel diese neue Art von Seelsorge zusehends. Innerhalb von sechs Monaten vervierfachte sich die

Zahl der Kirchgänger und die Gemeindemitglieder brachten sich mehr und mehr ein. Bischof Hatendi fragte sich allerdings, ob diese gewaltige Steigerung bedeutete, dass die Menschen Jesus folgten oder vielleicht eher mir.

Während meiner Amtszeit in Mbare lernte ich Helen Clark kennen, die spätere Premierministerin von Neuseeland. Sie befand sich als Parlamentsabgeordnete auf einer Erkundungsreise im südlichen Afrika. In Harare kam ihr zu Ohren, dass ein junger neuseeländischer Priester in einer nahegelegenen Kirche arbeitete, und sie beschloss, mich aufzusuchen. Wir verstanden uns auf Anhieb und hatten viel zu besprechen. Natürlich fühlten wir uns durch unsere gemeinsame Nationalität verbunden. Sie war für mich ein willkommenes Bindeglied zu meiner Heimat und zur Antiapartheidbewegung in Neuseeland. Dafür erhielt sie von mir frische Eindrücke von dem Leben im Zentrum der Auseinandersetzungen. Wir wurden und blieben Freunde, und ich besuchte sie jedes Mal, wenn ich nach Neuseeland kam. Noch im Laufe ihrer Amtszeit als Premierministerin wurde sie Schirmherrin des *Institute for Healing of Memories*, und diese Funktion nimmt sie als Leiterin des Entwicklungsprogramms der Vereinten Nationen auch heute noch wahr.

Nur wenige Monate nach meinem Amtsantritt in Mbare las ich in einem Mitteilungsblatt der Diözese, dass der Bischof mich zum Leiter eines Seminars ernannt hatte. Ich war am Boden zerstört! Noch nicht einmal ein Jahr war ich in St. Michael tätig, die Kirche lebte wieder auf, und nun sollte ich versetzt werden. Am erstaunlichsten aber war, dass ich weder vorher gefragt noch nachher informiert worden war. Stattdessen musste ich aus einem Mitteilungsblatt davon erfahren. Ich marschierte schnurstracks zum Bischof und teilte ihm mit, dass man mich vor einem solchen Wechsel hätte fragen müssen, dass ich auch Mitglied einer Ordensgemeinschaft sei, und man somit meinen Ordensleiter hätte hinzuziehen müssen. „Als du Pfarrer in meiner Diözese wurdest, hast du auf das Recht verzichtet, gefragt zu werden", antwortete er. Ich erwiderte, dass ich nicht wünschte, auf dieses Recht zu verzichten, und ich ganz bestimmt nicht befugt war, es an Stelle meines Ordensleiters aufzugeben. Ich brauche wohl kaum zu betonen, dass diese Reaktion, die er als eine Unverfrorenheit meinerseits betrachtete, bei Bischof Hatendi nicht so gut ankam. Es löste eine langwierige und ziemlich dramatische Auseinandersetzung zwischen uns aus. Ich war in Ungnade gefallen, und zwar auf spektakuläre Weise. Von einem Tag auf den anderen war ich von seinem Liebling zur Persona non grata geworden. Dieses Mal jedoch hatte ich die volle Unterstützung meiner Ordensgemeinschaft. Pater Wheat schrieb mir sogar, dass er es lieber sähe, wenn ich meine Arbeit als Gemeindepfarrer fortsetzen würde, und er der Meinung sei, dass ich, wie er sich ausdrückte, schon genügend „läppische Theologiekurse" abgehalten hätte – eine Anspielung auf das kleine Seminar in Lesotho, das ich geleitet hatte. Er schrieb dem Bischof in meiner Angelegenheit, in der Annahme, dass er damit die Dinge wieder ins Lot bringen würde, aber da täuschte er sich gewaltig. Der

Streit hielt an, und der Bischof entzog mir meine Zulassung als Priester für seine Diözese. Er versuchte sogar, seinen Einfluss geltend zu machen, um mich des Landes verweisen zu lassen. Da meine offiziellen Beziehungen aber mindestens genauso einflussreich waren wie seine – unter anderen zählte ich Präsident Banana zu meinen Freunden –, waren seine Bemühungen zum Scheitern verurteilt.

Aus heutiger Sicht erscheint mir meine Ernennung zum Seminarleiter eher als Ausdruck des Vertrauens des Bischofs in meine Fähigkeiten, obwohl ich als Priester in St. Michael vielleicht auch etwas zu sehr geglänzt hatte. Er war daran gewöhnt, die Diözese als Autokrat zu leiten, und fühlte sich vermutlich durch meine Reaktion auf seinen Vorschlag persönlich beleidigt, vor allem da ich ja vorher sein Schützling gewesen war. Gemeindepfarrer, die keiner Ordensgemeinschaft angehören, wissen nicht wohin, wenn sie es sich mit dem Bischof verderben, sodass sie seine Autorität eher widerspruchslos akzeptieren. Ein Pfarrer schuldet dem Bischof sogenannte kanonische Gehorsamkeit. Die Kirche war schon zu Kolonialzeiten sehr hierarchisch strukturiert, in der unmittelbaren Nachkolonialzeit jedoch noch viel mehr, und übte ihre Macht auf eine Art und Weise aus, wie es Kirchen andernorts nicht gewagt hätten. Bei den Problemen im Alltag ging es oft um Macht und Amtsmissbrauch, die mit dem Begriff „Gehorsam" bemäntelt wurden. Für Bischöfe war es deshalb nicht ungewöhnlich, den kanonischen Gehorsam als absolut zu betrachten. Wenn sie sagten: „Spring von der Klippe", erwarteten sie, dass der Pfarrer sprang. Bischof Hatendi war ganz und gar nicht darauf vorbereitet, dass ich seine Entscheidung kritisierte und dass er seine Autorität mit dem Oberen meines Ordens teilen musste, auch wenn er anfangs die entsprechende Vereinbarung unterzeichnet hatte.

Meine Zulassung als Priester zu widerrufen war eine ernste Sache, obgleich sie nur für die Diözese von Harare galt. Mit der Zeit erwarb ich Zulassungen für die drei anderen Diözesen in Simbabwe und war somit nicht von der Kirche insgesamt ausgeschlossen. Einige Jahre lang bemühte ich mich, meine Zulassung zurückzubekommen, jedoch ohne Erfolg. Besonders schmerzhaft war der Moment, als ich den Bischof um eine Sonderdispens bat, damit ich eine Seelenmesse für meinen 1987 verstorbenen Vater halten konnte. Der Bischof blieb ungerührt und willigte nicht ein. Nach dem Briefbombenanschlag besuchte er mich jedoch im Krankenhaus, um mir seine guten Wünsche zu überbringen. Ich nutzte die Gelegenheit, um ihn noch einmal um meine Wiedereinsetzung zu bitten. Er gab mir zwar keine direkte Antwort, aber kurz darauf erhielt ich die Zulassung per Post. Ich muss sagen, dass ich wirklich außergewöhnliche Anforderungen erfüllen musste, um sie wiederzubekommen.

Ich hatte mich mit dem Bischof zerstritten, war arbeitslos und blickte wieder einmal in eine unsichere Zukunft. Da ich mich dem Befreiungskampf verschrieben hatte, wäre mein Weggang aus Simbabwe ein vernichtender

Schlag gewesen. Diesmal aber unterstützte meine Ordensgemeinschaft meinen Verbleib voll und ganz. Glücklicherweise fand ich eine Stellung beim Lutherischen Weltbund, für den ich die nächsten drei Jahre arbeitete. Diese Tätigkeit stellte sich als ungemein interessant heraus, denn die Lutheraner hatten eine ziemlich prophetische Auffassung von ihrem Dienst, sodass ich von dort aus mein aktives Engagement innerhalb der Glaubensgemeinschaft fortsetzen konnte. Ich leitete ein hochinteressantes Programm zum Thema Entwicklung der Theologie. In der Kirche ist oft von der Theologie der Entwicklung die Rede. Durch das Programm wurde dieses Konzept jedoch auf den Kopf gestellt. Wir gingen der Frage nach, wie Theologie sich entwickeln und an die äußeren sozialen und politischen Bedingungen anpassen sollte. Zu der Zeit bezeichnete sich die Regierungspartei als marxistisch, sodass die Problematik eines marxistisch-christlichen Dialogs zu einem wichtigen Teil unserer Diskussionen wurde. Da dieses Thema mit einem Aspekt meines Masterstudiums verwandt war, brachte ich ideale Voraussetzungen für die Arbeit mit.

Damals gab es in Simbabwe intensive intellektuelle Debatten vor dem Hintergrund der tiefgreifenden gesellschaftlichen Umwälzungen. Der Bürgerkrieg gegen das rassistische Regime von Ian Smith hatte einen schrecklichen Tribut gefordert und lag nur wenige Jahre zurück. Geheimagenten der südafrikanischen Regierung operierten im Land und nutzten jede Gelegenheit aus, um Unruhe zu stiften. Unbemerkt von der Stadtbevölkerung wurden die Bewohner der Region Matabeleland brutal unterdrückt. Die Repression, für die die neue schwarze Regierung unter Robert Mugabe verantwortlich war, trug starke ethnische Züge. Während dieses Konfliktes kam es auch zu einem Massaker an schwarzen Simbabwern, die eine rivalisierende Befreiungsbewegung unterstützt hatten. Im Nachhinein denke ich, dass Simbabwes heutiges Elend unter Mugabes Willkürherrschaft damals seinen Ursprung hatte. Zu der Zeit wurde von der Regierung Mugabe jedoch viel Hervorragendes geleistet, um das Land voranzubringen, und die Mehrheit der Bevölkerung war dafür dankbar. In den Städten ahnte kaum jemand, was in Matabeleland geschah, und diejenigen, die etwas wussten, empfanden tiefe Verunsicherung und Schmerz und reagierten darauf, indem sie wegsahen. Im Lutherischen Weltbund empfanden wir es als unsere Aufgabe, die Kirchenführer bei ihren Anstrengungen zur Lösung der erdrückenden Probleme der Gemeinden zu unterstützen. Im Rahmen des Programms „Entwicklung der Theologie" organisierten wir eine Reihe von Workshops, in denen wir dieses sowie andere akute Probleme behandelten, zum Beispiel Hunger und Nahrungsmangel vor allem in ländlichen Gegenden und die durch Südafrika betriebene Destabilisierung des Landes.

Geistliche und führende Laien wurden täglich mit den menschlichen Opfern von Auseinandersetzungen, Hunger und Destabilisierung konfrontiert, und sie wussten nicht immer, wie sie damit umgehen sollten. Ich kann mich beispielsweise an einen Pfarrer erinnern, der unseren Rat suchte, um einer jungen Mutter zu helfen, die sich verzweifelt um Essen für ihre hungrigen Kinder bemühte und deswegen jede Woche einen gefährlichen Fluss durchwatete, weil es auf der anderen Seite Nahrung gab. Einmal rutschte sie aus, fiel, und ihr kleines Kind ertrank. Was kann man dieser Mutter sagen, um ihr durch die Trauer und Schuldgefühle hindurch zu helfen? Und was sagt man zur britischen Kolonialherrschaft, durch die Teile dieses einst reichen Landes so verarmten, dass so etwas überhaupt geschehen konnte? Diese Themen bereiteten uns erhebliches Kopfzerbrechen. Und als ob das noch nicht ausgereicht hätte, begann in den Achtzigerjahren AIDS aufzutreten, und ich organisierte Workshops, in denen wir besprachen, wie die Kirche reagieren sollte. Natürlich ahnten wir damals noch nicht, welches Ausmaß diese Katastrophe annehmen sollte.

Als Richtschnur galt für uns, dass wir auf Fragen, die uns alle angingen, auch gemeinsam im Licht unseres Glaubens nach Antworten suchen mussten. Für uns war Theologie etwas Lebendiges, das sich als Antwort auf die Bedingungen, unter denen die Menschen lebten, entwickeln und verändern musste. So hatte schließlich auch Jesus gehandelt. Seine Lehren ergaben sich sehr oft aus dem, womit die Menschen zu ihm kamen. Er ging nicht mit seinen Predigten zu ihnen. Wir baten die Teilnehmer, zu jedem Thema ihre eigenen Erfahrungen auf der Grundlage ihres Glaubens beizutragen. Dann versuchten wir als Gruppe herauszuarbeiten, wie die christliche Antwort aussehen sollte. Der Weg war oft alles andere als eindeutig. Meine Aufgabe bestand darin, die Kirchenoberen bei der Suche nach einer Antwort auf die Frage zu unterstützen, was es hieß, in unserer Welt voller Herausforderungen dem Beispiel Jesu zu folgen. Wir boten einfach einen sicheren Ort, an dem die Teilnehmer kritisch denken, frei sprechen, mit Verzweiflung umgehen und Hoffnung suchen konnten. Unsere Diskussionen waren oft sehr bereichernd und manchmal auch hitzig, und die Machtausübung durch Regierung und Kirche kam nicht immer gut weg. Wir ermutigten jeden, sich aktiv zu beteiligen, und überließen aufgrund unserer Erfahrung alles Weitere der Eigendynamik des Prozesses. Ich glaube, dass wir in unserem bescheidenen Umfang den Kirchenführern ein wenig halfen, mit den gewaltigen Problemen umzugehen.

Etwa zu dieser Zeit nahmen Offiziere des simbabwischen Geheimdienstes Kontakt zu mir auf und teilten mir mit, sie hätten erfahren, dass mein Name auf einer südafrikanischen Todesliste stehe und ich somit zur Zielscheibe geworden sei. Von diesem Tag an wurden bewaffnete Polizisten vor und hinter meinem Haus postiert, und ich musste Freunden und Besuchern erklären, warum die bewaffneten Wachen dort standen. Ihre Anwesenheit erinnerte uns an die Gefahren, denen wir alle ausgesetzt waren. „Dies ist ein Zeichen der südafrikanischen Regierung, dass unsere Arbeit wirklich wichtig ist und wir sie nicht umsonst machen. Auch wenn wir Angst haben, sollten wir uns doch ermutigt fühlen“, sagte ich einmal. Diese unerwünschte Anerkennung war zugleich schmeichelhaft und bedrohlich. Das Regime übertrieb sicher die Gefahr, die ich darstellte, aber man konnte auch nicht bestreiten, dass Attentate zu der Zeit gang und gäbe waren. Es war tröstlich zu wissen, dass wir einen gerechten Kampf führten und uns gegen ein bösartiges System auflehnten.

Während ich für den Lutherischen Weltbund arbeitete, entwickelten sich auch mein Verständnis von Gott, mein Glaube und meine Ansichten weiter. Ich war als Anglikaner geboren worden und aufgewachsen und hatte in mancher Hinsicht eine etwas eingeschränkte Wahrnehmung anderer Kirchen. Nun arbeitete ich für die lutherische Kirche und zusammen mit Menschen vieler unterschiedlicher Konfessionen. Diese Tätigkeit war ebenso aufschlussreich wie zum Beispiel die erste Reise in ein neues Land. Als sogar noch wichtiger empfand ich, dass man als Mitglied der Befreiungsbewegung mit Juden, Hindus, Muslimen und Menschen zusammenkam, die überhaupt nicht an Gott glaubten. Ich musste feststellen, dass ich mit ihnen oft mehr gemein hatte als mit Anglikanern, die im Befreiungskampf für die andere Seite Partei ergriffen hatten. Manchmal versuchte ich, meine Rolle als Priester etwas herunterzuspielen, aber tatsächlich erwarteten viele Kameraden von mir das Gegenteil und wollten, dass ich für sie meine Priesteraufgaben wahrnehme. Interessanterweise handelte es sich dabei nicht nur um Christen, sondern auch um Menschen anderer Konfessionen und Nicht-Gläubige, und das berührte mich sehr. Ich lernte, meinem Glauben auf eine Art und Weise Ausdruck zu verleihen, die auch Menschen anderer Glaubensrichtungen ansprach, wodurch wiederum meine eigene Geisteshaltung beeinflusst wurde. Die biblischen Gebote über die soziale Gerechtigkeit wurden mir immer wichtiger, und ich sah mehr und mehr einen Gott, der die ganze Menschheit willkommen heißt. So entwickelte sich mein Glaube weniger durch Bücher als durch das Leben in Gefahr und die Arbeit in den Schützengräben. Daraus ergaben sich eine religionsübergreifende Vision der Welt und die Achtung vor nichtreligiösen Menschen, die bereit waren, ihr Leben für die Freiheit anderer zu opfern. Meine Auffassung der Bibel wurde von meiner Mitarbeit in der Befreiungsbewegung beeinflusst, und ich begann, die Bibel erneut und mit anderen Augen zu lesen. Ich nehme an, dass dies eine Art Befreiungstheologie ist, zu der ich jedoch nicht durch Bücher, sondern durch den aktiven Einsatz im Befreiungskampf kam. Ich bewundere die Denker, die über diese Fragen geschrieben haben, aber solch eine systematische Theologie liegt mir nicht.

Die simbabwische Regierung hatte Mut bewiesen und die Exilbewegung aufgenommen, dadurch jedoch sich selbst und ihre Bürger erheblichen Gefahren ausgesetzt. Bomben- und Mordanschläge sowie ungeklärte Unfälle gehörten im gesamten südlichen Afrika und darüber hinaus zum Alltag, denn die südafrikanische Regierung reagierte auf den wachsenden inländischen und internationalen Druck, indem sie härter gegen den ANC vorging. Der

Lutherische Weltbund musste und wollte auf diese Situation reagieren. Ich begann damit, das Programm „Kirche und Befreiung“ zu koordinieren, mit dem in der Glaubensgemeinschaft um Unterstützung für den Befreiungskampf im südlichen Afrika geworben wurde. Es war ein beliebtes Bildungsprogramm, in dem Videos, Filme und Laientheater eingesetzt wurden, um die Menschen für den Kampf auf der anderen Seite der Grenze zu sensibilisieren. Wir organisierten auch Demonstrationen vor der südafrikanischen Vertretung in Simbabwe. In vielen Fällen, in denen es um die Destabilisierungskampagne Südafrikas ging, arbeitete ich mit Janice McLaughlin zusammen, einer Schwester des Maryknoll-Ordens. In einem Fall hatten südafrikanische Agenten eine Bombe in einem Fernsehapparat versteckt, und die Explosion tötete unschuldige Menschen in einem Wohnhaus. Ich war bei weitem nicht der einzige, der vom südafrikanischen Regime bedroht wurde, aber durch unser Programm wurden die Südafrikaner sicher noch stärker auf uns aufmerksam, und vielleicht rückte ich auch deswegen auf der Liste der Mordopfer weiter nach oben.

Parallel dazu nahm ich an Treffen zwischen dem ANC und weißen südafrikanischen Besuchern teil. Der Weltkirchenrat förderte einige dieser Begegnungen, die in Lusaka und Harare stattfanden. Es waren auch Vertreter aus Südafrika anwesend, besonders progressive Kirchenführer wie Beyers Naudé, Frank Chikane und Charles Villa-Vicencio. Vor allem in den späten Achtzigerjahren begann die südafrikanische Regierung nämlich vorsichtig, Verhandlungen mit dem ANC in Betracht zu ziehen. Von Zeit zu Zeit tauchten in Simbabwe Delegationen weißer Südafrikaner auf, die Kirchen, Universitäten und bürgerliche Organisationen vertraten. Aufgrund seines Engagements für eine ethnisch neutrale Gesellschaft und seiner Bemühungen um eine möglichst breite Unterstützung waren dem ANC diese Abordnungen immer willkommen. Die Treffen boten uns immerhin eine Möglichkeit, den ANC besonders für Weiße zu entmystifizieren und ihnen zu zeigen, dass wir nicht alle Unholde mit Hörnern waren. Diese Versammlungen wurden normalerweise nicht heimlich abgehalten, denn es nahmen auch hochrangige Regierungsmitglieder teil, aber sie fanden diskret statt und wurden auf keinen Fall groß angekündigt. Eines dieser Treffen wurde vom Katholischen Institut für Internationale Beziehungen in London organisiert und sollte geheim gehalten werden. Ich war offiziell nicht einbezogen, aber das Haus, in dem die Südafrikaner untergebracht waren, lag nur zwei Häuser von meinem entfernt, und der bewaffnete Polizist vor meinem Haus war so eine Art Visitenkarte. Einige der Südafrikaner waren alte Freunde, die ich aus naheliegenden Gründen nicht oft sah. Also schlichen sie durch die Gasse hinter meinem Haus hin und her, um mich zu besuchen, und hofften, nicht ertappt zu werden. „Es war eine lustige Nacht-und-Nebel-Aktion – fast so eine Art Räuber und Gendarm“, wie es einer ausdrückte.

In fast allen Ländern gehörten progressive Kirchen zum harten Kern einer effektiven Antiapartheidbewegung. Besonders westliche Regierungen, die oft nur allzu schnell bereit waren, sich vom Apartheidregime einwickeln zu lassen, wurden von ihnen enorm unter Druck gesetzt. Meine einzigartige Doppelfunktion als Pfarrer und ANC-Aktivist bedeutete, dass ich den Befreiungskampf häufig nicht nur in einer politischen oder menschenrechtlichen Dimension darstellte, sondern auch als Frage des Glaubens. Nach meiner Erfahrung fühlten sich dadurch sowohl gläubige als auch nicht-gläubige Menschen angesprochen. Zu meinen Vorträgen kamen oft sogar Menschen, die sonst nicht in die Kirche gegangen wären. Manche Kirchen in den Industrieländern finanzierten die Befreiungsorganisationen großzügig, und ihre Emissäre reisten häufig nach Simbabwe. Durch meine Arbeit für den Lutherischen Weltbund kam ich oft mit diesen Besuchern zusammen und musste auch selbst viel reisen.

Kurz bevor ich nach Simbabwe ging, nahm ich zum Beispiel an einer wichtigen sechswöchigen Tour durch Kanada teil, die der ANC gemeinsam mit der befreundeten SWAPO organisiert hatte, der Befreiungsorganisation in Südwest-Afrika, dem heutigen Namibia. Südwest-Afrika war eine deutsche Kolonie gewesen, die nach dem Ersten Weltkrieg unter ein Völkerbundmandat fiel und von Südafrika verwaltet wurde. Die Gründung der Vereinten Nationen führte zu einer langwierigen Auseinandersetzung zwischen Südafrika und der Völkergemeinschaft. Die inzwischen erfolgte Besetzung durch Südafrika wurde schließlich für illegal erklärt. Unter Missachtung der UN-Resolution okkupierte Südafrika jedoch weiterhin das Land. Aufgrund dieser Vorgeschichte waren der Kampf um die Unabhängigkeit Südwest-Afrikas und der Kampf gegen die Apartheid aufs engste miteinander verknüpft. Wir besuchten zwanzig kanadische Städte, viele Kirchen und andere zivile Einrichtungen und hatten großes Echo in der Öffentlichkeit. Ich denke, dass wir die öffentliche Meinung in Kanada erheblich beeinflusst haben.

Da ich aus der südlichen Erdhälfte stamme, fiel mir auch eine besondere Aufgabe in den südlichen Ländern zu, ein wenig in Australien, aber hauptsächlich in meiner Heimat Neuseeland. Schon 1979 unternahm ich dort eine lange Vortragsreise für den ANC. Meine Glaubwürdigkeit aufgrund meiner einzigartigen Stellung kam mir dabei zugute. Ich war kein Außenseiter, im Gegenteil: Ich war ein waschechter Neuseeländer, der gleichzeitig aus erster Hand von der Realität der Apartheid berichten konnte. Die Tatsache, dass ich aus Südafrika vertrieben worden war, weil ich die Regierung kritisiert hatte, beeindruckte die Neuseeländer besonders, genauso wie meine Beschreibung des Lebens in der Exilgemeinde. 1981 organisierte der Neuseeländische Rugby-Bund eine Tour für die südafrikanische Mannschaft, die Springboks. Bereits bei früheren Springbok-Touren hatte sich etwas Widerstand geregt, auch schon, als ich noch ein Junge war. Aber nun hatten sich die Gefühle noch verstärkt und die Tour löste eine heftige Kontroverse aus, fand aber trotzdem statt. Die Polarisierung der Öffentlichkeit war enorm, es gingen sogar Ehen deswegen auseinander. Es gab gewaltige Proteste im ganzen Land, und Demonstranten verhinderten erfolgreich zwei der geplanten Spiele. Eine Zeit lang gab es in Neuseeland die größte Antiapartheidbewegung außerhalb Südafrikas.

1982, ein Jahr nach der Tour der Springboks, befand ich mich wieder auf einer ausgedehnten Vortragsreise auf der Nordinsel Neuseelands und sprach jeden Tag in einer anderen Kleinstadt, um die Öffentlichkeit zu mobilisieren. Gegen Ende der Reise wurde das Maseru-Massaker verübt, das massive öffentliche Aufmerksamkeit erregte und das wir zum Anlass nahmen, die Öffentlichkeit noch umfassender zu informieren. Ich bekam großen Zulauf, man informierte sich über meinen Werdegang und wusste zum Beispiel später auch, dass ich für meine freimütige Unterstützung des ANC aus Lesotho ausgewiesen wurde. Die Antiapartheidbewegung in Neuseeland förderte aktiv meine Vorträge und ermöglichte Treffen mit einflussreichen Persönlichkeiten, wie den Führern der zwei größten Parteien, dem Premierminister, dem Generalgouverneur und Parlamentsabgeordneten. Später schrieben Analytiker, dass ich zu denen gehörte, die dazu beitrugen, die offizielle Politik gegenüber Südafrika zu gestalten, insbesondere die Entscheidung, 1984, nachdem die Labour Party an die Macht gekommen war, die diplomatischen Beziehungen zu Pretoria abzubrechen. Man könnte diese Vortragsreisen leicht als rein politisch einstufen, und manchmal empfand ich das sogar selbst so, aber die Überzeugung, die in meiner Stimme mitschwang und meine Zuhörer bewegte, entsprang unmittelbar meinem tiefen Glauben an einen Gott der Befreiung.

Mein Bekanntheitsgrad in Neuseeland führte zu Schwierigkeiten mit einigen Familienmitgliedern, die vielleicht etwas gekränkt waren, weil die politische Arbeit den Großteil meiner Zeit dort in Anspruch nahm und ich dadurch wenig Zeit mit ihnen verbringen konnte. Zu ihrem Kummer wurden sie manchmal von Medienvertretern aufgesucht und über mich ausgefragt. Kein anderes Mitglied meiner Familie stand so in der Öffentlichkeit Neuseelands wie ich, und die Meinungen zu meiner Tätigkeit waren auch innerhalb der Familie sehr breit gefächert und nicht uneingeschränkt positiv. Auch in dieser Hinsicht bestimmte mein Glaube meine Prioritäten. Mit dem Gelübde des Zölibats galten für mich andere Richtlinien. Ich lehnte zwar meine natürliche Familie nicht ab, aber in erster Linie war ich einer größeren Familie verpflichtet.

Im September 1987, kurz nachdem ich meine Arbeit für den Lutherischen Weltbund aufgenommen hatte, fand in Harare eine bedeutende internationale Konferenz über den Status von Kindern in Südafrika statt. Der Lutherische Weltbund stellte mich für die Organisation der Konferenz ab. Eine Vielzahl südafrikanischer Kinder wurde vom Apartheidstaat interniert. Im selben Jahr hatte Adriaan Vlok, der südafrikanische Minister für Recht und Ordnung, bereits eingestanden, dass mehr als 1.400 Kinder festgenommen und über dreißig Tage lang ohne Gerichtsverfahren festgehalten wurden. So gut wie alle von ihnen waren bei Demonstrationen gegen das Apartheidregime verhaftet worden. Er ließ aber unerwähnt, dass die Gefängnisse überfüllt waren und dort barbarische Zustände herrschten. Viele Kinder wurden gefoltert und umgebracht. Die Konferenz führte zu einem außerordentlichen Engagement der Vertreter der Zivilgesellschaft in Südafrika, des ANC im Exil, der Vereinten Nationen und von Menschenrechtsaktivisten überall in der Welt und trug wirklich dazu bei, die Aufmerksamkeit der Weltöffentlichkeit auf das Los der Kinder in Südafrika zu lenken. Der dadurch zunehmende internationale Druck seitens einzelner Staaten und der Vereinten Nationen führte zur Freilassung vieler Kinder und traf den Apartheidstaat zu einem entscheidenden Zeitpunkt, nämlich als er schon in Betracht zog, Verhandlungen mit dem ANC aufzunehmen. Die Organisation dieser Konferenz bedeutete mir viel, da sich hier der Kreis schloss. Elf Jahre zuvor hatten mich die Inhaftierung, Folter und Ermordung von Kindern veranlasst, die Regierung in Südafrika zu verurteilen. Das wiederum war der Grund für meine Ausweisung gewesen. Nun hatte ich die Gelegenheit, der internationalen Gemeinschaft in dieser Frage die Augen zu öffnen.

Ende 1989, drei Jahre nach dem Beginn meiner Arbeit beim Lutherischen Weltbund, stand die Verlängerung meines Vertrages an. Die Lutherische Kirche von Simbabwe, Gründungsmitglied des Weltbundes, war sich nicht sicher. Das Programm „Entwicklung der Theologie" hatte vielen einen sicheren Ort geboten, an dem sie frei sprechen konnten, und manch einer stellte unangenehme Fragen über Gerechtigkeit und Ungerechtigkeit in der Kirche selbst. Ich hatte zu diesen Themen zwar keine Stellung bezogen, hatte aber als Vorsitzender den Rahmen geschaffen, in dem diese Gespräche stattfinden konnten. Den Kirchenbeamten behagte dies nicht, und da die lutherische Kirche in Simbabwe die Gastgeberin war, konnte sie auch erheblichen Einfluss auf die dortigen Programme des Weltbundes ausüben. Sie verlangte, dass mein Vertrag nicht verlängert werden sollte. Es erinnerte mich daran, wie der Vatikan die Befreiungstheologie in Lateinamerika einstellte. Es ging nicht um die Gesellschaftskritik der Theologie, sondern um ihre Kritik an der Kirche. Und so wurde mein Vertrag nicht verlängert.

Natürlich war ich ziemlich enttäuscht, aber ich hatte schon gelernt, dass das Aussprechen unangenehmer Wahrheiten oftmals Konsequenzen nach sich zog. Zudem hatte ich aber auch andere Möglichkeiten. Obwohl mir meine Arbeitserlaubnis als Priester für die Diözese von Harare entzogen worden war, besaß ich noch meine Zulassungen für die anderen Diözesen in Simbabwe, und ich bekam bald eine Stelle als Priester in Bulawayo, Simbabwes zweitgrößter Stadt. In vielerlei Hinsicht freute ich mich darauf, wieder als Gemeindepriester tätig zu sein.

Der 2. Februar 1990 war ein historischer Tag für Südafrika und die ganze Welt. An diesem Tag verkündete Präsident F. W. de Klerk plötzlich im Parlament, dass das Verbot des ANC aufgehoben würde. Neun Tage später, am 11. Februar, wurde Nelson Mandela freigelassen. Der Hintergrund dieser Ereignisse war, dass die Dynamik des Befreiungskampfs innerhalb und außerhalb Südafrikas gewaltig zugenommen hatte. Die Apartheid war ein Problem aller Menschen geworden, und endlich wurde der Druck auf den Apartheidstaat so groß, dass er sagte: „Lasst uns reden“. Es stimmt mich immer ungemein traurig, dass der ANC der Regierung genau das schon seit 1912 gesagt hatte, und nun schrieben wir das Jahr 1990. Manchen Schätzungen zufolge hatten wir bis Ende der Achtzigerjahre im südlichen Afrika den Verlust von einer Million Menschenleben zu beklagen, und zwar als direkte Folge der Aktivitäten des Apartheidstaates. In dieser Situation wurde Nelson Mandela also freigelassen und das Verbot des ANC aufgehoben. Gerüchte über Verhandlungen kursierten zwar schon seit einer Weile, aber diese Neuigkeit überraschte fast alle. Überall wurde gejubelt, doch nach der ersten Euphorie setzten sich die kühleren Köpfe im ANC und in der internationalen Antiapartheidbewegung durch. Was hatte die Regierung vor?

Vor meinem Amtsantritt in Bulawayo unternahm ich auf Einladung der kanadischen Kirchen eine seit langem versprochene Reise nach Kanada und besuchte auch Kuba. Die Kanadier, ebenso wie die übrige Welt, wollten wissen, was diese unerwartete Entwicklung bedeutete. War dies das Ende des Anfangs oder der Anfang vom Ende? Niemand konnte diese Fragen beantworten, und nach dem Briefbombenanschlag auf mich drehten die Kanadier einen Film mit dem Titel „Kein Ende der Apartheid“. Ich erinnere mich, dass ich ihnen während meines Besuches fast schon vorausahnend sagte: „Der Vorhang hebt sich für den letzten Akt des Apartheiddramas, aber wir wissen nicht, wie lange er dauern und welchen Tribut er fordern wird.“ Bald schon sollte ich herausfinden, wie verlustreich er für mich persönlich sein würde, denn ich kam gar nicht dazu, meine neue Stelle in Bulawayo anzutreten. Stattdessen erreichte mich die Briefbombe, die mein Leben für immer veränderte.

Teil III

Die Wandlung zum Heiler

Mit Nelson Mandela vor seiner früheren Zelle auf Robben Island, am 5. Jahrestag seiner Entlassung aus dem Gefängnis

9

Die Rückkehr nach Südafrika – auf der Suche nach einer neuen Identität

Ich sage oft, dass mein Lebensweg die Entwicklung Südafrikas widerspiegelt. Das traf auf den Zeitpunkt des Briefbombenanschlags besonders zu. Während ich blutüberströmt und bandagiert im Krankenhausbett in Harare lag, ereignete sich sechs Tage nach dem Anschlag im über zweitausend Kilometer entfernten Kapstadt etwas, das den Lauf der Geschichte veränderte. Am 4. Mai 1990 unterzeichneten in Groote Schuur, dem Amtssitz des Präsidenten, die Regierung von Südafrika und der ANC ein Dokument, mit dem die Verhandlungen in Gang gesetzt wurden, durch die schließlich das demokratische Land ins Leben gerufen wurde, für das wir so lange gekämpft hatten. Mir und Südafrika stand ein langer Heilungsprozess bevor.

Manchmal werde ich gefragt, wie der Briefbombenanschlag mich verändert hat, und dann wird die Antwort gleich mitgeliefert. Die meisten finden mich sanftmütiger und behutsamer, weniger streitlustig und verträglicher. Es ist ja richtig, dass andere uns oft deutlicher sehen als wir uns selbst, aber manchmal möchte ich trotzdem sagen: „Ich bin immer noch derselbe." Ich finde meine Veränderung nicht so bedeutend wie andere Menschen. Andererseits stimmt es auch, dass ich verstümmelt wurde, dem Tod nur um Haaresbreite entkam und seither mit einer schweren Behinderung lebe. So etwas durchzumachen hinterlässt Spuren. In Bitternis zu verfallen hieße, sich von Hass und Groll verzehren zu lassen. Mein Leben wäre zweifellos in vieler Hinsicht unvergleichlich viel einfacher, wenn ich nicht Opfer des Briefbombenanschlags geworden wäre. Doch obwohl ich immer noch derselbe bin, der ich vorher war, kann ich die Gaben, die mir durch meine Arbeit mit Healing of Memories zuteil werden, gar nicht hoch genug einschätzen, und das habe ich dem Briefbombenanschlag zu verdanken.

Es gibt auch Gründe dafür, dass andere mich als etwas aggressiv empfanden. Eine gewisse Abhärtung war im Befreiungskampf überlebensnotwendig. Da ich Weißer bin, wurde ich von manch anderen Weißen als Volksverräter angesehen. Sie nahmen mir meine Entscheidungen, die sie als Werturteil ihnen gegenüber empfanden, übel, da sie nicht im Stande waren, ebenso zu handeln. Ich hatte ihre Feindseligkeit und die Gemeinheiten zu ertragen, die manche von ihnen über mich schrieben und erzählten. Darüber hinaus gab es Momente, in denen Schwarze nicht genau wussten, ob ich es ernst meinte. Das bedeutete, dass ich mich manchmal selbst in den Augen derjenigen bewähren musste, mit denen ich mein Leben riskierte und von denen ich manche liebgewonnen hatte.

Man muss sich ein dickes Fell zulegen, um mit den aus allen Richtungen kommenden Hieben und Stichen fertig zu werden. Ich nehme an, dass ich manche Gefühle einfach nicht aufkommen lassen durfte. So wurde mein damaliges Leben eher vom Kopf her bestimmt, während es seit dem Anschlag eher dem Herzen gehorcht – ich habe also eine Entwicklung durchgemacht, durch die ich meine Sanftmut wiedergewinnen kann, die ich damals zurücklassen musste. Anders ausgedrückt, im Befreiungskampf musste ich eisern werden, um zu überleben. Che Guevara sagte einmal, dass Revolutionäre lernen müssen durchzuhalten, ohne ihr Mitgefühl zu verlieren, und an diese Mahnung klammere ich mich. Ja, es ist richtig, dass ich seit dem Briefbombenanschlag weichherziger geworden bin, und ich kann mich in die Versehrtheit anderer Menschen auf eine Art und Weise hineinversetzen, wie ich es nie und nimmer hätte tun können, wenn ich nicht selbst gebrochen worden wäre.

Meine Veränderung muss jedoch auch vor dem Hintergrund der Ereignisse gesehen werden. Ich hatte mich weniger verändert als die Situation um mich herum. Zum Beispiel hielten viele Weiße in Südafrika den Chris Hani, der sich für Verhandlungen und Versöhnung engagierte, für einen anderen Chris Hani als den, der Generalstabschef der Umkhonto we Sizwe gewesen war. Aber die Zeiten hatten sich einfach geändert. Die Verhandlungen begannen ja praktisch in dem Moment, als ich die Briefbombe erhielt. Das Ungeheuer zu erschlagen war die Aufgabe in den Siebziger- und Achtzigerjahren, aber in den Neunzigern ging es um Heilen und Versöhnung. In Kapitel 12 des Buches der Offenbarung steht in einer entscheidenden Passage: „Und es erhob sich ein Streit im Himmel: Michael und seine Engel stritten mit dem Drachen; und der Drache stritt und seine Engel“. Hier geht es um das Gute und das Böse. Welche Form nahm dieser Kampf für uns in Südafrika an? Es war der Kampf gegen die Apartheid. An einer anderen Stelle der Heiligen Schrift steht: „Denn wir haben nicht mit Fleisch und Blut zu kämpfen, sondern mit Fürsten und Gewaltigen, nämlich mit den Herren der Welt, die in der Finsternis dieser Welt herrschen, mit den bösen Geistern unter dem Himmel“ (Eph. 6, 12). Diese Passage deutet auf das systemimmanente Böse hin. Schon während des Kampfes riefen manche zu Heilung und Versöhnung auf, oft auch Kirchen und bisweilen Menschen, die ein persönliches Interesse an der Erhaltung des Status quo hatten. Diese Aufrufe waren zwar insofern berechtigt, als sie auf das endgültige Ziel hinwiesen, waren jedoch zu dem Zeitpunkt verfrüht und ablenkend. Sie kamen von denjenigen, die den zwischenmenschlichen Aspekt der Versöhnung betonten. Das Böse war jedoch systembedingt, und wir mussten zuerst die Institutionen der Apartheid abschaffen.

Nun hatte eine andere Epoche begonnen. Wir übten unsere Arbeit in einem demokratischen Umfeld aus, und Heilen und Versöhnung standen ganz oben auf der Tagesordnung. Als meine Wunden geheilt waren, gab es die alten Schützengräben nicht mehr. Der Kampfschauplatz gehörte jetzt Menschen wie Glenda Wildschut, einer befreundeten Krankenschwester, die davon träumte, ein Traumazentrum zu gründen, das Menschen seelische Betreuung bot, die zuvor im Kampfeinsatz und ständig auf der Flucht waren. Die schrecklichen Auseinandersetzungen fanden nach und nach ein Ende und wurden durch den Aufbau der Nation und die ruhigere Arbeit des Heilens der Wunden ersetzt, die wir einander zugefügt hatten. Diesen Wandel erfuhr auch ich, als ich vom Freiheitskämpfer zum Heiler wurde. Beispielsweise waren die Geschichten, von denen dem Menschenrechtskomitee der Wahrheits- und Versöhnungskommission berichtet wurde, sehr unterschiedlich. Manche wurden zornig erzählt, andere mit sanfter Stimme, bisweilen mit einem unterdrückten Schluchzen oder langen Pausen, wenn der Betroffene versuchte, tief empfundene Gefühle zu überwinden und die Fassung wiederzugewinnen. Das ist typisch für den Heilungsprozess. Er erfordert ruhige, konzentrierte Aufmerksamkeit und belohnt uns mit der Befriedigung, die wir empfinden, wenn wir die Wandlung von Schmerz und bisweilen Verbitterung zu den ersten Anzeichen von Frieden und Hoffnung erleben.

Im Buch Kohelet steht geschrieben: „Für jedes Geschehen unter dem Himmel gibt es eine bestimmte Zeit … eine Zeit zum Lieben und eine Zeit zum Hassen, eine Zeit zum Niederreißen und eine Zeit zum Bauen“. Obwohl ich noch nicht wusste, was die Zukunft bringen würde, fühlte sich der Briefbombenanschlag an wie ein reinigendes Feuer, das mir immer mehr Klarheit verschaffte. Ich würde einen Weg finden, meine sichtbare Versehrtheit als Mittel einzusetzen, um andere Menschen zu heilen. Wie mein Freund Horst Kleinschmidt es ausdrückte, war ich nun für diesen neuen Kampf ganz anders gerüstet, auch wenn der Preis dafür sehr hoch war. Die liebevolle Unterstützung durch Freunde aus aller Welt empfand ich als Privileg, das anderen, ebenso verdienstvollen Menschen vorenthalten blieb. Privileg und Verantwortung gehen jedoch Hand in Hand, und ich nahm mir vor, meine Dankbarkeit auszudrücken, indem ich gemeinsam mit anderen den Weg ging, den andere mit mir zurückgelegt hatten. Diese Dankbarkeit treibt meine Arbeit heute noch an. Wenn ich durch die Welt reise, leiste ich Seelsorge für die Ärmsten der Armen, für die das Wort Privileg einer anderen Welt angehört.

Natürlich waren diese Ideen anfangs reine Theorie, und ihre praktische Umsetzung musste noch geklärt werden. Als ich nach meiner Genesung in Australien nach Simbabwe zurückkehrte, erfuhr ich, dass die Stelle als Gemeindepfarrer in Bulawayo, die ich vor dem Briefbombenanschlag angenommen hatte, nicht mehr frei war. Gleichzeitig fanden in Südafrika gewaltige Veränderungen statt: Nelson Mandela wurde freigelassen, das Verbot des ANC wurde aufgehoben, und Verhandlungen begannen. Ich wollte diesen

Umschwung mit eigenen Augen sehen und organisierte deshalb einen Besuch für Mitte 1991. Der Gedanke, nach so vielen Jahren zurückzukehren, überwältigte mich. Atemlos sahen wir zu, mit welcher Geschwindigkeit sich der Wandel vollzog.

Der ANC hatte sich immer wieder auf die vier Säulen des Kampfes gestützt: den bewaffneten Kampf an sich, die Untergrundorganisation in Südafrika, die Mobilisierung der Bevölkerungsmassen und die internationale Solidarität. Verschiedene Führer gaben ihnen unterschiedliche Prioritäten, doch der ANC erkannte zunehmend, dass sie alle dazu beitrugen, Druck auf das Regime auszuüben. Manche malten sich vielleicht aus, dass eine bewaffnete Guerillabewegung mit der Zeit die Macht ergreifen könnte, und ich glaube, dass einige von uns vom bewaffneten Kampf mehr erwarteten, als er letztendlich brachte. Mitte der Achtzigerjahre, als der Einfluss der Vereinigten Demokratischen Front (UDF) in Südafrika stieg, wurde in ANC-Veröffentlichungen die Möglichkeit erörtert, das Land unregierbar zu machen. Vielleicht würde ein allgemeiner Aufstand die Regierung aus dem Amt jagen, wie 2011 in Ägypten. Ich weiß nicht, wie realistisch das alles war, und ein gewisser Grad an Naivität ist in dem Zusammenhang wohl kaum von der Hand zu weisen. Im Grunde genommen war der ANC seit seiner Gründung 1912 zu Verhandlungen bereit und knüpfte besonders in den Achtzigerjahren viele geheime Kontakte zu einflussreichen Mitgliedern der Zivilgesellschaft und der Apartheidregierung. Trotzdem hatte ich mich auf einen viel langwierigeren Kampf eingestellt, als er es letzten Endes war. Weil ich die kubanische Revolution bewunderte und mehrmals nach Kuba gereist war, malte ich mir aus, wie Panzer durch Pretoria rollten und die Menschenmenge Blumen auf die Guerillakämpfer warf, so wie es Fidel und Che ergangen war, als sie triumphierend in Havanna einzogen. Ich glaube, dass eigentlich keiner von uns seine Fantasien wirklich ernst nahm, aber wir hatten sie nun mal, und sie gaben uns Mut.

Bald stellte sich heraus, dass der zunächst merkwürdig erscheinende Zeitpunkt des Briefbombenanschlags zeigen sollte, woher nun der Wind wehte. Während der Verhandlungen ließ die Unterdrückung durch die Apartheid nicht etwa nach, sie lösten im Gegenteil eine Terrorwelle ohnegleichen aus, die das Land zu verschlingen drohte. Tausende verloren ihr Leben in dieser Zeit, unter ihnen unser beliebter Führer Chris Hani, der nur ein Jahr vor den Wahlen ermordet wurde. Beinahe brach das gesamte Land auseinander, und seine Ermordung brachte fast den kompletten Verhandlungsprozess zum Scheitern. Die Regierung trägt zwar die Verantwortung für einen Großteil dieser Gewalt, aber es gab auch unzählige Berichte über Gewalt unter Schwarzen. Männer, die in Baracken weit entfernt von ihren Familien untergebracht waren, rotteten sich, mit Speeren und Schusswaffen ausgerüstet, nachts zusammen und überfielen und ermordeten unglückselige Townshipbewohner. Die meisten Angreifer waren arme, ungebildete Männer aus entfernten ländlichen Gegenden, die ihre Familie ernähren mussten. Auf der Suche nach Arbeit in den Minen zogen sie deshalb in die Stadtgebiete, weil es bei ihnen zu Hause keine Arbeit gab. Sie wurden vom Apartheidsystem als billige Arbeitskräfte ausgebeutet und arbeiteten unter äußerst gefährlichen Bedingungen, und jetzt wurden sie wieder ausgenutzt, um die schmutzige Arbeit der Regierung zu erledigen. Diese Angriffe lösten natürlich Vergeltungsangriffe aus. Es existierten tatsächlich rivalisierende politische Gruppen innerhalb der schwarzen Bevölkerung, aber es gab auch handfeste Beweise dafür, dass die Regierung echte Unstimmigkeiten ausnutzte, um zu Gewaltakten aufzustacheln. Das Regime muss sich den Vorwurf gefallen lassen, Aktionen der sogenannten destabilisierenden dritten Kraft Vorschub geleistet zu haben, indem sie bisweilen Geheimdienstinformationen mit rivalisierenden schwarzen Gruppen teilte oder auch direkte materielle Unterstützung gewährte. Die Apartheidregierung verhandelte also bei Tag und mordete bei Nacht. Sie hoffte natürlich, dass das dadurch entstehende Chaos und die Feindseligkeiten dazu führen würden, dass sich die schwarze Mehrheit nicht zu einer einheitlichen Verhandlungsposition durchringen könne. Es gab Zeiten, da dachten wir, die Regierung würde es schaffen, doch letztendlich behielten die Besonnenen die Oberhand, dank der stetigen und beruhigenden Präsenz von Nelson Mandela und anderen hochrangigen Vertretern des ANC. Eine vorläufige Verfassung wurde ausgearbeitet, ein ordnungsgemäßes Wahlverfahren wurde eingeleitet, und in letzter Minute erklärten sich alle zur Teilnahme bereit. Am 27. April 1994 fand etwas statt, das wie ein Wunder anmutete: Zum ersten Mal in seiner Geschichte wurde Südafrika zu einer Demokratie mit einer nach dem Prinzip „ein Mensch, eine Stimme“ gewählten Mehrheitsregierung. Das vielverwendete Wort *Wunder* lässt meiner Meinung nach aber das Ausmaß des jahrhundertelangen Leidens und die Opfer unberücksichtigt, die man bis zur Sklaverei und noch weiter zurückverfolgen kann und die uns nun endlich freie Wahlen bescherten.

1991 machte mich der Gedanke an eine Rückkehr nach Südafrika nervös. Ich hatte gemischte Gefühle, da ich seit 1976 keinen südafrikanischen Boden mehr betreten hatte. Ich freute mich zwar darauf, aber es war sicher auch alles andere als einfach, in dieses von Gewalt zerrissene Land zurückzukehren. Ich wusste nicht, wer mir die Briefbombe geschickt hatte. Vielleicht würden sie mir ja bei meiner Rückkehr auflauern. Angesichts der Gewalt, die damals das Land verschlang, war dies kein unrealistischer Gedanke. „Warum kehrst du nach Südafrika zurück? Bist du verrückt? Diese Leute haben versucht, dich umzubringen. Bleib doch hier bei uns“, sagten Freunde in Simbabwe. „Ach, aber ich bin doch nur wegen des Kampfes hier in Simbabwe. Die Zeit ist reif, gemeinsam ein neues Land aufzubauen. Außerdem denke ich, dass ich aufgrund meiner Reaktion auf den Briefbombenanschlag zur Heilung der Nation beitragen kann. Es ist an der Zeit, zurückzukehren“, erwiderte ich, trotz eigener Bedenken. Ich wollte die dramatischen Ereignisse mit eigenen Augen sehen. Außer Reichweite in Simbabwe zu bleiben und lediglich die Nachrichten aus dem Nachbarland Südafrika zu hören war einfach zu frustrierend. Auch wollte ich unter anderem ganz einfach wieder persönliche Kontakte aufnehmen, die unerlässlich waren, um dort später nach meiner endgültigen Rückkehr Arbeit zu finden.

Ich organisierte eine dreiwöchige Reise. Mein Visumantrag wurde anfangs abgelehnt, mit der Begründung, dass man mir zunächst Amnestie gewähren müsse, bevor man mir als ANC-Mitglied eine Einreiseerlaubnis erteilen könne. In den Verhandlungen war zwar automatische Straffreiheit vereinbart worden, aber die Regierung spielte trotzdem Katz und Maus mit mir. Da ich Pfarrer war und nicht Anwalt, war mir klar, dass es hier um ihre Sünden ging, nicht um meine. Schließlich wurde mir Amnestie gewährt, was theoretisch bedeutete, dass ich bei der Landung in Johannesburg nicht festgenommen werden durfte. Die ANC-Vertreter in Johannesburg waren zwar zuversichtlich und beruhigten mich, aber ich war mir da nicht so sicher. Während ich im Flugzeug Richtung Johannesburg saß, mit den noch neuen Prothesen auf meinem Schoß, wirbelten mir Gedanken und Gefühle durch den Kopf. Der Briefbombenanschlag war erst ein Jahr her, ich war erst vor wenigen Monaten von Australien nach Simbabwe zurückgekehrt und fühlte mich auf der Reise wegen meiner Behinderung unsicher. Zwar begleitete mich Cosmas Mulonda, ein junger Simbabwer, und half mir bei allem, was ich nicht selbst erledigen konnte; dennoch fühlte ich mich abhängig von der Hilfsbereitschaft anderer. Ich kam mir fast vor wie ein Fremder in dem Land, für das ich so viel geopfert hatte. Würde ich es nach so langer Zeit wiedererkennen? Die meisten engen Freunde hatten ja mit mir im Exil gelebt. Ich hatte zwar zu Freunden, die in Südafrika geblieben waren, Kontakt gehalten, hatte manche von ihnen aber viele Jahre lang nicht gesehen. Eine seltsame Mischung aus Vorfreude und Einsamkeit ergriff mich. Bei meiner Ankunft in Johannesburg wurde ich nicht verhaftet, sondern wir wurden von einem alten Freund abgeholt, Kingston Erson, der ebenso wie ich aus Neuseeland stammt und Pfarrer in der Auferstehungsgemeinde war. Als ich im Gewimmel der Reisenden das Flugzeug verließ, erwartete mich keine Parade, keine bewundernde Menschenmenge, und niemand warf Blumen. Obwohl ich wirklich keine Blumen erwartet hatte, dachte ich mir: ‚Das hattest du dir doch eigentlich anders vorgestellt.' Trotzdem war ich glücklich, wieder da zu sein.

Auf meiner Reise besuchte ich drei Städte, Johannesburg, Durban und Kapstadt, und meine Ankunft in Durban war um einiges angenehmer als die in Johannesburg. Meine Freundin Phyllis Naidoo, die nach dem Briefbombenanschlag an meinem Bett saß, holte uns am Flughafen ab. Phyllis hatte einige Kameraden zur Begrüßung am Flughafen zusammengetrommelt. Natürlich kannten sie mich nicht ohne Hände, und obwohl Phyllis sie sicherlich darauf vorbereitet hatte, muss es doch ein ziemlicher Schock für sie gewesen sein, mich in diesem Zustand zu sehen. Das hielt sie aber nicht davon ab, mich herzlich zu begrüßen. „Willkommen zu Hause, Michael! Wir sind so glücklich, dass du wieder hier bist“, sagten sie einfach. Es war zutiefst befriedigend, sie sagen zu hören, dass ich tatsächlich zu Hause war.

Ich war zum ANC-Kongress eingeladen worden, der vom 2. bis zum 6. Juli in Durban stattfand. Es war ein historisches Treffen, da es der erste Kongress in Südafrika nach der Aufhebung des ANC-Verbots war. Nelson Mandela, der nur fünfzehn Monate zuvor freigelassen worden war, wurde zum Präsidenten gewählt. Es gab viel zu tun, denn der ANC musste nun von einem Tag auf den anderen von einer Befreiungsbewegung in eine regierungsfähige Partei umgewandelt werden. Das Ergebnis der Verhandlungen mit dem Apartheidregime war zwar noch unklar, doch symbolisierte der Kongress den Triumph im Kampf um Demokratie. Alle anwesenden und auch viele sonstige Kameraden konnten kaum glauben, dass der ANC im Begriff war, Südafrika zu regieren, und dass wir Maßnahmen zum Aufbau der neuen Demokratie beschließen würden, für die wir gekämpft hatten. Die Unermesslichkeit der Verantwortung überwog aber nicht die Freude, und viele von uns weinten.

Danach reiste ich nach Kapstadt, wo ich zum Abendessen bei Desmond Tutu eingeladen wurde, der inzwischen anglikanischer Erzbischof geworden war. Ich nahm Cosmas mit und bestand darauf, dass er zum Abendessen eine Krawatte tragen sollte. Als wir den guten Erzbischof im Jogginganzug antrafen, war ich dann doch etwas verlegen. Und bei diesem Abendessen schüttete ich durch meine noch ungeschickte Handhabung der Prothesen Kaffee auf Tutu, der aber sehr taktvoll reagierte. Er ermutigte mich, nach Südafrika zurückzukehren, und sagte mir seine Unterstützung zu. Wir einigten uns darauf, dass ich meine Zulassung als Priester in der Diözese von Kapstadt erhalten würde. Ein potentielles Hindernis war jedoch die neue Bedingung, die er für seine Priester eingeführt hatte: Sie durften keiner Partei angehören. Unsere alte Meinungsverschiedenheit warf wegen meines ANC-Beitritts im Exil einen Schatten auf unser Verhältnis. Doch die Umstände hatten sich natürlich grundlegend geändert, und meine ANC-Mitgliedschaft bot mir – abgesehen davon, dass ich sie keinesfalls aufgeben wollte – eine legale Möglichkeit der Rückkehr. So unwahrscheinlich es auch klingen mag: Ich war rechtlich gesehen immer noch kein südafrikanischer Bürger. Mein neuseeländischer Pass wäre keine Grundlage für einen ständigen Aufenthalt gewesen, besonders weil die noch amtierende Apartheidregierung mich nicht gerade ins Herz geschlossen hatte und die Gelegenheit hätte nutzen können, mir die Einreise zu verweigern. Allerdings wurde ANC-Mitgliedern aufgrund der Verhandlungen die Einreise gewährt. Ich wies Tutu darauf hin, aber er war nicht bereit, eine formelle Ausnahme zuzulassen. Gleichwohl einigten wir uns stillschweigend darauf, dass es kein Problem sein sollte, wenn ich mich ruhig verhielt. Nach meiner Rückkehr kümmerte sich der Erzbischof wirklich rührend um mich und lud mich zu vielen Veranstaltungen ein, zu denen nur Menschen aus seiner engsten Umgebung Zutritt hatten.

Eine Weile sah es tatsächlich so aus, als würde ich 1994 nicht wählen können, da ich damals noch nicht die südafrikanische Staatsbürgerschaft besaß. Es gab aber eine Alternative, nämlich einen ständigen Wohnsitz in Südafrika zu beantragen. Da Bürger mit ständigem Wohnsitz wählen durften, konnte ich meine Stimme abgeben. Letztendlich musste sich jedoch Steve Kahanowitz vom *Legal Resources Centre* beim Innenminister Mangosuthu Buthelezi für mich einsetzen, damit ich die Staatsbürgerschaft erhielt.

Nach meinem Aufenthalt kehrte ich nach Simbabwe zurück und war überzeugt, mit meiner Rückkehr nach Südafrika die richtige Entscheidung getroffen zu haben. Ein unerwartetes Stellenangebot vom Kirchenbund in Simbabwe für eine Aufgabe im Bereich der sozialen Gerechtigkeit verkomplizierte die Lage jedoch. Ich war kurzzeitig versucht, das Angebot anzunehmen, entschied mich aber schließlich doch anders. Mein Herz gehörte Südafrika. Zuvor galt es jedoch, eine bereits zugesagte und letztendlich lange und anstrengende Vortragsreise nach Norwegen, Schweden, Kanada und Amerika zu absolvieren. Nach meiner Rückkehr ging ich zurück nach Südafrika.

Ich hatte mich um ein Kirchenamt in Durban beworben, aber ich war für die Verantwortlichen wohl ein „zu heißes Eisen“. Schließlich bekam ich eine Stelle als Direktor des theologischen Austauschprogramms (Theology Exchange Programme, TEP), einer Organisation, die ein Austauschprogramm für Theologiestudenten zwischen Südafrika und anderen Ländern der südlichen Hemisphäre förderte. Ihr Ziel war es, Kirchenmitgliedern die Möglichkeit zu bieten, gegenseitig von ihren Erfahrungen mit Glauben und Befreiung zu lernen, besonders von Südafrikanern und Lateinamerikanern. Mein eigener Lebensweg machte mich zum idealen Kandidaten, doch leider kamen andere Faktoren dazwischen. Innerhalb der Organisation schwelten nämlich zahlreiche Konflikte. Der für mich entscheidende Aspekt war, dass mein direkter Vorgänger dort beschäftigt blieb. Er war ein begabter Mann, und in mancher Hinsicht ergänzten sich unsere Fähigkeiten. Leider hatte ich jedoch das Gefühl, dass er seine Stelle als Programmleiter nicht aufgeben wollte. Ich fühlte mich von seinem institutionellen Wissen eingeengt und konnte so kein eigenes Profil entwickeln. „Das funktioniert nicht“, sagte ich zu Erzbischof Tutu, da ich ja Priester in der Diözese war. „Wenn du mir sagst, dass du jeden Morgen aufstehst und es dir vor der Arbeit graut, dann ist das ein Zeichen, dass du dir etwas anderes suchen solltest“, erwiderte er und bestärkte mich in meiner Haltung. Der Zeitpunkt erwies sich als günstig, denn damals befanden sich die Gespräche über die Einrichtung eines Traumazentrums bereits in einem fortgeschrittenen Stadium.

Die an der Planung beteiligten Mitarbeiter für psychologische Betreuung waren aufgeschlossene Fachkräfte, die im Befreiungskampf eindeutig Stellung bezogen hatten. Sie scheuten sich nicht vor Politik, und manche hatten sogar flüchtenden Genossen und ihren Angehörigen als Berater zur Seite gestanden. Sie waren an unorthodoxes Arbeiten gewöhnt. Sie kannten die Auswirkungen von Gewalt aus erster Hand und hatten davon geträumt, eines Tages ein Traumazentrum zu eröffnen. In Südafrika waren damals die meisten klinisch ausgebildeten Fachkräfte Weiße, und viele von ihnen hatten entweder das Apartheidsystem unterstützt oder weggeschaut. Sie wurden deshalb gerade von denjenigen, die ihre Hilfe am meisten benötigten, verständlicherweise mit Argwohn betrachtet. Barry Bekebeke war während der Apartheid Schüler und arbeitete später für uns im *Trauma Centre for Survivors of Violence and Torture*. Er erzählte mir einmal: „Die Polizei nahm uns einfach fest, stellte mit uns an, was sie wollte, verprügelte uns und drohte uns und unseren Familien. Das gesamte medizinische Personal in der Gegend bestand aus Weißen, und man dachte halt, dass sie nicht wirklich verstehen würden, was uns passierte. Selbst wenn wir, nachdem wir verprügelt worden waren, dem behandelnden Arzt erzählten, was wirklich passiert war, stempelte er uns einfach als Lügner ab.“ Deswegen war der richtige politische Hintergrund derjenigen, die in einem Beratungszentrum für heimkehrende Exilanten oder ehemalige Gefangene arbeiten wollten, so ungemein wichtig.

Das Planungsteam schlug der anglikanischen Kirche vor, das Zentrum in einem ihrer Gebäude unterzubringen, in Cowley House. Es war der ideale Standort, denn das Haus hatte im Befreiungskampf eine Rolle gespielt und würde somit auf diejenigen vertrauenerweckend wirken, die sich sonst womöglich vor einem Beratungszentrum scheuten. Cowley House liegt in der Chapel Street, es ist ein schmuckes altes Gebäude mit einem hübschen Innenhof, 1898 als Heim für die anglikanischen Priester der *Society of St. John the Evangelist* (SSJE) gebaut und bis 1978 von ihnen bewohnt. Die Apartheidregierung hatte damals schon viele politische Gefangene auf Robben Island eingekerkert, einer kleinen Felseninsel etwa fünf Meilen vor dem Kapstadter Hafen. Viele der gegenwärtigen Führer Südafrikas, unter ihnen Nelson Mandela und unzählige andere, weniger bekannte, waren Jahrzehnte lang dort gefangen. Früher reisten die Angehörigen der Inhaftierten aus dem ganzen Land und sogar aus Namibia an, um ihre Verwandten auf Robben Island zu besuchen. Die meisten kannten niemanden in Kapstadt und hatten nur wenig Geld, sodass sie unter erbarmungswürdigen Umständen in Bahnhöfen oder auf der Straße übernachteten. 1978, kurz nachdem die SSJE das Haus aufgegeben hatte, stellte die anglikanische Kirche diesen Familien Cowley House zur Verfügung, damit sie dort übernachten und verpflegt werden konnten, bevor sie ihre Angehörigen auf Robben Island besuchten. Wenn sie auf das Festland zurückkehrten, blieben die meisten noch ein oder zwei Nächte dort, bevor sie die Heimreise antraten. So zog Cowley House fortschrittlich denkende Menschen an, die diese Familien unterstützen wollten. Die Unterkünfte waren voll belegt und schlicht, aber die Besucher wurden mit Würde und Respekt behandelt, und viele Schwarze wurden vielleicht zum ersten Mal in ihrem Leben von einem fürsorglichen weißen Menschen bedient. Diese Familienbesuche lösten oft starke Emotionen aus, sodass Cowley House auch zu einem Ort des Mitgefühls und des Trostes wurde. Nach der Aufhebung des ANC-Verbots im Jahre 1990 wurden die politischen Gefangenen von Robben Island rasch freigelassen, und Cowley House erhielt eine neue Rolle als ein Durchgangslager, in dem ehemalige Gefangene wieder mit ihren Familien vereint wurden. In dem kleinen Innenhof türmten sich die Pakete, drängten sich zahlreiche Familien, überall ertönte Kindergeschrei, und Menschen warteten voller Hoffnung auf einen Vater, Sohn oder Bruder, den sie in manchen Fällen seit Jahrzehnten nicht gesehen hatten. So hatte sich Cowley House erneut verwandelt, dieses Mal jedoch in einen glücklicheren Ort, einen Ort der Begrüßung und Wiedervereinigung. Manche der ehemaligen Häftlinge brauchten Hilfe, um sich wieder an den Trubel der Stadt zu gewöhnen, besonders diejenigen, die lange Zeit in Gefangenschaft auf dieser Insel verbracht hatten. Psychologische Beratung war folglich auch in dieser neuen Phase Teil der Arbeit, wenn auch nur ein kleiner. Einige Mitglieder des Planungsteams, unter ihnen Tom Winslow aus den Vereinigten Staaten, hatten Cowley House schon in seiner vorigen Funktion unterstützt. Die anglikanische Kirche war von Anfang an an den Gesprächen zur Gründung eines Traumazentrums beteiligt, sodass sich Erzbischof Tutu sofort bereit erklärte, das Haus zu diesem Zweck zur Verfügung zu stellen. Auf diese Zusicherung hin wurde umgehend ein Konzept ausgearbeitet. Leider hatten die vielen Menschen über die Jahre hinweg ihre Spuren an dem alten Gebäude hinterlassen, aber für die Veteranen des Freiheitskampfes unter uns fühlte es sich wahrhaftig an wie ein Zuhause. Als bekannt wurde, dass ich nicht länger als Leiter des TEP arbeiten würde, war ich schnell für die Stelle als Kaplan des Traumazentrums im Gespräch. Vor meiner Ernennung gab es allerdings noch einiges Hin und Her, denn, wie jemand anmerkte, „Wie sollen Kinder mit jemandem zurechtkommen, der keine Hände hat?“ Aber ich denke, die meisten begriffen, dass zumindest schwarze Kinder, besonders aus traumatisierten Familien, die Schrecken der Gewalt unter der Apartheid viel zu gut kannten. Die Diözese und das Planungsteam unterstützten mich weitgehend, und so wurde ich eingestellt. Offiziell blieb ich Priester der Diözese von Kapstadt, abgestellt für das Traumazentrum.

Am Eröffnungstag im Juli 1993 traten Tom Winslow und ich durch die Eingangstür des *Trauma Centre for Victims of Violence and Torture*, dessen Name später in *Trauma Centre for Survivors of Violence and Torture* umgeändert wurde. Es war ein turbulentes Jahr gewesen. Nur drei Monate zuvor war Chris Hani, nach Nelson Mandela der wohl beliebteste Mann in Südafrika, ermordet worden, und das Land wäre beinahe explodiert. Südafrika drohte in einer schrecklichen Welle der Gewalt unterzugehen, und alle waren nervös. Nur wenige Tage später erlitt die Befreiungsbewegung einen weiteren schweren Verlust, als Oliver Tambo, der nationale Vorsitzende des ANC, an einem Herzinfarkt starb. Welch ein Zeitpunkt, um ein Traumazentrum zu gründen! Wir alle spürten die Last der Verantwortung.

Tom und ich waren die zwei ersten Mitarbeiter. Tom besaß keine Ausbildung als Betreuer, aber er konnte gut organisieren und Gelder auftreiben; er stellte das Zentrum sozusagen auf die Beine und baute es aus. Bea Abrahams, eine Therapeutin, wurde bald unsere Direktorin. Anfangs bestand der Verwaltungsrat nur aus Tom und mir, denn wir bildeten die gesamte Belegschaft, aber Bea schloss sich uns sofort nach ihrem Beitritt an, und im Laufe der Zeit kamen noch andere hinzu. Der Rest unserer kleinen informellen Planungsgruppe wurde allmählich zum Vorstand, mit Glenda Wildschut als Vorsitzender. Später wurde Glenda Mitglied der Wahrheits- und Versöhnungskommission und noch später die erste Vorsitzende des Institute for Healing of Memories. Die Dänen zeigten sich uns gegenüber sehr großzügig, so wie sie es die ganzen Jahre hindurch der Befreiungsbewegung gegenüber gewesen waren. Ich glaube, dass wir unseren ersten Zuschuss vom Rehabilitations- und Forschungszentrum für Folteropfer (RCT) in Kopenhagen erhielten. Hinzu kamen Gelder vom dänischen Staat und von der Botschaft, sodass wir glücklicherweise über ein gutes Startkapital verfügten. Es war jedoch eine zweischneidige Angelegenheit, denn einerseits konnten wir dadurch zwar die dringend erforderlichen Mitarbeiter einstellen, andererseits wuchsen wir aber zu schnell. In nur achtzehn Monaten schwoll unser Team von drei auf dreißig Personen an. Es war unmöglich, in so kurzer Zeit so viele neue Mitarbeiter zu integrieren und eine geschlossene Gruppe mit echtem Teamgeist aufzubauen. Die Rahmenbedingungen waren einfach nicht vorhanden, und das führte zu vielen unnötigen Konflikten.

Für mich war die Arbeit im Traumazentrum der Höhepunkt des wichtigen Übergangs zu einem neuen Lebensabschnitt, denn dadurch wurde ich vom Freiheitskämpfer zum Heiler. Mein erster Eindruck von Südafrika nach meiner Rückkehr war der eines verwundeten Landes, verwundet durch das, was wir einander angetan hatten, was andere uns angetan hatten und was wir zu tun versäumt hatten. Jeder hatte eine Geschichte über seine Erfahrung in den Jahren der Apartheid zu erzählen. Ich begann zu begreifen, dass wir uns mit unseren inneren Wunden befassen mussten, da wir sonst keine sehr angenehme Gesellschaft aufbauen würden. So kam ich zu dem Schluss, dass sich unsere Zukunft auf zwei Grundpfeiler stützen sollte. Der erste bestand darin, mit der sozialen und wirtschaftlichen Hinterlassenschaft der Apartheid umzugehen, nämlich dem Bedarf an Wasser, Elektrizität, Wohnraum, Bildung, Arbeit und medizinischer Versorgung gerecht zu werden. Der zweite Grundpfeiler bestand aus der Heilung der psychischen und spirituellen Folgen der Entwicklung, die das Land durchgemacht hatte. Diese zwei Grundpfeiler waren auf vielfältige Weise miteinander verbunden, denn auch wenn die Grundbedürfnisse erfüllt waren, würden die Menschen zornig, enttäuscht und verbittert bleiben, wenn sie sich nicht mit ihrer inneren Zerrissenheit auseinandersetzten.

Gleichzeitig wusste niemand, auch ich nicht, welche Aufgaben ein Kaplan in einem Traumazentrum zu erfüllen hatte. So etwas wie eine Stellenbeschreibung gab es nicht, und keiner von uns hatte eine klare Vorstellung davon. Rückblickend kann ich erkennen, dass ich anfangs ins Strudeln geriet und zu verstehen versuchte, welche Rolle ich dort spielen sollte. Als ich jedoch Fuß gefasst hatte, öffnete sich mir ein enormer gestalterischer Freiraum. Damals wusste man kaum etwas über die Förderung des Heilungsprozesses von Folteropfern, und das RCT war Wegbereiter für die Erforschung und Systematisierung ihrer Behandlung. Es war von der dänischen Ärztin Inge Genefke gegründet worden und gewissermaßen ein Ableger des ersten Ärzteteams von Amnesty International. Meine Rolle als Kaplan war mir zwar wie gesagt insgesamt noch unklar, aber im Grunde genommen betraten wir ja alle Neuland. Auch dies erschwerte eine kohärente Zusammenarbeit, weil jeder seine eigenen Vorstellungen hatte. Trotzdem hatten wir dank der ausreichenden finanziellen Unterstützung das Glück, an der Spitze einer damals neuen Bewegung stehen zu können. Im November 1995, knapp zwei Jahre nach dem Beginn unserer Arbeit, fand in Kapstadt eine vom RCT und seiner Schwesterorganisation, dem Internationalen Rehabilitationsrat für Folteropfer (IRCT), gemeinsam mit uns geförderte internationale Konferenz über die Behandlung von Folteropfern statt. An ihr nahmen Ärzte, Fachkräfte für psychologische Betreuung und ein breites Spektrum von Heilern aus vielen Ländern teil, besonders aus Afrika. Der Ideenaustausch in dieser heterogenen Teilnehmergruppe war äußerst fruchtbar, und die Konferenz trug dazu bei, das Traumazentrum in Kapstadt international bekannt zu machen.

In den ersten zwei Jahren traten zunehmend unangenehme Konflikte zwischen den Mitarbeitern auf. Nun waren wir ein Traumazentrum, fügten uns aber innerhalb desselben weiterhin gegenseitig Schmerzen zu. Als besonders schwierig entpuppte sich eine Auseinandersetzung auf höchster Ebene. Bea war die Direktorin, aber Tom hatte das Zentrum aufgebaut, kannte somit die Struktur von Grund auf und verfügte über viele Kontakte in der Gemeinde. Ursprünglich sollte er das Zentrum auf die Beine stellen und sich nach der Ankunft eines Direktors zurückziehen, doch das geschah nicht, und er behielt einen Großteil der Entscheidungsbefugnisse. Auf seltsame Weise ähnelte dieses Problem dem, das sich mir als TEP-Direktor gestellt hatte. Südafrikas Stellung in der Welt änderte sich gewaltig, und das trug ebenfalls zu Rivalitäten unter den Mitarbeitern bei. Nachdem es jahrelang unter Sanktionen gelitten hatte, wurde Südafrika plötzlich zum Liebling der internationalen Gemeinschaft. Besucher aus entwickelten Ländern überschwemmten das Land, von denen die meisten zur Zeit der Apartheid wohl nicht im Traum daran gedacht hätten, einen Fuß auf südafrikanischen Boden zu setzen. Sie brachten eine Fülle neuer Ideen und Möglichkeiten, manche begrüßenswert, andere unerwünscht, aber es war in jedem Fall spannend. Für einige unserer Mitarbeiter, denen wegen der Sanktionen internationale Kontakte und wegen der ethnischen Trennung berufliche Kontakte in Südafrika verwehrt gewesen waren, öffnete sich plötzlich, in überwältigender Weise und zum Greifen nah, eine ganz neue Welt.

Bei den Personalversammlungen nahmen die Diskussionen um Auslandsreisen mehr Zeit in Anspruch als jedes andere Thema, und sie führten nicht nur unter den Mitarbeitern, sondern auch bei Vorstandsmitgliedern, deren Teilnahme an Konferenzen finanziert werden musste, zu Zwistigkeiten. Dies löste besonders mir gegenüber Missgunst aus. Menschen aus der ganzen Welt, die mich kannten, wollten unbedingt meine Ansicht zu den umwälzenden Ereignissen hören, die sich in Südafrika zutrugen. Ich wurde mit Einladungen überhäuft und sollte oft als Hauptredner an Konferenzen teilnehmen. Meine Reisen kosteten das Traumazentrum keinen Cent, während andere Mitarbeiter akademische oder klinische Unterlagen einreichen und anschließend, wenn sie akzeptiert wurden, Reisespesen beantragen mussten. Der Streit eskalierte so sehr, dass Mitarbeiter gehässige E-Mails von einem Büro ins andere schickten, anstatt sich mit einer Tasse Tee zusammenzusetzen und das Problem auszudiskutieren.

Die meiste Zeit wurde ich mir selbst überlassen und war in gewisser Weise ein Außenseiter. Das hatte weniger mit meinen Auslandsreisen oder meiner Behinderung zu tun als mit der Tatsache, dass ich keine medizinische Ausbildung besaß und meine Tätigkeit als Kaplan mein eigenes Revier war. Es wäre jedoch ein Irrtum anzunehmen, dass niemandem etwas an meinen Ideen gelegen war. Bea Abrahams, unsere Direktorin, und Glenda Wildschut, unsere Vorsitzende zum Beispiel waren von Anfang an beteiligt und äußerst hilfsbereit. Aus meiner Sicht stand ich nicht im Zentrum des Konflikts, wurde aber, wie alle anderen, zwangsläufig hineingezogen. Wahrscheinlich machte sich bei uns die beklagenswerte Tendenz traumatisierter Menschen bemerkbar, ihr Trauma an andere weiterzugeben. Wir waren so sehr damit beschäftigt, anderen zu helfen, dass wir uns selbst vernachlässigten. Die meisten von uns konnten denjenigen, die zu uns kamen, zweifellos helfen, doch wir selbst konnten nicht die entsprechenden Lehren daraus ziehen. Es war nicht etwa so, als wäre uns das egal gewesen; wir unternahmen im Gegenteil viele Versuche, unsere Schwierigkeiten zu bewältigen. Wir engagierten sogar außenstehende Berater, die uns bei der Lösung unserer Probleme helfen sollten, doch keiner von ihnen war wirklich erfolgreich.

Trotz alledem war dies eine sehr bereichernde Erfahrung für mich. Wie so oft, ging es auch hier darum herauszufinden, was weiterhilft und was zu verwerfen ist. Zunächst einmal war die ganze Sprache der Psychiater, Psychologen und Sozialarbeiter neu für mich. Ich kannte das klinische Vokabular nicht und fragte ständig, „Was heißt dies, was heißt das?“ Ich hatte ja einen theologischen Hintergrund, und die Kirche kennt sich mit dem Bedürfnis nach Heilung aus, aber wir bringen unsere Ideen in Bibelsprache zum Ausdruck. Die Medizinersprache wirkte auf mich wie „Psychogeschwafel", obwohl wir als Kirchenvolk natürlich auch unseren theologischen Jargon haben. Im Nachhinein denke ich jedoch, dass ich die spirituelle Dimension meiner Arbeit auf kreativere Art und Weise hätte hervorheben können. Das wäre durchaus möglich gewesen, ohne unseren religionsübergreifenden Anspruch zu untergraben. Zuweilen bedaure ich zum Beispiel, die kleine Kapelle bei Cowley House nicht öfter genutzt zu haben. Ich wollte wohl im Rahmen des Traumazentrums behutsam vorgehen und achtete deshalb darauf, keine allzu offenkundig religiösen Aspekte durchzusetzen.

Bisweilen zeigte sich auch eine unglückliche Tendenz, andere mit Erwartungen zu überfrachten, die der Theorie entsprangen, anstatt ihre persönliche Erfahrung als solche zu akzeptieren. Ich erinnere mich noch an ein Gespräch mit einer Frau, das viele Jahre später stattfand und dieses Thema sehr gut veranschaulicht. Sie hatte bei dem Anschlag auf das World Trade Center einen geliebten Menschen verloren und war nun Mitglied der wunderbaren friedenstiftenden Organisation *September Eleventh Families for Peaceful Tomorrows* (Familien des 11. Septembers für eine friedliche Zukunft). Sie sprach sehr ergreifend darüber, wie sie sich wohlmeinenden Freunden entfremdet gefühlt hatte, als diese immer wieder betonten, dass sie doch nach dem Verlust eines nahestehenden Menschen einen viel stärkeren Groll hegen müsste. Stattdessen empfand sie Trauer und Bedauern darüber, dass ihr Land in der Welt eine derartige Feindseligkeit hervorgerufen hatte. Die gleiche Entfremdung kann auch zwischen einem Patienten und einem Psychotherapeuten eintreten, der sich zu sehr auf die Theorie stützt.

Wie dem auch sei, nachdem ich mehr über den klinischen Ansatz erfahren hatte, kam ich zu zwei Schlussfolgerungen. Erstens liefen wir Gefahr, andere für übermäßig krank zu halten. Es gab zweifellos traumatisierte Menschen, die große Probleme hatten und eine langfristige psychologische Betreuung benötigten, aber die Mehrheit, die auch Schreckliches erlebt hatte, kam im Alltag ganz gut zurecht. Das soll jedoch nicht heißen, dass sie keinen Kummer verspürten. Viele von ihnen litten unter der erdrückenden Last unaufgearbeiteter Erinnerungen. Zweitens fand ich, dass wir unsere Reaktion auf den menschlichen Schmerz „überspezialisiert" hatten. Ich will keineswegs die Rolle der Fachkräfte abwerten, vielmehr möchte ich den Wert der unterschätzten uralten Weisheiten hervorheben, nämlich die Perspektiven großer Glaubenstraditionen und die Erkenntnisse alter Kulturen.

Überlebende suchten oft etwas ganz Einfaches, wie eine Frau, die mit mir sprechen wollte. Nachdem ich ihre besonders leidvolle Geschichte angehört hatte, sagte ich zu ihr: „Ich werde Sie an einen unserer Psychologen oder Psychiater verweisen." Sie schaute mich an und erwiderte: „Nun ja, mit denen habe ich schon gesprochen." „Warum sind Sie denn dann zu mir gekommen?", fragte ich sie. „Weil Sie Schmerz kennen", antwortete sie. Danach kam sie weiterhin zu mir. Natürlich hatten viele unserer medizinischen Mitarbeiter selbst gekämpft und wussten genau, was Schmerzen waren, aber ihr Schmerz war nicht so sichtbar wie meiner, und die meisten waren aufgrund ihrer Ausbildung nicht in der Lage, den Patienten ihren eigenen Schmerz zu offenbaren. Die Tatsache, dass ich auch gelitten hatte, war dieser Frau viel wichtiger als klinisches Fachwissen. Solche Erfahrungen lehrten mich, dass auch ich einiges anzubieten hatte. So entwickelte sich in den darauffolgenden Monaten allmählich ein Plan, der zu einem Seminar mit dem Titel „Healing of Memories“ führte.

Beim Abgeben meiner Stimme für die erste demokratische Wahl in Südafrika im Jahr 1994

10

Eingriff in die Zwangsläufigkeit der Geschichte

Der Briefbombenanschlag lag erst zwei Jahre zurück und die Erinnerung daran war noch frisch. Ich versuchte zu dieser Zeit noch, mein Verständnis davon zu vertiefen, was mir bei meiner spirituellen und körperlichen Genesung geholfen hatte, besonders in Bezug auf unseren gemeinsamen Weg als Südafrikaner. In meinem Herzen und Geist fand stets ein kreativer Austausch zwischen meiner eigenen Erfahrung und der Geschichte des Landes statt, da ich mir immer vorzustellen versuchte, worin mein ureigenster Beitrag bestehen könnte. Als ich als junger Pfarrer mit Anfang zwanzig in Südafrika eintraf, sah ich die Erfüllung meiner Gelübde meinem Orden und Gott gegenüber darin, zur Befreiung aller Südafrikaner von den Fesseln der Apartheid beizutragen. Über zwanzig Jahre lang hatte dies bedeutet, die Befreiungsbewegung zu unterstützen, so gut ich konnte. Nun hatten wir einen Teil dieses Ziels erreicht. Wir waren politisch frei und hatten damit die Voraussetzung für alles andere geschaffen. Als Volk jedoch waren wir Gefangene unserer Erinnerungen und sind es in vieler Hinsicht auch heute noch. „Trauert nicht, erhebt euch", lautete ein Wahlspruch während des Kampfes. Das war politisch gesehen vielleicht gut, psychologisch jedoch schlecht. Als Nation haben wir noch viel Trauerarbeit zu leisten. Seit 1994 fällt mir auf, dass Todesfälle überwältigende Trauerbekundungen auslösen. Bisweilen wirken sie etwas übertrieben, aber ich glaube, dass viele auch um verpasste Gelegenheiten, Verluste im Kampf und all jene trauern, die den Sieg nicht mehr erleben konnten. Ebenso denke ich, dass die ungeheure Gewalt in unserem Land heutzutage auf die aufgestaute Wut zurückzuführen ist, der unter der Apartheid kein Ausdruck verliehen werden durfte. Durch das Heilen der Erinnerungen versuchen wir, in die Zwangsläufigkeit der Geschichte einzugreifen, die in vielen Ländern dazu führt, dass die Unterdrückten einer Generation zu den Unterdrückern der nächsten werden. Das traf auf die Afrikaander in Südafrika zu, die die Anfang des zwanzigsten Jahrhunderts von den Briten erfundenen Konzentrationslager überlebt hatten, und das trifft meines Erachtens auch auf die Beziehungen zwischen Juden und Palästinensern in Israel zu. Unterdrückte, die sich immer noch als Opfer sehen, unterdrücken mit der Zeit andere und führen ihre fortdauernde Opferrolle als Rechtfertigung für ihre

Taten an. Diese Gedanken gingen mir durch den Kopf, während ich überlegte, wie unser Heilungsprozess aussehen könnte.

Es stellte sich als Vorteil heraus, dass weder ich noch irgendein anderer wusste, welche Aufgabe der Seelsorger eines Traumazentrums hatte, denn so konnte ich alle Möglichkeiten vorurteilsfrei erkunden. Ich hatte über religiöse Heilmethoden gelesen und konnte auch auf meine Erfahrung beim Lutherischen Weltbund zurückgreifen. In den Workshops, die ich damals leitete, ging es ja darum, gemeinsam einen Weg zu finden, denjenigen zu helfen, die unter der erdrückenden Last von Armut und AIDS litten und durch Kriegszerstörungen traumatisiert waren. Trotz meiner grundsätzlichen Skepsis gegenüber dem „Psychogeschwafel" hatte mir unsere Arbeit im Traumazentrum ein tiefergehendes Verständnis für die emotionalen Bedürfnisse der Gewalt- und Folteropfer vermittelt. Ich begriff, dass wir uns auf die Frage konzentrieren mussten, wie die Entwicklung des Landes den Lebensweg des Einzelnen beeinflusste. Meine Ideen wurden von der seelsorgerischen Arbeit der Familie Linn geprägt. Sie organisierten Tage der Besinnung mit Erzählungen, Gebeten und Liturgie in einem christlichen Rahmen. Ihr auf das Christentum festgelegter Ansatz war zwar für ein Land mit so vielen verschiedenen kulturellen und religiösen Traditionen wie Südafrika wenig geeignet, aber ihre Arbeit brachte mich auf die Idee eines nichtmedizinischen, erfahrungsbezogenen und praktischen Heilungsprozesses, in dem Spiritualität eine entscheidende Rolle spielte.

In dem Jahr nach meiner Rückkehr nach Südafrika erkannte ich, dass jeder, ob reich oder arm, weiß oder schwarz, etwas über seine Erfahrung in den Jahren der Apartheid zu erzählen hatte. In den Geschichten ging es hauptsächlich um Wut, Schmerz und Verlust, aber es gab auch bewegende Schilderungen von Anteilnahme und Mitmenschlichkeit zwischen den Konfliktparteien. Besonders fiel mir auf, dass zwar viele ihre Geschichte bereitwillig jedem erzählten, der bereit war zuzuhören, andere jedoch eher zurückhaltend waren, und die Trennlinie folgte oft, aber nicht immer, der Hautfarbe. Viele Weiße vermieden das Thema, wohl in der Hoffnung, dass es sich dann von selbst erledigen würde. Während ich den Menschen zuhörte, erkannte ich, welch großes Geschenk mir dadurch zuteil wurde, dass so viele Menschen von dem Briefbombenanschlag wussten und mir mit Gebeten und ermutigenden Worten beistehen konnten. Sie waren für meine Genesung unerlässlich. Als ich genauer darüber nachdachte, was das für mich bedeutet hatte, kam ich zu der Erkenntnis, dass zwei Elemente ausschlaggebend waren. Erstens wurde die Ungeheuerlichkeit dessen, was mir zugestoßen war, von anderen erkannt und verstanden. In den Botschaften, die ich erhielt, brachten Menschen ihren Schock und ihr Entsetzen zum Ausdruck. Zweitens spürte ich die Anwesenheit meiner Unterstützer. Es waren Menschen unterschiedlichen Glaubens, unterschiedlicher Ideologien und Weltanschauungen, aber all das war unwichtig. Wichtig war, dass sie mir in meinem Leid zur Seite standen.

Die Kinderzeichnungen, die die Wände meines Zimmers bedeckten, führten mir ihr Beisein lebhaft vor Augen. In diesem Moment wusste ich, dass unser künftiger Heilungsprozess, egal wie er aussah, gemeinsam erarbeitet werden musste und dass Anerkennen, Begleiten, Mitteilen und eine allem zugrunde liegende Spiritualität für ihn von zentraler Bedeutung sein würden. Außerdem interessierte ich mich schon lange für den Einfluss kreativer Liturgie auf die Gestaltung unseres Lebensweges. Eine konkrete Vorstellung besaß ich zwar noch nicht, aber ich begann, es mir als einen Workshop für das Heilen von Erinnerungen auszumalen.

Nachdem ich ein allgemeines Konzept entworfen hatte, legte ich es einigen Kollegen vor. Das war 1994, kurz vor unseren ersten demokratischen Wahlen. Die Einberufung einer Wahrheits- und Versöhnungskommission (TRC) wurde bereits ernsthaft erörtert, auch wenn die Allparteienregierung ein entsprechendes Gesetz erst ein Jahr später verabschiedete. 1996 begannen die Anhörungen. Währenddessen fand ein großes konfessionsübergreifendes Treffen statt, das vom Kirchenrat der westlichen Kapprovinz und einigen gleichgesinnten nichtstaatlichen Organisationen, die auch an Friedensarbeit interessiert waren, organisiert worden war und aus dem die konfessionsübergreifende Gruppe *Religious Response to the Truth and Reconciliation Commission* (Antwort der religiösen Welt auf die Wahrheits- und Versöhnungskommission) hervorging. Religious Response bildete unterschiedliche Arbeitsgruppen, die jeweils mit eigenem Auftrag das TRC-Verfahren in Gang bringen sollten. Die Arbeitsgruppe für Lobbying und Networking zum Beispiel trug erheblich zur Schaffung der Rahmenbedingungen für die Bildung der TRC sowie zur Festlegung der Auswahlkriterien für die Kommissionsmitglieder bei. Als Seelsorger des Traumazentrums war ich Mitbegründer der Arbeitsgruppe für Beratung, die den Auftrag hatte, die Unterstützung für Opfer von Menschenrechtsverletzungen zu organisieren. Was das genau bedeuten sollte, wurde uns überlassen. Beim ersten Treffen sagte ich, dass wir meiner Meinung nach einen Parallelauftrag zur TRC bräuchten, der sogar wichtiger werden könnte als die Kommission selbst. Laut Gesetz durften nur Menschen vor der Kommission erscheinen, die „gravierende Menschenrechtsverletzungen“ erlitten hatten. Darunter verstand man Mord, Mordversuch, Entführung, Folter und „schwere Misshandlung“. Es gab jedoch buchstäblich Millionen andere, denen ebenfalls schwerwiegende, wenn auch weniger schreckliche Verletzungen zugefügt worden waren. Ich bemühte mich deshalb um die Unterstützung der Mitglieder der Arbeitsgruppe, um möglichst vielen Menschen Healing-of-Memories-Workshops zugänglich zu machen. Wir betrachteten die Workshops als Heilungserfahrungen für diejenigen, die nicht vor der TRC aussagen konnten, weil ihre Verletzungen nicht „gravierend“ genug waren – oder aus einem der vielen anderen Gründe. In der westlichen Kapprovinz boten wir später jedoch auch Healing-of-

Memories-Workshops für Menschen an, die vor der TRC ausgesagt hatten, und viele nahmen diese Gelegenheit wahr.

Wir boten denjenigen, die Misshandlungen überlebt hatten, die Möglichkeit, ihre Geschichte zu erzählen und für ihre Opfer und ihr Leiden anerkannt und geachtet zu werden. In diesem Sinne ähnelte der Vorgang der Erfahrung derer, die vor der TRC erschienen. Wie sich herausstellen sollte, überdauerte Healing of Memories sowohl die TRC als auch Religious Response. Die TRC legte ihren Abschlussbericht vor und stellte im November 1998 ihre Tätigkeit ein. Religious Response wurde umbenannt in *Centre for Ubuntu* und verrichtete weiterhin wichtige Arbeit, besonders in den Jahren unmittelbar nach den TRC-Anhörungen. Ubuntu organisierte beispielsweise Gemeindeforen, in denen dringend erforderliche Gespräche über Versöhnung, Wiedergutmachung und Vergebung unter Bürgern weitergeführt werden konnten, die sich sonst wohl kaum begegnet wären. Im Gegensatz zur TRC waren diese Foren sehr interaktiv. Es gab hitzige Diskussionen und ergreifende Momente der Versöhnung. So zündete zum Beispiel Ma Irene Mxinwa, deren Sohn in den Achtzigerjahren von der Sicherheitspolizei erschossen wurde, eine Kerze für Wilhelm Verwoerd an, den Enkel des Staatspräsidenten, der einer der Architekten der Apartheid gewesen war. Trotz seiner guten Arbeit geriet das Centre for Ubuntu bis zum Jahr 2000 in immer größere Finanzierungsnöte und stellte schließlich seine Tätigkeit ein. Seine wenigen übriggebliebenen Ressourcen vermachte es großzügigerweise dem Institute for Healing of Memories.

Als der Plan für die Healing-of-Memories-Workshops Gestalt annahm, beschlossen wir, mit uns selbst zu beginnen. Es gelang mir, mehrere Mitglieder der Arbeitsgruppe für Beratung sowie ein paar andere dazu zu überreden, für einen allerersten Workshop in einem kleinen Konferenzzentrum in Stellenbosch zusammenzukommen. Wir begannen um neun Uhr morgens und waren um die Mittagszeit fertig. Wir hatten zwei Stunden für das Erzählen eingeplant. Heute muss ich lachen, wenn ich daran denke, dass ich mir damals Sorgen machte, zu viel Zeit vorgesehen zu haben, und befürchtet hatte, dass die Teilnehmer das Interesse verlieren würden. Tatsächlich waren einige überrascht, wie viel sie von sich selbst preisgegeben hatten, und deuteten an, dass sie noch viel mehr Zeit hätten gebrauchen können; dadurch bestätigten sie, dass das Mitteilen den Kern dieser Workshops darstellte. So fing alles an, und schon bald waren Healing-of-Memories-Workshops die Hauptaufgabe des Seelsorgeprojekts und der Arbeitsgruppe für Beratung.

Kurz darauf fand ein zweites Seminar statt, an dem Gemeindemitglieder der St.-George-Kathedrale teilnahmen, und später ein weiterer beeindruckender religionsübergreifender Workshop, an dem Juden, Muslime und Christen gemeinsam teilnahmen. Zwei Mitglieder der ursprünglichen Arbeitsgruppe für Beratung, Christo Thesnaar und Rashied Omar, gehören heute noch dem Vorstand des Institute for Healing of Memories an. Beide können auf bemerkenswerte Erfolge bei der Aussöhnung über ethnische und religiöse Grenzen hinweg zurückblicken, sowohl in Südafrika als auch in anderen Ländern der Welt.

Anfangs kamen die meisten Workshopteilnehmer von den bürgerlichen Partnerorganisationen des Traumazentrums. Viele von ihnen waren Betreuer mit eigenen Traumata, die sie nicht bewältigt hatten, weil sie damit beschäftigt waren, andere zu pflegen. Es waren also wichtige Workshops mit Menschen, die Heilung bitter nötig hatten. Das Traumazentrum verwies auch Menschen, die dort Hilfe suchten, weil sie im Exil gelebt hatten oder im Gefängnis gefoltert worden waren, an die Workshops. Mit jeder weiteren Erfahrung passten wir unser Vorgehen an, manchmal geringfügig, manchmal auch deutlich. Zum Beispiel nahm ich kurz nach meiner Ankunft in Südafrika an einem Workshop teil, in dem wir unsere eigene Biografie malen sollten. Plötzlich wurde mir klar, dass Menschen dabei ihren Emotionen freien Lauf lassen konnten, und so integrierten wir Malen schon sehr früh in unser Konzept. Wir sahen bald ein, dass wir viel mehr Zeit brauchten, als wir ursprünglich vorgesehen hatten. So wurden die Workshops zu Wochenendseminaren mit gemeinsamer Unterbringung.

Da sie parallel zur Wahrheits- und Versöhnungskommission ins Leben gerufen wurden, ließen wir die Seminare mit einer PowerPoint-Präsentation beginnen, um die Teilnehmer über die bevorstehende TRC zu informieren. Wir machten dies vielleicht zwei- oder dreimal, aber dann sagte ein Teilnehmer: „Ihr habt diesen außerordentlich erfahrungsbezogenen Workshop entwickelt, fangt aber an, als wären wir eine Schulklasse!“ Ich war zunächst sprachlos, doch sobald ich es hörte, wusste ich, dass er etwas Wichtiges angesprochen hatte. Der Anfang gibt den Ton an für das, was danach kommt. Anstatt mit einer Lektion zu beginnen, brauchten wir vielmehr etwas, durch das die Teilnehmer den Weg zu ihren Erinnerungen finden und sich ihren Emotionen öffnen konnten. Ich griff auf meine Erfahrung beim Lutherischen Weltbund zurück, wo wir mit Laienspielgruppen gearbeitet hatten. Das konnte die Lösung sein! Wir beauftragten also eine Theatergruppe, ein kurzes Stück zu entwickeln. *Mina Nawe*, der Name dieser kleinen Gruppe, bedeutet auf Zulu „ich und du“, das entsprach unserer Philosophie, dass Heilung durch Anteilnahme und Mitgefühl in den zwischenmenschlichen Beziehungen erreicht werden kann. Zur Orientierung sagten wir ihnen: „Hört Euch in der Gemeinde um, sprecht mit den Menschen über ihre Erfahrungen unter der Apartheid. Entwerft dann ein Theaterstück, das auf diesen Aussagen beruht.“ Das Stück wurde so aufrüttelnd, dass viele Teilnehmer weinten, und wir verwendeten es noch viele Jahre danach. Selbst wenn die Erfahrungen der Teilnehmer von den im Theaterstück dargestellten Geschichten abwichen, stellten wir fest, dass Gefühle keine Barrieren kennen und die Menschen dennoch gerührt waren. Bei unserer Arbeit in anderen Ländern beginnen wir heutzutage die Workshops nach Möglichkeit mit einem kurzen Theaterstück, einem Filmclip oder Fotos, die die Erfahrungen in dem betreffenden Land erfassen. Der Ausklang ist ebenfalls von großer Bedeutung, sodass wir schon beim dritten Workshop eine Art Zeremonie einführten, mit der wir unsere vorausgegangene gemeinsame Erfahrung im Workshop feierten und in die Zukunft blickten. Während es in unserem ersten Workshop hauptsächlich um das Erzählen ging, fügten wir mit der Zeit weitere Elemente hinzu, die den Ablauf bereicherten und eine gewisse Aufbruchsstimmung vermittelten. Nach einer Weile konnten wir sagen: „So soll es sein. Damit sind wir zufrieden. Es funktioniert!" Die Workshops sind nicht unflexibel, aber der allgemeine Rahmen, den wir damals entworfen haben, hat uns seither in unterschiedlichen Situationen gute Dienste geleistet. Um es einfach auszudrücken: Ein Healing-of-Memories-Workshop ist im Kern eine Wochenendreise, die uns vom Schmerz zur Hoffnung führt.

Kurz nachdem ich meine Arbeit im Traumazentrum angetreten hatte, stellte ich zwei Mitarbeiter für das Seelsorgeprogramm ein, die viele Jahre bei uns blieben und einen bedeutenden Beitrag zu unserer Arbeit leisteten. Shanti Mather wurde meine persönliche Assistentin und übernahm so ziemlich jeden Aspekt der Verwaltung. Ohne sie hätte ich es nicht geschafft, denn ich reiste viel, und in meiner Abwesenheit hielt sie den gesamten Betrieb aufrecht. Sie erhielt ihre Feuertaufe gleich am Anfang, denn zwei Wochen nach ihrem Arbeitsantritt verschwand ich für einige Wochen, um Healing-of-Memories-Workshops in allen Ecken des Landes abzuhalten. Shanti wusste kaum Bescheid, zeigte aber Eigeninitiative und hatte bei meiner Rückkehr schon alles organisiert. Später, nachdem wir das Institute for Healing of Memories gegründet hatten, konnten wir uns bei der Verwaltung unserer Finanzen nicht mehr auf das Traumazentrum stützen, und Shanti übernahm die Buchführung. Das war eine willkommene Erleichterung, da wir vorher nie genau wussten, wie viel Geld uns zur Verfügung stand. Das Verhältnis zwischen Shanti und Tom Winslow, der das Budget des Traumazentrums verwaltete, war, wohlwollend umschrieben, schwierig, da Tom die Zahlen selten rechtzeitig lieferte und manchmal gar nicht, sodass Shanti oft der Kragen platzte. Sie arbeitete über zehn Jahre für uns und wusste fast genauso viel über die Organisation wie ich.

Unsere zweite Neueinstellung war Barry Bekebeke, ein junger Mann, der kurz zuvor sein Studium der Sozialarbeit an der Universität des Westkaps abgeschlossen hatte. Barry sollte beim Aufbau der Healing-of-Memories-Workshops helfen. Er hatte selbst traumatische Erfahrungen gemacht. Im November 1985, etwa zu der Zeit, als ich meine Stellung in Simbabwe als Pfarrer der Gemeinde St. Michael in Mbare aufgab, nahm Barry an einer Demonstration in seiner Township Paballelo außerhalb von Upington in der nördlichen Kapprovinz teil. Hunderte von Townshipbewohnern protestierten, und ein Polizist kam dabei ums Leben. Danach brach Chaos aus, die Polizei nahm sechsundzwanzig Menschen fest, unter ihnen Barry und sein Bruder, und beschuldigte sie des Mordes. Dass unter der Apartheid nach südafrikanischem Recht sechsundzwanzig Menschen wegen Mordes an einem Menschen angeklagt werden konnten, war geradezu absurd, und der Richter zeichnete sich durch Sturheit und Voreingenommenheit aus. Nach einem sich zwei Jahre hinziehenden Gerichtsverfahren wurden fünfundzwanzig der sechsundzwanzig verurteilt, darunter Barry, vierzehn von ihnen zum Tode, auch Barrys Bruder. Barry gehörte nicht zu den vierzehn, und schließlich wurde er zusammen mit einigen anderen auf Bewährung freigelassen, die Verurteilung wegen Mordes aber wurde aufrechterhalten. Wegen der Ungerechtigkeit des Gerichtsverfahrens wurde es in der ganzen Welt als Paradebeispiel für den Rassismus und die Exzesse der Apartheid angesehen. Die Sechsundzwanzig von Upington wurden zu einer internationalen Cause célèbre. Beobachter und Journalisten aus aller Welt reisten an, um den Prozess und die Berufungsverfahren zu verfolgen. Der Rechtsstreit endete erst 1991, als das Berufungsgericht alle vierzehn Todesurteile sowie einundzwanzig der Verurteilungen wegen Mordes aufhob, darunter Barrys. Schließlich wurden noch in demselben Jahr alle außer einem freigelassen. Als Barry seine Arbeit im Seelsorgeprogramm begann, bestand nach seinem eigenen Bekunden eine seiner ersten Aufgaben als Teilnehmer eines Healing-of-Memories-Workshops darin, seine Gefühle im Zusammenhang mit diesen fürchterlichen Jahren aufzuarbeiten. Er war von Natur aus ein begabter Gesprächsleiter und wurde bald selbst Seminarleiter. Da er das Leid, das schwarze Menschen und vor allem Freiheitskämpfer unter der Apartheid erfahren hatten, gut nachempfinden konnte, gelang es ihm, außerordentlich einfühlsam auf die Teilnehmer einzugehen. Er war auch sprachbegabt und sprach vier oder fünf Sprachen fließend. Das war von enormem Vorteil, da wir in Südafrika in verschiedenen Sprachräumen tätig waren. Anfangs leitete ich die Workshops, aber wenn ich im Ausland war, übernahm Barry diese Rolle. Zusammen bildeten wir andere Gesprächsleiter aus, und wir hatten das Glück, ein außergewöhnlich gutes Team aufbauen zu können, mit dem wir viele Jahre zusammenarbeiteten.

Unsere Seminarleiter waren von Beginn an ehrenamtlich tätig, wodurch wir eine deutlich größere Reichweite erzielen, obwohl wir als kleine Organisation nur über ein schmales Budget verfügen. In den ersten Jahren der Demokratie beschäftigte sich jeder mit Heilung und Versöhnung, und mit jedem Atemzug spürte man den Wandel um sich herum. Viele betrachteten die ehrenamtliche Tätigkeit bei Healing of Memories als eine Gelegenheit, zum Aufbau einer neuen Gesellschaft beizutragen. Zwar ließ der Eifer verständlicherweise mit der Zeit etwas nach, aber noch 2007, als wir für eine Bewertung unserer Arbeit die Seminarleiter befragten, bestätigten einige, dass sie ihre Tätigkeit für die Healing-of-Memories-Workshops auch deshalb als befriedigend empfanden, weil sie das Gefühl hatten, dadurch etwas zum Aufbau ihres Landes beizusteuern.

Es dauerte nicht lange, und der südafrikanische Kirchenrat bekundete Interesse an einer Partnerschaft, um im ganzen Land Healing-of-Memories-Workshops anzubieten. Unsere Arbeit in dieser Größenordnung auszuweiten war eine Herausforderung. Barry reiste regelmäßig mit, während Shanti sich um das Büro in Kapstadt kümmerte. In der westlichen Kapprovinz, unserer Heimatprovinz, verfügten wir über eine Reihe gut ausgebildeter Seminarleiter, doch die Ausbildung von Seminarleitern in anderen Provinzen entpuppte sich als etwas problematisch. Wir konnten keine angemessene Ausbildung anbieten, ohne regelmäßig dorthin zu reisen. Viele dachten, dass sie nach einem Workshop und ein paar darauffolgenden Fortbildungsstunden bei uns ohne weiteres selbst Workshops leiten könnten, aber so geht es natürlich nicht. Ein guter Workshopleiter zu werden erfordert hohe Lernbereitschaft. Dennoch hatten wir bis Ende 1997 in allen Provinzen außer KwaZulu-Natal Workshops angeboten und in einigen Fällen auch Seminarleiter ausgebildet.

Ein beunruhigender Aspekt dieser Workshops war die nahezu völlige Abwesenheit weißer Teilnehmer. Wir arbeiteten nun schon mit dem südafrikanischen Kirchenrat zusammen, dem Konfessionen unterschiedlicher Ethnien angehörten, auch viele große, hauptsächlich weiße Gemeinden, und doch sahen sich die meisten Weißen als Christen oder Südafrikaner kaum veranlasst, die Versöhnung mit ihren schwarzen Mitmenschen zu suchen. Schwarze, die zu unseren Workshops kamen, zeigten eine beeindruckende Bereitschaft zur Heilung alter Wunden. „Wir sind bereit, uns zu versöhnen, aber wir haben niemanden, mit dem wir uns versöhnen könnten", sagten sie. Dieses Problem plagt uns weiterhin. Wir stellten einen weißen Pfarrer ein, um zu versuchen, die weißen Gemeinden besser zu erreichen, aber mit geringem Erfolg. Leider erkennen viele Weiße nicht, dass auch sie die Apartheid nicht unversehrt überstanden haben, und verspüren deswegen kein Bedürfnis nach Heilung. Ein Großteil der weißen Bevölkerung übernimmt immer noch keine Verantwortung für das, was vorgefallen ist, und es ist uns bisher nicht ausreichend gelungen, diese Mauer zu durchbrechen. Dennoch arbeiten wir weiterhin daran. Wenn ich Mutlosigkeit aufkommen fühle, denke ich an die Erfahrung Deutschlands. Dort ist die zweite oder dritte Generation nun dazu bereit, zu den Naziverbrechen und dem Holocaust zu stehen und zum Teil auch persönlich Verantwortung zu übernehmen, selbst wenn die meisten damals noch nicht einmal geboren waren. Junge Menschen wollen von ihren Eltern und Großeltern nun wissen, welche Rolle diese damals spielten. Vielleicht wird auch Südafrika eine neue weiße Generation abwarten müssen, bevor Verantwortung übernommen und dadurch Versöhnung möglich wird. Diesem Kapitel habe ich Kommentare von zwei mutigen Menschen beigefügt. Beide fordern ihre Landsleute auf, Verantwortung für einen dunklen Abschnitt ihrer Geschichte zu übernehmen. In ihrem Text „Sich Deutschlands Vergangenheit stellen" beschreibt meine Freundin Karin Penno-Burmeister ihre bemerkenswerte Arbeit als Leiterin einer KZ-Gedenkstätte in Deutschland. Christo Thesnaar, der Mitglied unseres Vorstands und Pastor der niederländisch-reformierten Kirche ist, verfasste den zweiten Text, in dem er beschreibt, wie er persönlich mit Schuld und Scham umgeht. Beide betonen, wie bitter und destruktiv oder lebensspendend und erlösend diese Emotionen sein können, je nachdem, wie wir mit ihnen umgehen.

Überall in der Welt war man sehr daran interessiert, was in dem Land geschah, das als das neue Südafrika angesehen wurde, sodass ich in den ersten Jahren, in denen wir Workshops anboten, häufig zu Vorträgen ins Ausland eingeladen wurde. Als die Wahrheits- und Versöhnungskommission im April 1996 ihre Arbeit aufnahm, erfuhr die Weltöffentlichkeit von Gräueltaten, aber auch von einigen außergewöhnlichen Versöhnungsgeschichten, über die bei den Anhörungen berichtet wurde. Die Menschen hatten Fragen über Fragen. „Was hält die Bevölkerung von der TRC? Wird sie von den Weißen befürwortet? Wie steht es um Spaltungen innerhalb der schwarzen Bevölkerung? Was ändert sich denn in der Praxis, ändert sich überhaupt etwas?“ Es gab auch persönliche Fragen. „Hat die TRC herausgefunden, wer den Anschlag auf Sie verübt hat? Wie würden Sie sich in dem Fall fühlen?“ Dann gab es auch unmöglich zu beantwortende Fragen. „Was kann man gegen das krasse Wohlstandsgefälle und die gewaltigen sozialen Unterschiede unternehmen? Wie lange wird es Ihrer Ansicht nach dauern, bis wahre Gleichberechtigung erreicht ist? Ist Versöhnung möglich?“ Es war eine echte Herausforderung zu versuchen, einer ausländischen Zuhörerschaft einen gewissen Eindruck von der großen Hoffnung zu vermitteln, die das Land ergriffen hatte, und diesen gleichzeitig mit dem Hinweis auf das realistisch Mögliche zu dämpfen. Aus heutiger Sicht muss ich leider einräumen, dass ich viel zu optimistisch und naiv war. Damals konnte ich nicht voraussehen, dass unsere junge Demokratie 2011 so sehr mit Korruption, Rassismus, Wohlstandsgefälle und mangelnder Chancengleichheit zu kämpfen haben würde.

Viele Menschen im Ausland, mit denen ich sprach, waren in ihren Heimatländern sehr in der Antiapartheidbewegung engagiert und hatten deshalb ein persönliches Interesse an dem Wandel, der sich in Südafrika vollzog. Wir fühlten uns, wie von Erzbischof Tutu oft betont, unseren Unterstützern zu Dank verpflichtet, und deshalb versuchte ich, auf so viele Anfragen wie möglich einzugehen. Natürlich erzählte ich auch von unserem Vorhaben mit den Healing-of-Memories-Workshops. Dadurch bekamen wir mehr Unterstützung für das Seelsorgeprojekt und später auch für das Institute for Healing of Memories.

Ich dachte damals, dass ich die medizinischen Folgen des Briefbombenanschlags bewältigt hatte, aber ich irrte mich. 1997 unternahm ich eine Reise nach Kuba, Kanada und in die USA. Auf Kuba lief mir ständig die Nase. Die Kubaner diagnostizierten eine leichte Grippe, also beschloss ich, meinen Terminplan einzuhalten. Kurz nach meiner Ankunft in Kanada hatte ich jedoch einen Krampfanfall und fand mich im Krankenhaus wieder. Es wurde eine bakterielle Meningitis diagnostiziert, eine sehr gefährliche Infektion, und die Ärzte entdeckten eine winzige Öffnung in meinem Schädel, die noch von der Explosion der Bombe herrührte. Im Laufe der Zeit waren Bakterien eingedrungen, und das lästige Naselaufen war auf überschüssige Flüssigkeit aufgrund der Infektion in meinem Gehirn zurückzuführen. Die Kanadier verschrieben mir reichlich Antibiotika und versorgten mich gut, sodass die Infektion schon bald abgeklungen war. Sie wiesen mich jedoch darauf hin, dass die Infektion ohne eine weitere Gehirnoperation mit an Sicherheit grenzender Wahrscheinlichkeit erneut ausbrechen würde. Das waren schlechte Neuigkeiten. Sieben Jahre lang hatte ich nach vorne geblickt, und nun wurde ich zurückgeworfen, nicht so, als würde ich das Trauma noch einmal durchleben, aber ich spürte wieder seine Auswirkungen auf mein Leben. Ich dachte, mit dem Kapitel abgeschlossen zu haben, und nun ging es doch wieder los und ich war traurig und niedergeschlagen.

Als ich wieder genügend Kräfte gesammelt hatte, sagte ich den größten Teil meiner Reise in die Vereinigten Staaten ab und kehrte über Australien nach Südafrika zurück. In Australien ließ ich mich von Ärzten beraten und traf Vorkehrungen, um die erforderliche Operation dort durchführen zu lassen. Shanti erinnert sich, dass sie und einige meiner Freunde mich kurze Zeit später zum Flughafen von Kapstadt begleiteten. Sie machte sich große Sorgen um mich und befürchtete, mich nie wiederzusehen. Ehrlich gesagt fragte ich mich auch, ob ich die Operation überleben würde. Das klingt vielleicht etwas dramatisch, war aber nicht ganz unrealistisch, wenn man bedenkt, wie gefährlich eine bakterielle Meningitis ist. Ich fühlte mich tatsächlich um sieben Jahre zurückversetzt. Die Operation war jedoch erfolgreich. Nach einigen Wochen der Erholung in Australien war die Sache glücklicherweise überstanden, und ich kehrte in mein normales Leben zurück.

1998 war ein Höhepunkt für das Programm von Healing of Memories, denn in diesem Jahr boten wir zum ersten Mal einen Healing-of-Memories-Workshop außerhalb von Südafrika an, in der *Riverside Church* in New York City. Diese Kirche war bekannt für ihr Engagement für soziale Gerechtigkeit und ihre progressive, multiethnische und internationale Gemeinde. Von ihrer Kanzel hatte Martin Luther King Jr. seine berühmte Rede gegen den Vietnamkrieg gehalten. Während der Apartheid hatten nahezu alle bekannten ANC-Führer dort gepredigt, und vielen südafrikanischen Exilanten in New York City bot sie ein zweites Zuhause. An dem Tag, als Nelson Mandela freigelassen wurde, strömten offenbar Tausende von New Yorkern und im Exil lebenden Südafrikanern in das geräumige Kirchenschiff und feierten dort mit Reden und südafrikanischer Musik und tanzten in den Seitenchören. Riverside stand auch bei Nelson Mandela ganz oben auf der Liste, als er nach seiner Freilassung die USA besuchte. Kurze Zeit später reisten Dr. Ruby Sprott und einige andere Gemeindemitglieder nach Südafrika und besuchten auch das Traumazentrum. Daraufhin wurden wir nach New York City eingeladen, um in Riverside den Workshop abzuhalten.

Auffallend an diesem Workshop war, dass er zwar von der Kirche gefördert wurde, die Teilnehmer aber sehr unterschiedlicher Herkunft und Nationalität waren, darunter auch Afrikaner. Irgendwie hatte es sich in New York City herumgesprochen, und die Menschen kamen. Die meisten waren Mitglieder der Riverside-Gemeinde, doch es gab auch einige, die die Kirche noch nie betreten hatten. Christen, Juden, Buddhisten und auch völlig unreligiöse Menschen nahmen teil. Ihnen allen gemein war das Engagement für soziale Gerechtigkeit, und dies weckte ihr Interesse an der Veranstaltung. Wie immer in den Healing-of-Memories-Workshops, arbeiteten auch hier die Teilnehmer ihren wie auch immer gearteten inneren Schmerz auf. Hier bildeten jedoch ungelöste Probleme der amerikanischen Bürgerrechtsbewegung den roten Faden. In unseren kleinen Gruppen sprachen die Menschen über die Freuden und Enttäuschungen, die Hoffnung und Verbitterung, die dieser Kampf hervorgerufen hatte. Sie waren Aktivisten gewesen, und für einige war dies die erste Möglichkeit, ihren Schmerz von damals anders als durch eine politische Analyse aufzuarbeiten. Wir stellten einen kleinen Altar auf und forderten die Anwesenden auf, einen Gegenstand darauf zu legen, der ihnen viel bedeutete. Mehrere Teilnehmer brachten Erinnerungsstücke aus der Zeit der Bürgerrechtsbewegung mit und erklärten freimütig, warum sie etwas Besonderes darstellten. Von Gemeindemitgliedern hörte ich, dass manche Teilnehmer noch wochenlang von der Wirkung des Workshops erzählten, und der positive Nachhall ist auch heute noch zu spüren. Zwei der Teilnehmer des Wochenendseminars gehören jetzt dem Vorstand des seit kurzem mit uns verbundenen Institute for Healing of Memories in Nordamerika an, einer ist Mitglied des Beirats, einer arbeitet regelmäßig als ehrenamtlicher Workshopleiter in New York, und ein weiterer, Steve Karakashian, ist Mitverfasser dieses Buches.

Nach dem Erfolg des Riverside-Workshops und eines zweiten, den wir im weiteren Verlauf des Jahres in Ruanda abhielten, war ich überzeugt, dass wir eine Methode entwickelt hatten, die unabhängig von Kultur und Kontext gut funktionierte und nicht auf das Thema Apartheid beschränkt war. Als sich international mehr und mehr herumsprach, dass wir die Healing-of-Memories-Workshops anboten, trat man mit dem Wunsch an uns heran, sie auch in anderen Ländern abzuhalten. Bis dahin hatte ich gezögert, weil ich nicht wusste, inwieweit das Verfahren übertragbar war. Nun begann ich, mir unsere Healing-of-Memories-Workshops in einer anderen Größenordnung vorzustellen, und fragte mich, ob das Traumazentrum der geeignetste Ort für unsere erweiterte Mission war. Wir hatten bereits seit einiger Zeit unabhängig vom Traumazentrum unser eigenes Programm verfolgt. Meine Vortragsreisen ins Ausland hatten dem Seelsorgeprojekt eine internationale Anhängerschaft beschert, durch die es sich von den anderen Programmen des

Zentrums unterschied, deren Vertreter ausschließlich in der westlichen Kapprovinz tätig waren. Hätte sich das Traumazentrum nicht zu einem derart unangenehmen und von internen Grabenkämpfen geplagten Arbeitsort entwickelt, hätte ich vielleicht gedacht: ‚Wir haben uns hier eingewöhnt. Machen wir doch einfach hier als Teil des Traumazentrums weiter'. Aber wie die Dinge lagen, entschied ich, dass wir eine eigenständige Organisation brauchten, und wir begannen, auf unsere Trennung hinzuarbeiten. Trotz der Konflikte, die um uns herum tobten, gelang uns ein reibungsloser Übergang. Nomfundo Walaza war nach Bea Abrahams Weggang Direktorin geworden. Wir unterhielten freundschaftliche Beziehungen und bemühten uns beide sehr um einen harmonischen Abschied. Letzten Endes verließen wir das Traumazentrum mit dessen Segen und Unterstützung, und es traf sogar Vorkehrungen für den Umzug unserer Büroeinrichtung. Die skandinavischen Länder sowie der *Relief and Development Fund* (Hilfs- und Entwicklungsfonds) des Erzbischofs von Melbourne hatten das Seelsorgeprojekt schon immer separat und finanziell großzügig unterstützt. Einige unserer Förderer wollten wissen, warum wir auszogen, aber am Ende erklärten sich fast alle bereit, ihre Unterstützung auf das neue Institute for Healing of Memories zu übertragen. Sie finanzierten uns weiterhin viele Jahre lang; also glaube ich nicht, dass sie ihre Entscheidung bereut haben. Mit der Zeit gewährten uns auch andere, die mich noch aus den Jahren des Befreiungskampfes kannten, finanzielle Unterstützung.

Von Anfang an waren die meisten unserer internationalen Förderer christliche Kirchen und Vertretungen. Außerdem hatten wir schon immer einen besonderen Bezug zur anglikanischen Kirche, da ich ja anglikanischer Priester bin. Die Kirche ist im südafrikanischen Alltag sehr präsent, häufig durch die Persönlichkeit von Erzbischof Desmond Tutu, aber nicht ausschließlich. Der Einfluss der Kirche war maßgebend für die Gründung des Traumazentrums, und Cowley House wird zwar an das Traumazentrum vermietet, aber es gehört weiterhin der anglikanischen Kirche. Erzbischof Tutu verkörperte mehr als jeder andere die Wahrheits- und Versöhnungskommission, nicht nur weil er ihr Vorsitzender war, sondern weil er auch ihre moralische Leitfigur darstellte. Meine Ordensgemeinschaft, die SSM, hat die Gründung des Instituts als eigenständige Organisation subventioniert und ist weiterhin eine seiner tragenden Säulen. Aus all diesen Gründen hielt ich es aus unserer Sicht für das Beste, dass die anglikanische Kirche in der Beziehung zu uns die Rolle eines Förderers einnahm und nicht zur Kontrollinstanz wurde. Ich bin nach wie vor Priester der Diözese von Kapstadt, aber als Vollzeitkraft abgestellt an das Institute for Healing of Memories. An meiner Rolle als Direktor erkennt man also deutlich die strukturelle Beziehung. Dann vereinbarten wir, dass der Erzbischof von Kapstadt das Recht hat, ein Mitglied des Vorstands zu ernennen. So erhielten wir einerseits unsere Unabhängigkeit, erkannten andererseits jedoch an, Teil des größeren Kreises der anglikanischen Familie zu sein. Man könnte sagen, dass wir eine auf dem Glauben beruhende nichtstaatliche Organisation sind, die von Anfang an in einem säkularen und religionsübergreifenden Umfeld tätig war. In diesem Geist schlossen wir uns der glaubensübergreifenden Weltkonferenz der Religionen für den Frieden an sowie einem Netzwerk säkularer Organisationen, die im Bereich der Traumaaufarbeitung tätig sind. Gleichzeitig wurden wir assoziiertes Mitglied des Kirchenrats der Westprovinz und des Südafrikanischen Kirchenrats.

Abgesehen davon glaube ich manchmal, dass wir uns der religionsübergreifenden Arbeit gegenüber aufgeschlossener hätten zeigen können und vielleicht auch müssen. Ehrlich gesagt machte ich mir damals nicht viele Gedanken darum. Das Christentum war mein Ausgangspunkt, und obwohl ich schon immer daran geglaubt habe, dass die Beiträge anderer Glaubenstraditionen uns bereichern, stand ich unter dem Druck, aus dem Nichts eine völlig neue Organisation aufzubauen, und dafür setzte ich die Ressourcen ein, die mir unmittelbar zur Verfügung standen. Eine Muslimin organisierte unsere zwei internationalen Konferenzen, und ein Vorstandsmitglied, Rashied Omar, ist ein muslimischer Imam, der sich für religionsübergreifende Kommunikation einsetzt. Trotzdem haben wir uns anderen Glaubensrichtungen gegenüber noch nicht ausreichend geöffnet, besonders zur Überbrückung der Kluft zwischen Christen und Muslimen. Auch Muslime haben an den Workshops teilgenommen, aber sie sind eine kleine Minderheit, und es trifft sicher zu, dass wir die islamische Gemeinschaft in Südafrika nicht nennenswert beeinflusst haben. Man müsste sich wohl entschließen, gezielt auf andere Gemeinden zuzugehen, damit unsere Organisation insgesamt davon profitiert. Beim Aufbau ökumenischer Beziehungen innerhalb der christlichen Gemeinschaft waren wir weitaus erfolgreicher. Dennoch haben wir über die Jahre hinweg in vielen Ländern gut mit einzelnen Vertretern und Organisationen verschiedener Glaubensrichtungen zusammengearbeitet und dabei unsere Identität als Christen bewahrt.

Sich Deutschlands Vergangenheit stellen

von Karin Penno-Burmeister

Ich bin Leiterin der KZ-Gedenk- und Begegnungsstätte Ladelund in Deutschland. Ich wurde 1956 geboren, und meine Eltern waren junge Nationalsozialisten. Ich gehöre somit zur sogenannten „Zweiten Generation". Als Kind wusste ich nichts über den Nationalsozialismus, sondern hörte zum ersten Mal davon, als wir mit der Schulklasse die KZ-Gedenkstätte Dachau besuchten. Wir waren jung und nicht auf das vorbereitet, was uns dort erwartete. Es erschütterte uns schwer. Als wir nach Hause kamen, wollten unsere

Eltern nicht darüber reden, und viele wurden wütend, wenn man sie danach fragte.

Nach dem Krieg versuchten viele Menschen zu vergessen. Sie wollten ihrer Verantwortung und ihrem Schuldgefühl ausweichen, auch wenn in späteren Jahren manche doch bereit waren, sich der Vergangenheit zu stellen. Es sind nun über sechzig Jahre vergangen, und einige wenige ältere Deutsche fangen an, über die Taten zu sprechen, an denen sie beteiligt waren. Dies kommt jedoch selten vor. Auch die Opfer, die die Konzentrationslager überlebt hatten, erhoben ihre Stimme lange Zeit nicht öffentlich, vielleicht weil niemand zuhörte, oder weil sie dachten, dass ihnen niemand glauben würde. Vielleicht wollten manche auch einfach ein normales Leben führen und den Makel dieser entsetzlichen Erfahrungen nicht mit sich herumtragen.

Wie sich herausstellte, habe ich einen Beruf gewählt, der es mir ermöglichte, mich mit der Scham und Schuld aus meiner Familiengeschichte auseinanderzusetzen. Die Erinnerung an die Verbrechen der Nationalsozialisten wurde zum Leitfaden meines Lebens, meiner Familie und meiner Identität. In der KZ-Gedenk- und Begegnungsstätte Ladelund ist es uns gelungen, Kontakte zwischen ehemaligen Befürwortern des Nationalsozialismus und den Familien und Kindern der KZ-Opfer herzustellen. Jetzt sind sie befreundet, und manche laden sich sogar gegenseitig zu Geburtstagen und Hochzeiten ein.

Die Geschichte Deutschlands veranschaulicht das Problem des Schamgefühls. Einerseits kann Scham äußert gefährlich und destruktiv sein. Ich denke, dass der Faschismus in Deutschland zustande kam, weil viele Deutsche sich wegen der Niederlage im Ersten Weltkrieg so sehr schämten, wozu auch die internationale Gemeinschaft beitrug. So sehnten sich die Menschen im Land nach einem starken Führer, der der Welt beweisen würde, dass Deutschland eine starke und mächtige Nation war. Dies erzeugte eine sehr gefährliche Situation, die letztendlich eine durch und durch kriminelle Ideologie hervorbrachte. Andererseits können durch Schamgefühle auch Veränderungen bewirkt werden. Viele Kinder ehemaliger Täter sind offen für Schamgefühle. Wir fühlen uns aber nicht persönlich verantwortlich, da wir ja noch Kinder waren, und daran lassen wir keinen Zweifel. Wir verspüren jedoch Scham im weiteren Sinne, weil unsere Eltern Nationalsozialisten waren oder Hitler unterstützten oder einfach weil wir Deutsche sind und sich diese Dinge in unserem Land abspielten. So hat uns also unser kollektives Schamgefühl motiviert, und das kann sich sehr positiv auswirken. Es ist ein Zeichen dafür, dass wir eine neue moralische Einstellung besitzen und anders leben wollen als die Generation unserer Eltern. Wir müssen diese Art von Schamgefühl akzeptieren und es als Hilfe ansehen, anstatt zu befürchten, dass es uns zerstört.

Die meisten der älteren Menschen, die die KZ-Gedenkstätte besuchen, waren zur Zeit des Nationalsozialismus Kinder. Die ältesten waren Jugendliche oder junge Erwachsene. Sie besuchen uns nur zögernd, nach jahrzehntelanger Unterdrückung ihrer persönlichen Erinnerungen. Nun sind sie am Ende ihres Lebens angelangt und ziehen Bilanz. Für einige bleibt die bittere Erkenntnis zurück, dass die Ideale, die Energie und die Begeisterung ihrer Jugend im Interesse einer diskriminierenden Ideologie ausgenutzt und fehlgeleitet wurden. Manche wehren sich gegen diese Erkenntnis, indem sie durch Leugnen, politische Polemik oder die Aufforderung, endlich einen Schlussstrich unter die Geschichte zu ziehen, das Geschehene aus der Welt zu schaffen suchen. Eine der mächtigsten Waffen gegen die Übernahme von Verantwortung ist die Beanspruchung der Opferrolle. Natürlich sind diesen Menschen wirklich schreckliche Dinge widerfahren, zum Beispiel nächtliche Bombenangriffe, und die älteren waren womöglich in direkte Kampfhandlungen verwickelt oder befanden sich in Kriegsgefangenschaft. Die jüngeren erinnern sich daran, auf der Flucht oder obdachlos gewesen zu sein. Diese Dinge haben sich zweifellos zugetragen, aber manchmal werden sie als Rechtfertigung für etwas angeführt, das man nicht rechtfertigen kann. Für manche ist es einfach unerträglich, Teil dieses beispiellosen Verbrechens gegen die Menschheit gewesen zu sein.

Dessen ungeachtet verspüren diejenigen, die den Mut haben, die KZ-Gedenkstätte zu betreten, wie wichtig es ist, sich diesen Erinnerungen zu stellen, auch wenn sie schmerzhaft sind. Dadurch entsteht nämlich ein Dialog zwischen der älteren und der jüngeren Generation, der für unsere Zukunft von Bedeutung ist, und mit ihm beginnt die Befreiung von einem lebenslangen Kampf mit Scham- und Schuldgefühlen. Sie wird nicht durch Unterdrückung und Rechtfertigung erzielt, sondern durch Erinnerung und Eingeständnis; nicht durch gegenseitiges Aufwiegen, sondern durch die Bereitschaft zu Trauer und Reue; nicht durch verbittertes Verschanzen hinter Schutzbehauptungen, sondern durch die Bitte um Vergebung.

Aus dem Besuch unserer Gedenkstätte können auch junge Menschen ihre Lehren ziehen, zum Beispiel, dass wir verantwortlich sind für alles, was wir tun, aber auch für das, was wir nicht tun. Wenn ich sie frage, ob sich so etwas wie Konzentrationslager ihrer Meinung nach wiederholen könnte, antworten sie oft, dass sie sich das nicht vorstellen können, dass es nie wieder geschehen würde. Daraufhin nenne ich Beispiele von anderen Gegenden dieser Welt, wo Unmenschlichkeit, Grausamkeit und Rassismus noch immer existieren. Zusammen versuchen wir, diese menschlichen Probleme zu erforschen. Wir sprechen über kleine, alltägliche Begebenheiten, zum Beispiel Probleme im Schulbus, Hass auf Menschen, die nicht so aussehen wie wir, Angst vor Minderheiten und Ausländerdiskriminierung: All diese Dinge beinhalten den Geist des Nationalsozialismus, auch wenn sie für sich genommen nur Kleinigkeiten sind. Wir sprechen darüber, wie man diese Probleme erkennen und dann den Mut aufbringen kann einzugreifen. Nur so können wir unsere Welt erhalten.

Bewältigung von Schuld- und Schamgefühlen

von Christo Thesnaar

Meine Identität als Afrikaander machte mir zu schaffen, wegen der Ungerechtigkeiten, unter denen meine schwarzen Mitbürger während der Apartheid zu leiden hatten, und weil die niederländisch-reformierte Kirche, in der ich doch so engagiert war, dies auch noch voll und ganz unterstützte. Mit meinen daraus entstandenen Schuld- und Schamgefühlen hätte ich auf viele Arten fertig werden können. Zum Beispiel hätte ich die Schuld einfach auf die weißen Afrikaander schieben können, die zur Armee oder zur Polizei gingen oder die der Regierung angehörten, die diese Gesetze verabschiedete, oder auch auf die Führer der Kirche der Afrikaander, die die Apartheid theologisch unterstützte. Ich hätte mich auch einfach selbst rechtfertigen können mit dem Hinweis, dass ich den Wehrdienst verweigerte. Ich hätte ferner hinzufügen können, dass ich in dem ehemaligen Homeland Transkei aufgewachsen bin, das nominal unabhängig war, und dass ich somit nicht direkt unter der Apartheid lebte. Ich hätte darauf hinweisen können, dass ich mit Schwarzen befreundet war, und auch ohne schlechtes Gewissen behaupten können, dass ich persönlich nie die Rechte anderer Menschen in diesem Land verletzt habe.

Aber als ich in den Healing-of-Memories-Workshops den ergreifenden Geschichten meiner schwarzen Mitbürger aufmerksam zuhörte, wurde mir klar, dass ich mich nicht hinter diesen Ausreden verstecken konnte. In Wahrheit genoss ich durch die Apartheid unglaublich viele Vorteile, insbesondere meine Ausbildung, Gesundheitsfürsorge, Unterkunft und Reisefreiheit. Ich begann einzusehen, dass ich dadurch genauso verantwortlich war für das, was während der Apartheid geschah, wie diejenigen, die gravierende Menschenrechtsverletzungen begangen hatten. Also musste ich einen Weg finden, mit meiner Verantwortung konstruktiv umzugehen.

Scham- und Schuldgefühle haben meiner Ansicht nach viele positive Aspekte, können aber auch sehr destruktiv sein. Scham zerreißt einem das Herz, und damit umzugehen fällt nicht leicht. Man kann sich fühlen, als solle man sich in die Ecke stellen, als wolle man wegrennen und sich verstecken. Sie kann auch dazu führen, dass man sich selbst zu verleugnen sucht. Wenn einen diese Gefühle quälen, kann es vorkommen, dass Freunde, Verwandte oder auch die eigenen Kinder leiden müssen. Ich musste lernen, meine Scham- und Schuldgefühle mitzuteilen, anstatt zu versuchen, allein damit fertig zu werden. Die kleinen Gruppen der Healing-of-Memories-Workshops empfand ich als besonders heilend, weil sie einen neutralen Raum boten, in dem ich meine Mitschuld an den Geschehnissen unter der Apartheid aussprechen und eingestehen und meinen Mitbürgern, die darunter gelitten hatten, offen meine Entschuldigung und Reue anbieten konnte. Ich begriff auch, das dies ein fortdauernder Prozess ist, in dem man beichtet, anerkennt, echte Reue zeigt und sagt: „Es tut mir leid“, und anschließend zu Wiedergutmachung und Aussöhnung beiträgt. Ich bin davon überzeugt, dass dies der einzige Weg ist.

Zeitweise hatte ich Schwierigkeiten nachzuvollziehen, wie meine Eltern und ihre Eltern sowie deren Bekannte dieses abscheuliche System durch ihre Abstimmung bei den Wahlen ins Leben rufen konnten. Ich war von der Kirche der weißen Afrikaander, der ich angehörte, so enttäuscht und so voller Zorn, dass ich mich sieben Jahre lang weigerte, ordiniert zu werden. Es war und ist schwierig, mit den Angehörigen der älteren Generationen zu kommunizieren, besonders wenn sie die schrecklichen Berichte im Radio und Fernsehen während der Anhörungen der Wahrheits- und Versöhnungskommission nicht hören wollten. Da dies aber dieselben sind, die so viel zu meinem Leben beigetragen haben, sehe ich nun ein, dass es meine Pflicht ist, die Geschichten der Opfer mit ihnen zu teilen und über diese Dinge zu sprechen. Ich tue mich schwer damit. Manchmal fühle ich mich meinem eigenen Volk entfremdet, und die Gruppen bei Healing of Memories haben mir eine Art Zuhause gegeben. Ich versuche, anderen Weißen beizustehen, die bereit sind, diese Themen aufzugreifen, und fühle mich verpflichtet, mein Leben diesem Prozess zu widmen. Dazu muss ich ihnen unaufhörlich die Hand reichen und mich immer fragen, ob ich genug getan habe und auch jetzt noch genug beitrage.

Mein Engagement für die Wiedergutmachung dessen, was wir unseren Mitbürgern im Namen Gottes angetan haben, bedeutet auch, dafür zu sorgen, dass meine Studenten an einem Healing-of-Memories-Workshop teilnehmen und dass mehr und mehr Menschen, insbesondere meine eigenen Kinder und die Mitglieder meiner Glaubensgemeinschaft, von den Geschichten der Opfer und der Täter erfahren. In der Vergangenheit waren wir alle so sehr voneinander getrennt, doch jetzt haben wir die Chance, ungeachtet der kulturellen Unterschiede Freunde zu werden. Ich fühle mich dazu berufen, für Versöhnung einzutreten und weiterhin über Grenzen hinweg Beziehungen aufzubauen, in meinem eigenen Leben, im Leben meiner Kinder und Studenten, in meiner Glaubensgemeinschaft sowie gegenüber all den Ausländern, mit denen ich zusammenkomme. Nichts von alledem wäre jedoch möglich gewesen, wenn ich mich nicht zuerst mit meinen eigenen Schuld- und Schamgefühlen auseinandergesetzt hätte.

11

Wahrheit, Amnestie und Entschädigung

Montag, der 15. April 1996, war ein Tag von großer Tragweite in der Geschichte Südafrikas. An diesem Tag trat nämlich die Wahrheits- und Versöhnungskommission in East London, einer Stadt in der östlichen Kapprovinz, zum ersten Mal zusammen, um aus dem Gespinst von Lügen, Verschleierung und Einschüchterung, die so typisch waren für das repressive Apartheidsystem, die Wahrheit herauszufiltern. So vieles, was bisher im Dunkeln geblieben war, würde nun endlich ans Licht kommen. Bis zu diesem Punkt hatte das Land einen langen, steinigen Weg zurückgelegt, sechs Jahre waren seit der Aufhebung des ANC-Verbots vergangen, zwei seit den ersten demokratischen Wahlen. Die Übergangsverfassung, nach der Nelson Mandelas Regierung gewählt worden war, bot die gesetzliche Grundlage für eine Amnestie. Sie war in umstrittenen Verhandlungen durchgepeitscht, in einer der letzten Amtshandlungen des alten Apartheid-Parlaments verabschiedet und schließlich von der neuen, demokratisch gewählten Regierung der Nationalen Einheit in Kraft gesetzt worden. Ihr letzter Abschnitt enthält eine allumfassende moralische Vision für die Demokratie, die wir anstrebten, und soll deshalb hier zitiert werden:

> Diese Verfassung stellt eine historische Brücke dar zwischen der Vergangenheit einer zutiefst gespaltenen Gesellschaft, die von Kampf, Konflikt, unermesslichem Leiden und Ungerechtigkeit geprägt war, und einer Zukunft auf der Grundlage der Anerkennung der Menschenrechte, der Demokratie, des friedlichen Zusammenlebens und gleicher Entwicklungschancen für alle Südafrikaner unabhängig von Hautfarbe, Ethnie, Gesellschaftsschicht, Glauben oder Geschlecht.
>
> Das Streben nach nationaler Einheit, dem Wohlergehen aller Südafrikaner und Frieden setzt die Versöhnung unter den Südafrikanern sowie den Wiederaufbau der Gesellschaft voraus.
>
> Mit der Annahme dieser Verfassung wird eine sichere Grundlage dafür geschaffen, dass das südafrikanische Volk die Spaltungen und Kämpfe der Vergangenheit überwinden kann, in deren Verlauf gravierende Menschenrechtsverletzungen begangen und bei gewaltsamen Konflikten humanitäre Prinzipien missachtet wurden und die ein Vermächtnis von Hass, Angst, Schuld und Rache hinterließen.

> Mit diesen Themen kann man sich nun auf der Grundlage auseinandersetzen, dass ein Bedürfnis besteht nach Verständigung statt Rache, Entschädigung statt Vergeltung, Ubuntu statt Groll …
>
> Im Interesse dieser Versöhnung und des Wiederaufbaus wird Amnestie für Taten, Unterlassungen und Vergehen gewährt, die politisch motiviert waren und im Zuge der Konflikte der Vergangenheit begangen wurden.[3]

Dies sind die bedeutendsten Worte der gesamten Verfassung. Durch die Verwendung des afrikanischen Begriffs „Ubuntu" wird Großmut ausgedrückt, mit der die künftige Versöhnung der Nation angestrebt wird.

Das neue Parlament entwarf ein Konzept für das, was schließlich zur Wahrheits- und Versöhnungskommission wurde. Die Erstellung dieses Konzepts wurde zum umstrittensten Gesetzgebungsverfahren des ersten demokratischen Parlaments. Viele Vorschläge wurden eingereicht. Zuvor hatte es schon in einigen anderen Ländern Wahrheits- und Versöhnungskommissionen gegeben, insbesondere in Lateinamerika, doch war unsere aus zwei Gründen einzigartig. Erstens waren die Beratungen öffentlich und es wurde ausführlich darüber berichtet, was viele von uns als die Sternstunde unserer Medien ansehen. In den ursprünglichen Entwürfen der entsprechenden Gesetze, die von der alten National Party der Apartheid sowie vom ANC befürwortet wurden, war vorgesehen, die Beratungen unter Ausschluss der Öffentlichkeit abzuhalten. Zum Glück verfügt Südafrika über eine standfeste Zivilgesellschaft. Dazu zählte auch die Religious Response (Antwort der religiösen Welt) zum TRC, der ich angehörte. Es gelang uns, in der Öffentlichkeit eine solche Empörung gegen die Geheimhaltungsbestimmungen hervorzurufen, dass sie weitestgehend aufgegeben wurden.

Zweitens war die südafrikanische Wahrheits- und Versöhnungskommission die erste, die sowohl eine Amnestie als auch die Enthüllung der Wahrheit vorsah. Amnestie wurde im Gegenzug zu einem umfassenden Geständnis gewährt. In der Übergangsverfassung wurde die Amnestie grundsätzlich festgelegt, die Einzelheiten wurden jedoch der Regierung überlassen, die daraufhin beschloss, die Amnestie in das Verfahren der Wahrheits- und Versöhnungskommission zu integrieren. Dies war die umstrittenste Regelung. Viele wollten die Täter vor Gericht sehen, doch irgendeine Form von Amnestie war der Preis, den wir für eine Verhandlungslösung zahlen mussten. Meines Erachtens erzielten wir letztendlich eine angesichts der politischen Gegebenheiten optimale Einigung. Wir schafften es, an Stelle einer allgemeinen Amnestie hinter verschlossenen Türen, die ursprünglich sowohl der ANC als auch das Apartheidregime wollten, eine individuelle Amnestie in aller Öffentlichkeit durchzusetzen. Ich kann verstehen, warum sich einige dagegen wehrten,

---

3 Der vollständige Wortlaut der Übergangsverfassung kann unter http://www.servat.unibe.ch/icl/sf10000_.html aufgerufen werden.

aber ich glaube, dass die weiße Regierung ohne ein Amnestieabkommen die Verhandlungen abgebrochen hätte. Früher oder später hätte das zu Blutvergießen geführt, und es hätte Tausende, wenn nicht Millionen das Leben gekostet.

Die TRC bestand aus drei getrennten Ausschüssen. Der Menschenrechtsausschuss leitete das Verfahren am 15. April ein. Seine Aufgabe bestand darin, „schweren Menschenrechtsverletzungen“ nachzugehen, die von allen Beteiligten zwischen 1960 und dem Tag der Wahl Nelson Mandelas zum Präsidenten im April 1994 begangen wurden. Dem ANC muss man wohl auf ewig zugute halten, dass er die Untersuchung der durch die Befreiungsbewegung begangenen Menschenrechtsverletzungen voll und ganz unterstützte. Er hatte sogar schon vor 1994 zwei Untersuchungskommissionen eingesetzt, die Menschenrechtsverletzungen in den eigenen Ausbildungslagern aufdeckten und deren Ermittlungen dann als Modell für die TRC dienten. Die Aufgabe des Rehabilitations- und Wiedergutmachungsausschusses war es, die Opfer bei ihrem Genesungsprozess zu unterstützen und ihnen ihre Würde zurückzugeben, indem er der Regierung Entschädigungsverfahren empfahl. Der Amnestieausschuss war befugt, Tätern unter drei Bedingungen Amnestie zu gewähren: Die Taten mussten politisch motiviert und dem Ziel angemessen gewesen sein, und die Täter mussten die volle Wahrheit sagen. Durch die Forderung nach einem umfassenden Geständnis wurde Amnestie gegen Wahrheit eingetauscht. Täter, die sich nicht stellten oder die in den Augen des Amnestieausschusses mindestens eines der Kriterien nicht erfüllten, konnten und können heute noch strafrechtlich verfolgt werden. Nicht wenige Antragsteller wurden abgelehnt, weil der Ausschuss zu der Ansicht gelangte, dass sie nicht die volle Wahrheit gesagt hatten. Interessanterweise kamen bei weitem die meisten Antragsteller aus den verschiedenen Befreiungsorganisationen. Eine nicht unerhebliche Minderheit jedoch gehörte dem Sicherheitsapparat des Apartheidregimes an, insbesondere der Polizei. Viele Täter, vor allem aus den Reihen der Apartheidregierung und des Militärs, meldeten sich jedoch nicht, sodass vieles im Dunkeln blieb. Obwohl sie strafrechtlich verfolgt werden können, hat die neue Regierung die Möglichkeiten dazu kaum genutzt und neue Formen der Amnestie erfunden, gegen erheblichen Widerstand der Bevölkerung.

Am 10. Juni 1996 trat ich vor die Kommission, nur zwei Monate, nachdem sie ihre Tätigkeit aufgenommen hatte. Die Anhörung fand in Kimberley statt, einer Stadt in der nördlichen Kapprovinz, ungefähr 180 Meilen von dem Dorf Moderpoort entfernt, in dem ich bei meiner Ankunft 1973 das SSM-Priorat besuchte. Ich wurde vereidigt und aufgefordert, etwas über meinen Hintergrund und über meine Arbeit in der Befreiungsbewegung zu erzählen. Danach berichtete ich über den Briefbombenanschlag und meine Genesung. Obwohl ich die Geschichte zuvor schon oft erzählt hatte, nahm es mich doch besonders mit, vor einem öffentlichen Gremium, das unser erstes demokratisches Parlament eingerichtet hatte, darüber zu berichten. Meine Geschichte war nun endgültig Teil des riesigen Geschichtenmosaiks, das veranschaulichte, was wir als Nation uns gegenseitig angetan hatten.

Danach kam ich auf die für mich entscheidende moralische Frage zu sprechen: Wer trägt die Verantwortung für das, was mir und anderen widerfahren war? „Ich finde, dass Leute, die Briefbomben verschicken, hinter Gitter gehören“, hatte ich nach dem Anschlag oft gesagt. Das alte System löste in mir den Wunsch nach einer Vergeltungsjustiz aus. Nach und nach begann ich, die Idee der *Restorative Justice,* also der wiederherstellenden Gerechtigkeit, auf meine eigene Situation zu beziehen. Durch die Wiederherstellung der Werteordnung, die in diesen Anhörungen zum Ausdruck kam, fühlte ich mich aufgefordert, großzügiger und versöhnlicher zu sein. Ich teilte der Kommission mit, dass ich nicht verbittert sei und auch nicht nach Rache strebe, aber dass ich hoffte, dass sie den oder die Verantwortlichen finden würden. Jemand hatte meinen Namen auf diesen Umschlag geschrieben, und jemand hatte eine Bombe zusammengebaut. Wer auch immer es war, er wusste, wie man einen komplizierten Zündungsmechanismus herstellt. Das Päckchen wurde bei der Beförderung von Südafrika nach Simbabwe umhergeworfen und lag geraume Zeit ungeöffnet und intakt in meinem Wohnzimmer, bevor ich den Umschlag öffnete und damit die Bombe zündete. Die simbabwische Regierung hatte zwar eine Untersuchung wegen versuchten Mordes eingeleitet, die Täter wurden jedoch nicht gefunden. Ich sagte vor der Kommission aus, dass der Anschlag wegen der erforderlichen technischen Fertigkeiten vermutlich das Werk von Profis gewesen sei, wahrscheinlich von der Organisation mit dem absonderlichen Namen *Civil Cooperation Bureau* (Bürgerliches Kooperationsbüro, CCB), einer Sondereinheit des südafrikanischen Militärs. Bei anderen Anhörungen hatte die TRC festgestellt, dass diese Truppe unter dem Befehl von Magnus Malan, dem Chef der südafrikanischen Armee (SADF), für zahlreiche Morde und Mordversuche an denjenigen verantwortlich war, die das CCB für Staatsfeinde hielt. In meinem Fall wurden zwar mehrere Verdächtige ausfindig gemacht, doch leider konnte die Kommission niemanden als Täter identifizieren, und daran hat sich bis heute nichts geändert. Diejenigen, die in schmutzige Geschäfte verwickelt waren, weigerten sich, Fragen zu Anschlägen zu beantworten, die, wie derjenige gegen mich, außerhalb von Südafrika verübt wurden. Selbst wenn ihnen nämlich in Südafrika Amnestie gewährt würde, könnten sie in den anderen Ländern – so ihre Befürchtung –, in denen sie Verbrechen begangen hatten, immer noch strafrechtlich verfolgt werden.[4]

---

4 Die *South African Broadcasting Corporation* übertrug im Fernsehen einen wöchentlichen Sonderbericht über die TRC, der von dem Journalisten Max du Preez moderiert wurde. Auszüge aus meiner Aussage, Fotos und Hintergrundinformationen zu dem Briefbombenanschlag sowie ein Interview mit du Preez können unter http://trc.law.yale.edu/view_all_requests.asp aufgerufen werden.

Während im Zusammenhang mit dem Briefbombenanschlag ermittelt wurde, nahm die Kommission Kontakt zu mir auf und teilte mir mit, dass ihr Beweismaterial vorliege, das zu den Verantwortlichen führen könne. Ich war aufgewühlt und weinte, denn derjenige, der mir das zugefügt hatte, würde nun ein Gesicht bekommen. Jetzt ging es um Menschen, deren Gesichter wie aus einem Nebel hervortraten. Drei Namen wurden genannt. Es waren Weiße, die Afrikaans sprachen. Ich kannte keinen von ihnen, doch fragte ich mich, was sie an dem Tag damals wohl ihren Familien beim Abendessen erzählt hatten. „Papa, was hast du heute gemacht?" „Oh, ich habe eine Briefbombe gebastelt, um einen Pfarrer zu ermorden." Letztendlich konnte jedoch niemand zweifelsfrei identifiziert werden.

Derjenige, der die Bombe anfertigte, sowie der, der den Umschlag verschickte, sind gewiss schuldig, denn sie hatten schließlich den Finger am Abzug, doch die eigentliche Verantwortung trägt ein wohlbekannter Mann, Staatspräsident F. W. de Klerk. De Klerk betonte mehrfach, dass ihm von Todesschwadronen nichts bekannt sei. Am 9. Oktober 1992 leistete de Klerk in einer Rede in Winburg, in der Freistaat-Provinz, Abbitte für die Apartheid, sagte jedoch auch, er würde alle Versuche einer Geschichtsdemontage unterbinden. „Es gibt Kräfte, die versuchen, die Geschichte unseres Landes zu verfälschen, indem sie sie als düster, unterdrückend und ungerecht darstellen", fügte er hinzu. Ein solcher Versuch würde nicht toleriert werden. „Ja, wir haben Fehler begangen. Ja, wir haben oft gesündigt. Das bestreiten wir nicht. Aber dass wir bösartig, heimtückisch und niederträchtig waren? Dagegen wehren wir uns." Aus diesen Worten geht eindeutig hervor, dass F. W. de Klerk kein Schwarzer ist. Wie es Freunde bei einer Begegnung in Lateinamerika einmal so treffend formulierten: „Mit dem Blut der Toten lässt sich nicht verhandeln."

Einige Zeit vor meiner TRC-Anhörung sprach ich auf einer Konferenz mit Frederik van Zyl Slabbert, dem ehemaligen Führer einer weißen Oppositionspartei. Van Slabbert erzählte mir, dass er persönlich de Klerk über die Todesschwadronen informiert hätte. Für mich trägt also de Klerk die politische und die moralische Verantwortung für den Briefbombenanschlag. Er mag ihn nicht selbst angeordnet haben. Vielleicht wusste er nicht einmal davon, vielleicht aber doch. Jedenfalls kannte er sehr wohl das staatliche Räderwerk, das den Anschlag ausgeführt hatte, und unternahm nichts, um es aufzulösen. Dennoch hat der Friedensnobelpreisträger F. W. de Klerk bis heute nicht ein Wort der Reue verlauten lassen und keinerlei persönliche Verantwortung für die Gräueltaten eingeräumt, die das Apartheidregime unter seiner Führung beging. Seine Einstellung ist stattdessen: „Ich habe nichts gesehen, nichts gewusst und nichts getan". Deshalb bat ich die Kommission darum, alles zu unternehmen, um die Befehlskette bis ganz nach oben zurückzuverfolgen. Kurz vor der Veröffentlichung des Abschlussberichts der Kommission gelang es de Klerk, durch eine gerichtliche Anordnung die Veröffentlichung von Passagen zu unterbinden, in denen er im Zusammenhang mit zwei berüchtigten Bombenanschlägen nachträglich als Helfershelfer identifiziert worden war. Beim ersten Anschlag wurde *Khotso House* zerstört, der Sitz des südafrikanischen Kirchenrats, beim zweiten wurde der Sitz des südafrikanischen Gewerkschaftsdachverbands schwer beschädigt. Auch der ANC versuchte, die Veröffentlichung des Abschlussberichts zu blockieren, weil auch ihm Menschenrechtsverletzungen vorgeworfen wurden. Als das Gericht ablehnte, boykottierte der ANC-Führer Thabo Mbeki das Verfahren, obwohl die Ermittlungsergebnisse der Kommission ohnehin nicht über das hinausgingen, was der ANC von sich aus zugegeben hatte. Wahrscheinlich vertraten Nelson Mandela und Thabo Mbeki in dieser Hinsicht auch unterschiedliche Auffassungen.

Im Mai 1998 hielt ich an der *New School for Social Research* in New York als Gastprofessor Seminare zu Fragen der Demokratie ab. Die New School war stark von jüdischen Wissenschaftlern geprägt worden, die vor den Nazis geflohen waren. Eine der berühmtesten Professorinnen dort war die Politikphilosophin Hannah Arendt, die über Totalitarismus, Demokratie und die Natur des Bösen schrieb. Diese Art von Recherchen gehörte zur Hauptaufgabe der Universität. Die Gastprofessur war also nicht nur eine Ehre für mich, sondern auch für das südafrikanische Volk. Die New School unterhielt Beziehungen zu einer südafrikanischen Universität. Zuständig für diese Partnerschaft war Professor Mokubung Nkomo, ein in New York im Exil lebender Südafrikaner. Meine Gastprofessur war also auch eine Art Anerkennung und ein Zeichen dafür, dass unsere Arbeit in Südafrika von Bedeutung für die gesamte Menschheit war. Ich leitete ein wöchentliches Oberseminar. Da ich schon lange nicht mehr an einer Universität tätig gewesen war, hatte ich Lampenfieber. „Was passiert wohl, wenn die Studenten merken, dass ich kein richtiger Akademiker bin?“ fragte ich mich. Wie erleichtert war ich doch, als sie es nach ein paar Wochen herausfanden und begeistert waren! „Inwieweit sind Sie ein öffentlich tätiger Intellektueller?“ hatte man mich beim Jobinterview gefragt. Der Begriff war mir neu, aber mir wurde klar, dass die Frage bedeutete, dass ein Menschenrechtsaktivist wie ich durch sein Engagement zum Ideenspektrum beigetragen hatte und somit eine Bereicherung für das Leben an der Universität darstellte. Die Wahrheits- und Versöhnungskommission hatte ihren Abschlussbericht zwar noch nicht vorgelegt, ihre Arbeit aber nahezu beendet. So bot sich mir die willkommene Gelegenheit, im Rahmen meiner Professur ihre Erfolge und Grenzen zu analysieren, vor allem im Vergleich zu Wahrheitskommissionen in anderen Ländern. Wir verwendeten die Original-Audio- und Videoaufzeichnungen der Kommissionssitzungen. Es war eine sehr bereichernde Erfahrung.

Was die TRC betraf, so war die südafrikanische Öffentlichkeit von Anfang an tief gespalten, hauptsächlich wegen der Amnestieklausel. Für die meisten war es eine Zeit des Triumphs und des Feierns, die eine neue Epoche der Achtung der Menschenrechte einleitete. Ein Teil der weißen Bevölkerung verachtete jedoch diese Entwicklungen, und die Familien mancher Opfer wehrten sich heftig gegen die Amnestieklausel, durch die Gerechtigkeit gegen Geständnisse eingetauscht wurde. Sie versuchten, die Einstellung des Verfahrens zu erreichen, indem sie beim neu gebildeten Verfassungsgericht (Constitutional Court) Berufung einlegten, das jedoch die Amnestieregelung als verfassungsgemäß bestätigte. Das Verfassungsgericht räumte ein, dass Amnestie bedeute, auf Vergeltung zu verzichten. Es betonte aber auch, dass im Gegenzug zur Amnestie eine wiederherstellende Justiz für Wiedergutmachung sorgen werde.

In Südafrika zu leben, war in den zwei Jahren, in denen die Kommission tagte, eine außergewöhnliche Erfahrung. Die TRC hielt all jenen einen Spiegel vor, denen daran gelegen war, hineinzuschauen. Jeden Tag wurden wir durch Radio-, Fernseh- und Zeitungsberichte Zeugen des Schmerzes, den wir einander zugefügt hatten. Die *South African Broadcasting Corporation* erstattete im Fernsehen wöchentlich Bericht über die TRC. Die Sendung wurde von dem Journalisten Max du Preez, einem progressiven Afrikaander, moderiert und erzielte hohe Einschaltquoten. In ihr ging er auf besonders bedeutsame Aussagen der vorangegangenen Woche ein, darunter auch auf meine. Alle Geschichten waren auf ihre eigene Art und Weise grauenhaft, aber einige beschäftigten die Menschen mehr als andere, besonders Fälle, in denen Sicherheitskräfte Menschen umgebracht, die Leichen angezündet und neben den brennenden Leichen gefeiert hatten. Der gesamten Nation wurde ein Abgrund des Ungeheuerlichen vor Augen geführt, ein Spiegel dessen, was wir als Menschen einander anzutun imstande sind. Alex Boraine, stellvertretender Vorsitzender der TRC, schrieb:

> Folter wurde nicht von pervertierten Wärtern in einzelnen Gefängnissen begangen. An jedem Ort, den wir besuchten, war gefoltert worden. Bei jeder Anhörung, die wir durchführten, kamen Geschichten von Folter ans Licht. Tausende wurden ermordet, nicht nur bei Straßensperren, in Hinterhalten und bei Razzien, sondern es wurden auch Menschen entführt und nach Plan getötet. Menschen, die angeblich eine Gefahr für das Apartheidregime darstellten, wurden oftmals kurzerhand exekutiert.[5]

„Schreit, soviel ihr wollt, es hört euch keiner. Keine Sorge, wir werden keine Spuren hinterlassen. Niemand wird euch glauben", wurde Folteropfern oft gesagt. Es gehörte zu den unschätzbaren Vorteilen der TRC, dass Opfern dort wenigstens zugehört und geglaubt wurde.

Der Apartheidstaat war auf einer Umkehr der moralischen Werte aufgebaut, die bis auf die Staatsgründung, ja sogar bis auf die Sklaverei zurück-

5 Alex Boraine. A country Unmasked: Inside South Africa's Truth and Reconciliation Commission (New York: Oxford University Press, 2001).

ging. Er schuf eine Gesellschaft, in der der Beruf des Folterers existierte, und wenn man seine Folterarbeit gut erledigte, wurde man befördert und am Ende seiner Laufbahn mit einem goldenen Handschlag belohnt. In Südafrika hatten wir das Gute böse und das Böse gut genannt. Indem sie die Verbrechen bloßstellte, schuf die Kommission die Grundlage für einen neuen Moralkodex. Zum ersten Mal in unserer Geschichte wurden Gefolterte und Folterer für alle sichtbar.

Es war ein bemerkenswerter Aspekt der Kommission – und ein Zeichen dafür, dass es sich nicht um einfache Siegerjustiz handelte –, dass allen Geschichten das gleiche Gewicht eingeräumt und jedes Unrecht auch als solches angesehen wurde, ob die Opfer nun vom Apartheidstaat oder von der Befreiungsbewegung gefoltert worden waren. Kompromisslos setzte die TRC durch, dass alle schweren Menschenrechtsverletzungen, ganz gleich wer sie begangen hatte, als moralisch unzumutbar gebrandmarkt wurden. Während der Aussagen wurden Geschichten von Folterungen in ANC-Lagern bekannt. Ich war zutiefst betroffen und schämte mich bis ins Innerste. Natürlich war mir bewusst, dass Krieg herrschte und die Infiltration durch Agenten des Regimes eine ständige Gefahr darstellte. Im Traumazentrum berichteten Menschen, dass sie zu Unrecht vom ANC festgehalten und misshandelt wurden, ihm aber dennoch treu blieben und nicht wollten, dass ihre Erlebnisse dazu benutzt würden, die Befreiungsbewegung zu attackieren. Es war ergreifend. Der ANC bestand darauf, dass der gerechte Kampf um die Abschaffung der Apartheid und deren ungerechte Verteidigung moralisch nicht gleichgesetzt werden konnten. Die Kommission stimmte dem zu. Anders als manch einer in der Kirche war die Kommission darauf bedacht, die Gewaltakte des Staates und die der Befreiungsbewegung nicht auf eine Stufe zu stellen. Faschismus und Befreiung bedeuten für uns nicht das Gleiche. Das eine gilt als unheilvoll, das andere als gerecht. Folter bleibt dennoch Folter, und die Schuldigen wurden zur Rechenschaft gezogen.

Die Kommission verfügte nur über begrenzte Mittel, scheute aber bisweilen dessen ungeachtet keine Mühen, um für die Unterstützung der Betroffenen zu sorgen. Einige Fälle wurden in ganz Südafrika berühmt. Ein Erlebnis sticht für mich besonders hervor, weil ich mit den betroffenen Müttern einen Healing-of-Memories-Workshop durchgeführt hatte. Mitte der Achtzigerjahre hatte sich ein schwarzer Sicherheitspolizist gegenüber einer Gruppe Halbwüchsiger in Mamelodi, einer Township außerhalb von Pretoria, als Freiheitskämpfer ausgegeben und sie entführt. Er versprach ihnen, sie für den Kampf gegen die Apartheid ausbilden zu lassen. Stattdessen betäubte und ermordete man sie und entsorgte die Leichen. Die Mütter hatten nie herausgefunden, was ihren Söhnen widerfahren war, und wurden von Ungewissheit gequält. Keiner von uns glaubte wirklich, dass sie noch am Leben sein könnten, doch als Mütter gaben sie die Hoffnung nie auf. Zehn Jahre nach dem spurlosen Verschwinden ihrer Söhne lasen sie dann eines Tages in der Zeitung einen Bericht über den Polizisten, der die Jungen entführt hatte und nun Amnestie beantragte. Diese Mütter konnten keine Ruhe finden, bis sie wussten, wo die sterblichen Überreste ihrer Kinder vergraben waren. Die TRC sorgte dafür, dass sie dorthin gebracht wurden, sodass sie die traditionelle Abschiedszeremonie abhalten konnten. Sie müssen für immer mit ihrem Verlust leben, können nun aber in die Zukunft blicken, weil die Seelen ihrer Söhne Ruhe gefunden haben. Das Land trauerte mit ihnen, und so wurde die moralische Ordnung wiederhergestellt.

Die schwarze Bevölkerung war wie gelähmt von diesen Enthüllungen, auch wenn sie die meisten kaum überraschten. Es war äußerst bedauerlich, dass ein Großteil der weißen Bevölkerung das Verfahren entweder nicht beachtete oder die Enthüllungen herunterspielte oder rational zu erklären versuchte. Bei den Anhörungen waren immer sehr viele schwarze Südafrikaner anwesend, aber nur wenige weiße. Meine eigene Aussage ist ein typisches Beispiel dafür. Außer den weißen Mitgliedern der Kommission, Michael Worsnip, der mich begleitete, und mir selbst waren im Saal kaum weiße Gesichter zu sehen. Die Modalitäten für die Bildung der TRC hatten dazu geführt, dass die weiße Bevölkerung sich dagegen sträubte, der Wahrheit ins Gesicht zu sehen. Die Aufgabe der TRC war es, sich ausschließlich auf schwere Menschenrechtsverletzungen – Mord, Mordversuch, Folter und andere Formen schwerer Misshandlung – zu konzentrieren. Sie präsentierte der Nation deshalb einen schreckenerregenden Fall nach dem anderen, die alle zu Recht aufgedeckt werden mussten. Ihr Mandat schloss jedoch nicht die Untersuchung der institutionellen Gewalt ein, unter der die schwarzen Südafrikaner täglich litten – systematische Diskriminierung und Demütigung, minderwertige Ausbildung, Ausbeutung, Zwangsarbeit, die Hilflosigkeit bei Misshandlungen durch die Polizei, die grenzenlose Armut. Während des Albtraums der Apartheid wurden durch gezielte rassistische Manipulationen über drei Millionen Schwarze gewaltsam aus ihren Häusern vertrieben. All diese Herabwürdigungen waren Formen von Folter. Keine davon wurde als schwerwiegend genug angesehen, um eine Anhörung durch die TRC zu rechtfertigen, und Millionen von Schwarzen wurden deshalb geradezu erdrückt von Trauer und Wut und dem psychischen Schaden, der auf ihnen lastete. Für sie richteten wir parallel zu den TRC-Anhörungen die Healing-of-Memories-Workshops ein, um ihnen einen Ort zu bieten, wo sie für ihre Opfer geehrt und anerkannt werden.

Die Tatsache, dass der Schwerpunkt der TRC auf schweren Menschenrechtsverletzungen lag, hatte eine unbeabsichtigte Nebenwirkung: Sie bot den Weißen die Gelegenheit zu behaupten, dass diese Dinge zwar fürchterlich, aber das Werk einiger weniger Außenseiter waren, nach dem Motto: „Ich wusste nichts davon und hatte auch nichts damit zu tun." Genau so argumentierte de Klerk. Der Apartheidstaat bemühte sich, seine schlimmsten Schreckenstaten vor den Weißen zu verbergen, um keine Oppositionsbewegung auszulösen. Dennoch wussten die Weißen bestimmt von vielen dieser Übergriffe. Schließlich waren sie ja von Weißen begangen worden, die alle einen Familien- und Freundeskreis hatten. Auch wenn einige von uns gegen die Apartheid waren, muss man auch zugeben, dass wir davon profitierten. Das institutionell sanktionierte Unrecht hervorzuheben hätte bedeutet, die Weißen damit zu konfrontieren, welche Vorteile sie aus diesem unmenschlichen System zogen, und einen Appell an sie dargestellt, einen Teil der Verantwortung dafür zu übernehmen. Dieses Versäumnis hatte schwerwiegende Konsequenzen. Der Versuch der Wiedergutmachung durch Entschädigung fand deshalb nämlich wenig Unterstützung unter den Weißen. In diesem Sinne half de Klerks Leugnen den Weißen auch nicht, sich ihrer Schuld an dem Geschehenen zu stellen und verantwortungsvoll an der Gestaltung einer besseren Zukunft mitzuarbeiten.

Unter den Weißen gab es, und gibt es in gewissem Maße auch heute noch, die Tendenz, einen Schlussstrich zu ziehen, zu vergeben und zu vergessen. Dies ist jedoch nicht der Weg, der zur nationalen Aussöhnung führen wird. Heilung kann ohne Heilen der Erinnerungen nicht gelingen. Als Nation müssen wir gemeinsam der Vergangenheit ins Auge sehen. 1992 nahmen Professor Kader Asmal und ich an einer Sendung der South African Broadcasting Corporation teil, bei der die Zuhörer anrufen konnten. Es ging um die Möglichkeit einer allgemeinen Amnestie, die damals zur Debatte stand. Wir verglichen beide die Apartheid mit der Nazi-Herrschaft. Sheila Camerer von der National Party, die für die Apartheid stand, und ein anderer Anrufer wehrten sich gegen diese Vergleiche und verurteilten sie als „geschmacklos". Leben und Tod von Millionen von Menschen im südlichen Afrika wurden so auf eine Ebene gestellt mit dem Gebrauch von Kraftausdrücken oder schlechten Tischmanieren. Ein Großteil der Weißen lebt meines Erachtens sogar heute noch in einem derartigen Elfenbeinturm.

Das strukturelle Übel der Apartheid ließ niemanden unversehrt. Durch Ausbeutung und Leiden ergatterte Privilegien wurden zum selbstverständlichen „Recht" der Weißen, die heute noch blind sind gegenüber Ungerechtigkeiten und Ungleichheiten. Kriminalität und Korruption unter Schwarzen sind teilweise das Ergebnis einer weit verbreiteten Verachtung von Gesetzen, die gegen alle Schwarzen gerichtet waren. Kinder, die viel zu jung waren, um Soldaten zu werden, kehrten der Schule auf halbem Weg den Rücken und wurden Freiheitskämpfer. Weißen Jugendlichen wurden Sturmgewehre in die Hand gedrückt, damit sie dann, auf Panzerfahrzeugen hockend, Townships durchkämmten wie Herrscher, während gleichaltrige Schwarze mit einer Mischung aus Angst und Hass zu ihnen aufblickten. Damit keine Missverständnisse entstehen – das Übel nahm auch die Täter furchtbar mit. Während der TRC-Anhörungen schickte die Frau eines ehemaligen Mitglieds einer Spezialeinheit der South African Broadcasting Corporation einen Brief, in dem sie ihren Schmerz teilweise zum Ausdruck brachte. In seinem Buch „No

Future without Forgiveness“[6] zitiert Bischof Tutu ausführlich aus diesem Brief. Es lohnt sich, hier darauf einzugehen, denn obwohl es ungewöhnlich war, dass sie von sich aus in aller Öffentlichkeit über ihren Schmerz sprach, war sie zweifellos nicht die einzige, die so empfand. Hier ein Auszug aus ihrem Brief:

> Er war ein lebendiger und charmanter Mensch, lustig und brummig, alles zu seiner Zeit. Dann sagte er eines Tages, er und drei seiner Freunde seien befördert worden. „Wir werden einer neuen Spezialeinheit zugeteilt. Ja, ja, mein Liebling. Wir sind jetzt richtige Polizisten.“
>
> Als er ungefähr drei Jahre bei der Spezialeinheit war, begann die Hölle bei uns. Er wurde sehr still. Zog sich zurück. Manchmal begrub er sein Gesicht in den Händen und zitterte heftig. Ich merkte, dass er zu viel trank. Anstatt sich nachts auszuruhen, ging er zwischen den Fenstern hin und her. Er versuchte, seine würgende Angst zu verbergen, aber ich sah sie. In den frühen Morgenstunden zwischen zwei und halb drei schrecke ich oft hoch, weil er nach Luft schnappt. Er wälzt sich von einer Seite zur anderen. Er ist blass. In der brütenden Nachthitze eiskalt und nassgeschwitzt. … Schreckliche Krämpfe und markerschütternde Angst- und Schmerzensschreie aus tiefster Seele. Manchmal sitzt er einfach reglos da und starrt ins Leere. …
>
> Zum Schluss noch ein paar Zeilen, die mein Mann mir eines Abends sagte: „Sie können mir tausend Mal Amnestie erteilen. Auch wenn Gott und alle anderen mir tausend Mal vergeben – ich muss mit dieser Hölle leben. Das Problem liegt in meinem Kopf, meinem Gewissen. Es gibt nur einen Ausweg: Mir eine Kugel durch den Kopf zu jagen. Dort nämlich liegt meine Hölle.“

In diesem moralisch vergifteten Umfeld gab es mutige und aufrichtige Menschen, die sich an die Kommission wandten. Zu ihnen gehörte Lesley Morgan, eine südafrikanische Hausfrau. Sie ist zutiefst religiös, und ihre Aussage ist gleichsam eine Beichte, nicht nur vor der Nation, sondern auch vor Gott.

> Ich wuchs mit allen Vergünstigungen und Chancen auf, die mir aufgrund meiner weißen Hautfarbe gegeben wurden. … Zwar war ich mir der Gräueltaten, die überall um mich herum begangen wurden, bewusst, doch die Angst lähmte mich. Ich war keine Aktivistin. Ich hatte Angst, festgenommen, ohne Gerichtsverfahren inhaftiert, gefoltert oder getötet zu werden. Ich kann noch nicht einmal als Entschuldigung anführen, dass ich nichts wusste. Ich wusste genau, was vor sich ging. Ich hatte Veröffentlichungen der *Black Sash* (einer gewaltfreien Bewegung weißer Frauen gegen die Apartheid) gelesen und war mir der schrecklichen

6 Desmond Tutu, No Future without Forgiveness (New York: Doubleday, 1999), 52-53.

> Konsequenzen der verschiedenen Gesetze bewusst: des Gesetzes über die für bestimmte Gruppen reservierten Zonen, des Gesetzes über Mischehen, des Gesetzes über Landbesitz, des Gesetzes über getrennte Entwicklung, des Gesetzes über die Bantu-Bildung. Gott, vergib mir, ich habe meine Stimme nicht gegen diese obszönen Gesetze erhoben.
>
> Nach den TRC-Anhörungen über schwere Menschenrechtsverletzungen war ich am Boden zerstört. Ich habe sie im Fernsehen, in Zeitungen und Zeitschriften verfolgt. Ich weinte vor Wut und Entsetzen. Ich will es einfach nicht wahrhaben, nicht weil ich den Aussagen keinen Glauben schenke, sondern weil ich nicht glauben will, dass solche Grausamkeiten und systematischen Zerstörungen praktisch vor meiner Haustür stattfanden. Ich fühle mich mitschuldig, als hätte ich schrecklich versagt. …
>
> Als ich las, welche Entschädigungen die Menschen beantragten, verschlimmerte sich mein Schamgefühl noch. Ein Grabstein, ein Stipendium für die Ausbildung eines Kindes, ein angemessenes Begräbnis für einen geliebten Menschen, solch schlichte Bitten, keine Rache, kein Wunsch nach Vergeltung. Das macht es irgendwie noch schwieriger, Euch gegenüberzutreten. Ich bin mir nicht sicher, dass ich in derselben Situation genauso bereit wäre, zu verzeihen. …
>
> Entscheidungen, die ich in der Vergangenheit aus Feigheit und Angst vor allzu gefährlichen Konsequenzen traf, haben nun Folgen, die weitaus schlimmer sind, als ich je befürchtete. Die Armut hat in meiner Straße Einzug gehalten, das Verbrechen lauert hinter jeder Ecke, Arbeitslosigkeit umgibt mich. Die Menschenrechtsverletzungen haben in uns allen Misstrauen, Verdacht und Wut hinterlassen. Ich werde nicht flüchten vor dem, was jetzt geschieht. Ich übernehme Verantwortung für die Rolle, die ich bei der Schaffung unserer heutigen Realität gespielt habe. Ich bete dafür, dass wir gemeinsam unsere Zukunft sichern können. …
>
> Ein Letztes möchte ich noch hinzufügen. Es fiel mir sehr schwer, dieses Schreiben heute zu verfassen, doch das Schwierigste kommt jetzt, am Ende. Angesichts solchen Leidens wirkt es als Versuch, die Vergangenheit wiedergutzumachen, so hoffnungslos unzureichend, ja gar kläglich, dass ich es kaum wage, es auch nur auszusprechen. Aber das ist alles, was ich anbieten kann: Es tut mir leid.[7]

Ein überraschendes Bekenntnis zur Mitschuld kam von einer Gruppe junger Schwarzer Anfang zwanzig, die in rührend akademischen Worten die Amnestie für ihre „Untätigkeit“ beantragten. In der Präambel hieß es:

---

7 Lesley Morgans Schreiben an die TRC kann unter http://web.uct.ac.za/depts/ricsa/commiss/trc/morgan.htm aufgerufen werden.

> Für Millionen von Südafrikanern bestand der Befreiungskampf darin, Vorschriften zu umgehen, die dazu dienten, ihren Alltag zu bestimmen und die Verwirklichung ihrer beruflichen Ziele zu verhindern. Anstatt selbst das System zu verändern, verließen sie sich darauf, dass andere die Veränderungen durchsetzen würden, die sie sich herbeiwünschten. Für den Durchschnittsbürger in Südafrika und anderswo auf der Welt dient Apathie als Abwehrmechanismus gegen Unterdrückung. Sie gewährt ihm einen Freiraum, in dem er die Tyrannei toleriert, um persönlich und beruflich zu überleben und den begehrten Lebensstandard beizubehalten.

Dann folgte:

> Durch unseren Antrag auf Amnestie für unsere „Untätigkeit" bekennen wir uns dazu, dass:
>
> 1. jeder von uns wegen Untätigkeit in Krisenzeiten in die Geschichte eingehen könnte und sollte.
> 2. keiner von uns alles getan hat, was in unserer Macht stand, um zum Anti-Apartheidkampf beizutragen.
> 3. unsere Untätigkeit dazu geführt hat, dass andere Menschen ihr Leben für unsere Freiheit und die Verbesserung unseres Lebensstandards opferten.
> 4. Untätigkeit ein konkretes und schwerwiegendes Phänomen ist, vielleicht sogar das destruktivste in einer Gesellschaft.
> 5. die Gesellschaft einen Entwicklungssprung macht, wenn einzelne die Verantwortung für ihre Untätigkeit angesichts der nötigen Veränderungen übernehmen.[8]

Auch ich war mitschuldig, wie mir mein schwarzer Freund in Durban kurz nach meiner Ankunft in Südafrika deutlich gemacht hatte. Obwohl ich gegen die Apartheid predigte, konnte ich nachts in meiner weißen Nachbarschaft bequem und sicher schlafen. Er sagte mir nicht, dass ich es nicht tun sollte. Er meinte nur, dass meine Mitschuld unvermeidlich war und ich mir dies offen eingestehen sollte. Der deutsche Existenzphilosoph Karl Jaspers sprach kurz nach dem Zweiten Weltkrieg von strafrechtlicher, politischer und moralischer Schuld und von der Sünde der Gleichgültigkeit und Passivität. Ein Neuanfang als Nation könne nur dann gelingen, wenn wir Verantwortung für die Geschichte übernähmen, deren Teil wir sind.

Die öffentliche Abbitte von Adrian Vlok, dem ehemaligen Minister für Recht und Ordnung unter der Apartheid, warf die Frage nach der Verantwortung auf wie vielleicht kein anderes Ereignis seit der TRC. Ich hatte Gelegenheit, mit ihm persönlich zu sprechen. Im Januar 2007 lud mich unser Vorstandsmitglied Piet Meiring zu einer Podiumsdiskussion über Vergebung und

8 Der Originaltext wurde mir von einem der Antragsteller überreicht.

Versöhnung ein, die von der *Southern African Missiological Society* organisiert wurde. Das Treffen fand an der Universität von Pretoria statt, an der Piet als Professor für Theologie tätig war. Die Einladung war insofern bemerkenswert, als Vlok an der Diskussion teilnehmen sollte. Er war ein in Südafrika sehr gefürchteter und gehasster Mann, weil er als Minister für Recht und Ordnung von 1986 bis 1991 direkt oder indirekt für die Entführung, Folterung und Ermordung vieler Anti-Apartheid-Aktivisten verantwortlich war.

Seine Entscheidung, vor der Wahrheits- und Versöhnungskommission auszusagen, habe er nach dem Selbstmord seiner Frau 1994 getroffen, sagte Vlok. Bei der TRC-Anhörung bekannte er sich zu zwei Bombenanschlägen von trauriger Berühmtheit: dem auf den Sitz des südafrikanischen Kirchenrats, Khotso House, und dem auf den Sitz des südafrikanischen Gewerkschaftsdachverbands. Die Verantwortung für weitere Verbrechen wies er jedoch zurück. 1999 erteilte ihm die TRC Amnestie für die Verbrechen, die er eingestanden hatte.

2006 hatte Vlok eine, nach eigenem Bekunden, religiöse Offenbarung und gab daraufhin Verbrechen zu, die er zuvor nicht offengelegt hatte, darunter auch die Ermordung von zehn Jugendlichen in der Township Mamelodi in der Nähe von Pretoria und der Mordversuch an Frank Chikane, dem damaligen Generalsekretär des südafrikanischen Kirchenrates, durch Kontaktgift in seiner Kleidung. Einmal erschien er theatralisch mit einer Schale Wasser und einem Handtuch über dem Arm in Chikanes Büro und verkündete, dass er gekommen sei, um als Zeichen der Bitte um Verzeihung und Demut Chikanes Füße zu waschen. Chikane war zuerst sprachlos, akzeptierte dann aber wohlwollend seine Geste. Dieser Vorfall führte jedoch zu einer hitzigen öffentlichen Debatte über Gerechtigkeit, Vergebung und Versöhnung. Vor diesem Hintergrund fand die Veranstaltung der Missiological Society statt.

Mir war etwas mulmig bei dem Gedanken an das Treffen. Zum Zeitpunkt der Fußwaschung Chikanes war ich im Ausland, aber ich hatte davon gelesen. Einige meiner Freunde hatten sich spöttisch über das Ereignis geäußert. Ich hatte Präsident Mbekis leidenschaftliche Verteidigung von Vloks Initiative gelesen und war gerührt. Was hielt ich davon? Ich wusste es nicht. Mir gefiel nicht, dass der Mensch, der für das Leiden so vieler verantwortlich war, einen Beamten der neuen Ordnung für diese symbolische Geste auswählte. War dies nur die „alte“ Macht, die zu der „neuen“ sprach?

Am Abend vor dem Treffen dachte ich nicht an den nächsten Tag, sondern betete um Orientierung und Weisheit. Außerdem wollte ich unvoreingenommen sein. Ich konnte mich nicht erinnern, ob Vlok zur Zeit des Briefbombenanschlags auf mich im Jahr 1990 noch Minister für Recht und Ordnung gewesen war. Am Abend vor dem Treffen hatte ich sogar noch im Internet nachgeschaut, fand aber nur heraus, wann er sein Amt angetreten, nicht aber, wann er es aufgegeben hatte. Ich fragte mich wohl unbewusst, ob Vlok etwas über den Briefbombenanschlag wusste, und wenn ja, wieviel. Kurz vor seinem Beitrag bestätigte er mir, dass er bis ungefähr 1991 Minister für Recht und Ordnung gewesen war. Er lebe nun in Centurion und pflege seine betagte Mutter. Er wirkte wir ein normaler Mensch, trug Jeans und ein offenes Hemd.

Bei der Podiumsdiskussion erzählte er, wie es zu dem Treffen mit Chikane und den Müttern von Mamelodi kam. Gott habe ihn zu der Erkenntnis gebracht, dass das Problem der Apartheid auf einen Mangel an christlicher Nächstenliebe und sein eigenes Überlegenheitsgefühl zurückzuführen sei und man den Tätern aufgrund ihrer Aufrichtigkeit Glauben schenken solle. Erst nahm mein Mitgefühl mit diesem Mann zu, doch nach einer Weile wurde mir etwas unbehaglich.

Ich hatte als erster zu antworten. Dies sei ein bedeutender Augenblick für mich, weil ich ein Opfer des Apartheidregimes sei, sagte ich. Ich ging auch auf die öffentliche und meine eigene Reaktion zu Vloks Initiative ein und erklärte, ich hätte Achtung vor seiner Geste. Viele hatten den Eindruck, dass er keineswegs bereit schien, alles preiszugeben, was er über die Vergangenheit wusste. Es sei schwierig, erklärte ich, einer Entschuldigung zu glauben, bis man sehen könne, was die Täter mit ihrem übrigen Leben anfingen, mit ihrem Geld, ihrer Zeit, ihrer Energie. Vlok habe da im Vergleich zu seinem Präsidenten F. W. de Klerk eher besser abgeschnitten, fügte ich hinzu. Während ich sprach, blätterte Vlok in seinen Unterlagen, legte sie zur Seite, öffnete sie wieder.

Professor Nico Botha hatte als nächster das Wort. Er könne Vloks Integrität nicht in Frage stellen, sagte er, und vielleicht habe er ja eine Mission unter seinesgleichen zu erfüllen. Aus dem Publikum kam der Kommentar, dass den Tätern Amnestie gewährt wurde und sie in Wohlstand leben könnten, während die Opfer oft immer noch in in bitterer Armut lebten.

Nun sollte Vlok zu den Fragen und Kommentaren Stellung nehmen, doch zu meiner Verwunderung ging er auf alles Gesagte überhaupt nicht ein, sondern flehte uns an, einander zu lieben. Er entschuldige sich für all das damals verursachte Leid, aber man habe einen Krieg gegen den Kommunismus geführt. Ob er das heute immer noch glaube, fragte ich ihn. „Ja“, antwortete er, und er verfüge über Dokumente, die entsprechende Pläne der Sowjetunion bewiesen. Themen wie Mordanschläge seien nie erörtert worden, fügte er in Bezug auf den Staatssicherheitsrat hinzu, dem er vorgestanden hatte. „Aber das stand alles in den Protokollen“, warf ich ein, doch diesen Einwand wies er zurück.

Als wir nach der Diskussion unter uns waren, hakte ich noch einmal nach und befragte ihn zu Dingen, die er als Mitglied des Kabinetts und des Staatssicherheitsrats ganz sicher gewusst hatte. Er hätte mehr hinterfragen sollen, gab er zu, habe es aber nicht getan, weil er „nichts wissen wollte“. Ich wünschte ihm alles Gute beim Harren darauf, dass Gott ihm den nächsten

Schritt weisen möge. Das Ausmaß der Verleugnung dessen, was unter seiner Aufsicht geschah, war ernüchternd und schwer zu verdauen. Die Stunde, die wir gemeinsam verbrachten, war für mich eine Berg- und Talfahrt der Gefühle. Im ersten Teil war ich beeindruckt, bewegt, verständnisvoll gewesen, danach perplex und desillusioniert. Ich konnte mir nie vorstellen, dass die ganze Welt tatsächlich wusste, was zur Zeit der Apartheid in Südafrika wirklich geschah, bis auf diejenigen, die an der Spitze der Befehlskette standen. Im Fall von Steve Biko, der in Polizeigewahrsam starb, wurde 1978 ermittelt, und der „Rand Daily Mail" berichtete ausführlich darüber. Damals sagte ich mir, „Niemand soll je behaupten, er habe ‚von nichts gewusst'."

Ich musste unwillkürlich daran denken, was Michael Worsnip in meiner Biografie „Priest and Partisan" über die Methoden schrieb, die der Apartheidstaat ganz gezielt anwandte, um später alles abstreiten zu können. Die Befehlskette wurde absichtlich unterbrochen, damit sich die politischen Drahtzieher ihrer politischen, moralischen und strafrechtlichen Verantwortung für schwere Verbrechen wie die Schaffung von Todesschwadronen entziehen konnten. Diese Situation hier war jedoch anders. Vlok hatte um Entschuldigung gebeten und bei der TRC Amnestie beantragt, behauptete aber nun, dass solche Dinge nicht besprochen wurden und er nur wenig wusste. Als er mir sagte, dass er nichts habe wissen wollen, hat er sich verraten, denn zu wissen hätte bedeutet, moralisch verantwortlich zu sein, von politischem und strafrechtlichem Verschulden ganz zu schweigen. Nichts wissen zu wollen deutete also zumindest darauf hin, dass er schreckliche Dinge vermutete.

An Adriaan Vlok fiel mir auch seine Frömmigkeit und Religiosität auf. In seinem Beitrag ließ er durchblicken, dass er schon immer ziemlich gläubig gewesen war. Bis vor kurzem scheint sein Glauben jedoch seine Auffassung von seinem Verhalten als Minister für Recht und Ordnung nicht beeinflusst zu haben. Im Rahmen seines Glaubens mag durchaus eine Wandlung hin zur Abbitte stattgefunden haben, doch als er nach weiteren Informationen gefragt wurde, fing er an zu predigen, anstatt zu gestehen. Das erinnerte mich an einen Healing-of-Memories-Workshop, den wir mehrere Jahre zuvor mit Mitgliedern der *Riot Police* (Bereitschaftspolizei) durchgeführt hatten. Manche beklagten, dass in dem Workshop nicht genug gebetet und gesungen wurde. Das gefiel ihnen nämlich besser, als anderen von ihren eigenen Verletzungen und womöglich von ihrer Mitschuld zu erzählen und dem Schmerz ihres „Gegenüber" zuzuhören und damit konfrontiert zu werden. Es fiel mir auf, dass Frömmigkeit seltsamerweise ein Hindernis auf dem Weg zur Heilung darstellen kann.

Indem wir die Wahrheits- und Versöhnungskommission ins Leben riefen, entschieden wir uns als Nation gegen eine Bestrafung. Stattdessen tauschten wir Amnestie gegen Wahrheit ein. Einen Moment lang fragte ich mich, ob ich Vlok für das verzeihen sollte, was mir widerfahren war. Doch wie kann man jemandem vergeben, der behauptet, von nichts gewusst zu haben, aber dennoch dafür verantwortlich ist? Dann fiel mir ein, dass ich einmal gelesen hatte, die Worte „Ich vergebe Dir“ könnten auch eine Anklage sein.

Verantwortung zu übernehmen ist der erste Schritt zur Heilung, aber wenn wir wahre Versöhnung anstreben, dann muss man, soweit das möglich ist, Entschädigung leisten. Das gilt für Einzelpersonen ebenso wie für die Gesellschaft. In meinem Fall wurde die Bombe, die mich beinahe tötete, nicht in einer unpersönlichen Kriegshandlung aus der Luft abgeworfen. Meinen Namen, Pater Michael Lapsley, hatte man sorgfältig auf den Umschlag geschrieben. Es war ein schauriger Akt, der mich nun ewig mit dem Verfasser verbindet. Da ich kein hasserfüllter oder verbitterter Mensch bin und mein Herz erweicht wurde, könnte ich vergeben. Für mich beruht Vergebung auf wechselseitigem Geben und Nehmen, und da ich nicht weiß, wer mir die Bombe schickte, kann ich noch niemandem vergeben. Wenn sich jemand melden und mir sagen würde, „Ich habe dir diese Bombe geschickt, bitte vergib mir“, wäre ich bereit, diesen Menschen von seinen Schuldgefühlen zu befreien. Zuerst würde ich jedoch wissen wollen, ob er immer noch Briefbomben herstellt. Ich lebe in Kapstadt, gleich neben dem größten Kinderkrankenhaus in Afrika. Wenn dieser Mensch mir nun sagen würde, „Ich arbeite in diesem Krankenhaus“, dann würde ich wissen, dass er einen Sinneswandel durchgemacht hat. „Ja, natürlich vergebe ich dir“, würde ich ihm dann erwidern. Es ist doch besser, mein Angreifer arbeitet weiterhin in einem Krankenhaus, anstatt hinter Gittern zu sitzen. Das ist der Sinn der wiederherstellenden Gerechtigkeit (Restorative Justice) im Gegensatz zur Bestrafung. Es steckt aber noch mehr dahinter. Ich stelle mir dann weiter vor, dass der Bombenleger, mit dem ich nun befreundet bin, und ich zusammen Tee trinken. „Weißt du, ich habe dir zwar verziehen, aber ich habe immer noch keine Hände und nur ein Auge, und ich höre immer noch sehr schlecht. Diese Dinge kannst du mir natürlich nicht wiedergeben, aber wegen deiner Tat werde ich für den Rest meines Lebens Hilfe benötigen. Du musst mir selbstverständlich helfen, dafür zu zahlen“, würde ich ihm dann im Laufe unseres Gesprächs vielleicht sagen. Meine Vergebung hängt in diesem Fall aber nicht von der Entschädigung ab, sondern die Entschädigung ist notwendig, damit unsere Beziehung völlig heilt. Das Gleiche gilt auch für unsere Nation. Der Rehabilitations- und Wiedergutmachungsausschuss der TRC sollte das Eingeständnis der Mitschuld des Landes am Unheil der Apartheid verkörpern, sowie die Verpflichtung der Nation, das soziale Gefüge wiederherzustellen.

Viele Nutznießer der Apartheid erwarteten, dass diejenigen, die zur Zeit des alten Systems unterdrückt wurden, einfach weiterleben würden, als wäre nichts geschehen. Auch manch christlicher Prediger spricht über Vergebung, als sei sie schnell, billig und einfach zu haben. Für die meisten Menschen ist Vergebung jedoch verlustreich, schmerzhaft und kompliziert. Diesen Predigern wäre es lieb, wenn wir uns an eine Theologie hielten, die ich Fahrrad-

Theologie nenne. Ich stehle dein Fahrrad. Sechs Monate später komme ich zu dir und gebe es zu: „Ja, es tut mir sehr leid, dass ich dein Fahrrad gestohlen habe. Bitte vergib mir.“ Als guter Mensch sagst du dann vielleicht, „Ja, ich vergebe dir“. Und dann behalte ich das Fahrrad! Das Vergeben und das Heilen von Beziehungen erfordern die Rückgabe dessen, was gestohlen wurde. Ich muss das Fahrrad zurückgeben.

Deon Snyman ist Pfarrer in der niederländisch-reformierten Kirche und leitet eine bewundernswerte Initiative mit dem Ziel, Weiße zu ermutigen, das „Fahrrad zurückzugeben“. Eine Erklärung, in der er seine Arbeit erläutert, ist diesem Kapitel beigefügt. Deon stammt aus einer traditionellen Afrikaanderfamilie. 1992 wurde er Pfarrer in einer ausschließlich schwarzen niederländisch-reformierten Gemeinde mitten im Zululand, und er begann sofort, die Sprache zu erlernen. Er bemühte sich jahrelang, einen Dialog zwischen weißen und schwarzen Kirchengemeinden herzustellen, und leitet heute die *Restitution Foundation* (Rückgabe-Stiftung), eine Organisation, die weiße Gemeinden dazu anregt, konkret zur Entwicklung schwarzer Gemeinden beizutragen. Seine Arbeit in der weißen Bevölkerung erfordert sogar heute noch viel Mut.

Dr. Mapule Ramashala bot der Nation als Mitglied der Wahrheits- und Versöhnungskommission ein lebendes Beispiel für Entschädigung und wiederherstellende Justiz. 1994, kurz nach den Wahlen, zog sie in ein Haus in einer vorwiegend von Weißen bewohnten Gegend von Boksburg ein, einer Stadt unweit von Johannesburg. Während sie sich als Mitglied einer TRC-Delegation auf einer Reise nach Ruanda befand, wurde sie telefonisch darüber informiert, dass eine Bande von sechzig weißen Jugendlichen in ihr Haus eingebrochen war, es verwüstet und dann in Schutt und Asche gelegt hatte. Die Polizei hatte zwölf von ihnen festgenommen. Bei ihrer Rückkehr hielt Dr. Ramashala ein Treffen mit diesen Jugendlichen und ihren Eltern ab. Sie teilte ihnen mit, dass sie nicht die Absicht habe, sie anzuklagen, womit sie wütende Reaktionen der Polizei und einiger ihrer Verwandten hervorrief. Stattdessen sagte sie zu ihnen: „Selbstverständlich werdet ihr Verantwortung für euer Verhalten übernehmen. Mein Haus muss neu gebaut werden, und eure Aufgabe wird es nun sein, das Kapital dafür zu besorgen. Außerdem will ich, dass ihr Menschen in eurer Umgebung, besonders Alte und Hilfsbedürftige, ausfindig macht und herausfindet, wie ihr ihnen helfen könnt. Ich erwarte von jedem von euch alle sechs Monate einen Bericht über euer Leben, insbesondere darüber, wie es in der Schule läuft.“ Was wäre diesen Jugendlichen im Gefängnis wohl widerfahren? Wie hätte sich ein Eintrag im Strafregister auf ihr Leben nach der Freilassung ausgewirkt? Und wie wirkte sich Dr. Ramashalas Großmut auf diese weiße Gemeinde aus?

Im Südafrika des einundzwanzigsten Jahrhunderts sind für uns alle, und ich nehme mich da keineswegs aus, Verbrechen an der Tagesordnung, und wir fragen uns voller Sorge, wohin das führen wird und was wir dagegen tun können. Die Mehrheit der Bevölkerung fordert als Reaktion darauf die sofortige Wiedereinführung der Todesstrafe, die ein moralischer Offenbarungseid des Apartheidregimes war. Unterdessen quellen unsere Gefängnisse über vor immer mehr Insassen, die für immer längere Zeiträume inhaftiert werden. In den USA sieht es nicht anders aus. Dort werden die Sozialausgaben immer mehr zurückgeschraubt, und der Bau von Gefängnissen ist zur Wachstumsindustrie geworden. Die Zahl der Todeskandidaten ist erschreckend hoch, und beängstigend viele junge Männer, insbesondere schwarze Amerikaner, werden dem Strafvollzugssytem überlassen. Nichts davon bietet eine Lösung für das Problem der Verbrechensbekämpfung in den USA, und doch gibt es noch kein Anzeichen dafür, dass wiederherstellende Gerechtigkeit als Alternative ernst genommen wird.

Es ist traurig, aber wahr, dass in der Strafjustiz in Südafrika weiterhin Folter angewandt wird. Vor ungefähr einem Jahr lief im Fernsehen ein Bericht über Arbeitssuchende, darunter auch illegale Einwanderer, auf die Polizeihunde gehetzt wurden. Angesichts der vielen Gewaltverbrechen bringt die Öffentlichkeit jedoch leider oft wenig Mitgefühl für die Folteropfer auf. Zum Glück wurden einige Fälle gefilmt und erregten im In- und Ausland große Aufmerksamkeit. Die TRC verlangte von den Tätern die volle Offenlegung, aber entschädigen mussten die einzelnen Täter ihre Opfer nicht, weder als Bedingung für eine Amnestie noch als Wiedergutmachung. In einigen wenigen Fällen, die großes Echo in der Öffentlichkeit fanden und von der Kommission gefördert wurden, erhielten die Opfer eine freiwillige Entschädigung, aber formell war das nicht vorgesehen. Leider handelte es sich hierbei um Ausnahmen, aber für das Land hatten sie Symbolcharakter. Natürlich muss man auch bedenken, dass sich viele Täter nicht meldeten. Der Rehabilitations- und Wiedergutmachungsausschuss wurde beauftragt, der Regierung eine Alternative zu individuellen Entschädigungen zu empfehlen. Amnesty International besteht zu Recht darauf, dass Folteropfer Anspruch auf Entschädigung haben. Von Anfang an bestand das Problem, dass ausgerechnet die neue demokratische Regierung die Opfer jener Verbrechen zu entschädigen hatte, die vom Apartheidstaat begangen worden waren. Als Ausweg aus diesem Dilemma schlug der Rehabilitations- und Wiedergutmachungsausschuss vor, dass die Regierung die Entschädigungen durch eine einmalige Vermögenssteuer oder durch andere Verfahren finanzieren sollte, durch die man auf die Mittel derer zurückgreifen konnte, die von der Apartheid profitiert hatten. Daraufhin erhob sich ein Wutgeschrei der Mehrheit der weißen Bevölkerung und der Wirtschaftsbosse. Die Regierung hörte auf die Wirtschaft, die immer noch weitgehend von Weißen dominiert wird, und weigerte sich, Maßnahmen zu ergreifen, die über einen Aufruf an die Wirtschaft zu einer freiwilligen Spende hinausgingen. Natürlich blieben die Beiträge minimal. Opferverbände und Bürgerinitiativen übten mehr und mehr Druck auf die Regierung aus, die sich daraufhin zusehends ablehnender zeigte.

Angesichts dieser Situation versuchte es einer der Opferverbände, die *Khulumani Support Group*, mit einer ganz anderen Strategie. 2002 reichte sie bei einem US-Bundesbezirksgericht eine Schadenersatzklage gegen dreiundzwanzig multinationale Konzerne ein. Ihnen wird vorgeworfen, durch die Ausrüstung und Finanzierung der Militäreinheiten und der Sicherheitsdienste des Apartheidregimes Beihilfe zu Menschenrechtsverletzungen in Südafrika geleistet und diese begünstigt zu haben. Die überwältigende Mehrheit der TRC-Mitglieder und große Teile der Gesellschaft schlossen sich der Klage an. Doch in einem Akt nicht zu überbietender Gefühllosigkeit erhob die Regierung Einspruch im Interesse der Wirtschaft und behauptete, die Klage verletze die Souveränität Südafrikas. Dennoch hat ein US-Berufungsgericht der Klage stattgegeben. Der Versuch der multinationalen Unternehmen, beim Obersten Gerichtshof der Vereinigten Staaten Berufung einzulegen, blieb erfolglos, da einige der ehrbaren Richter Aktien der beklagten Firmen besaßen und sich für befangen erklärten. Die südafrikanische Regierung zog 2009 ihren Einspruch jedoch zurück und unterstützt nun die Klage, vielleicht weil ihr die Fassungslosigkeit der Bevölkerung in Südafrika und der Weltöffentlichkeit peinlich war. General Motors einigte sich im März 2012 außergerichtlich mit den Klägern. Im August 2013 wurde die Klage vom Berufungsgericht leider endgültig abgewiesen.

Da mehreren Tausend Tätern Amnestie gewährt wurde, fühlen sich die Opfer betrogen und glauben, in diesem Fall zu Recht, dass das Verfahren die Täter begünstigte. Unbestreitbar ist, dass diejenigen, die dafür in Frage kamen, sofort amnestiert wurden, während die Opfer auf die entsprechende Gegenleistung viele Jahre warten mussten, manche warten sogar heute noch. Die ältesten Opfer sterben nun, ohne jemals eine Entschädigung erhalten zu haben, sodass „Rehabilitation und Wiederherstellung der menschlichen und bürgerlichen Würde der Opfer", wie es in dem zugrunde liegenden Gesetzestext heißt, nun eher als Grabinschrift dienen kann und weniger als ein Versprechen. Da viele Menschen nicht verstehen, dass die TRC nie die rechtliche Befugnis hatte, Entschädigungen anzuordnen, sondern lediglich Empfehlungen an die Regierung richten konnte, wurde ihr zu Unrecht die Schuld gegeben, während die Regierung in der öffentlichen Meinung weitgehend glimpflich davonkam. Auf diese Weise wurde leider die aussöhnende Wirkung der Kommission untergraben. Daraus können wir zu unserem Bedauern nur schließen, dass die Regierung das Vertrauen der Bevölkerung verspielt hat.

Amnestie für die Täter und im Gegenzug Entschädigung der Opfer sind entscheidend für die moralische Legitimität der Wahrheits- und Versöhnungskommission. Die TRC machte mehr als 18.000 Menschen ausfindig, deren Menschenrechte gravierend verletzt wurden. Da vielen anderen schwerer Schaden zugefügt wurde und viele nicht vor der Kommission aussagen konnten, empfahl sie, die Liste der zu entschädigenden Opfer nicht zu schließen. Durch das Versagen der neuen Regierung, ihren Teil der Vereinbarung einzuhalten – das heißt, die Opfer rechtzeitig und großzügig zu entschädigen, sich vor den Augen der Öffentlichkeit aufrichtig um die notwendige Finanzierung zu bemühen und nüchtern und sachlich auf einer finanziellen Beteiligung der wohlhabenden Weißen zu bestehen, hat sie ihre moralische Autorität verspielt. Es ist tragisch, dass ein international zu Recht vielgepriesenes Verfahren in der Wahrnehmung der Öffentlichkeit nun womöglich als täterfreundliche Veranstaltung fortbestehen wird. Leider sind viele Opfer, die damals bereitwillig vor der Kommission aussagten, nach diesem Ergebnis desillusioniert. Die Weltöffentlichkeit, eine Gruppe südafrikanischer Überlebender und Menschenrechtsorganisationen wie Amnesty International fordern die sofortige und vollständige Umsetzung aller Empfehlungen und Vorschläge der Wahrheits- und Versöhnungskommission.

Im Mai 2011 stimmte die Regierung endlich einem Plan zu, der vorsieht, zumindest einigen der Opfer und ihren Angehörigen, deren Menschenrechte entsprechend dem Gesetz zur Einrichtung der TRC gravierend verletzt wurden, finanzielle Unterstützung für Bildung und medizinische Versorgung zu gewähren. Zur Zeit stehen in einem Sonderfonds für Entschädigungen 145 Millionen US-Dollar zur Verfügung. Der Teufel steckt jedoch wie immer im Detail, und es wird sich erst noch zeigen, wie viel Geld tatsächlich bereitgestellt und wie sorgfältig es verwaltet wird. Die Bürger kritisieren die von der Regierung verkündeten Leitlinien als unnötig restriktiv. Die Verschleppung der Umsetzung der TRC-Empfehlungen kann man nur als gewissenlos bezeichnen.

Offen für Entschädigung

von Deon Snyman

Ich bin sehr dankbar, dass ich Seelsorger in einer Zulu-Gemeinde im nördlichen KwaZulu-Natal werden durfte. Ich hörte den Menschen zu und erfuhr dadurch, wie die Geschichte unseres Landes ihre Zukunftsträume und Hoffnungen zerstörte. Väter mussten ihre Familien verlassen, um Arbeit in den Städten zu finden. Zweitklassige Schulen bildeten ihre Schüler nicht gut genug aus, sodass sie die Hoffnung auf eine bessere Zukunft aufgaben. Hinzu kam, dass HIV/AIDS weit verbreitet war. Als ich dies sah, wurde mir klar, wie die Apartheid Leben zerstört hatte. Wenn wir nun also über wiederherstellende Gerechtigkeit und Entschädigung nachdenken wollen, dann steht uns eine schwierige Aufgabe bevor.

Ich hatte auch das Glück, Pfarrer einer Stadtgemeinde in Durban zu sein, und dort führte ich als Mittel zur Versöhnung Healing-of-Memories-Workshops durch. Einige Pfarrer, mit denen ich über die Workshops sprach, sagten mir: „Das ist ja alles schön und gut. Ihr versammelt und umarmt euch, tauscht E-Mail-Adressen aus. Ihr gebt euch die Hand und sagt, dass ihr einander liebt. Aber danach kehren einige von euch zurück in ein gemütliches Leben, während andere elende Armut erwartet. Was wollt ihr mit eurem Programm dagegen unternehmen?"

Ähnlich erging es mir, als ich nach einem Healing-of-Memories-Workshop ein Gemeindemitglied im Auto mitnahm. Wir fuhren durch ein schönes weißes Viertel. „Ich weiß nicht, wie ich Ihnen das sagen soll", fing der Mann an, „aber wir sollten nicht zu lange durch diese Gegend fahren. Wenn ich hier bin, empfinde ich Verbitterung, und das wiederum ist mir unangenehm, weil ich in dem Workshop sehr aufrichtige weiße Menschen kennengelernt habe. Aber ich bin verbittert, weil diese Weißen nicht klüger sind als ich, ihr Leben aber dennoch so ganz anders aussieht als meins." Persönliche Erfahrungen wie diese zeigten mir, dass Entschädigung ein wichtiger Aspekt der Versöhnung ist. Entschädigung heißt, den verursachten Schaden anzuerkennen und dann durch Nächstenliebe und Rückgabe etwas Konkretes dagegen zu unternehmen.

Entschädigung zu fördern, so wie ich es tue, ist nicht gerade die einfachste Aufgabe in Südafrika. Meine Freunde bemerken meine zunehmend grauen Haare. Den Entschädigungsgedanken in der weißen Bevölkerung zu verbreiten ist deshalb so schwierig, weil viele, die von diesem Verbrechen gegen die Menschlichkeit profitierten, bisher nicht bereit sind, Verantwortung für ihre Taten zu übernehmen. Die Religion hat auch nicht geholfen, sondern eher im Weg gestanden. Die Menschen haben eine fundamentalistische Auffassung von ihrem Glauben, nach der Devise „Gott hat uns vergeben. Wenn Schwarze also gute Christen sind, dann müssen sie uns auch vergeben." Sie verstehen nicht, dass man sich Vergebung erst durch eine Form von Entschädigung verdienen muss. Die meisten Opfer der Apartheid sind sich immer noch nicht sicher, dass die Weißen die Vergangenheit wirklich bereuen. Dies hat schwerwiegende Konsequenzen für unser Land. Die Schwarzen wünschen sich sehnlichst, dass die Weißen die Verbrechen anerkennen, die unter der Apartheid begangen wurden. Solange dies nicht geschieht, bleibt ihr Trauma bestehen, und das ist meiner Meinung nach eine der Ursachen für die heutige Gewalt in unserem Land. Die Regierung hat noch dazu beigetragen, indem sie sich so nachsichtig gegenüber der weißen Bevölkerung zeigte. Dieses Problem wird uns auch in Zukunft noch verfolgen, denn die Mehrheit der Schwarzen ist darüber verbittert, dass die Weißen die Großmut, die die Schwarzen ihnen nach dem Fall der Apartheid entgegenbrachten, nicht zu schätzen wussten. Die Regierung hätte meines Erachtens die Entschädigungsempfehlungen der Wahrheits- und Versöhnungskommission viel energischer umsetzen und für die Nutznießer der Apartheid eine Steuer einführen sollen. Wenn wir in Südafrika für dieses Problem, so schwierig es auch sein mag, keine Lösung finden, werden wir künftig bedauern, in diesem Land zu leben. Die wachsende Kluft zwischen Arm und Reich ist kein gutes Omen für ein friedliches Südafrika.

Ich empfinde es als meine ganz persönliche Aufgabe, den Bedürfnissen der Menschen, die ihr Leben mit mir teilen, Gehör zu verschaffen. Es ist nicht einfach, aber man darf nicht aufgeben. Zum Glück gibt es Zeichen der Hoffnung. Zum Beispiel gab es in der Gegend von Paarl in der Nähe von Kapstadt eine Kirche, die einst der anglikanischen Kirche gehörte. Aufgrund des Apartheid-Gesetzes über die für bestimmte Gruppen reservierten Zonen wurden Nicht-Weiße vertrieben, und die Kirche wurde der weißen Bevölkerung und der niederländisch-reformierten Kirche überlassen. Natürlich fühlten sich die Menschen beraubt, weil ihnen ihre Kirche gestohlen wurde. Als nach den Wahlen von 1994 Schadenersatzklagen zugelassen wurden, reichte die anglikanische Kirche eine Klage ein. Die niederländisch-reformierte Kirche entschied, die Forderung nicht anzufechten, und gab die Kirche zurück. Eine große Feier wurde veranstaltet, bei der die Führer beider Kirchen zusammenkamen. Alle umarmten und küssten sich und gaben sich die Hand. Anschließend besuchte ich Gemeindemitglieder und fragte: „Wie fühlt ihr euch jetzt?“ Die Reaktionen zeigen, dass selbst nach der Rückgabe der Kirche noch viel Schmerz und offene Fragen zurückblieben. Bei der Entschädigung geht es mir also nicht nur um die Rückgabe materieller Güter, sondern auch darum, die Beziehungen auf zwischenmenschlicher Ebene aufzuarbeiten.

Es gibt immer noch sehr, sehr wenige enge interkulturelle Bindungen in diesem Land. Darum sind die Healing-of-Memories-Workshops so wichtig, denn sie schaffen die Grundlage für Entschädigungen. Die Workshops bieten den Nutznießern der Apartheid die Gelegenheit, den schmerzvollen Berichten der anderen zuzuhören und die Auswirkungen des Systems zu verstehen und anzuerkennen. So fällt es ihnen leichter, über Entschädigung nachzudenken. Der Verlust ihrer Würde aufgrund der rassistischen Politik war für die Menschen eine schreckliche Erfahrung. Eine Möglichkeit, diese Würde wiederherzustellen, ist die Anerkennung des zugefügten Leids durch diejenigen, die davon profitierten. Doch bevor das geschehen kann, müssen die Weißen Augen und Ohren öffnen für das, was in ihrem Namen tatsächlich begangen wurde. Menschen aus benachteiligten Gegenden die Möglichkeit zu bieten, von ihren Erlebnissen zu berichten und verstanden zu werden, kann sehr heilsam sein, aber allein reicht es nicht aus. Healing-of-Memories-Workshops schaffen den Nährboden, auf dem auch die Saat der greifbaren, materiellen Entschädigung gedeihen kann.

Mit Madoda Gcwadi bei einer südafrikanischen Healing-of-Memories-Konferenz in Kapstadt

12

Täuschend einfach

Bei der Eröffnung eines Healing-of-Memories-Workshops stehe ich nach dem Abendessen auf und schaue mit einem ermutigenden Lächeln auf eine Reihe hoffnungsvoll und gleichzeitig besorgt dreinblickender Teilnehmer, die sich fragen, was da wohl auf sie zukommen mag. Die Menschen nehmen aus sehr unterschiedlichen Gründen an diesen Workshops teil, aber der gemeinsame Nenner sind fast immer die Gefühle, die wir teilen. „Wir werden nun einen gemeinsamen Weg einschlagen", sage ich zu ihnen. „Im Verlauf des Wochenendes werden wir euch bitten, eure Erlebnisse zu schildern und den Schmerz zu teilen, der euch hierher geführt hat. Wir hoffen, dass ihr einen Teil eurer Last hier ablegen und euer Leben etwas befreiter weiterführen könnt. Für viele von uns kann dies ein schwieriger Weg sein. Wir erwarten nicht, dass ihr eure Grenzen überschreitet. Dies hier ist keine Zauberei, und wir stellen am Schluss auch keine Heilungsbescheinigung aus. Wir bieten euch jedoch die Chance, einen ersten Schritt zu machen. Aber dieser eine Schritt kann riesig, in manchen Fällen sogar lebensverändernd sein." So beginnen wir zweieinhalb Tage intensiver emotionaler Arbeit und reflektierenden Erzählens. Dabei überrascht die Teilnehmer oft das Gefühl der tiefen Verbundenheit mit anderen, das auf diesem Weg entsteht, auf dem die Zugehörigkeit zu einer Ethnie, einer Kultur oder Nationalität bedeutungslos wird.

Auf der Suche nach Heilung greifen wir Menschen instinktiv auf bewährte Orientierungshilfen zurück. Für mich als Priester gehört mein Glaube dazu. Als ich nach dem Bombenanschlag im Krankenhaus lag, wurde ich mit Grußbotschaften und Genesungswünschen aus der ganzen Welt überschüttet. Während ich über meinen eigenen Lebensweg nachdachte, begann in mir die Vorstellung von einem möglichen Konzept für Healing-of-Memories-Workshops zu keimen. Diese Workshops sind vor allem tiefgehende zwischenmenschliche Erfahrungen, in deren Verlauf wir dem Schmerz der anderen sowie unserem eigenen eine Stimme geben und uns unser Leid eingestehen. 2004, auf einer von dem Institute for Healing of Memories organisierten internationalen Konferenz auf Robben Island, sagte der Theologe Donald Shriver:

> „Lache, und die Welt lacht mit dir. Weine, und du weinst allein", sagen manche. Ich denke, dass genau das Gegenteil zutrifft. Lachen kann uns trennen, aber Schmerz vereint uns. Irgendwie verstehen wir ihn alle.

Immer wieder erleben die Menschen, dass sie sich durch das Teilen ihres gemeinsamen Schmerzes weniger isoliert und allein fühlen. Die Redewendung „What you see is what you get“, die eine Übereinstimmung des Bildes im Auge des Betrachters mit der Realität suggeriert, trifft ebenfalls nicht zu. Wir können uns im Saal umsehen und denken, dass wir wissen, was hinter den einzelnen Gesichtern verborgen ist, aber eigentlich haben wir keine Ahnung. In den Workshops schaffen die Teilnehmer Vertrauen, indem sie sich einander mitteilen. Das heilt und verbindet und hilft wiederum, ein neues Zugehörigkeitsgefühl zu entwickeln und das Sozialgefüge wieder aufzubauen. Das ist sicher einer der Gründe, weshalb wir gebeten werden, in zahlreichen gespaltenen und konfliktträchtigen Ländern wie Ruanda und Nordirland Workshops durchzuführen.

Der Workshop ist eine psychologisch, emotional und spirituell eindringliche Erfahrung, die ich oft als täuschend einfach bezeichne, weil sie sich scheinbar automatisch nahtlos von Anfang bis Ende durchzieht. Dieser Eindruck der Unausweichlichkeit entsteht durch eine Reihe von Aktivitäten, die von einem ausgebildeten Team sorgfältig konzipiert und aufmerksam verfolgt werden. Die Mitglieder des Teams verfügen über die nötige Anpassungsfähigkeit und das erforderliche Feingefühl, um die Teilnehmer während des Workshops auf behutsame Weise zu dirigieren. Im Idealfall werden die Teilnehmer in dem Gebäude, in dem der Workshop stattfindet, gemeinsam untergebracht und können so die Sorgen und Ablenkungen ihres oft schwierigen Alltags vergessen. Normalerweise haben wir etwa fünfundzwanzig Teilnehmer, jeweils einen Gruppenleiter für eine Fünfer- oder Sechsergruppe und noch einen Seminarleiter, der als Moderator fungiert und die gemeinsamen Sitzungen leitet. Die Workshops fangen am ersten Abend mit einem Abendessen an und enden am dritten Tag nach dem Mittagessen.

Wir versuchen, so schnell wie möglich ein Gefühl der Verbundenheit zwischen den Teilnehmern zu schaffen, von denen viele sich überhaupt nicht kennen. Deshalb beginnen wir mit einem gemeinsamen Abendessen. Nach dem Essen bilden wir einen Kreis und bitten die Teilnehmer, sich an einige Grundregeln zu halten: sich zu verpflichten, während der gesamten Dauer des Workshops anwesend zu sein, sich streng an die Schweigepflicht zu halten und einander ohne Kritik oder Ratschlag respektvoll zuzuhören. Diese Richtlinien sind ausschlaggebend für die Schaffung eines sicheren und würdevollen Raums, in dem sich jeder Teilnehmer geachtet und geschätzt fühlt. Der Workshop ist keine intellektuelle Übung, sondern eine Seelenreise. Wir beginnen umgehend mit einem Emotionsauslöser, wie wir es nennen, damit die Teilnehmer in ihre Gefühlswelt eintauchen können, einer Art Spiegel, in dem sie ihren Schmerz erkennen, besonders wenn es um die Vergangenheit ihres Landes geht. In Südafrika setzen wir eine Laientheatergruppe ein, die ein kurzes, aber sehr emotionales Stück über die Apartheid aufführt. In den USA haben wir mit einer Improvisationstheatergruppe zusammengearbeitet und in anderem Zusammenhang Fotos sowie Film- und Zeitungsausschnitte verwendet, um Gefühle zu wecken. „Finden Sie es nicht etwas riskant, Menschen so plötzlich mit ihren Gefühlen zu konfrontieren?“, werde ich manchmal gefragt. Ich empfinde es zwar als verlockend, einfach mit nein zu antworten, aber die volle Antwort lautet: Wenn die Teilnehmer, sobald sie die Türschwelle überschreiten, mit Wärme und Mitgefühl empfangen und wie wertvolle Menschen behandelt werden, ist dies eigentlich sehr selten ein Problem, besonders wenn man noch zwei Tage an dem arbeiten kann, was zunächst ausgelöst wurde.

Nachdem die Teilnehmer Gelegenheit hatten, ihre Reaktion auf den Auslöser zu beschreiben, versichern wir ihnen, dass sie am darauffolgenden Tag in kleinen Gruppen so viel Zeit haben werden, wie sie brauchen, um ihre Geschichte zu erzählen und ihren Gefühlen Ausdruck zu verleihen. Dann schicken wir sie mit einer Liste von Fragen zu Bett, über die sie nachdenken sollen. Oft schlage ich mit einem verschmitzten Lächeln vor, dass sie die Liste unter ihr Kopfkissen legen.

> Was waren die schmerzhaftesten und die schönsten Erlebnisse Deines Lebens?
> Wie hast Du überlebt? Wie hast Du die Energie dazu aufgebracht?
> Wie sieht Dein Glaubensweg aus?
> Wie hat Dich die Vergangenheit Deines Landes beeinflusst?
> Wie hat Dich das Leben Deiner Eltern und das Deiner Großeltern beeinflusst?

Dann stellen wir noch drei offene Fragen, die sowohl für das Leben des einzelnen als auch für die Geschichte des Landes von besonderer Bedeutung sind:

> Was hast Du getan?
> Was wurde Dir angetan?
> Was hast Du unterlassen?

Am nächsten Morgen, nach einem ausgiebigen Frühstück und einer Gelegenheit, noch nicht abgeschlossene Themen des Vorabends anzusprechen, versammeln wir uns in einem Raum mit großen Tischen, auf denen unbeschriebenes Papier und eine Reihe Buntstifte liegen. Dann fordere ich die Teilnehmer auf, ihre Lebensgeschichte auf der Grundlage dessen zu malen, worüber sie seit dem Vorabend nachgedacht haben, sowie anhand der Gefühle, die mit diesen Erinnerungen verbunden sind. Diese Aufforderung ruft jedes Mal besorgte Blicke und manchmal auch Protestseufzer hervor: Das sei doch eine unmögliche Aufgabe. Daraufhin versichern wir ihnen, dass es sich nicht um ein künstlerisches Projekt handelt, dass sie alles malen dürfen, was ihnen etwas bedeutet, und weisen scherzhaft darauf hin, dass die Vertreter des *Museum of Modern Art* bereit sind zu warten, bis sie ihre Bilder auf

Hochglanz gebracht haben. Die Teilnehmer beruhigen sich dann, und die meisten empfinden diese Aufgabe als unverhofft befriedigend. Manche Bilder sind figurativ, andere abstrakt, aber das spielt keine Rolle. Sie dienen lediglich als Zugang zur Geschichte eines Menschen, insbesondere zu ihren oder seinen damit verbundenen Gefühlen. Sie sind einfach eine Methode, unser Inneres nach außen zu kehren.

Nach dem Malen wechselt meist die Stimmung. Die Teilnehmer sind immer noch etwas ängstlich, aber das Malen hat ihnen einen Energieschub verliehen. Wir teilen uns in kleinere Gruppen mit jeweils einem Gruppenleiter auf. Teilnehmer, die sich kennen, werden unterschiedlichen Gruppen zugeteilt, die in Bezug auf Herkunft, Religion, Ethnie, Geschlecht und sexuelle Orientierung so heterogen wie möglich zusammengestellt werden. Dies ist der Kern unserer Arbeit am zweiten Tag. Die Teilnehmer fangen an, ihre Geschichte zu erzählen, und konzentrieren sich dabei weniger auf das, was sie darüber denken, als vielmehr auf ihre Gefühle. Das Malen bildet einen Ausgangspunkt. Ein kleines Mädchen aus Fidschi beschrieb ihr Bild als Gelegenheit, ihre Gefühle auf das Blatt zu erbrechen. Diese Geschichte erzählte ich in Namibia, woraufhin ein Teilnehmer die Erfahrung als „positives Erbrechen“ beschrieb. Das mag geschmacklos klingen, sogar vulgär, aber es erfasst einen Aspekt dessen, was wir zu erreichen versuchen: Den Schmerz der Vergangenheit anzunehmen und uns dessen zu entledigen, was uns vergiftet. Es ist ein eindringliches Bild, denn in unseren kleinen Gruppen kann es sich wirklich so anfühlen, als würde man etwas Giftiges hinauswürgen, und oft teilt die ganze Gruppe die Erleichterung, wenn es geschafft ist. Die Teilnehmer müssen ermutigt werden, bis auf den Grund ihrer Gefühle vorzudringen, denn man kann nur die Gefühle loslassen, die man sich voll eingesteht. Wir brauchen einen Ort, an dem wir vorübergehend schwach und verwundbar sein können, bevor wir stark werden. Heilen kann schmerzhaft sein, etwa so wie das Skalpell eines Chirurgen.

Diese Gruppensitzungen dauern etwa vier oder fünf Stunden, einschließlich Mittagspause und kürzerer Pausen im Verlauf des Tages. Manche Gruppen brauchen kaum die Hilfe eines Leiters, andere schon. Ein geschickter Gruppenleiter kann eine Gruppe unaufdringlich und unauffällig dirigieren, ist jedoch stets bereit, in schwierigen Situationen einzugreifen. Bei uns stehen die Gruppenleiter auf einer Ebene mit den Teilnehmern, sie erzählen also auch ihre Geschichte. Dies kann zu völlig unerwarteten Ergebnissen führen. Die Teilnehmer sprechen nacheinander und benutzen die Bilder als Ausgangspunkt. Nachdem jemand seine Geschichte erzählt hat, sind Beiträge aus der Gruppe willkommen, solange sich alle auf die Geschichte dieser Person konzentrieren. Im Laufe des Tages wird viel Schmerz und ebenso viel Mitgefühl offenbart. Kein Gefühl wird zurückgedrängt oder als unzulässig betrachtet. Manche sagen zu Beginn des Workshops: „Ich hasse diese oder jene Person oder Art von Mensch und werde ihnen niemals vergeben, was sie mir angetan haben.“ Doch im Laufe des Workshops beginnen sie einzusehen, was dieses Gift ihnen antut, und begreifen, dass sie loslassen müssen, um selbst frei sein zu können. Verbundenheit wird durch aufrichtiges Teilen erzeugt. Pumla Gobodo-Madikizela, die Psychologin und Mitglied unseres Vorstands ist, beschrieb ihre Erfahrung in einer unserer kleinen Gruppen mit folgenden Worten:

> Es liefen Tränen. Teilnehmer weinten über den Schmerz der anderen, aber auch über ihren eigenen. Das ist das Schöne an meiner Erfahrung in dieser Gruppe. Sie bestätigt, was Psychologen so oft beobachtet haben, nämlich dass das Heilen einsetzt, wenn man anfängt, seinen Schmerz in Worte zu fassen. Viele Menschen berichteten über Dinge, die sie nie zuvor offenbart hatten, die sie nur gedacht und gefühlt, aber niemals ausgesprochen hatten. Die Heilung und die Läuterung beginnen mit Tränen, mit Worten, mit dem Versuch, den Schmerz in Worten auszudrücken. Den Schmerz anderer zu erfahren verband uns, und das war die Schönheit des Augenblicks. … Das, was in unseren Ländern vorgefallen ist, kann nicht zu Hause im stillen Kämmerlein mit einem persönlichen Therapeuten geheilt werden. Vielmehr geht es darum, einen Weg zu finden, um unsere Geschichten miteinander zu verbinden, so wie wir es heute getan haben.

Das Ausmaß des Leides, das in manchen Workshops zu Tage trat, war fast mehr, als ein Mensch ertragen kann. Ich denke da an einen Workshop, den wir in Port-au-Prince in Haiti abhielten und der von Georgette Delinois, einer aus Haiti stammenden amerikanischen Freundin organisiert wurde. Dort sagte eine haitianische Mutter nicht mehr als: „Ich wurde mein Leben lang gedemütigt.“ Ihre Worte schnitten durch mein Fleisch und drangen in meine Seele. Ich betete dafür, dass der Workshop dieser Frau das Erlebnis verschaffen würde, wenigstens einmal in ihrem Leben geschätzt und respektiert zu werden. In manchen Gruppen kann die Verbundenheit übersinnlich wirken und die Anwesenden warmherzig umschließen, sogar wenn Schmerz, Zorn und Trauer die dominierenden Emotionen waren. Die erreichte Tiefgründigkeit kann oft an der darauffolgenden Stille gemessen werden. Das kann ein Anzeichen für eine mächtige heilende Kraft sein und Ausdruck von Gottes Gnade.

Nach der Gruppenarbeit versammeln wir uns vor dem Abendessen wieder ungefähr eine Stunde lang, um unsere Erfahrungen auszutauschen, und wir erklären den Teilnehmern einige theoretische Grundlagen zur besseren Einordnung dessen, was sich bis dahin ergeben hat. Der Stimmungswandel ist gewaltig. Die Gesichter leuchten und strahlen Energie aus. Eine behutsame Geschäftigkeit greift um sich, gemischt mit emotionaler Erschöpfung. Wir regen die Teilnehmer dazu an, ihre Gefühle mitzuteilen und über die gesamte Erfahrung nachzudenken. Man hört dann Kommentare wie:

> Ich war anfangs so nervös und dachte, dass ich das nicht schaffe. Ehrlich gesagt, habe ich meiner Gruppe dann doch Dinge erzählt, über die ich in meinem ganzen Leben noch nicht gesprochen hatte. Es war wundervoll. Ich fühle mich leichter.

Zu den immer wiederkehrenden Themen gehören Verlust, Trauer, Wut und Verlassensein, aber auch Freude und Hoffnung. Sie in Worte zu fassen verbindet die ganze Gruppe und unterstreicht die Allgemeingültigkeit der grenzübergreifenden menschlichen Erfahrung. Erleichterung und Kameradschaft sind spürbar. Die Schweigepflicht schreibt vor, dass nichts von dem, worüber innerhalb der kleinen Gruppen berichtet wird, nach außen dringen darf, sodass die Teilnehmer keine Details der Erlebnisse anderer enthüllen, über ihre eigene Geschichte aber ohne weiteres reden dürfen, wenn sie wollen, und manche tun es auch. Eine Südafrikanerin sagte:

> Ich habe jahrelang nicht mit meiner Mutter gesprochen, weil sie uns verlassen hat. Jetzt sehe ich ein, dass sie wahrscheinlich Angst hatte, die Polizei könne uns umbringen, nachdem sie sich den Befreiungskämpfern angeschlossen hatte. Meine Gefühle ihr gegenüber haben sich nun völlig geändert. (Diese Frau versöhnte sich danach wieder mit ihrer Mutter).

In manchen Fällen bietet sich die Gelegenheit, den Menschen zu helfen, ihre Vergangenheit auf eine Weise zu verstehen, die sie sich vorher vielleicht nicht hätten vorstellen können. Zum Beispiel erzählte ein Häftling bei einem Gefängnisworkshop im Verlauf einer solchen Diskussion:

> Ich habe früher nie viel über mich selbst nachgedacht. Jetzt aber kann ich erkennen, dass ein Zusammenhang besteht zwischen der Wut, die ich gegenüber meinem Vater empfand, wenn er betrunken nach Hause kam und uns schlug, und der Tatsache, dass ich selbst so wütend wurde und diesen Polizisten tötete.

Dies ist auch die Sitzung, in der die Teilnehmer den eigentlichen Sinn des Prozesses der Heilung ihrer Erinnerungen begreifen. Er beginnt „einzusickern". Oft tauchen Grundsatzfragen auf: „Aber wie vergibt man? Ist es möglich, die Vergangenheit zu vergessen?" Die Teilnehmer vermitteln einander Einsicht und Erkenntnis. Die Diskussion stärkt sie und kann ihnen dazu verhelfen, ihrer Lebenserfahrung einen neuen, hoffnungsvolleren Sinn zu verleihen. Nachdem jeder zu Wort gekommen ist, der sprechen wollte, herrscht ein Gefühl ruhiger Genugtuung. Die Teilnehmer sind müde, aber glücklich; sie haben das Gefühl, etwas erreicht zu haben.

Anschließend gibt es Abendessen, und dann wird gefeiert. Die Art der Feier hängt sehr von der Gruppe ab, bietet aber in jedem Fall den Teilnehmern Gelegenheit, sich nach der tiefgehenden und intensiven Erfahrung des Tages zu entspannen und das Beisammensein zu genießen. Manchmal geht es recht lebhaft zu mit improvisierten Darbietungen, es wird gesungen, getanzt und gelacht. Oder man unterhält sich ganz entspannt bei leiser Hintergrundmusik. Jedenfalls haben die Teilnehmer jetzt Zeit, Erfrischungen zu sich zu nehmen und neue Freundschaften zu schließen. Gruppen- und Seminarleiter entspannen sich auch, stehen aber auch für Gespräche mit Teilnehmern zur Verfügung, die nach den Gruppensitzungen vielleicht noch offene Fragen klären möchten.

Liturgien können uns eine Richtung vorgeben und sind deshalb wichtiger Bestandteil von Übergangsriten. Ich schreibe diese Zeilen hier in der Osterwoche mit ihrer Botschaft, dass die Kreuzigung nicht das Ende von allem ist – es kommt der Ostermorgen in all seiner Pracht. Aus Leid und Tod entsteht Leben, Verheißung siegt über Verzweiflung, und Opfer werden zu Siegern. So beginnen wir am dritten und letzten Tag des Workshops, die Vergangenheit hinter uns zu lassen, und wenden uns mit einer liturgischen Feier der Zukunft zu. Diese Feier kann völlig weltlich sein und ist es oft auch. Wenn aber alle Anwesenden einer bestimmten Glaubensrichtung angehören, kann diese Feier auch in religiöse Bilder gekleidet sein und sogar das Abendmahl einschließen. Das entscheidet die Gruppe. Am Morgen werden die Vorbereitungen dafür getroffen.

Als Opfer sind wir passiv. Durch das Heilen werden wir aktiv und handlungsfähig. In der christlichen Tradition spricht Paulus von uns als Jesus' Mitarbeiter beim Aufbau des Reichs Gottes. In diesem Sinne formen die Teilnehmer ein Friedenssymbol aus Ton, in das sie später eine brennende Kerze stellen. Sie können nach eigenem Gutdünken auch Blumen, Grünes oder andere Elemente hinzufügen, um dem Symbol eine besondere Lebendigkeit zu verleihen. Wenn alle Friedenssymbole fertig sind, sucht die gesamte Gruppe ein Thema aus und plant den allgemeinen Rahmen der Feier. Danach versammeln sich die einzelnen Gruppen wieder für kurze Zeit und gestalten eine Gabe für die Zeremonie, zum Beispiel ein Lied oder einen Tanz, eine Satire oder eine Lesung, die die Workshoperfahrung der Gruppenmitglieder widerspiegelt. Es herrscht nun eine fröhliche, zukunftsorientierte Stimmung, die von der kreativen Energie zeugt, die die Teilnehmer bei der Vorbereitung an den Tag gelegt haben. Danach essen wir zum letzten Mal gemeinsam zu Mittag.

Nach dem Mittagessen bitten wir die Teilnehmer, sich etwas aus ihrer Vergangenheit zu überlegen, das sie hinter sich lassen wollen, eine Last oder ein destruktives Gefühl. Jeder bekommt ein kleines Blatt Papier, auf das er oder sie das Gewählte aufschreibt. Der Inhalt dieses Zettels ist persönlich, niemand anders bekommt ihn zu sehen. Dann beginnt die Liturgie mit einem feierlichen Festzug, entweder schweigend oder mit Gesang, vom Versammlungsraum zu einer Stelle im Freien, wo ein Feuer vorbereitet wurde. Wenn ich die Workshops leite, trage ich immer eine wunderschön bestickte Stola, die mir Albie Sachs, ein ehemaliger Richter des südafrikanischen Verfassungsgerichts, geschenkt hat. Er wurde ebenso wie ich durch einen Anschlag verletzt, aber in seinem Fall war es eine Autobombe. Die Stola wurde von Müttern in Chile genäht, deren Kinder unter der Pinochet-Diktatur verschwanden. Sie symbolisiert ihren Verlust und ihre Bemühungen, herauszufinden, was mit ihren Kindern geschah. Ich beschreibe kurz die Bedeutung der Stola, beschwöre den Geist der Solidarität mit Menschen wie diesen Müttern überall auf der Welt und würdige die bedeutsame Arbeit, die die Teilnehmer des Workshops geleistet haben. Dann werfen alle Teilnehmer ihr Blatt Papier ins Feuer. Wenn alle Blätter verbrannt sind, folgt eine Schweigeminute, dann kehrt der Festzug für den Rest der Zeremonie zum Versammlungsraum zurück.

Die darauffolgenden Sketche und anderen Darbietungen zeigen ein wundersames Wechselspiel zwischen Trauer und Freude, Ernst und Heiterkeit. In diesem Zusammenhang denke ich besonders an eine Zeremonie bei einem Workshop in White Plains in New York. Eine Gruppe von schwarzen Amerikanern gestaltete Verse aus Kohelet 3 als Rap mit beeindruckend kreativen, freudigen und bewegenden Momenten:

> Alles hat seine Stunde. Für jedes Geschehen unter dem Himmel gibt es eine bestimmte Zeit:
> eine Zeit zum Gebären und eine Zeit zum Sterben, eine Zeit zum Pflanzen und eine Zeit zum Abernten der Pflanzen,
> eine Zeit zum Töten und eine Zeit zum Heilen, eine Zeit zum Niederreißen und eine Zeit zum Bauen,
> eine Zeit zum Weinen und eine Zeit zum Lachen, eine Zeit für die Klage und eine Zeit für den Tanz.

Mit der Vorführung der Friedenssymbole werden die Feier und der Workshop beendet. Heilung bedeutet, das Gift der Vergangenheit hinter sich zu lassen und die Fähigkeit zum Aufbau und zur Gestaltung der Welt zurückzugewinnen. Mit diesem Gedanken können sich gläubige und nichtgläubige Menschen identifizieren, und die Zeremonie, die wir dann durchführen, verkörpert dies. Wir bilden einen Kreis. Kerzen werden angezündet, indem wir die Flamme untereinander weiterreichen. Dann treten alle nacheinander hervor, erklären die Bedeutung ihres Symbols und stellen es in der Kreismitte ab. Manche ehren einen Menschen, den sie lieb gewonnen haben, oder einen Verstorbenen, der ihnen nahestand. Andere wiederum erkennen einen Menschen an, der sie verletzt hat, oder sie drücken ihre Bereitschaft aus, sich mit jemandem zu versöhnen, mit dem sie entzweit sind. Wenn alle gesprochen haben, umringen wir andächtig dieses flackernde Mandala von Licht und Hoffnung, das die Weisheit und heilende Kraft symbolisiert, die wir füreinander und für die Welt erweckt haben.

Alle Menschen, ob gläubig oder nicht, sind spirituelle Wesen. In den Workshops versuchen wir, über die physische Darstellung der Liturgie in die

Welt des Geistes vorzudringen. Für manche Menschen ist der Workshop eine derartig eindringliche Erfahrung, dass er einen Wendepunkt auf einem langen Weg darstellen kann. Er kann der Augenblick sein, in dem sie die Opferrolle ablegen und neue Möglichkeiten erkennen. Die Methode von Healing of Memories wurde vor so unterschiedlichem kulturellem Hintergrund wie Südafrika (nach der Apartheid), Ruanda und Berkeley in Kalifornien bereitwillig angenommen. Dieses Phänomen versetzt uns seit dem ersten Workshop außerhalb Südafrikas, in der Gemeinde der Riverside Church in New York, immer wieder in ungläubiges Staunen. Die Workshopleiter müssen sich natürlich auch auf die verschiedenen Kulturen und Konflikte in der Welt einstellen, wenn wir Workshops überall auf der Welt durchführen.

Nach reiflicher Überlegung bin ich zu der Auffassung gelangt, dass Menschen bei allen kulturellen Unterschieden einfach nur Menschen sind. Man spürt, wenn man mit der Liebe und Achtung behandelt wird, die einem Kind Gottes zukommen, ungeachtet der Worte, die dafür benutzt werden. Der Workshop gleicht einem offenen Behälter, in den Menschen ihre einzigartigen und wertvollen persönlichen und kulturellen Beiträge einbringen können. Mir gefällt ein Foto in unserem Büro in Kapstadt ganz besonders. Es wurde vor einigen Jahren bei einem Healing-of-Memories-Workshop in Alice Springs, mitten im Gebiet der indigenen Bevölkerung in Australien aufgenommen. Es war ein sehr heißer Tag in diesem ausgedörrten Land, und wir waren nach draußen gegangen. Das Foto vermittelt viel Bewegung, durch Trommler und Tänzer, deren Körper für die Abschlussfeier des Workshops mit farbenfrohen Mustern bemalt waren. Der äußere Unterschied zu einem Workshop in New York oder Hamburg könnte nicht größer sein, aber die zugrunde liegende spirituelle Sprache von Leid, aber auch von Frieden und Freude ist allen gleichermaßen zugänglich.

Man kann einen Healing-of-Memories-Workshop als eine ausgedehnte Liturgie ansehen. Religiöse Liturgien sind dazu angetan, unsere Herzen für Beziehungen zu anderen Menschen gleichen Glaubens und für Gott zu öffnen. Bei einem Healing-of-Memories-Workshop kann es bei diesen Beziehungen um andere Workshopteilnehmer gehen oder um Abwesende, die noch am Leben oder bereits verstorben und für die Teilnehmer von Bedeutung sind. Der geschützte und würdevolle Raum, den wir schaffen, ermöglicht den Teilnehmern nicht nur ein Gefühl der Verbundenheit untereinander, sondern auch mit dem, was jeder als seinen ureigensten Daseinsgrund empfindet, unabhängig davon, ob dieser durch Gott personifiziert wird oder nicht. Von Anfang an habe ich betont, dass das Streben nach Heilung und Ganzheit für Menschen jeder Glaubensrichtung bereichernd sein kann. Zwar sind die meisten Südafrikaner Christen, aber es gibt auch viele Muslime, Juden und Hindus, und wir möchten Menschen aller Glaubensrichtungen und auch Nichtgläubigen ein Zuhause bieten. Bei konfessionsübergreifender Arbeit wird bisweilen versucht, den kleinsten gemeinsamen Nenner zu finden, anstatt die unterschiedlichen Glaubensrichtungen in ihrer ganzen Vielfalt füreinander zu erschließen.

Liturgie wird auch als Übergangsritus genutzt. In allen Kulturen werden wichtige Lebensabschnitte feierlich eingeleitet. So kommen zum Beispiel zwei Menschen als Einzelpersonen und gehen als verheiratetes Paar. Oder ein Kind kommt zur Beschneidung und geht als Erwachsener. Die Rolle der Liturgie als feierlicher Rahmen für diese Riten faszinierte mich. Mir schien, dass wir eine Liturgie schaffen könnten, mit deren Hilfe wir zerstörerische Gefühle der Vergangenheit aufgeben und auf diese Weise besiegen könnten. Die Menschen, die zu unseren Healing-of-Memories-Workshops kommen, tragen oft schwer an ihrer Last, aber wir hoffen, dass sie sie bei uns ablegen und mit dem Gefühl, ein freierer Mensch zu sein, wieder gehen können – und dass sie sich nicht mehr als Spielball der Geschichte, sondern wieder als Handelnde fühlen. Natürlich mag dieser Ritus nur der Anfang eines Weges sein, so wie die Beschneidung nur der Anfang des Erwachsenwerdens ist, doch Liturgien sind zweifellos sehr wirkungsvoll.

Für manche, ob sie sich nun als religiös betrachten oder nicht, kann dies eine transzendente Erfahrung sein. Vor kurzem schrieb mir ein Mann, der einen Monat zuvor an einem Workshop teilgenommen hatte:

> Es fiel mir schwer, anderen Menschen von dieser Erfahrung zu erzählen, weil keine Beschreibung der Wirkung dieses Augenblicks gerecht wird. Es ist ein wenig so, als würde man versuchen, jemand anderem einen Traum zu beschreiben. Es geht wohl darum, zu begreifen, wie etwas so Einfaches derartig aufwühlend sein kann.

Healing-of-Memories-Workshops basieren nicht auf christlicher Symbolik, aber ihre Struktur spiegelt in gewisser Weise das Evangelium wider. Die Geschichte des Evangeliums besteht im Kern darin, dass Jesus über Kreuzigung und Tod triumphiert und Thomas seinen Unglauben überwindet, indem er seine Hand in die noch sichtbaren Wunden des Auferstandenen legt. Genau wie bei Jesus sind unsere Wunden auch noch zu sehen, können aber geheilt werden, sodass wir nicht mehr ihre Gefangenen sind. Die Wunden der Kreuzigung waren noch vorhanden, aber sie bluteten nicht mehr. Ich denke, daran können wir erkennen, was Gott von den Menschen erwartet, nämlich dass wir dazu aufgerufen sind, das Schreckliche, was wir einander angetan haben, zu erkennen und einzugestehen, aber dann nicht weiterhin als Kreuziger aufzutreten. Er ruft uns auf, kein Karfreitagsvolk, sondern ein Ostervolk zu sein. Die Idee des verwundeten Heilers wurzelt also tief in der christlichen Theologie. Das Opfer triumphiert, nicht etwa, indem es zum Unterdrücker wird, sondern indem es sich vollkommen entfaltet. Der heilige Irenäus von Lyon war überzeugt, dass die Herrlichkeit Gottes der zu vollem Leben erblühte Mensch sei.

13

Die Gründung des Institute for Healing of Memories

Im September 1998 verabschiedeten Shanti, Barry und ich uns vom Traumazentrum und zogen nach Kenilworth in die sogenannten südlichen Vorstädte, die aber eigentlich ein Wohnviertel etwas außerhalb des Zentrums von Kapstadt sind. Unser erstes Büro befand sich in einem kleinen Haus neben *Braehead House*, einem Heim für pensionierte Priester. Ich war froh, dass Shanti und Barry sich entschieden hatten, mich zu begleiten. Sie hätten ja schließlich auch sagen können: „Nein danke. Wir haben jetzt etwas anderes vor.“ Stattdessen engagierten sie sich für ein Projekt, dessen Erfolg für keinen von uns von vornherein feststand, aber die Wahlen lagen erst vier Jahre zurück, und es herrschte allgemeine Aufbruchsstimmung. Wir hatten das Gefühl, uns auf ein Abenteuer einzulassen, das zur Heilung unseres Landes beitragen würde. Ohne die Kontinuität, die Shanti und Barry gewährleisteten, wäre die Gründung des Instituts viel schwieriger gewesen. Shanti war während des Seelsorgeprojekts meine persönliche Assistentin gewesen und kannte unsere Arbeit in- und auswendig. Im Traumazentrum kümmerten sich die dortigen Mitarbeiter um die Finanzen, die Instandhaltung des Gebäudes und der Gerätschaften, sie bestellten Nachschub und sorgten für all die notwendigen Kleinigkeiten, ohne die eine Organisation nicht bestehen kann. Nun erledigte Shanti sehr kompetent alle diese Aufgaben in unserem kleinen Büro. Als wir später mehr Mitarbeiter einstellten, konnte sie ihre sonstigen Aufgaben anderen überlassen und sich auf die Finanzverwaltung konzentrieren. Barry hatte schon viel Verantwortung übernommen, als er sich an der Organisation der ersten Healing-of-Memories-Workshops im Rahmen des Seelsorgeprojekts beteiligte. In den letzten vier Jahren hatten wir gemeinsam Workshops in allen Provinzen außer in KwaZulu-Natal durchgeführt. Er war ein geschickter Seminarleiter, und wenn ich im Ausland war, was immer häufiger vorkam, verließ ich mich völlig auf ihn. Barry ist ausgebildeter Sozialarbeiter und blieb zwei Jahre lang beim neuen Institute for Healing of Memories, bevor er in seine Heimatstadt Upington zurückkehrte und dort die Leitung einer Sozialstation übernahm.

Unsere Räumlichkeiten beim *Braehead House* waren etwas beengt. Shanti beschwerte sich über die Kälte im Winter und darüber, dass viele der liebenswerten älteren und pensionierten Priester uns wohl als Fax-Gehilfen betrachteten. Sie stiegen unsicheren Schrittes die Treppe zu uns hoch und baten um Hilfe, wann immer ihnen danach war. Schließlich zogen wir in ein größeres Büro in dem Gebäude, in dem auch der Kirchenrat der Provinz Westkap untergebracht war, und für einige Jahre blieb dies unser Zuhause. Wir teilten Büromaterial und einige Dienstleistungen mit dem Kirchenrat und boten Healing-of-Memories-Workshops in Zusammenarbeit mit dem Ubuntu-Zentrum an, dessen Büro neben unserem lag.

Von Anfang an war mir an einem breit gefächerten und harmonischen Vorstand gelegen. Nach meiner Erfahrung mit den Konflikten im Traumazentrum ging es mir darum, dass wir bei der Auswahl der Mitarbeiter sorgfältig darauf achteten, dass sie an die Arbeit des Institute for Healing of Memories glaubten, dass sie eine eigene Meinung besaßen und auch bereit waren, sie offen zu vertreten, dass sie vielfältige Fähigkeiten mitbrachten, aber auch gut mit anderen Menschen zusammenarbeiten konnten. Das ist uns meiner Ansicht nach gut gelungen. Es war ein großer Glücksfall, dass Glenda Wildschut sich bereit erklärte, als erste den Vorstandsvorsitz zu übernehmen. Als Vorstandsmitglied im Traumazentrum hatte sie die Arbeit bei Healing of Memories tatkräftig unterstützt. Später ernannte Nelson Mandela sie zum Mitglied der Wahrheits- und Versöhnungskommission. Glenda gestaltete und führte unseren Vorstand über zehn Jahre lang. Es waren historische Zeiten, und die Vorstandsmitglieder hatten das Gefühl, gemeinsam zur Gestaltung der Zukunft beizutragen. Ich erinnere mich, wie wir bei einem unserer ersten Treffen versuchten, uns ein Leitmotiv zu geben. Ich blickte in die Runde und dachte, dass wir in diesem Moment doch wirklich etwas Wunderbares vollbrachten, denn unsere Entscheidungen würden die Organisation auf Jahre hinaus beeinflussen, und sie würde, so hofften wir alle, einen bedeutenden Beitrag zur Heilung unseres zerrissenen Landes leisten.

Kurz nach unserem erfolgreichen Workshop bei der Riverside Church Anfang 1998 wurde ich eingeladen, einen Healing-of-Memories-Workshop in Ruanda abzuhalten – gleich als zweiten Workshop außerhalb von Südafrika. Als wir Südafrikaner im April 1994 unsere ersten demokratischen Wahlen feierten, fand in Ruanda ein schrecklicher Völkermord statt. Offen gestanden waren die meisten von uns in Südafrika zu sehr damit beschäftigt, unseren schwer erkämpften Sieg zu feiern, sodass wir – eine Ironie der Geschichte – die schrecklichen Gräueltaten in unserem nördlichen Nachbarland kaum zur Kenntnis nahmen. Seitdem scheinen unsere Länder durch eine merkwürdige Laune des Schicksals untrennbar miteinander verbunden zu sein. Die Einladung nach Ruanda kam nicht ganz unerwartet. Im selben Jahr hatte bereits eine Delegation von *World Vision*, einer internationalen christlichen Organisation in Ruanda, das Traumazentrum besucht. Die Organisation bemühte sich nach Kräften, der Bevölkerung bei der Überwindung der Nachwirkungen des Völkermords beizustehen. Ihre dortigen Mitarbeiter hatten von dem Seelsorgeprojekt des Traumazentrums erfahren, und einige waren gekommen, um sich selbst ein Bild von unserer Tätigkeit zu machen. Während ihres Besuchs nahmen sie auch an einem Workshop teil und luden uns dann später ein, bei ihnen ebenfalls einen Workshop durchzuführen. Mir war allerdings nicht ganz wohl bei dem Gedanken daran. Ich fragte mich, ob ich denn einem Land, das noch versuchte, das unfassbare Ausmaß des Völkermords zu begreifen, überhaupt etwas zu bieten hatte.

Brenda Rhode, eine unserer erfahrensten Seminarleiterinnen, begleitete mich. Für uns beide war es ein emotional zermürbendes Erlebnis. Die Ruander hatten beschlossen, einige Stätten des Völkermords unberührt zu lassen. Ich fragte mich nervös, ob und wie ich den Anblick von Tausenden von Leichen in unterschiedlichem Verwesungszustand ertragen würde. Als ich meine Bedenken einem ruandischen Freund anvertraute, schaute er mich an und erwiderte leise: „Aber Pater, wenn Sie es nicht verkraften können, wie sollen wir es dann schaffen?" In dem Moment verstand ich, was von mir erwartet wurde, und ich betete inbrünstig darum, mich der Aufgabe gewachsen zu zeigen. Es ist letzten Endes nur menschlich, zutiefst bewegt zu sein. Schließlich würde wohl etwas mit uns nicht stimmen, wenn wir solche Dinge mit ansehen könnten, ohne zutiefst ergriffen zu sein.

Wir wurden zu Stätten geführt, an denen noch vier Jahre nach dem Völkermord abscheuliche Berge von Skeletten lagen, viele noch mit Fetzen der Kleidung umhüllt, die die Opfer getragen hatten. Als besonders schrecklich empfand ich, dass viele Menschen auf Kirchenaltären ermordet worden waren. Wir Menschen hatten dies getan. Unsere Mitchristen hatten dies begangen. Was bedeutet es, Teil einer Menschheit zu sein, die zu solchen Gräueltaten fähig ist? Der Völkermord wurde in Kirchen begangen. Als Christ empfand ich dies als Frontalangriff auf meinen eigenen Glauben. Wie konnte so etwas geschehen? Was sagt es über das menschliche Verständnis des Evangeliums aus? Es waren niederschmetternde Gedanken.

An unserem von *World Vision* organisierten Healing-of-Memories-Workshop nahmen fast ausschließlich Überlebende des Völkermords teil sowie Angehörige der Ermordeten. Zuvor wurde uns erklärt, dass ruandische Männer nicht weinen, aber wir entdeckten, dass sie durchaus dazu in der Lage waren und es auch taten, wenn es ihnen gestattet wurde und sie sich sicher fühlten und von mitfühlenden Menschen umgeben waren. Das fällt uns immer wieder auf in Ländern, in denen Männer angeblich nicht weinen: Sie nehmen die Gelegenheit dazu bereitwillig wahr, wenn das Umfeld stimmt. Wir im Institut brauchen nicht unbedingt weinende Menschen, aber Weinen gehört zur menschlichen Reaktion auf schreckliche Geschehnisse. Für viele Workshopteilnehmer war dies eine Gelegenheit, ihre innersten Gefühle im Zusammenhang mit dem Völkermord und dem Ausmaß ihres Verlustes aufzuarbeiten. Für die meisten in Ruanda wird es lange dauern, bis sie sich völlig erholt haben, wenn es überhaupt möglich ist, aber meines Erachtens ist es uns gelungen, denjenigen Teilnehmern eine heilende Hand zu reichen, die uns genug vertrauten, um ihre furchtbaren Erlebnisse mit uns zu teilen.

Die Widerstandsfähigkeit des menschlichen Geistes kann gar nicht überbewertet werden. Ich denke da an einen Workshop, den wir mit Opfern der *Lord's Resistance Army* (Widerstandsarmee des Herrn) im Norden Ugandas abhielten. Die Grausamkeiten, von denen die Menschen dort berichteten, waren bisweilen fast unerträglich. Die Brutalitäten, die sie über sich ergehen lassen mussten, schienen kein Ende zu nehmen. Ein Wort, das ich in diesem Zusammenhang gerne verwende, ist „Abdruck“: Einige dieser Erlebnisse hinterlassen einen Abdruck. Sie prägen uns, fast so als sei es ein Brandzeichen. An dem Workshop nahm eine Frau teil, die beide Beine verloren hatte. „Wisst ihr, ich war Kleinbäuerin, bevor ich meine Beine verlor, und bin es heute immer noch“, sagte sie zu den anderen, die ebenfalls verstümmelt waren. Sie wollte damit ausdrücken: „Es ist in Ordnung. Ich lebe mein Leben.“ Sie wandte sich an die anderen, die zum Teil die Hoffnung aufgegeben hatten, und diente so als lebendes Beispiel für einen möglichen Ausweg. Ich denke, dass wir dazu berufen sind, ein Zeichen der Hoffnung darzustellen, aber dafür müssen wir imstande sein, unsere eigenen Wunden zu behandeln. Bei unserer Arbeit überall auf der Welt empfinde ich immer wieder Hochachtung vor denjenigen, die Opfer furchtbarer Gewaltakte wurden und dennoch tief in ihrem Inneren etwas fanden, das es ihnen in gewisser Weise ermöglichte, mit Frieden und Hoffnung in die Zukunft zu blicken und ein Lichtzeichen für andere zu sein.

Die Workshops in der Riverside Church und in Ruanda stellten einen Wendepunkt für meine Auffassung von unserer künftigen Arbeit dar. In diesen beiden Fällen hätte die Situation nicht unterschiedlicher sein können, doch beide Male brachten sich die Teilnehmer voll und ganz in den Prozess ein. Der menschliche Schmerz kennt keine geografischen, kulturellen oder sozialen Grenzen. Mit Gottes Hilfe hatten wir offenbar eine Methode gefunden, die die Menschen in all ihrer Vielfalt ansprach. Im Lauf der Zeit merkte ich, dass sich unserer Arbeit ein weitaus größeres Wirkungsfeld erschloss, als ich es je zu hoffen gewagt hätte. Allerdings treten wir auch nie unaufgefordert in Aktion. Vielmehr reagieren wir immer auf Einladungen von Partnern, die uns um Hilfe bitten. Ich brauchte mir aber keine Sorgen zu machen. Es dauerte gar nicht lange, bevor zahlreiche Anfragen aus dem Ausland eintrafen.

Im Rahmen unserer Partnerschaft mit dem südafrikanischen Kirchenrat veranstalteten wir weiterhin Workshops in ganz Südafrika. Hier geht es hauptsächlich um Vorfälle aus der Zeit der Apartheid, die direkt oder indirekt fast allen anderen Traumata zugrunde liegen. Außerdem bringen die Teilnehmer natürlich ihre eigenen Erfahrungen mit, sodass wir viele Themen behandelt haben, zum Beispiel Aussetzung und Missbrauch von Kindern,

Gewalt in der Ehe, Gewaltverbrechen und politische Gewalttaten sowie die allgemeine armutsbedingte Gewalt.

Die Situation in KwaZulu-Natal (KZN) war besonders spannungsgeladen. Jahrelange Gewalt zwischen verschiedenen Bevölkerungsgruppen, von denen die einen traditionell Anhänger des ANC waren, die anderen Unterstützer des rivalisierenden *Inkatha Freedom Party* (IFP), hatte tiefe Risse im sozialen Gefüge hinterlassen. Der Ursprung der Gewalt geht zwar zum Großteil auf den Apartheidstaat zurück, aber, einmal ausgelöst, geriet sie außer Kontrolle, und ein mörderischer Bruderkrieg zerrüttete die Provinz viele Jahre lang bis zu den Wahlen von 1994 und darüber hinaus. Ungeheilte Wunden schmerzten weiterhin unter der Oberfläche, doch in den ersten Jahren nach der Jahrtausendwende hatte sich der Konflikt so weit entschärft, dass wir an den ehemaligen Brennpunkten in Zusammenarbeit mit einer dort ansässigen Organisation Healing-of-Memories-Workshops abhalten konnten. Die durch die politischen Konflikte ausgelösten sozialen Unruhen führten zu krimineller und häuslicher Gewalt in Familien und Gemeinden. Sie trugen auch dazu bei, dass KZN zum Mittelpunkt der HIV/AIDS-Epidemie in Südafrika wurde. Der Schmerz aufgrund dieser traumatischen Erfahrungen, zum Beispiel die Stigmatisierung der HIV-Infizierten, trat in fast jedem Workshop zutage.

Wir arbeiteten weiterhin die Nachwirkungen der politischen Gewalt auf und gingen 2005 eine Partnerschaft mit der *Pietermaritzburg Agency for Christian Social Awareness* (PACSA) ein, um spezifische Workshops für HIV/AIDS-Infizierte und deren Umfeld anzubieten. 2007 ernannten wir einen Vollzeit-Koordinator, Mpendulo Nyembe, für KZN, und 2009 nahm eine Niederlassung in der Gegend von Durban ihre Arbeit auf. Unsere HIV/AIDS-Workshops werden in Verbindung mit anderen, bereits existierenden HIV/AIDS-Hilfegruppen angeboten, sodass kontinuierliche Unterstützung gewährleistet ist. Durch Angst ausgelöste Intoleranz ist in Südafrika immer noch weit verbreitet, und infizierte Menschen leiden deshalb oft im Stillen, weil sie befürchten, diskriminiert oder von ihren Familien verlassen, ja sogar Opfer von Gewalttaten zu werden. „Lange bevor dieses Virus mich tötet, wird mich die Einsamkeit umbringen“, sagte eine Mitarbeiterin einer Partnerorganisation, die selbst mit HIV lebt. So begannen wir, die Menschen als „mehrfach verwundet“ zu betrachten. Zum Beispiel nahm eine betagte Großmutter an einem unserer Workshops teil, deren Schmerz typisch war für die Menschen in ihrer Gemeinde. Mit ihrer vollkommen unzureichenden staatlichen Rente muss sie mehrere ihrer Enkelkinder ernähren. Beide Eltern der Enkelkinder, ihr Sohn und seine Frau, sind an AIDS gestorben. Diese Großmutter muss außerdem mit der unbewältigten Trauer um mehrere ihrer Kinder leben, die im Kampf gegen die Apartheid und bei den späteren gewaltsamen politischen Unruhen getötet wurden.

Südafrika ist kein Einzelfall. HIV/AIDS ist im ganzen Subkontinent verbreitet. 2007 und 2008 baten uns die *Norwegian Church Aid* und die norwegische Regierung, Mitarbeiter, die in Sambia und Malawi HIV/AIDS-infizierte Menschen betreuten, zu Seminarleitern auszubilden. Ziel war es, den Betreuern Schritt für Schritt zu ermöglichen, selbst Healing-of-Memories-Workshops abzuhalten.

Südafrika hat die am weitesten entwickelte Volkswirtschaft des Kontinents und ist daher zum Ziel vieler tausend Flüchtlinge von nah und fern – Simbabwe, der Demokratischen Republik Kongo, Ruanda und Burundi – geworden, die von Unsicherheit, Krieg, Hungersnot und Verfolgung bedroht sind. In Südafrika werden diese Flüchtlinge mit offenen Armen und herzlich empfangen, aber sie treffen auch auf Feindseligkeit und Gewalt. Manche unserer Mitbürger fürchten sie als Konkurrenten um knappe Arbeitsplätze und staatliche Leistungen, verstehen ihre Sprache nicht und verübeln ihnen ihre Gebräuche, die ihnen seltsam erscheinen. Als Institut haben wir öffentliche Diskussionen organisiert, um die Fremdenfeindlichkeit zu bekämpfen, und haben Gewalt gegenüber Flüchtlingen scharf verurteilt. Viele von ihnen sind ohnehin schon vom Krieg und durch den Tod oder das Verschwinden von Angehörigen in ihren Heimatländern traumatisiert. Seit mehreren Jahren arbeiten wir mit Flüchtlingsorganisationen zusammen, um Healing-of-Memories-Workshops für ihre Zielgruppen, meist Frauen, anzubieten. Diese Workshops sind eine große Herausforderung, nicht zuletzt weil in einem einzigen Workshop oft mehrere Sprachen gesprochen werden. Manche Flüchtlinge waren Opfer unsagbarer Gewaltexzesse, die sie verstört, misstrauisch und emotional anfällig zurückließen. Die Workshops erfordern deshalb besonders sensible und feinfühlige Seminarleiter. Gleichzeitig erzählen uns manche Teilnehmer auch, dass sie danach mehr Selbstvertrauen haben, um ihre schwierigen Lebenssituationen angehen zu können, und auch den Eindruck gewonnen hätten, dass es noch Südafrikaner gibt, die helfen wollen. Ein unerwarteter Erfolg dieser Arbeit zeigte sich darin, dass Frauen aus verschiedenen Ländern, die in derselben Flüchtlingsunterkunft lebten, während des Workshops Solidaritätsgefühle entwickelten. Eine Frau drückte es so aus:

> Ich wohne in einem Flüchtlingsheim mit der Belastung und der Depression, die ich aus meinem Land mitbrachte. Die Frauen dort haben keine Zeit, miteinander zu reden, weil alle mit ihren eigenen Problemen beschäftigt sind und wir einander auch misstrauen. Außerdem haben wir keinen sicheren Ort, an dem wir meditieren oder unsere Erfahrungen ungestört austauschen können.

Der Zusammenhalt mit den Frauen aus anderen Ländern, den sie gefunden habe, werde ihr das Leben in der Unterkunft erleichtern. Sie könnten nun zusammenkommen und ihre Interessen besser vertreten. Nach schweren gewaltsamen Übergriffen auf Ausländer im Jahr 2009 änderten wir unsere Taktik und brachten Südafrikaner und Ausländer in einem Workshop zusammen, um das gegenseitige Verständnis zu fördern.

Bereits seit geraumer Zeit schwebte mir vor, Healing-of-Memories-Workshops in Gefängnissen abzuhalten, und so begannen wir 2005 mit einer Reihe von Gefängnisworkshops, die bis heute durchgeführt werden. Die Häftlinge haben zwar anderen Menschen Schlimmes zugefügt, sind aber meistens selbst auch Opfer schwerer Misshandlungen. Die Öffentlichkeit sieht nur den Täter, aber tief in ihrem Inneren tragen diese Männer alte, schwärende Wunden, die Jahre später als kriminelles Verhalten an die Oberfläche traten und sie schließlich ins Gefängnis brachten. Wir versuchen mit Hilfe von Healing-of-Memories-Workshops, diesen Teufelskreis zu durchbrechen, sodass Opfer nicht zu Tätern werden. Dazu räumen wir dem Schmerz der Vergangenheit gebührenden Raum ein und helfen den Insassen, den Zusammenhang zu erkennen zwischen den von ihnen selbst erlittenen Misshandlungen und dem, was sie anderen angetan haben. Wenn Häftlinge in kleinen Gruppen unter dem Schutz der Schweigepflicht und als Mensch geachtet ihre Geschichten erzählen können, dann brechen sich aufgestaute Gefühle wie Wut, Schmerz, Zurückweisung, Schuld und Scham Bahn. Sie stellen dann oft ganz spontan selbst den Zusammenhang her zwischen den Misshandlungen, die sie erlitten haben, und ihren Vergehen gegenüber anderen. Dies ist meines Erachtens Voraussetzung dafür, dass Täter wahre Reue empfinden und Verantwortung für ihr Verhalten übernehmen können. Wir haben auch die Erfahrung gemacht, dass Täter nicht selten in einem Folgeinterview berichten, Kontakt zu den Menschen aufgenommen zu haben, die von ihnen verletzt wurden, um sie um Entschuldigung zu bitten und sich um Wiedergutmachung zu bemühen. Wenn unser Healing-of-Memories-Workshop als Teil eines Seminars über wiederherstellende Gerechtigkeit gegeben wurde, waren diese Ergebnisse noch eindeutiger.

Ich werde oft gefragt, welche Beweise uns denn dafür vorliegen, dass Healing-of-Memories-Workshops das Leben der Teilnehmer beeinflussen. Von Anfang an baten wir Teilnehmer am Ende eines Workshops, einen Fragebogen auszufüllen und uns mitzuteilen, wie sie diese Erfahrung empfunden hatten. Die Anworten waren überwältigend positiv. Die meisten unserer Seminarleiter bestätigen auch, dass sie sich ehrenamtlich engagieren, weil ihr erster Healing-of-Memories-Workshop ihr Leben verändert hat. Wir haben also viele Anhaltspunkte, sehen aber selbstverständlich ein, dass eine systematischere Analyse der Beweise erforderlich ist.

Als Vorbereitung auf eine formelle Studie führten wir Gespräche mit ausgewählten Mitgliedern mehrerer Partnerorganisationen. In einem Fall berichtete eine Sachbearbeiterin einer Organisation, die sich für misshandelte Kinder einsetzt, dass Healing-of-Memories-Workshops die Gefühle junger Mädchen, die entführt und zur Prostitution gezwungen worden waren, so weit geweckt hatten, dass sie zum ersten Mal am normalen Behandlungsprogramm teilnehmen konnten. Eine Professorin für soziale Entwicklung berichtete, dass sie ihre Studenten zu Healing-of-Memories-Workshops schickt, weil sie dort grundlegende Zuhörtechniken erlernen und dadurch bessere Sozialarbeiter werden. Vor kurzem haben wir in Zusammenarbeit mit der Universität des Westkaps ein Programm eingeführt, durch das unsere Seminarleiter eine Bescheinigung der Universität erhalten können.

2006 führten wir dank eines Forschungsstipendiums des Rehabilitations- und Forschungszentrums für Folteropfer (RCT) in Kopenhagen eine formellere Auswertung unserer Workshops durch. Es ging dabei um Seminarleiter und ehemalige Teilnehmer. Besonders interessierte uns, ob die Workshops sich nachhaltig auf das Leben der Teilnehmer auswirkten. Dazu führten wir Gespräche und verschickten einige Monate nach einem Workshop Fragebögen an die Teilnehmer. Die Antworten waren durchaus positiv, wie etwa das folgende Beispiel:

> Viele Jahre lang war ich wütend auf meine Mutter und hasste sie. Das hinderte mich daran, zu verzeihen und mich mit ihr zu versöhnen. Während des Workshops wurde mir klar, dass ich diejenige bin, die die Last trägt, und dass diese Last mich langsam aber sicher zerstört. Kurz nach dem Workshop fasste ich den Entschluss, meine Mutter aufzusuchen und mit ihr zu reden. Wir haben uns nun versöhnt, und ich habe ihr verziehen. Seitdem haben wir eine neue Beziehung aufgebaut.

Die Teilnehmer waren auch realistisch. Sie wussten, dass dies nur ein erster Schritt war. So wurde uns zum Beispiel gesagt:

> Ich schaffte es, die Wut und die Schuldgefühle loszuwerden, die sich während meiner Kindheit und Jugend unter der Apartheid in mir festgesetzt hatten. Das heißt nicht, dass all mein Schmerz vergangen ist, aber wenn ich mir vor Augen führe, wie ich vor dem Workshop war, dann fällt mir auf, dass der Schmerz sich jetzt verändert hat.

Die Workshops beeinflussten auch das Verständnis zwischen den Ethnien.

> Ich war ein Weißer in einer überwiegend schwarzen Gruppe. Durch unsere Arbeit in der kleinen Gruppe fühlte ich mich trotzdem als Mensch akzeptiert und ermutigt, mich so zu geben, wie ich bin. Es ist mir wichtig, von Schwarzen akzeptiert zu werden, wegen der Geschichte unseres Landes.

Seminarleiter, die befragt wurden, erzählten, warum sie sich ehrenamtlich engagierten. Einer sagte:

> Es motiviert mich immer wieder, wenn ich sehe, wie Teilnehmer die Last ihrer Vergangenheit ablegen … ich einen Teilnehmer sagen höre: „Das

brauche ich nicht mehr mit mir herumzutragen. Ich brauche es nicht festzuhalten. Ich möchte nach dem Workshop mit dem Gefühl nach Hause gehen, es richtig gemacht zu haben."

Andere Studien kamen auch zu positiven Ergebnissen, unter anderem drei Doktorarbeiten, eine davon aus Südafrika und zwei aus den USA.

Ein zweiter wichtiger Bereich unserer Tätigkeit in Südafrika ist die Arbeit mit Jugendlichen, die zu jung sind, um die Apartheid miterlebt zu haben. „Wir sind eigentlich weniger hier, um geheilt zu werden, als um zu erfahren, was unsere Eltern unter der Apartheid erlebt haben, denn sie reden nicht gerne darüber", sagten uns einige bei einem Healing-of-Memories-Workshop. Als ich darüber nachdachte, sah ich ein, dass wir diese jungen Menschen – die erste Generation, die nach der Apartheid aufgewachsen war und die dennoch ihre Nachwirkungen spürte – einbeziehen mussten, wenn wir als Land die Fehler der Vergangenheit nicht wiederholen wollten. Während meiner USA-Reisen war ich zufällig auf die Organisation *Facing History and Ourselves* (Sich der Geschichte und uns selbst stellen) aufmerksam geworden. Sie unterstützt Organisationen in anderen Ländern dabei, Lehrmaterial für den Geschichtsunterricht und den Aufbau einer Kultur der Menschenrechte auszuarbeiten. Wir begannen eine Partnerschaft und entwarfen gemeinsam einen innovativen Lehrplan, in dem eigens erstelltes Audio- und Videomaterial sowie erfahrungsbezogene Übungen verwendet werden, um die Geschichte der Apartheid zu lehren, und durch den die Schüler ermutigt werden, das Gespräch mit ihren Eltern zu suchen. Sie werden dazu angehalten, darüber nachzudenken, was sie im Südafrika nach der Apartheid im Alltag tun können, um unter ihren Mitschülern eine Menschenrechtskultur zu entwickeln. „Ausbildung muss eine moralische Komponente haben, wenn man will, dass Menschen dadurch menschlicher werden", sagte unsere damalige Jugendkoordinatorin Themba Lonzi sehr treffend.

Vor kurzem haben wir auch unser Jugendprogramm umgestaltet, um junge Menschen zu fördern, die das Potential haben, Führungskräfte zu werden, und die dann hoffentlich wiederum das Leben anderer beeinflussen. Wir haben in drei Gemeinden in Kapstadt ein einjähriges Programm gestartet, in dem wir uns darauf konzentrieren, das Wissen und die Führungskompetenzen von dreißig jungen Menschen zu fördern. Die Jugendlichen besuchen Ausbildungsseminare und haben in ihren Wohnvierteln Jugendgruppen zur Wiederherstellung der Humanität gegründet. Im Rahmen ihrer Recherchen über den Einfluss der Wunden der Vergangenheit auf die Gegenwart besichtigen sie wichtige Stätten der Apartheidgeschichte und üben ihre Führungskompetenzen, indem sie unter Aufsicht Jugendveranstaltungen in ihren eigenen Gemeinden organisieren. Sie werden ermutigt, ihren eigenen Weg zu finden, um eine humanere und gewaltlose Gesellschaft aufzubauen. Am Ende des Jahres müssen sie eine Fallstudie vorlegen, die auf ihren Beobachtungen und

Analysen basiert, sowie eine selbstkritische Betrachtung ihrer Initiativen abgeben. Das Programm läuft jetzt auch in KwaZulu-Natal an.

Unser dritter Arbeitsbereich betrifft ehemalige Kämpfer. 2002 eröffneten wir ein umfangreiches Sozialentwicklungsprogramm für sie. Während der Apartheid schlossen sich viele Jugendliche im Schulalter dem Befreiungskampf an, einige kehrten dem Land den Rücken und gingen ins Exil. Die meisten verpassten ihre Schulzeit. Nun sind sie erwachsen und unausgebildet. Viele leben im Elend und haben das Gefühl, dass ihre Opfer nicht anerkannt wurden und so werden sie oft leichte Beute für kriminelle Elemente. Sie werden manchmal als die verlorene Generation bezeichnet. In unserem Programm boten wir eine Mischung aus Berufsberatung, Ausbildung, persönlicher Beratung und Healing-of-Memories-Workshops an. Sein Name, Ndabikum – „Nun ist es an mir“ – unterstrich die beiden vordringlichen Ziele des Programms: den persönlichen Beitrag dieser Menschen anzuerkennen und darauf zu bestehen, dass sie ihrer Verantwortung gerecht werden, indem sie die angebotene Hilfe in Anspruch nehmen. Leider versiegte die finanzielle Unterstützung durch den Staat, sodass das Programm nie richtig in Gang kam. Wir hoffen, künftig die langfristige Finanzierung des Projektes wieder in ausreichendem Maß gewährleisten zu können. Der Bedarf besteht immer noch.

14

Kuba

Kurz nach meiner Ankunft in Südafrika erfuhr ich von Bischof Colin Winter zum ersten Mal etwas über Kuba. Er beschrieb Kuba mit biblischen Worten als ein Land, das für arme Menschen eine frohe Botschaft bereithält. Ich wünschte mir, eines Tages selbst zu erfahren, wie eine sozialistische Gesellschaft aus der Nähe aussieht. Ich bewunderte Bischof Winter, weil er als Anglikaner furchtlos die ungerechte und rassistische Ausbeutung namibischer Wanderarbeiter durch die südafrikanische Kolonialregierung kritisierte und seinen Worten auch Taten folgen ließ, indem er kirchliche Mittel zu ihrer Verteidigung einsetzte. Er wurde daraufhin aus Namibia ausgewiesen, wie auch ich bald aus Südafrika ausgewiesen werden sollte. Seine Freimütigkeit hinterließ einen tiefen Eindruck bei mir, der ich als junger Pfarrer den Schock meiner ersten Begegnung mit der Apartheid noch nicht verdaut hatte. Durch Colin Winter fühlte ich mich in meiner Überzeugung bestärkt, dass das Engagement für Gerechtigkeit untrennbar mit dem Evangelium verbunden ist und auch sein sollte, wodurch wiederum mein Interesse an Kuba zunahm. Erst 1985, als ich für den Lutherischen Weltbund in Simbabwe arbeitete, bekam ich jedoch Gelegenheit, nach Kuba zu reisen. Was ich dort sah, beeindruckte mich sehr, nicht nur, weil dieses Land eine egalitäre Gesellschaftsordnung anstrebte, sondern auch, weil es durch die militärische und medizinische Unterstützung anderer hilfebedürftiger Länder im Namen der Befreiung beispielhaft internationale Solidarität demonstrierte.

Ich bin Kuba sehr zu Dank verpflichtet, und zwar für das, was es mir persönlich gegeben hat, aber auch für seinen Beitrag zur Freiheit der Länder im südlichen Afrika. Kubas Bemühungen, eine Gesellschaft zu formen, die die Belange der Armen berücksichtigt, sind beispielhaft. Obwohl es ein armes Land ist, gewährte es anderen Entwicklungsländern, darunter Südafrika, technische Unterstützung. Während meiner Zeit in Simabwe lernte ich dort lebende Kubaner kennen und war mit dem Botschafter befreundet. Nur eine Woche vor dem Bombenanschlag war ich noch dort, und danach wurde mir von Kuba kostenlose medizinische Behandlung angeboten. Als der Botschafter mich im Krankenhaus besuchte, versprach ich ihm, mich bei meiner Rückkehr nach Südafrika für Kubas Großzügigkeit dankbar zu zeigen. Als Ausdruck meiner Dankbarkeit gründete ich mit einer Gruppe gleichgesinnter Südafrikaner die *Friends of Cuba Society* (Freunde Kubas). Ich wurde der erste Landesvorsitzende der Gesellschaft und blieb bis vor kurzem ihr Vorsitzender in Kapstadt.

Im Laufe der Jahre war ich oft auf Kuba und bin dort inzwischen sehr bekannt. Für die Kubaner weist meine Geschichte – ebenso wie für mich selbst – Parallelen zum Leben Che Guevaras auf. Er kam als Ausländer nach Kuba und kämpfte an Fidels Seite. Außerdem, dessen waren sich die Kubaner vielleicht nicht bewusst, fühle ich mich Che Guevara persönlich eng verbunden, weil ihm bei seinem Tod 1967 in Bolivien die Hände abgehackt wurden. Obwohl ich im Vergleich nur ein kleines Licht bin, sind wir uns also doch in manchem ähnlich. Ches Leichnam wurde nach Kuba überführt und in einem Mausoleum in Santa Clara beigesetzt, wo er in der letzten siegreichen Schlacht der kubanischen Revolution gekämpft hatte. Ich pilgerte dorthin und legte an seinem Grab Blumen nieder. Es war für mich ein zutiefst ergreifender Augenblick.

1996 wurde ich vom kubanischen Staatsrat geehrt: In Havanna wurde mir die kubanische Freundschaftsmedaille verliehen, und das kubanische Fernsehen drehte in Südafrika einen preisgekrönten Dokumentarfilm über mein Leben. Als ich, kurz nachdem der Film auf Kuba erschien, auf einem Straßenmarkt in Havanna einkaufte, sprach mich ein Souvenirverkäufer an und erzählte meine Lebensgeschichte nach, die er gerade im Fernsehen gesehen hatte. Für meinen Beitrag zur Befreiung Südafrikas und für meine Unterstützung seines Landes sollte ich mir anschließend eines der Souvenirs aussuchen.

Ich war daran gewöhnt, dass arme Entwicklungsländer, die ich besuchte, protzige Stadien, glanzvolle Luxushotels und prachtvolle öffentliche Gebäude errichteten. Kuba setzte offensichtlich völlig andere Prioritäten. Die Regierung vernachlässigte das äußere Erscheinen der Hauptstadt Havanna, um mehr Geld in Projekte investieren zu können, die der Bevölkerung zugute kamen und soziale Bedürfnisse deckten. Auf Kuba konnte ein Kind von der Kindertagesstätte bis zur Hochschule auf Kosten des Staates ausgebildet werden. Offensichtlich musste niemand Hunger leiden, und im Gegensatz zu anderen armen Ländern waren auf der Straße keine Bettler zu sehen. Das Gesundheitswesen gewährleistete, dass es in jedem Ort, auch in ländlichen Gegenden, Ärzte gab, die in ihrer Gemeinde wohnten und nicht in teuren Häusern in den Vorstädten der Reichen. Jeder hatte eine Arbeit und ein Zuhause, so bescheiden es auch sein mochte. Natürlich wurde viel davon durch die Unterstützung der damaligen Sowjetunion ermöglicht. Die sozialistischen Länder boten Kuba eine Lebensader im Austausch gegen Zucker und landwirtschaftliche Güter. Nachdem 1989 die Mauer in Berlin gefallen war, nur vier Jahre nach meinem ersten Kubabesuch, blieb diese Unterstützung größtenteils aus. Die unerbittliche Feindseligkeit der USA bescherte Kuba schwere Zeiten, und einige der Errungenschaften begannen zu bröckeln. Dennoch habe ich heute noch gewaltigen Respekt vor dieser äußerst armen Gesellschaft mit ihrer funktionierenden Gesundheitsfürsorge, einer niedrigen Kindersterblichkeitsrate, einem guten Bildungssystem und hervorragenden Leistungen im sportlichen und kulturellen Bereich. Als südafrikanischer Besucher, der sich innig auf die langersehnte Befreiung seines eigenen Landes freute, empfand ich diese Leistungen als sehr ermutigend.

Aus der Ferne wird Kuba bisweilen als „gottlose Gesellschaft“ angesehen. Es trifft zwar zu, dass die staatlichen Programme nicht auf dem christlichen Glauben beruhen, aber ich habe mich als Priester hier dennoch willkommen gefühlt. Auf einer Fahrt nach Guantanamo machte ich die Bekanntschaft von Pfarrer Juan Ramon de la Paz, dem Dekan der Kathedrale in Havanna. Wir wurden Freunde. Ich wurde eingeladen, dort zu predigen und gemeinsam mit ihm die Messe zu lesen. Im Jahr 2000, während ich auf Kuba war, erkrankte und starb Mosia Makhaya, der dortige südafrikanische Botschafter. Ich bin dankbar dafür, dass ich dem Botschafter, mit dem ich auch befreundet war, in seinen letzten Stunden als Seelsorger zur Seite stehen konnte. In der überfüllten Kathedrale von Havanna hielt ich später den Gedenkgottesdienst für ihn. Bei einem anderen Kubaaufenthalt besuchte ich am Gründonnerstag eine sehr kleine Kirche, deren Gemeinde hauptstächlich aus Einwanderern bestand, die Jahre zuvor aus der Karibik nach Kuba gekommen waren. Sie konnten Ostern frei nach ihrem Glauben feiern. Ich sprach auch im Martin-Luther-King-Zentrum in Havanna, einer ökumenischen Organisation, die sich für christliche soziale Verantwortung und allmähliche gewaltlose Veränderungen einsetzt. Die Ansicht, dass Kuba Religion grundsätzlich ablehnt, wird außerdem in einem Buch mit dem Titel „Fidel and Religion: Conversations with Frei Bretto on Marxism and Liberation Theology“ (Nachtgespräche mit Fidel. Autobiographisches, Kuba, Sozialismus, Christentum, Theologie der Befreiung), in Frage gestellt, das 2006 veröffentlicht wurde. In diesem Buch spricht Fidel über die Vereinbarkeit von Befreiungstheologie und Sozialismus. Kuba ist sicherlich kein besonders gläubiges Land, aber seine Weltanschauung zeugt von ausgeprägter Spiritualität. Es gibt wohl Menschen, die sich darüber beschweren, wie schwer die Kirche es hat, aber es gibt auch diejenigen, die die Errungenschaften und Vorteile der Revolution zu schätzen wissen. Im Laufe der Jahre habe ich unter den kubanischen Christen gute Freunde gewonnen. Sie mögen durchaus ihre eigenen kritischen Ansichten haben, dennoch betrachten sie die Politik der Regierung als eine Verkörperung der Werte des Evangeliums.

So sehr ich die ungeheuren Errungenschaften der Revolution auch bewundere, lehne ich einige ihrer Maßnahmen ab. Natürlich trifft dies auch auf meine Haltung gegenüber Südafrika zu. So waren bereits bei meiner ersten Kubareise 1985 Anzeichen autoritärer Staatsgewalt in der Gesellschaft erkennbar. Ich konnte zwar nichts Offenkundiges feststellen, war mir aber bewusst, dass Widerspruch nicht gern gesehen wurde. Und natürlich ist Kuba ein Einparteienstaat. Dessen ungeachtet setzte das Land alles daran, die

Grundbedürfnisse seiner Bevölkerung zu decken, und das inspirierte mich als Christ. Damals war es wohl das einzige Land Lateinamerikas, in dem kein Kind hungrig zu Bett gehen musste. Mir war also durchaus klar, dass es Aspekte gab, mit denen ich vielleicht nicht einverstanden war, aber es gab auch herausragende Errungenschaften. Ironischerweise untersteht der einzige Teil Kubas, in dem Menschen gefoltert und auf unbestimmte Zeit ohne Gerichtsverfahren inhaftiert werden, der Gerichtsbarkeit der USA.

Ein Thema, das mich seit Jahren beunruhigt, ist der Status von Schwulen und Lesben in vielen Ländern. In den meisten sozialistischen Ländern sind homophobe Tendenzen deutlich erkennbar, und Kuba bildet da keine Ausnahme. Das Land hat aber im Laufe der Zeit eindeutige Fortschritte gemacht. Der preisgekrönte Film „Erdbeer und Schokolade" stellte bereits vor zehn Jahren einen Durchbruch dar. In dem Film geht es um die Freundschaft zwischen einem schwulen Mann und einem Mitglied der kubanischen kommunistischen Partei. Ich denke, dass der Film viele Kubaner dazu angeregt hat, die Frage der Rechte von Schwulen, Lesben, Bi- und Transsexuellen zu überdenken. Das zweite Thema, das mich sehr beschäftigt, ist die Todesstrafe, die ich immer abgelehnt habe. Ich habe mich in Südafrika für die Abschaffung der Todesstrafe eingesetzt und empfand die Verankerung ihres Verbots in der Verfassung als großen Triumph. In Kuba hingegen wurde 2003 eine Fähre gekapert, und innerhalb einer Woche wurden die Entführer vor Gericht gestellt, verurteilt und drei von ihnen wurden durch ein Erschießungskommando hingerichtet. Als ich im darauffolgenden Jahr nach Kuba eingeladen wurde, um über die Errungenschaften von zehn Jahren Demokratie in Südafrika zu sprechen, ergriff ich die Gelegenheit, die Abschaffung der Todesstrafe zu fordern, und erörterte das Thema in einem persönlichen Gespräch mit dem kubanischen Außenminister. Die Medien erwähnten meine Stellungnahme mit keinem Wort, aber privat sprachen sich auch einige Vertreter des Staates gegen die Todesstrafe aus.

Durch seine großzügige Unterstützung des ANC und der South West People's Organisation (SWAPO) zeigte uns Kuba, was internationale Solidarität bedeutet, und zwar nicht nur im militärischen Bereich, sondern auch durch die vielfältigen Bildungs- und Ausbildungsmöglichkeiten für eine große Zahl von Exilanten. Heute gibt es Spanisch sprechende Regierungsmitglieder in Südafrika, die in Kuba ausgebildet wurden. Kuba unterstützte den Freiheitskampf allerdings auch mit militärischen Mitteln. 1987-88 retteten kubanische Truppen die Lage, als sie zusammen mit den Angolanern bei der Schlacht von Cuito Cuanavale im südlichen Angola die südafrikanische Armee in die Enge trieben. Es war eine entscheidende Schlacht, in der den Südafrikanern ein Denkzettel verpasst wurde. Die Kubaner hätten viele Südafrikaner töten können, taten es aber nicht. Der Sieg der Befreiungstruppen stellte einen Wendepunkt dar, der Verhandlungen über die Unabhängigkeit Namibias nach sich zog und bereits die Freiheit Südafrikas vorausahnen ließ. 1998 reiste Fidel Castro nach Südafrika, um vor dem Parlament zu sprechen. Ich werde nie vergessen, dass es mir während seines Besuchs vergönnt war, ihn persönlich kennenzulernen und eine faszinierende dreistündige Sitzung zu leiten, in der er ausführlich die Strategie und die taktischen Schachzüge der Kubaner erläuterte, die in der Schlacht von Cuito Cuanavale zum Sieg geführt hatten. Ich glaube, dass der Westen Kuba einfach als Instrument der Sowjetunion ansah, doch Kuba war schon immer sein eigener Herr. „Wir gingen nach Afrika, und das einzige, was wir mit zurücknahmen, waren unsere Toten", beteuern die Kubaner zu Recht. Sie kamen nicht, wie die Kolonialmächte, wegen des Goldes, des Öls oder der Diamanten, und wir Mitglieder der Befreiungsbewegung schulden ihnen viel.

Weniger kontrovers, doch genauso vorbildlich, war das Beispiel kubanischer Ärzte und anderer Fachleute im Gesundheitswesen, die keine Mühe scheuten, zur Entwicklung anderer armer Länder beizutragen. Nicht nur eine Reihe mittelloser Afrikaner haben von der medizinischen Ausbildung durch kubanische Fachleute profitiert. Trotz des Embargos und der Feindseligkeit der USA hieß Kuba auch junge schwarze Amerikaner willkommen und bot ihnen eine kostenlose medizinische Ausbildung. Als Südafrika demokratisch wurde, schickten die Kubaner uns Ärzte und boten südafrikanischen Studenten eine medizinische Ausbildung an. Kubanische Ärzte waren bereit, in abgeschiedenen Regionen Südafrikas zu praktizieren, deren Betreuung junge südafrikanische Ärzte ablehnten. Sogar heute noch arbeiten Kubaner in unserem Land, darunter Ärzte, Wohnungsbausachverständige und Architekten. Es wird also weiterhin Solidarität praktiziert, und das nicht nur in Südafrika. Am 8. November 2011 veröffentlichte die New York Times einen Artikel über die Rolle, die Kuba bei der Bekämpfung der Choleraepidemie in Haiti spielte, nachdem nichtstaatliche Organisationen und andere Regierungen das Land sich selbst überlassen hatten. Das kubanische Engagement zeugt von Durchhaltevermögen. Dem Artikel nach haben die Kubaner die USA gebeten, als Beitrag zum Wiederaufbau des haitianischen Gesundheitswesens ein größeres Krankenhaus mitzufinanzieren, jedoch ohne konkretes Ergebnis.

Das rechtswidrige Embargo der Vereinigten Staaten gegen Kuba wirkt auf mich wie ein Kampf zwischen David und Goliath, der die wirtschaftliche Entwicklung Kubas schwer beeinträchtigt hat. Die Kubaner hingegen scheinen bisweilen an einer Kriegspsychose zu leiden, die wohl auf die äußeren Bedingungen zurückzuführen ist, die ihnen aufgezwungen wurden. Kuba befindet sich seit Jahrzehnten im Kriegszustand. Die Art von Sozialismus, die sich daraus entwickelt hat, und auch die staatlichen Sicherheitsmaßnahmen kann man zu Recht kritisieren. Gleichzeitig wundert man sich, warum die Vereinigten Staaten ihre Beziehungen zu Kuba nicht normalisiert haben, wie beispielsweise zu Vietnam, wo es doch auf beiden Seiten unzählige Tote gab. Die Abneigung der Vereinigten Staaten gegen den Sozialismus vor ihrer

Haustür hat etwas Krankhaftes. Als die USA die Freundschaft zwischen Kuba und dem neuen demokratischen Südafrika hinterfragten, erwiderte Präsident Nelson Mandela, er sei froh über die Freundschaft der USA. Aber andere Länder seien bereits vor den USA unsere Freunde gewesen, und daran habe sich nichts geändert. Er werde Freunde, die im Gegensatz zu anderen während der dunklen Zeiten des Kampfes zu uns gestanden haben, nicht im Stich lassen.

Es gab immer wieder castrofeindliche Extremisten, die von den USA aus Terrorakte planten. Um die nötigen Informationen zur Verhinderung von Anschlägen zu erhalten, schleuste die kubanische Regierung Spione in diese Terrorgruppen ein. Sie wurden von den Amerikanern entlarvt und verhaftet und dienten als willkommener Sündenbock. Sie wurden als die „Cuban Five" bekannt, 2001 in Miami angeklagt und verurteilt und befinden sich nun in verschiedenen Hochsicherheitsgefängnissen in den USA. Einer wurde vor kurzem auf Bewährung entlassen, darf aber weiterhin nicht in sein Land zurückkehren, und die anderen vier sitzen immer noch hinter Gittern. Eine der kleinen Gesten, mit denen ich versucht habe, die Schuld unseres Landes gegenüber Kuba abzutragen, bestand darin, einen von ihnen, Gerardo Hernandez, zu besuchen. Er wurde zu zwei lebenslangen Haftstrafen verurteilt, die er nacheinander verbüßen muss. Gerardo, ein hochdekorierter Veteran des Angolakriegs, hat seine Frau Adriana seit über acht Jahren nicht gesehen, weil die USA ihr unter Missachtung der allgemeinen Menschenrechte die Einreise verweigern. Für die beiden ist es besonders traurig, dass sie keine Kinder haben und Adrianas biologische Uhr weiter tickt, während Gerardo in Haft bleiben muss. Mehrmals wurde versucht, die Urteile gegen die Cuban Five anzufechten. Die USA erhoben jedoch jedes Mal Einspruch, und so blieben diese Anträge letztendlich erfolglos. Als Südafrikaner nehmen mich die Besuche bei Gerardo besonders mit, denn sie erinnern mich daran, wie auch unsere begabtesten Führer inhaftiert wurden, nicht etwa weil sie Verbrecher waren, sondern weil sie Freiheit und Gerechtigkeit für uns alle anstrebten.

Durch Kuba habe ich viel gelernt, doch zwei Erkenntnisse stechen für mich besonders hervor: Erstens ist Kubas Engagement im Rahmen der internationalen Solidarität für die Befreiung der Völker ein Beispiel, dem ich auf meine eigene bescheidene Weise zu folgen versuche. Mit dem Institute for Healing of Memories bemühen wir uns, Hilfe anzubieten, wo immer sie benötigt wird und die Mittel es zulassen, und dies gilt für alle Völker dieser Erde. Zweitens versuchte Kuba – auch wenn es im Bedarfsfall militärische Unterstützung anbot – vor allem, durch Hilfe im medizinischen Bereich und im Bildungswesen zur Heilung und zur Erschließung des vollen Potentials der Menschen beizutragen, und genau dies motiviert unsere Arbeit bei Healing of Memories. Der kubanische Staat ist wie alle anderen Länder nicht perfekt, aber er gibt ein Beispiel, das ich schätze und respektiere.

Teil IV

Eine weltweite Mission

GROW IN
PEACE

15

Ruanda und der Völkermord

Bald nach unseren erfolgreichen Workshops in der Riverside Church und in Ruanda 1998 wurden wir immer häufiger eingeladen, Healing-of-Memories-Workshops abzuhalten. Dies nahm solche Ausmaße an, dass ich inzwischen Workshops auf allen Kontinenten außer in der Antarktis abgehalten habe und einen Großteil meines Lebens im Flugzeug verbringe. Allein in Afrika haben wir nicht nur in Südafrika, sondern auch in Namibia, Simbabwe, Lesotho, Malawi, Sambia, Uganda, Ruanda, Burundi und Eritrea Workshops durchgeführt. In einigen Fällen entwickelten sich daraus langfristige Beziehungen. Die Saat eines einzigen Besuchs kann keimen und sich auf unvorhersehbare Weise entwickeln. In manchen Fällen werde ich womöglich nie davon erfahren. Das ist auch nicht wichtig. Wesentlich ist, dass sich die Menschen angesprochen fühlen und sich ihr Leben verändert, wodurch sie wiederum das Leben anderer positiv beeinflussen können – wie, das weiß vielleicht nur Gott.

Die Menschen sind manchmal überrascht, dass Healing of Memories trotz unterschiedlicher Kulturen, Glaubensrichtungen und politischer Gegebenheiten so bereitwillig angenommen wird. Einer der Gründe liegt meines Erachtens darin, dass die Workshops zwar klar strukturiert sind, die Teilnehmer aber alles einbringen können, was ihnen persönlich oder allen gemeinsam etwas bedeutet. In meinem Fall dienen meine sichtbaren Verletzungen als Ausgangspunkt. Wenn die Menschen sehen, dass ich keine Hände habe, kommt keiner auf den Gedanken zu sagen: „Warum sind Sie hier? Sie wissen doch nichts vom Leiden." Das Leid der meisten Menschen mag weniger sichtbar sein als meines, aber Schmerz vereint uns auf einer zutiefst menschlichen Ebene. In Regionen wie Norduganda, wo die Lord's Resistance Army den Menschen Gliedmaßen abhackte und sie auch auf andere Art grausam verstümmelte, entsteht natürlich eine besondere Beziehung, doch überall dient meine Behinderung über alle Hürden hinweg als Anknüpfungspunkt.

Jede Situation, in der wir arbeiten, bringt ihre eigenen Herausforderungen mit sich. In Nordirland fiel mir beispielsweise auf, dass die Menschen auf beiden Seiten des Konflikts bisweilen um die Opferrolle konkurrierten. Beide Seiten sehen sich als die „wahren" Opfer und bezweifeln, dass das Leiden der anderen echt ist. In seinem Beitrag am Ende dieses Kapitels beschreibt Alistair Little, ein gewandter und feinfühliger Seminarleiter bei

Healing of Memories in Nordirland, die komplizierten emotionalen Ebenen, um die es in solch einer Situation geht. Alistair ist selbst ehemaliger Kämpfer. Seine Worte veranschaulichen die Flexibilität und das Wahrnehmungsvermögen, die die Seminarleiter überall dort brauchen, wo die Konflikte heftige Gefühle ausgelöst haben.

Durch meine Arbeit in zahlreichen Ländern habe ich gelernt, dass Geschichte und Geografie wohl einzigartig sind, wir als Menschen aber im Innersten überall dieselben zerstörerischen oder lebensbejahenden Emotionen empfinden. Deshalb werden durch unsere einfache, wirksame und sorgfältig angewandte Methode Menschen auf der ganzen Welt geheilt. Sie kommen mit tiefliegenden Schmerzen zu den Workshops. Seminarleiter zu sein kann emotional erschöpfend, bisweilen auch bedrückend sein, aber es ist auch ungemein bereichernd. Wir sind immer wieder ergriffen von der außerordentlichen Schönheit und Widerstandsfähigkeit der Menschen, besonders wenn die Teilnahme am Workshop ihr Leben verändert.

In diesem Kapitel sowie in den zwei darauffolgenden vermitteln wir einen Eindruck von unserer weltweiten Tätigkeit. Alle drei Kapitel zeigen, dass das Bedürfnis nach Heilung oft historischen Begebenheiten entspringt wie dem Kolonialismus oder politischen oder ethnischen Auseinandersetzungen. Dieses Kapitel handelt von unseren Erfahrungen in Ruanda, wo wir mit Überlebenden des Völkermords gearbeitet haben. Im nächsten Kapitel geht es um unsere Arbeit mit der indigenen Bevölkerung Australiens, insbesondere mit jenen, die als Kinder unter der offiziellen Politik von ihren Familien zwangsweise getrennt wurden und sie in vielen Fällen nie wiedergesehen haben. Sie werden als die Gestohlene Generation bezeichnet. In Kapitel 17 geht es um den endlos scheinenden Konflikt in Simbabwe und den hohen Tribut, den er von der Bevölkerung fordert. Wir hatten Gelegenheit, in jedes dieser Länder immer wieder zurückzukehren, und konnten dadurch dauerhafte Beziehungen entwickeln und ein Gefühl der Kontinuität und der Erfahrung über einen längeren Zeitraum hinweg vermitteln.

Nach unserem ersten Workshop in Ruanda im Jahr 1998 kehrte ich 2004, erneut auf Einladung von World Vision, dorthin zurück. Zehn Jahre waren seit dem Völkermord vergangen, und ruandische Freunde machten uns bereits im Vorfeld auf die vielschichtigen Probleme, die Herausforderungen und das Leid aufmerksam, die uns erwarteten. Als Südafrikaner reagiere ich manchmal ungehalten, wenn sich Besucher aus anderen Ländern wundern, dass wir in zehn Jahren Demokratie die Folgen der Apartheid immer noch nicht überwunden haben. Wir haben schon viele Fortschritte gemacht, und doch ist dies erst der Anfang. Genauso erging es den Menschen in Ruanda zehn Jahre nach dem Völkermord. Die Anwesenheit der internationalen Gemeinschaft bei den Feierlichkeiten zum zehnten Jahrestag des Völkermords, die Abbitte der Vereinten Nationen und anderer waren willkommener Balsam für die verwundeten Seelen, doch der Schmerz bleibt greifbar. Es lässt sich nicht leugnen, dass die Welt Ruanda im Stich gelassen hat, als Hunderttausende gnadenlos niedergemetzelt wurden.

An den ersten drei Tagen dort veranstalteten wir einen Healing-of-Memories-Workshop, an dem hauptsächlich Leiter der Pfingstkirchen und der evangelikalen Freikirchen teilnahmen. Gleich am ersten Tag bemerkten wir, dass die Pfarrer vor ihren zutiefst verletzten Gemeindemitgliedern treu im Glauben predigten, sie selbst aber ihre eigenen Erlebnisse nicht überwunden hatten. Manche zeigten sich auch beunruhigt über die Wirkung, die die vielen Leidensgeschichten bei ihnen hervorriefen. Einige Pfarrer von stark evangelikaler Überzeugung vertraten die Ansicht, dass sie aufgrund ihrer christlichen Identität anderen ethnischen Gruppen gegenüber keinen Hass und keine Bitterkeit mehr empfanden, da sie beides durch Beten überwunden hätten. Im Verlauf des Workshops erkannten sie jedoch, dass auch sie als Christen mit diesen Gefühlen ringen müssen und diese Auseinandersetzung nicht durch ihr Christsein beendet ist. Für einige stellte diese Erkenntnis einen Durchbruch dar. Die Teilnehmer empfanden die Erfahrung zwar als sehr positiv, doch zeigten sich einige enttäuscht über die Unausgewogenheit zwischen den beiden ethnischen Gruppen, da kaum Hutus anwesend waren. Dennoch entwickelte sich in den kleinen Gruppen, in denen beide Ethnien vertreten waren, ein intensiver Austausch, der für manche durchaus lebensverändernd sein könnte.

Am Tag nach dem Workshop sprach ich vor den Mitgliedern und den Mitarbeitern der Nationalen Einheits- und Versöhnungskommission. Als offizielles Staatsorgan unterscheidet sie sich in Bezug auf ihren Zuständigkeitsbereich und ihre Befugnisse von der Wahrheits- und Versöhnungskommission in Südafrika. Die ruandische Kommission war nur im weitesten Sinne als Ermittlungsbehörde tätig. Vielmehr war es ihre Aufgabe, Menschenrechtsverletzungen, Diskriminierungen und andere Übergriffe, die zu dem Völkermord geführt hatten, zu benennen und ihre Behandlung im Bildungswesen und in der öffentlichen Debatte zu fördern. Ich sprach auch über meinen Lebensweg und erläuterte den Kommissionsmitgliedern den Hintergrund, vor dem wir die Methode von Healing of Memories entwickelt haben. Manchen fiel es schwer zu verstehen, dass ich als Weißer am Befreiungskampf in Südafrika teilgenommen hatte.

Die juristische Aufarbeitung in Ruanda geht weiter und bringt wiederum ihre eigenen Probleme und Ängste mit sich. Zum Beispiel erzählte die Generalsekretärin der Kommission, dass sie, als viele Inhaftierte freigelassen werden sollten, aus Angst vor Gewalttaten vonseiten der Bevölkerung oder der Häftlinge eine Woche lang nicht schlafen konnte. Zum Glück geschah weder das eine noch das andere. Manchmal wird zu Unrecht angenommen, dass ein Außenstehender Lösungen für vielschichtige nationale Herausforderungen anzubieten hat. Manche erwarteten von mir Antworten auf die schwierigen Fragen, vor denen sie standen. Im Grunde genommen konnte ich jedoch nichts anderes tun, als ihnen über meine Erfahrungen in Südafrika zu berichten und sie darin zu bestärken, die Flamme der Hoffnung neu zu entfachen. Angesichts der vielen Herausforderungen befinden sich die heutigen Führer Ruandas in einer wenig beneidenswerten Situation, und man sollte nicht aus dem warmen Stübchen über sie urteilen.

Ein Zeichen dafür, dass die Menschen immer noch unter ihren Traumata litten, war ihr offensichtliches Bedürfnis, über die Geschehnisse zu sprechen. Ich wurde eingeladen, bei der wöchentlichen Andacht der Mitarbeiter von World Vision in Kigali zu sprechen, und leitete eine Gesprächsrunde zum Thema Erinnern, Vergessen, Vergeben. Eine Stunde war dafür vorgesehen, aber die Teilnehmer arbeiteten so engagiert, dass wir selbst nach zweieinhalb Stunden die Diskussion abbrechen mussten, da ich für eine weitere Verpflichtung schon verspätet war. Wir trafen mit den Mitarbeitern einer nationalen Vereinigung der Witwen des Völkermords zusammen, die ungefähr 25.000 Mitglieder hat. Durch Gruppenvergewaltigungen wurden Hunderte von Frauen mit HIV infiziert und gebaren zum Teil auch Kinder. Dort traf ich eine Frau namens Estha, die ihre Wandlung durch den Workshop als einen Wechsel von tot am Leben zu lebend am Leben beschrieb. „Wir haben den Völkermord physisch überlebt, aber viele von uns sind innerlich gestorben. Wir wachen morgens zwar auf, machen Frühstück und bewältigen unseren Alltag, aber innerlich sind wir tot“, sagte sie. Für sie bedeutete Heilung also, wieder lebend lebendig zu werden. Ein anderer Workshopteilnehmer erzählte uns, dass man ihn dort zum ersten Mal seit dem Genozid lachen und tanzen gesehen habe. Den Lebenswillen wiederzufinden bedeutete für ihn, wieder Humor genießen, ganz einfach Freude am Tanzen und an der Musik haben zu können.

Am letzten Tag unserer Woche in Kigali besuchten wir das *Memorial Centre*, eine Begräbnisstätte für die über 250.000 Menschen, die allein in der Provinz Kigali ermordet wurden. Dort ist auch eine ständige Ausstellung über die Ereignisse im Zusammenhang mit dem Völkermord untergebracht. Besonders herzzerreißend sind die Geschichten der Kinder unter den Opfern und Überlebenden. Eine Ausstellung über andere Genozide erinnerte uns daran, dass das Thema die Menschheit insgesamt betrifft, nicht nur die Bevölkerung Ruandas. Die Rolle der Kirchen bei diesen Massenmorden bringt Scham und Schuld über uns alle, die wir gläubig sind. Muslime stellen nur etwa ein Prozent der Bevölkerung Ruandas, aber wie sie sich über die ethnischen Grenzen hinweg gegenseitig beschützten, das sollte uns Christen eine Lehre sein. Es liegt auf der Hand, dass viele Hutus, auch wenn sie selbst nicht vom Hass auf andere Ethnien angetrieben wurden, nur die Wahl hatten, selbst zu töten oder getötet zu werden. Diejenigen, die sich weigerten mitzumachen, wurden zusammen mit ihren Tutsi-Nachbarn umgebracht. An den Händen vieler Menschen klebt Blut, und viele Überlebende haben keine oder nur noch wenige lebende Angehörige, sodass jedes Familientreffen und jeder

Geburtstag gleichzeitig zur Trauerfeier wird. Der Heilungsprozess wird sicher länger als eine Generation dauern. Neue und kreative ebenso wie bewährte Methoden müssen auf diesem Weg eingesetzt werden, den die Ruander und ihre Freunde gemeinsam gehen.

Im darauffolgenden Jahr kehrte ich mit meinem engen Freund Ndukenhle Mtshali, einem äußerst einfühlsamen und engagierten Seminarleiter, nach Ruanda zurück. Seine Anmerkungen zu diesem Besuch, die seiner innersten Überzeugung entsprechen, sind diesem Kapitel beigefügt. Ndukenhle ist inzwischen leider der AIDS-Epidemie in unserem Land zum Opfer gefallen. Ich selbst fragte mich, wie es mir bei diesem Besuch wohl ergehen würde. Vor der Abreise verspürte ich das Bedürfnis, andere zu bitten, für mich und den Erfolg unserer Arbeit zu beten. Ich fragte mich, wie ich mich verhalten hätte, wenn ich Tutsi gewesen wäre, und was ich an Stelle eines Hutus getan hätte.

Ruanda hat *Gacaca*, ein traditionelles Rechtssystem, eingeführt, um das Problem mit den Abertausenden von Menschen in den Griff zu bekommen, die unter dem Verdacht stehen, am Völkermord mitschuldig zu sein, und deswegen inhaftiert wurden. Gacaca-Verfahren finden im Rahmen einer Gemeindeversammlung statt, und ihr Ziel sind Versöhnung und Wiedereingliederung. In Südafrika stellte die TRC zwar fest, dass die Apartheid ein Verbrechen gegen die Menschheit gewesen war, bot aber trotzdem den Angehörigen beider Konfliktparteien, deren Rechte verletzt worden waren, die Möglichkeit, gehört zu werden. Demgegenüber werfen manche dem Gacaca-Verfahren vor, dass dabei zwar das Leid der Tutsi anerkannt werde, nicht aber das der Hutu. Ich versuchte, mich in die Lage derer zu versetzen, die schwierige Entscheidungen treffen müssen. Wie würde ich mit den Folgen des Völkermords umgehen? Bei einem späteren Healing-of-Memories-Workshop fragten wir die Teilnehmer, welche Erinnerungen die Gacacas bei ihnen hervorgerufen hätten. Es gab sehr viele unterschiedliche Auffassungen. Sogar diejenigen, die das Verfahren befürworten, geben zu, dass es ausgenutzt werden kann. Es besteht die Gefahr, dass der Prozess benutzt wird, um alte Rechnungen zu begleichen, die nichts mit dem Völkermord zu tun haben. Mancherorts wird befürchtet, dass viele derjenigen, die im Gefängnis sitzen, eigentlich frei sein sollten, während andere, die sich in Freiheit befinden, hinter Gitter gehörten. Allerdings würden ohne Gacaca viele bis ans Ende ihrer Tage auf eine Gerichtsverhandlung warten, und es sind jetzt schon über zehn Jahre vergangen.

Ich besuchte eine Gruppe von mehreren Hundert Erwachsenen in einem Wiedereingliederungszentrum, die nach jahrelanger Haft nun freigelassen werden sollten. Ein älterer Mann erzählte mir, dass er seine Mittäterschaft gestanden und um Vergebung gebeten habe. Er wollte wissen, welche Ratschläge ich ihm mit auf den Weg geben könne. Ich antwortete, dass er in eine immer noch leidende Gesellschaft zurückkehre und die Reaktion der Menschen weitgehend davon beeinflusst würde. Manche würden ihn willkommen heißen und sein Reuebekenntnis akzeptieren, andere nicht. Wiederum andere würden abwarten wollen, um zu sehen, ob er aufrichtige Reue zeige. Ich wies ihn darauf hin, dass er sich nur auf sich selbst verlassen könnte, und erklärte der Gruppe, dass auch ihr Beitrag zählte, wenn es darum geht, ob in Zukunft Krieg oder Frieden herrscht.

Bei unserem nächsten Besuch kamen wir mit 1.300 jungen Erwachsenen am Vorabend ihrer Freilassung zusammen. Die meisten waren zerknirscht, und als wir ankamen, sangen sie Lieder über ihre Rückkehr nach Hause und die Ungewissheit darüber, was sie erwartete. Alle waren zur Zeit ihrer Beteiligung am Völkermord minderjährig, und manche waren erschreckend jung. Die meisten waren in den Sog hineingerissen worden, und viele von ihnen werden immer noch von der Erinnerung an die Schreckenstaten gequält, die sie begangen haben. Sie sind von tiefer Trauer erfüllt und wollen nicht in einem Gefängnis verkommen. Sie wollen einen Weg finden, eine andere Gesellschaft mitzugestalten. Als wir gingen, sangen sie aus vollem Hals Lieder über ihre Bereitschaft, Ruanda mit ihren eigenen Händen wieder aufzubauen. Ich betete dafür, dass sie eine Möglichkeit finden, diesen Beitrag zu leisten. Ihre Zukunft bleibt ungewiss, denn von den Menschen in ihren Dörfern zu erwarten, dass sie diejenigen wieder bei sich aufnehmen, die womöglich für den Tod ihrer Mütter, Väter, Brüder oder Schwestern verantwortlich sind, und dann ihr Leben weiterleben, als ob alles normal sei, ist wirklich viel verlangt.

Interessanterweise stellte sich in unseren Workshops heraus, dass Kinder aus Mischehen, also von Eltern, die unterschiedlichen Ethnien angehörten, den tiefsten Schmerz empfanden. Wie wählt man zwischen seinem Vater und seiner Mutter? Dieses Problem existiert häufig dort, wo Menschen durch Mischehen die Kluft zwischen beiden Seiten überbrücken und von keiner Seite richtig akzeptiert werden. Es tritt auch unter der Mischbevölkerung der westlichen Kapprovinz in Südafrika und in Mischehen unter der indigenen Bevölkerung Australiens auf. Diese Menschen verkörpern buchstäblich beide Seiten des Konflikts. Wie soll man sich selbst spalten?

Ich verabschiedete mich von diesen jungen Menschen mit Hoffnung und Gebeten und sprach noch am selben Nachmittag mit mehreren Hundert Insassen eines Gefängnisses in Kigali. Viele von ihnen tragen eine schwere Verantwortung, weil sie bei der Planung des Völkermords halfen, und sie stehen nun womöglich vor einer lebenslangen Freiheitsstrafe. In der anschließenden kurzen Diskussion wurde meine Lebensgeschichte angesprochen, und ein Häftling behauptete, dass das, was mir zugestoßen war, Gottes Wille gewesen sei. Ich erwiderte, dass Gott meiner Ansicht nach keine Briefbomben verschickt und – um beim Thema zu bleiben – auch keinen Völkermord begeht. Gott zeige sich vielmehr in der Art und Weise, wie wir auf das Werk des Bösen reagieren. Ich wurde gebeten, am nächsten Tag noch einmal ins

Gefängnis zu kommen. Nachdem ich mit dem Gefängnisdirektor gesprochen hatte, wurde ich plötzlich vor ein Mikrofon gestellt und sollte vor 6.000 Insassen über die Lautsprecheranlage eine spontane Rede halten. Im ersten Moment wäre ich am liebsten im Boden versunken, aber letztendlich war ich der Situation wohl gewachsen. Ich muss allerdings zugeben dass ich mich nicht erinnern kann, was ich damals gesagt habe.

Wie im Jahr zuvor traf ich auch dieses Mal wieder mit den Mitgliedern der Nationalen Einheits- und Versöhnungskommission zusammen und erzählte ihnen von unseren Erfahrungen in den zehn Jahren unserer Arbeit bei Healing of Memories. „Wie kann man einen künftigen Genozid verhindern, wenn man nicht zuerst das Gift loswird, das man in sich trägt?" Das war für mich die Frage, die ich in Ruanda am häufigsten stellte. Natürlich hängt viel von der politischen Reife der Machthaber ab. Wenn sie ihre Macht nicht mit Bedacht ausüben, könnte in Ruanda eine solche Verbitterung entstehen, dass ein weiterer Völkermord unvermeidlich wäre. Ich betonte gegenüber den Kommissionsmitgliedern vor allem, dass es zwei Möglichkeiten gebe, auf Erinnerungen einzugehen, nämlich eine destruktive und eine lebensbejahende. Dies ist besonders wichtig, wenn es öffentlich geschieht. Jedes Jahr im April gedenkt Ruanda des Völkermords, und ich wies darauf hin, dass man mit diesen Erinnerungen – je nachdem, wie sie dargestellt werden – Heilung und Versöhnung fördern oder erneute Traumata verursachen und zu Hass gegen andere Ethnien aufstacheln könne. Ich schlug vor, grausame Erinnerungen mit den Geschichten derjenigen zu verbinden, die Großzügigkeit, Nächstenliebe und Selbstaufopferung zum Schutz anderer bewiesen haben. Viele riskierten ihr Leben, und manche wurden getötet, weil sie andere versteckten oder ihnen zur Flucht verhalfen. Diese Geschichten müssten hervorgehoben werden. Die Führungsspitze selbst muss also den Weg der Heilung einschlagen, um die Bereitschaft zu einem solchen Führungsstil zu entwickeln.

Wie kann man den Völkermord von morgen verhindern, lautet damit die zentrale Frage in Ruanda. Durch das Institut haben wir meiner Meinung nach im Rahmen unserer bescheidenen Möglichkeiten und in aller Demut einen Beitrag dazu geleistet. Es gibt keine einfachen Antworten. Als ich darüber nachdachte, fielen mir Bertolt Brechts Worte ein: „Unglücklich das Land, das keine Helden hat. Nein, unglücklich das Land, das Helden nötig hat." Wenn himmelschreiende Ungerechtigkeit herrscht, braucht man Heldenmut, nur um ein anständiger Mensch zu sein, doch die meisten von uns sind keine Helden. Es ist leicht, sich überwältigt und hoffnungslos zu fühlen, aber viele Ruander haben durch ihren Mut und ihre Barmherzigkeit ein Zeichen der Hoffnung gesetzt. Ich lernte einen solchen Menschen kennen, eine junge Frau, Juliette. Sie hatte Gott gelobt, für Waisenkinder zu sorgen, ob Hutu oder Tutsi, wenn sie den Völkermord überleben sollte, und sie nahm tatsächlich dreihundert Waisen in ihre Obhut. Nach einiger Zeit gewährte ihr die Regierung in gewissem Umfang Unterstützung, und so hat sich die Anzahl der Kinder in ihrer Obhut schließlich verringert. Juliette und andere Menschen wie sie sind die Hoffnung Ruandas, ja unser aller Hoffnung.

Die Reise nach Ruanda

von Ndukenhle Mtshali

Dies ist der Bericht über unseren Besuch eines Lagers in Ruanda, in dem 722 Häftlinge untergebracht waren. Sie hatten zehn Jahre im Gefängnis verbracht und sollten nun freigelassen werden, weil sie die Wahrheit über ihre Rolle während des Völkermords gestanden hatten. Während ihres einmonatigen Aufenthalts in diesem Durchgangslager wurden sie als Vorbereitung auf die Wiedereingliederung in die Gesellschaft über Menschenrechte, Versöhnung und Gacaca, Ruandas traditionelles Rechtssystem, aufgeklärt. Ungefähr neunzig von ihnen waren Frauen.

Es schmerzte sehr zu sehen, dass sogar sehr alte Menschen eingesperrt worden waren. Sie hätten eigentlich ihren Enkelkindern Geschichten erzählen sollen, aber stattdessen wurden sie wegen der Verbrechen, die sie begangen hatten, von der Gemeinschaft isoliert. Ich hörte zu, wie sie erzählten, welche Taten sie im Verlauf des Völkermords begangen hatten, und fragte mich, wie Menschen einander bloß solche Grausamkeiten zufügen konnten. Man gerät in einen emotionalen Schockzustand, wenn man sich vor Augen führt, dass dies Christen waren, die andere Christen ermordeten. Ich konnte es mir nur so erklären, dass irgendeine finstere Macht des Bösen über dem Leben aller Menschen in Ruanda schwebt, die zu solchen Grausamkeiten antreibt.

An einem anderen Tag besuchten wir ein Wiedereingliederungszentrum für Jugendliche, die freigelassen werden sollten. Dort waren ungefähr zweitausend Jugendliche im Alter von vierzehn bis Anfang zwanzig untergebracht. Es war herzzerreißend zu hören, welche Taten sie begangen hatten, aber als sie ihre Geschichten erzählten, wurde deutlich, dass sie nicht nur Täter, sondern auch Opfer des Völkermords waren. Die meisten waren damals noch sehr jung, und sie hätten diese Taten unmöglich begehen können, wenn sie nicht dazu gezwungen worden wären. Sie bestätigten uns, dass sie nur die Wahl hatten, zu töten oder selbst getötet zu werden, und so begingen sie schließlich diese Verbrechen. Die Geschichte eines jungen Mannes war besonders ergreifend. Er stand auf und erzählte, dass er als Vierzehnjähriger 28 Menschen umgebracht hätte. Er hatte Gewehre und Pangamesser benutzt, um einen qualvollen Tod herbeizuführen. Dieser junge Mann war zweifellos ein Täter, aber er war zugleich auch Opfer. Er sprach von den Scham- und Schuldgefühlen, die ihn seit langer Zeit verfolgten, und von seiner Bereitschaft, vor dem Gacaca-Gericht auszusagen und die Angehörigen derjenigen, die er getötet hatte, um Vergebung zu bitten. Das Zuhören geriet zur Qual, denn diesen jungen Menschen war ihre jugendliche Unschuld genommen und die Last dieser schrecklichen Erlebnisse aufgebürdet worden. Außerdem wissen sie nicht, ob die Gesellschaft sie wieder aufnehmen wird. Trotzdem sangen sie voller Hoffnung und freuten sich auf ihre Rückkehr und die Versöhnung mit ihrer Dorfgemeinschaft.

Die Schrecken des Völkermords haben in Ruanda tiefe Narben hinterlassen, die immer noch sichtbar sind. Dies wurde deutlich, als wir das Avega-Zentrum besuchten, wo sich Frauen treffen, deren Männer dem Völkermord zum Opfer fielen. Sie trifft ein schweres Los, denn sie müssen den Verlust ihrer Männer und anderer Nahestehender bewältigen und auch noch ihre Kinder allein erziehen. Und nun sollen sie den Menschen gegenübertreten, die aus dem Gefängnis entlassen wurden, und sich anhören, wie diese ihre Angehörigen, darunter ihre Ehemänner, ermordet haben. Dadurch werden alte Wunden wieder aufgerissen, und es ist für beide, Opfer und Täter, eine gewaltige Herausforderung, erneut und so unmittelbar mit dem Leid des Völkermords konfrontiert zu werden.

Vor diesem erschütternden Hintergrund war der Healing-of-Memories-Workshop eine besonders beeindruckende Erfahrung, aus der ich viel lernte. Es half den Teilnehmern sehr, ihre Geschichten zu erzählen. Manche waren an dem Gacaca-Verfahren beteiligt, während andere Berater und Seelsorger waren. Sie alle kannten sich aus im Umgang mit den schmerzlichen Erfahrungen anderer. Nun wurde ihnen ein sicheres Umfeld geboten, in dem sie ihre eigene Geschichte erzählen konnten, manche zum ersten Mal. Jetzt wurden sie gehört und konnten einige quälende Erinnerungen ans Tageslicht bringen. Mir persönlich gab die Hoffnung, mit der die Ruander in die Zukunft blicken, den Mut, immer weiterzumachen und für eine friedliche und sichere Zukunft zu kämpfen.

Healing of Memories in Nordirland

von Alistair Little

Ich bin ein ehemaliger Kämpfer des Nordirlandkonflikts. Bereits mit vierzehn begann ich, aktiv an den Auseinandersetzungen teilzunehmen. Mit siebzehn wurde ich als politischer Gefangener inhaftiert und mit dreißig entlassen. Ich war dreizehn Jahre lang in Gefangenschaft. Im Gefängnis musste ich mich innerlich mit der Gewalt des Nordirlandkonflikts auseinandersetzen, und ich gelangte zu der Überzeugung, dass Gewalt nicht der Weg in die Zukunft ist. Dazu musste ich erst einmal meine eigene Menschlichkeit wiederentdecken, ebenso wie die Menschlichkeit derjenigen, die ich als meine Gegner angesehen hatte. Nach meiner Entlassung vor nun über zwanzig Jahren begann ich, mit Menschen zu arbeiten, die durch gewaltsame Konflikte traumatisiert waren. Meine Arbeit als Berater hat mich in viele Länder der Welt geführt.

1999 kam Pater Michael Lapsley nach Nordirland und führte einen Workshop zur Ausbildung von Seminarleitern für Healing of Memories durch. Dabei vertraten einige Teilnehmer die Ansicht, dass ehemalige Kämpfer wie ich nicht anwesend sein und schon gar keine Workshops leiten sollten. Michael erwiderte, dass diese Einstellung genau jene Diskriminierung der ‚anderen' widerspiegele, die durch Healing-of-Memories-Workshops überwunden werden solle. So wurde ich Seminarleiter. Im Laufe der Jahre erwies sich meine Vorgeschichte als Vorteil, weil ehemalige Häftlinge und Kämpfer, die an den Workshops teilnehmen, mich als ihresgleichen betrachten.

Frieden schließen heißt nicht, mit seinen Freunden zu reden, sondern mit seinen Feinden. An den Workshops in Nordirland nehmen meist Menschen teil, die Nahestehende verloren haben, sowie ehemalige Mitglieder paramilitärischer Einheiten der Loyalisten und der Republikaner und Armeeangehörige. Alle verfeindeten Parteien sitzen also in einem Raum. Meine eigene Erfahrung hilft mir, die Empfindlichkeiten der unterschiedlichen Gruppen zu verstehen. Ich hatte aber gleichzeitig das Gefühl, noch andere Fähigkeiten erlernen zu müssen, um die vielschichtigen Probleme zu verstehen. Darum absolvierte ich eine Zusatzausbildung als Berater. Die besten Seminarleiter verinnerlichen einen bestimmten Lebenswandel und eine gewisse Lebenseinstellung. Dabei geht es um Werte und Sensibilität und die Frage, wie wir andere Menschen behandeln. Das spiegelt sich dann in unserer Seminarleitung wider, zum Beispiel darin, wie es uns gelingt, bestimmte Teilnehmer davon abzuhalten, eine dominierende Rolle einzunehmen, und dafür zu sorgen, dass jeder einen Platz und Gehör findet und geachtet wird. Bei all diesen Dingen geht es im Grunde genommen darum, wie wir im Alltag behandelt werden möchten. Unsere erlernten Fertigkeiten können helfen, aber wenn wir nicht völlig in dem Prozess aufgehen und an ihn und seine Zielsetzung glauben, können wir selbst mit der besten Seminarleiterausbildung der Welt nichts erreichen.

Trotz meines Eintretens für Gewaltlosigkeit und meiner Ausbildung war ich nicht auf die Gefühle vorbereitet, die mich überkamen, als ich gemeinsam mit denjenigen den Raum berat, die mich umbringen wollten, und die auch ich früher töten wollte. Ich hatte nicht erwartet, dass dies so schwierig sein würde. Hier hat Pater Michael meiner Ansicht nach Recht, wenn er sagt, dass man einige der für die Seminarleitung erforderlichen Fähigkeiten nicht aus Büchern lernen kann, weil sie unserer Persönlichkeit und unserem Menschsein entspringen. Entweder sie stecken schon in uns oder nicht. Doch gibt es auch Seminarleiter, die keine Kämpfer waren und deren Lebensgeschichte auch nicht meiner gleicht und die dennoch eine erstaunliche Charakterstärke für diese Arbeit mitbringen. Ich habe sehr viel von Menschen gelernt, die andere Erfahrungen gemacht haben als ich, denn sie bringen andere Erkenntnisse mit. Seminarleiter, die keine Kämpfer waren, können Fragen stellen, auf die ich womöglich nicht einmal kommen würde. Es ist also wichtig, dass es Seminarleiter mit unterschiedlichem Hintergrund gibt. Gute Seminarleiter haben die Fähigkeit, sich zu besinnen und aus ihren Erfahrungen, wie auch immer diese aussehen mögen, zu lernen.

Seminarleiter in Nordirland zu sein bringt ganz spezielle Herausforderungen mit sich. Das politische Umfeld des Konflikts ist sehr komplex, besonders in Situationen, in denen die Grenze zwischen Täter und Opfer verschwimmt. Viele Aktivisten waren Täter, litten aber auch selbst. Das ist eine schwierige Situation. Unter den Opfern besteht außerdem eine Hierarchie. In Nordirland bezeichnen sich manche als unschuldige Opfer und sind der Ansicht, dass andere, die unmittelbar in den Konflikt verwickelt waren, beispielsweise Kämpfer, nicht unschuldig sind. Sie weigern sich, die Erfahrungen der Kämpfer anzuerkennen. Das macht die Arbeit problematisch und schwierig. Da alles in einem Raum stattfindet, müssen Seminarleiter in der Lage sein, sich schnell an Veränderungen anzupassen. Dazu braucht man Flexibilität und die Einsicht, dass diese Haltungen das Ergebnis von Trauma, Schmerz und Verlust sind, auch wenn sie als Vorurteile und Verurteilungen zum Ausdruck kommen. Ein weiteres großes Problem entsteht dadurch, dass Teilnehmer, die Nahestehende verloren haben, das Gefühl bekommen, diese geliebten Menschen zu verraten, indem sie an einem Workshop gemeinsam mit Vertretern und Angehörigen von Organisationen teilnehmen, die für dieses Leid verantwortlich waren.

Eine gründliche Vorbereitung ist bei diesen Workshops unerlässlich. Der Veranstalter des Workshops muss die Vorgeschichte jedes einzelnen Teilnehmers kennen. Man muss ihnen vorher mitteilen, dass sie möglicherweise in einer kleinen Gruppe auf jemanden treffen werden, der auf der anderen Seite stand. Sie brauchen Zeit, um darüber nachzudenken und mit ihren Familien darüber zu sprechen. Oft sind Angehörige strikt dagegen, dass ein Familienmitglied gemeinsam mit jemandem, den sie als Täter betrachten, an einem Workshop teilnimmt. Der Krieg mag vorbei sein, aber die Wunden sind noch nicht verheilt.

Dennoch bieten sich große Chancen, Verständnis auf beiden Seiten zu schaffen. Vor kurzem nahm ein ehemaliger Häftling, der an schweren Gewalttaten beteiligt gewesen war, mit seiner Tochter an einem Workshop teil. Die Tochter erzählte, wie sie all diese Jahre erlebt hatte. Für den Vater war es sehr, sehr schwer, mit anhören zu müssen, wie sich seine Entscheidungen auf seine Tochter ausgewirkt hatten und wie es ihre Beziehungen zu den Menschen in ihrer Umgebung beeinflusste, als sich herausstellte, was ihr Vater getan hatte. Einige Teilnehmer, die Angehörige verloren hatten, sagten, dass sie sich nie überlegt hätten, welche Folgen sich für die Kinder der Männer ergaben, die an den Gewalttaten beteiligt waren. Sie hatten angenommen, dass die Gewalt von der gesamten Familie unterstützt würde, wohingegen sie in Wirklichkeit deren Leben zerstörte. Vater und Tochter fanden einen Zusammenhalt, den sie vorher nicht hatten. Es war eine ergreifende Erfahrung für die ganze Gruppe, die bei allen Beteiligten ein tiefes Verständnis für die Komplexität des Konflikts bewirkte.

Manche kommen mit unrealistischen Erwartungen, obwohl sie vorher informiert wurden. Sie hören etwas anderes als das, was ihnen gesagt wird. Nicht, dass sie nicht zuhören würden, aber sie reagieren einfach aus der Situation heraus, die sie in ihrem Leiden und in ihrer Angst erreicht haben. So erwarten manche Teilnehmer Antworten auf Fragen, die sie sich seit Jahren stellen, sie möchten irgendeinen Teil der Wahrheit hören. Dies kann dann zu Schwierigkeiten führen, wenn sie den Tätern genaue Fragen stellen über das, was ihren Angehörigen widerfahren ist. Das ist natürlich nicht das Ziel der Healing-of-Memories-Workshops. Die Seminarleiter müssen sich diese Richtlinien jeden Tag neu vor Augen führen.

Seit fünf oder sechs Jahren arbeite ich mit denselben Seminarleitern zusammen, und wir haben ein tiefes gegenseitiges Vertrauen entwickelt. Wir wissen alle, dass wir nicht unseretwegen da sind, sondern für die Gruppe. Wir überlassen den Verlauf des Prozesses den Teilnehmern. Das heißt, dass ein Workshop zwar eine klare Struktur besitzt, wir aber versuchen, flexibel zu sein und auf die Bedürfnisse einer Gruppe einzugehen. Wenn jemand eine Pause braucht, dann machen wir eine Pause. Sobald die Teilnehmer erkannt haben, dass sie nicht verhört, verurteilt oder bedroht werden, ändert sich ihre Einstellung grundlegend. Als Gruppenleiter muss man seinen Wunsch, den Verlauf zu steuern, zurücknehmen und auf die Bedürfnisse der Teilnehmer eingehen.

Es muss auch allen klar sein, dass wir diese Arbeit nicht machen, um unser Selbstwertgefühl zu steigern, sondern dass wir dazu beitragen wollen, diese Gesellschaft so zu gestalten, wie wir sie uns wünschen. Manchmal sagen mir Teilnehmer, sogar am Ende eines Workshops, dass sie mir immer noch nicht ganz vertrauen, weil ich ein Kämpfer war und sie sich fragen, ob ich imstande wäre, wieder gewalttätig zu werden, da ich es ja früher auch war. Könnten sie mir ihre geheimsten Gedanken anvertrauen? Würde ich ihren früheren Kollegen davon erzählen? Obwohl dies beunruhigend sein kann, ist es auch schön, denn sie vertrauen darauf, dass sich unsere Beziehung nicht ändern wird, wenn sie mir diese Dinge sagen. Sie wissen, dass das ein Teil des Prozesses ist und man nicht von ihnen erwartet, dass sie nur Nettigkeiten von sich geben. Es ist eine Freude, Menschen so befreit zu sehen. Eigentlich lerne ich aus den Erfahrungen anderer immer etwas für mich selbst. Manchmal habe ich ein schlechtes Gewissen, weil Menschen mit solch traumatischen Erlebnissen mir so viel geben. Manche Geschichten gehen weit über das hinaus, was man eigentlich von einem Menschen erwarten könnte, und sind eine wahre Inspirationsquelle. Zum Beispiel legte einmal jemand, der einen Angehörigen verloren hatte, seinen Arm um einen anderen, der der Organisation angehört hatte, die für die Tat verantwortlich war, und sagte: „Nie in meinem Leben hätte ich gedacht, zu dieser Geste fähig zu sein."

Es ist auch immer eine schöne Überraschung, wenn Teilnehmer anrufen, eine Karte schicken oder ein kleines Geschenk kaufen. Dadurch drücken sie ihre Gefühle aus. Das heißt nicht, dass alles in bester Ordnung ist, aber sie können wenigstens für einen Augenblick spüren, dass ihr Leid sie nicht erdrücken und lähmen muss. Menschen, die bei dem Workshop sehr schweigsam waren, möchten manchmal wiederkommen. Ich habe gelernt, Schweigen nicht als mangelnde Mitarbeit zu deuten. Für manche Menschen ist Schweigen Teil des Prozesses. Diese Arbeit hat also viele befriedigende Aspekte.

In Norduganda mit Opfern der Lord's Resistance Army

16

Australiens gestohlene Generation

Australien ist mir besonders ans Herz gewachsen. Als Siebzehnjähriger verließ ich Neuseeland und besuchte in Australien das Priesterseminar. Dort trat ich auch in meine Ordensgemeinschaft ein und wurde zum Priester geweiht. Nach dem Bombenanschlag wurde ich von australischen Chirurgen so gut es ging wiederhergestellt, und australische Krankenschwestern umsorgten mich während meiner Genesung. Australische Physiotherapeuten halfen mir, mich meiner Behinderung anzupassen. Seitdem habe ich Healing-of-Memories-Workshops für Australier europäischer Herkunft und für eine große Zahl in Australien lebender burmesischer und sudanesischer Flüchtlinge veranstaltet. Doch hier möchte ich von unserer Arbeit mit der indigenen Bevölkerung Australiens sprechen.

Auf Einladung des anglikanischen Bischofs Philip Freier begannen wir 2002 mit der Arbeit in Alice Springs, einer Kleinstadt mitten im Gebiet der indigenen Bevölkerung in Zentralaustralien. Pater Colin Griffiths, ein Mitglied meines Ordens, war damals dort Gemeindepfarrer. Australien blickt auf eine traurige Geschichte der Misshandlung der indigenen Bevölkerung zurück, die bis zur Ankunft der ersten europäischen Siedler 1788 zurückreicht. Sie bezeichneten das Land als Terra Nullius, also als „unbesiedeltes Land", eine juristische Erfindung, die die Ausbeutung des Kontinents ohne Rücksicht auf die Belange der dort lebenden Menschen rechtfertigen sollte. Tatsächlich aber lebte die indigene Bevölkerung schon seit mindestens vierzigtausend Jahren vor der Ankunft der Siedler in Australien. Dies ist ein klassisches Beispiel dafür, wie im europäischen Kolonialismus die eigene Überlegenheit ausgespielt wurde und die Rechte der indigenen Bevölkerungen in weiten Teilen Asiens, Afrikas sowie Nord- und Südamerikas straflos mit Füßen getreten wurden. Ab 1869 wurden mindestens einhundert Jahre lang Tausende von indigenen Kindern, besonders Mischlingskinder, von Regierungsbehörden und bisweilen auch von der Kirche ihren Familien gewaltsam entrissen; sie wurden als die gestohlenen Generationen bekannt. Die Beweggründe der Akteure waren vielfältig, doch meist wurden die Maßnahmen mit dem Schutz der Kinder begründet.

1977 wurde dem Parlament das Ergebnis einer offiziellen Untersuchung dieser Ereignisse vorgelegt. In dem Bericht „Bringing Them Home" (Heimkehr) dokumentieren Hunderte von Interviews mit Überlebenden und ihren Nachkommen teilweise dramatische Geschichten von völlig verängstigten

Kindern, die aus den Armen ihrer Eltern gerissen wurden und sie nie wiedersahen. In einigen extremen Fällen wurden sogar Neugeborene aus Krankenhäusern entführt. Völlig unqualifizierten Menschen wie Polizisten und einfachen städtischen Bediensteten wurde erlaubt, Kinder gewaltsam von ihren Eltern zu trennen. Manche landeten in Waisenhäusern und Internaten, andere wurden von weißen Familien adoptiert, wo sie dann, sobald sie alt genug zum Arbeiten waren, als Hausangestellte eingesetzt wurden. Da sie unter der Vormundschaft des Staates standen, war niemand verpflichtet, ihre Herkunft aufzuzeichnen, sodass viele dieser Kinder nie wieder den Kontakt zu ihren Familien herstellen konnten. Im Erwachsenenalter fehlte ihnen dann die ethnische und familiäre Identität, und sie waren darüber hinaus oft wenig gebildet und beruflich nicht qualifiziert, sodass sie zwangsläufig in vielfältige soziale Schwierigkeiten gerieten. Einige der Überlebenden sind immer noch verbittert, zornig und frustriert, während andere der Meinung sind, dass sie eigentlich gut versorgt und behandelt wurden und sich nicht als schwer misshandelt betrachten. Die Leidtragenden dieser Politik haben also oft unterschiedliche Ansichten, doch empfinden die meisten diese Erfahrung als schrecklich und eher nicht als vergleichsweise harmlos. Sogar diejenigen, die das Gefühl haben, gut behandelt worden zu sein, zahlten einen ungemein hohen Preis, nämlich den Verlust ihrer leiblichen Eltern.

Als Reaktion auf eine landesweite Bewegung entschuldigte sich 2008 der australische Premierminister Kevin Rudd offiziell im Namen des Landes bei den indigenen Australiern, und diese Abbitte wurde von beiden Kammern des Parlaments bestätigt. Für eine Wiedergutmachung oder Entschädigungszahlungen setzte sich jedoch daraufhin niemand ein. Traumatische Nachwirkungen dieser furchtbaren Politik wie Alkoholismus, Drogenkonsum und häusliche Gewalt werden noch über Generationen anhalten. Diese Probleme sind unter den leidgeprüften Aborigines weit verbreitet, ähnlich wie unter der indigenen Bevölkerung Nordamerikas und vielfach aus denselben Gründen. In allen wichtigen sozialen Belangen ist die indigene Bevölkerung gegenüber der übrigen Bevölkerung deutlich benachteiligt.

Ich habe selbst miterlebt, welchen Tribut diese Probleme in den indigenen Gemeinden fordern. Von einem Freund unter den Aborigines wurde ich eingeladen, ein Wochenende als Gast in ihrem Dorf zu verbringen, das ausgerechnet Utopia heißt. Am Tag vor meiner Ankunft kam es jedoch zu einem tragischen Familiendrama, bei dem ein Familienmitglied, anscheinend im Zusammenhang mit Alkohol- und Drogenmissbrauch, ermordet wurde. Wegen der sofort eingeleiteten Dorftrauer wurde mein Besuch abgesagt. Erst ein paar Tage zuvor hatten die nationalen Medien in einer Titelgeschichte einen Führer der Aborigines mit den Worten zitiert, die häusliche, familiäre und sexuelle Gewalt in den indigenen Gemeinden habe ein katastrophales Ausmaß erreicht, und Maßnahmen auf nationaler Ebene seien dringend erforderlich. An dieser Situation kann man das komplizierte soziale Umfeld erkennen, in dem wir durch die Healing-of-Memories-Workshops ein wenig zu helfen versuchen. Wie beendet man den Teufelskreis, durch den Opfer wieder zu Tätern werden? Man ist versucht, entweder einer allzu romantischen Vorstellung vom Leben der indigenen Bevölkerung nachzuhängen oder angesichts der monumentalen und gravierenden Herausforderungen, vor denen diese Bevölkerungsgruppe steht, die Hoffnung zu verlieren und zu verzweifeln. Die Situation ist nicht hoffnungslos, aber den Schaden wiedergutzumachen wird sicherlich einen Zeitraum von mehreren Generationen erfordern und beträchtliche Ressourcen beanspruchen. Hinzukommen muss die aufrichtige Bereitschaft, die Wünsche und Ziele der Aborigines ernst zu nehmen.

Es ist noch sehr fraglich, ob diese Bereitschaft vorhanden ist, und es herrscht weiterhin tiefe Feindseligkeit. Erst kürzlich machte sich diese wieder bemerkbar: Am *Australia Day* bedrängten Demonstranten der indigenen Bevölkerung die Premierministerin Julia Gillard, als sie mit dem Oppositionsführer Tony Abbot von einem öffentlichen Vortrag kam. Am Australia Day wird die Ankunft der britischen Flotte im Jahre 1788 gefeiert und damit der Beginn der Besiedlung des Kontinents durch die Briten. Die meisten Australier feiern diesen Tag, aber die indigenen Aktivisten nennen ihn *Invasion Day* (Tag der Invasion). Abbott wies darauf hin, dass die Regierung bereits Abbitte geleistet und sich die Lage der Aborigines seiner Ansicht nach schon sehr gebessert habe und es nun an der Zeit sei, in die Zukunft zu blicken. Der Ausgabe des „Australian" vom 26. Januar 2012 nach soll ein Demonstrant geantwortet haben: „Tony Abbotts Kommentare waren eine Schande. Unser Volk lebt wie in der Dritten Welt, wir sterben, und diese Regierung sieht weiterhin einfach weg." Die Aktivisten fordern, dass die Regierung einen Vertrag mit der indigenen Bevölkerung schließt, durch den ihre Souveränität und das Land ihrer Vorfahren als ihr Eigentum anerkannt werden.

Die anglikanische Diözese des Northern Territory hat unter der Leitung von Bischof Freier versucht, kreative Ansätze zu finden, um den Schmerz und die Qual der indigenen Einwohner von Alice Springs zu lindern. Die Kirche empfindet dabei womöglich eine besondere Verantwortung, da ab 1948 Kinder, die von ihren Familien getrennt wurden, auch in die Obhut der anglikanischen Kirche in der St. Mary's Hostel and School in Alice Springs gegeben wurden. Im Juni 2010 fand dort ein Treffen statt, bei dem eines dieser inzwischen erwachsenen Kinder dem Reporter des *Australian Broadcasting System* seine Erfahrung mit folgenden Worten beschrieb:

> Unsere Eltern brachten ein Opfer, und das nimmt mich sehr mit, weil wir einfach nicht wissen, was sie dabei fühlten. Ich wohnte draußen in den *Homelands*, aber ab und zu fuhren wir in die Stadt. Als ich ein gewisses Alter erreicht hatte, entschieden meine Eltern, dass es nun Zeit sei, mir eine gute Ausbildung zu geben. Sie brachten mich hierher. Ich wusste

> nicht recht, was geschah, und mir war nicht klar, dass ich meine Eltern nicht mehr wiedersehen würde. Ich habe mir ungefähr eine Woche lang die Augen ausgeweint und nicht verstanden, was geschah.[9]

Aus diesem Bericht geht eindeutig hervor, dass die Situation tatsächlich sehr kompliziert war, denn manche Eltern gaben ihre Kinder freiwillig her, wobei es natürlich fraglich ist, ob ihnen bewusst war, dass sie ihre Kinder vielleicht nie wiedersehen würden.

In mancher Hinsicht war meine Arbeit in Alice Springs der anspruchsvollste Einsatz, den ich je erlebt habe. Einerseits kenne ich das Land relativ gut: Seit ich 1967 dem Seminar beitrat, bin ich immer wieder dort gewesen, und Angehörige und enge Freunde von mir leben dort. Andererseits sind die indigene und die nicht-indigene Kultur dort grundverschieden, und in gewisser Weise ist Australien eine Apartheid-Gesellschaft. Es gibt hier zwei Welten, die nur selten zusammentreffen. Deswegen nahm ich diese Herausforderung mit großer Demut an.

Besonders erinnere ich mich an einen bestimmten Workshop, an dem sieben oder acht indigene Australierinnen teilnahmen, allesamt Künstlerinnen. Nach dem ersten Nachmittag eines eigentlich auf zweieinhalb Tage angesetzten Workshops sagten sie mir, dass ich sie nicht wiedersehen würde, weil sie am darauffolgenden Tag auf die Jagd gehen würden. Damit schien sich der Workshop erledigt zu haben, aber ich ging am nächsten Tag doch hin, für den Fall, dass eine von ihnen ihre Meinung geändert hätte. Zu meiner Verwunderung waren nun dreimal so viele gekommen. Offensichtlich hatten sich diese Frauen zurückgezogen und waren dann gemeinsam zu dem Schluss gelangt, dass sich die Sache lohnte. Es wurde letztendlich ein ganz außergewöhnlicher Workshop, und ich war stolz darauf, dass die Frauen sich sicher genug fühlten, um von ihren Schwierigkeiten zu erzählen. Am Ende des Workshops durfte ich mir, als Dankeschön sozusagen, eines ihrer Bilder aussuchen. Es hängt immer noch in meinem Haus in Kapstadt. Das Bild trägt den Titel „Women Talking Stories" (Geschichten erzählende Frauen) und ist im Dot-Painting-Stil der indigenen Bevölkerung gemalt, der nun weltberühmt ist. Am schönsten ist für mich, dass uns das Bild auf die Idee für das Logo unseres heutigen Instituts brachte.

Da dieser Workshop relativ erfolgreich war, begannen wir eine dreijährige Partnerschaft mit der Diözese, und ich kehrte jedes Jahr nach Alice Springs zurück. Jeder Workshop stellte eine eigene Herausforderung dar. Bei einem Workshop saßen die Teilnehmerinnen schweigend und teilnahmslos da, während ich sprach. Ich beschrieb den Healing-of-Memories-Workshop und sagte, wie so oft, dass wir uns nicht so sehr auf Gedanken, sondern eher auf Gefühle konzentrieren würden. Doch die Teilnehmerinnen blieben wei-

---

9 Der vollständige Text und das Video können unter http://www.abc.net.au/local/stories/2010/06/22/2933376.htm aufgerufen werden.

terhin verschlossen. Dann erinnerte ich mich an eine Redewendung der in Alice Springs gesprochenen indigenen Sprache Arrernte, die ein Freund mir einmal erklärt hatte: „Man sieht durch den Magen." Ich sagte den Frauen, dass man die Äußerung, dass Jesus barmherzig war, so interpretieren könne, dass er „durch den Magen" fühlte. Plötzlich reagierten sie und fingen an zu reden, und der Workshop nahm Gestalt an. Obwohl all diese Frauen Englisch sprachen, machte meine kleine Anerkennung ihrer eigenen Sprache für ihre Bereitwilligkeit, sich zu beteiligen, den entscheidenden Unterschied.

Wir arbeiteten aber nicht nur in Alice Springs, sondern auch in Perth, einer Großstadt im Südwesten Australiens. Perth liegt zwar über tausend Meilen von Alice Springs entfernt, aber zur Stadtbevölkerung zählen auch Aborigines. Dort hatten wir die Möglichkeit, Menschen indigener und europäischer Abstammung zusammenzubringen. Da unser Workshop vom *Christian Brothers Edmund Rice Centre* gefördert wurde, fand er in einem christlichen Rahmen statt. Zur Eröffnung zeigten wir einen Ausschnitt aus dem Film „Rabbit-Proof Fence" (Der lange Weg nach Hause), eine wahre Geschichte von drei indigenen Mädchen, die der gestohlenen Generation angehörten und aus der Siedlung flohen, in der man sie untergebracht hatte. Der Film erzählt die Geschichte ihrer langen und abenteuerlichen Rückkehr zu ihren Familien. Das war ein guter Anfang für den Workshop, durch den auf beiden Seiten, bei indigenen und nicht-indigenen Teilnehmern, Erinnerungen und starke Gefühle ausgelöst wurden. Am Sonntag nach dem Workshop fand ein ökumenischer Gottesdienst zur Heilung und Versöhnung in der St.-Georgs-Kathedrale statt. Während des Gottesdienstes legten die Teilnehmer als Gabe die Friedenssymbole aus Ton nieder, die sie am Ende des Workshops hergestellt hatten.

Unsere Arbeit in Perth wurde von Marlene Jackamarra organisiert. Selbst eine Aborigine koordinierte Marlene ein Amt für Angelegenheiten der indigenen Bevölkerung im Edmund Rice Centre. Healing-of-Memories-Workshops erregten ihre Aufmerksamkeit, und ihr Engagement führte zu unserer Zusammenarbeit. In dem diesem Kapitel angefügten Beitrag berichtet Marlene kurz über ihren persönlichen Weg vom Schmerz zur Hoffnung.

Ein Vorfall bei einem der Seminare kann als Beispiel für die mangelnde Aufgeschlossenheit mancher Christen dienen: Eine unserer frisch ausgebildeten Seminarleiterinnen und ihr Mann besuchten uns vor dem Workshop, um uns ihre Bedenken wegen unserer Methode mitzuteilen. Sie kritisierten, dass der Workshop nicht in biblischer Sprache ablaufe und auch andere Glaubenstraditionen geachtet würden. Leider entschieden beide, nicht an dem Workshop teilzunehmen, obwohl die Frau während der Ausbildung sehr positiv reagiert und zu dem Prozess beigetragen hatte. Der Rückzug dieses Paares erinnerte mich an einen ähnlichen Vorfall in Alice Springs. Wir hatten einen Workshop für Menschen indigener und nicht-indigener Herkunft organisiert. Leider beschlossen auch dort nach dem ersten Abend zwei der nicht-indigenen Teilnehmer, den Workshop abzubrechen, weil sie sich nicht damit abfinden konnten, dass neben dem christlichen Glauben auch der indigenen Spiritualität offenkundige Achtung entgegengebracht wurde. Die übrigen Teilnehmer kamen gut miteinander aus und fühlten sich im Laufe des Workshops einander verbunden. Manche hatten zum ersten Mal in ihrem Leben die Gelegenheit, ihre Geschichte in einem vertraulichen, abgeschirmten Kreis zu erzählen und Menschen anderer ethnischer Herkunft zuzuhören.

Ich glaube, dass Gott einen Traum für Australien hat. Die indigene Bevölkerung lebt seit Tausenden von Jahren dort, während ich nur einen kurzen Augenblick lang zu Besuch war. Dennoch habe ich quälende Geschichten gehört von gebrochenen Herzen, Trennung, Rassismus und Gewalt. Alice Springs liegt, sowohl geografisch als auch spirituell gesehen, im Herzen Australiens. Sind wir bereit, Gottes Traum für dieses Land aufzugreifen und zu seiner Verwirklichung beizutragen? Sind wir bereit, mit anzupacken und die Voraussetzungen dafür zu schaffen, dass die Menschen hier sich mit der Vergangenheit versöhnen und die Kraft für die Gestaltung einer besseren Zukunft aufbringen können? Ich hoffe, dass wir im Rahmen unserer Arbeit durch die Schaffung eines Umfelds, in dem die Menschen gehört, anerkannt und akzeptiert und mit Liebe und Mitgefühl aufgenommen werden, einen kleinen Beitrag geleistet haben. Das ist Gottes Traum für Australien, und es ist sein Traum für die ganze Menschheit.

Ein langer Weg

von Marlene Jackamarra

Ich möchte mich zu meinem Volk und dem Land bekennen, aus dem ich stamme. Ich bin eine Yamuji aus dem Inguda-Volk. Ich möchte mich zu meiner Mutter, meinem Vater und meiner Großmutter bekennen, und ich betrachte es als großes Glück, ihre Geschichte zu kennen. Viele andere der gestohlenen Generation wissen nichts über ihre Vorfahren. In meiner Geschichte geht es auch um Kampf. Ich wurde in der Aborigines-Siedlung geboren, in der auch meine Mutter geboren wurde. Eigentlich lebte unsere ganze Familie in dieser Missionsstation, aber viele Kinder aus unterschiedlichen Generationen wurden ihren Eltern weggenommen. Von sieben bis sechzehn wurde ich von Nonnen und Priestern erzogen. Das Waisenhaus war ein strenger, kalter Ort, und ich bin mir sicher, dass ich deshalb in meiner Jugend das Gefühl hatte, nirgendwo hinzugehören. Ich fühle mich manchmal immer noch sehr einsam.

Einen Großteil meines Lebens wurde ich misshandelt. Ich habe Zeit gebraucht, um meine Erfahrungen in Worte fassen zu können, um die Wahrheit über das zu erzählen, was mit mir und anderen von uns geschehen ist. Ich lebte in gewaltsamen Beziehungen. Ich wurde grün und blau geschlagen, wie man so sagt. Alkohol wurde eine Zeit lang zum Trost. Ich trank viel und verbrachte meine Tage damit, mir Alkohol zu besorgen. Seit zwanzig Jahren bin ich nun Mitglied der Anonymen Alkoholiker. Der Tag, an dem ich aufhörte zu trinken, war für mich ein Wendepunkt bei der Bewältigung der Folgen sexuellen Missbrauchs. Ich habe viel mit Scham- und Schuldgefühlen gerungen, bisweilen auch mit Hass gegenüber Angehörigen meines Volkes. Die Gewalt wurde mir von meinem eigenen Volk angetan. Das zu bewältigen braucht Zeit.

In Australien sind wir eine marginalisierte Gruppe. Das ist hauptsächlich auf die Regierung und die Gesetzgebung zurückzuführen. Ich weiß, dass unser Volk schrecklich unter der Kolonialisierung gelitten hat, aber ich weiß auch, dass wir jetzt selbst die Initiative ergreifen und Verantwortung übernehmen müssen, um der Gewalt innerhalb unserer Gemeinschaft ein Ende zu setzen. Unsere Spiritualität hat uns, den indigenen Völkern Australiens, über Tausende von Jahren hinweg Kraft gegeben und uns ermöglicht, große Herausforderungen zu bewältigen. Die Rückbesinnung auf unseren gemeinsamen Mut, durch den wir die Gewalt der Kolonialgeschichte Australiens überlebt haben, weist den Weg zur Heilung. Nun brauchen wir diesen Mut, um in uns zu gehen und das Wesen des Menschseins zu erkennen und danach zu leben. Heilung wird erreicht durch das Geschenk der Vergebung und durch die Fähigkeit, die Geschichten, die anderen heilig sind, anzuhören und sie mit ihnen zu teilen. Zu diesen Geschichten gehört auch die leidvolle Erfahrung, den Kindern der gestohlenen Generation anzugehören. Ich glaube, dass wir als indigene Gemeinschaft reif genug sind, um das Spiegelbild unseres Inneren zu betrachten und ohne Sündenböcke und Opfer eine gemeinsame Grundlage zu finden, auf der wir einen neuen Traum verwirklichen können – in einer Mischung aus Althergebrachtem und Neuem, aus Vergangenheit und Gegenwart.

Als ich diesen Heilungsweg einschlug, war ich allein – es gab nur Gott und mich, und für eine sehr lange Zeit blieb es so. Nun bin ich fünffache Mutter. Ich habe sechs Enkelkinder und einen Urenkel. Ich glaube, ich habe dreiundzwanzig Stiefbrüder und Stiefschwestern. Wir sind eine große Familie, und ich bin die Älteste und trage somit die größte Verantwortung. Ich musste viele Erinnerungen heilen. Manchmal fiel es mir schwer, mir selbst zu verzeihen und mich dann wieder zu lieben. Ich lebe von Tag zu Tag. Es ist ein langer Weg, der Mut und Vertrauen erfordert. Ich bin schon weit gekommen.

17

Simbabwe – Schrecken ohne Ende

Seit meiner Rückkehr nach Südafrika 1992 habe ich Simbabwe fast jedes Jahr besucht. Da das Land so viele Jahre lang mein Zuhause war, geht mir der Aufruhr besonders nahe. Dieses Kapitel enthält die Schilderung von zwei Besuchen in den Jahren 2002 und 2003. Wer hätte damals, als ich sie verfasste, gedacht, dass diese schreckliche Situation auch heute, zehn Jahre später, noch anhält? Ich habe mich entschlossen, die Berichte im Großen und Ganzen in ihrer ursprünglichen Form zu belassen, weil sie so einen unmittelbaren Eindruck von dem fortwährenden Leiden vermitteln.

2002 reiste ich gemeinsam mit unserem Jugendkoordinator Themba Lonzi nach Simbabwe, um dort zwei Healing-of-Memories-Workshops durchzuführen. Es war Thembas erste Reise in ein anderes afrikanisches Land. Wir folgten einer Einladung von *Women's Net*, einer Gruppe christlicher Frauen, die ihren Glauben praktisch leben und zur nationalen Versöhnung beitragen wollten. Brenda Adamson war Mitglied dieser Gruppe und hatte an einem Healing-of-Memories-Workshop in Kapstadt teilgenommen, der ihr Leben verändert hatte.

Wegen der sich verschlimmernden politischen und wirtschaftlichen Situation hatten wir den Besuch schon einmal verschoben, auf die Zeit nach der Präsidentschaftswahl im März. Ich fragte mich, ob wir uns angesichts der überwältigenden Probleme der Gegenwart überhaupt mit Fragen der Vergangenheit befassen könnten. Aber unsere Gastgeber drängten uns zu kommen, und so sagten wir zu. Wo wir auch hinkamen, lautete die immer wiederkehrende Frage, wie man Hoffnung bewahren könne. Die nach wie vor galoppierende Inflation, weitverbreitete Unterversorgung, drohende Hungersnöte und massive Unterernährung – ganz abgesehen von der Einschüchterungs- und Repressionspolitik – führen dazu, dass der Lebensstandard der meisten Menschen Woche für Woche sinkt.

Unser erster Workshop fand in Mutare statt, einer etwa vier bis fünf Autostunden von Harare entfernten Stadt. 25 Teilnehmer hatten sich angemeldet, darunter fünf Gruppenleiter. Die Gruppe umfasste mehrere Generationen mit den Hauptsprachen Shona, Ndebele und Englisch und bestand hauptsächlich aus Schwarzen, aber auch einige wenige Weiße nahmen teil. Wir begannen am Freitagabend, wie sonst auch. Trotz der aktuell herrschenden Probleme konnten die Menschen darüber sprechen, wie sie unter der Vergangenheit ihres Landes und auch unter persönlichen Umständen gelitten hatten.

Am Sonntagmorgen predigte ich in der Gemeinde der anglikanischen St.-Johns-Kathedrale und versuchte, Hoffnung und Zuversicht zu vermitteln. Nach dem Gottesdienst traf ich eine Freundin, die ich seit Jahren nicht gesehen hatte. Sie erzählte mir, dass zwei ihrer engsten Angehörigen an AIDS gestorben waren und dass viele junge Menschen nach England gegangen seien, um zu überleben. AIDS und Auswanderung waren zwei Themen, die bei unserem Besuch immer wieder angesprochen wurden.

Am Sonntagabend waren wir wieder in Harare, und Women's Net bereitete uns einen kleinen Willkommensempfang. Dort lernten wir ein Paar kennen, das gerade erfahren hatte, dass es aufgrund der neuesten Regierungspläne für weiteren Landerwerb seine Farm aufgeben musste. Sie besaßen das Land erst seit vier Jahren und hatten nicht damit gerechnet, Opfer der Enteignungspolitik zu werden. Für die Besitzer ist diese Erfahrung schon traumatisch genug, für die Landarbeiter jedoch noch viel mehr, da sie oft schon seit vielen Jahren auf diesen Farmen leben und gar kein anderes Zuhause haben. Am darauffolgenden Tag wurde ich für das Radioprogramm „Faith in Action“ interviewt. Zu meiner Verwunderung wurde mir in der Vorbesprechung nahegelegt, die Situation in Simbabwe auf keinen Fall zu erwähnen.

Unser zweiter Healing-of-Memories-Workshop fand im *Christian Counseling Centre* (dem Christlichen Beratungszentrum) in Harare statt. Wir waren insgesamt einundzwanzig Teilnehmer unterschiedlicher ethnischer Herkunft, darunter fünf Gruppenleiter. Da jede Gruppe nur aus etwa drei Teilnehmern und einem Gruppenleiter bestand, hatten wir genügend Zeit für einen tiefgehenden Gedankenaustausch. Wie im ersten Workshop bestand hier die Herausforderung darin, die Folgen der Vergangenheit zu thematisieren und nicht auf die erdrückende Realität der Gegenwart einzugehen, denn – wie jemand bemerkte – „über das, was zur Zeit in unserem Land geschieht, sprechen wir jeden Tag“. Einige Teilnehmer erklärten, dass sie sich nirgendwo richtig zugehörig oder wegen ihrer Herkunft, ihrer Volkszugehörigkeit oder ihres Geschlechts oder auch wegen unglücklicher Ereignisse in ihrer Familie minderwertig fühlten. Während der feierlichen Abschlussliturgie lasen drei Frauen unterschiedlicher ethnischer Herkunft Briefe an ihre Mütter vor, die sie nach ihrem Erfahrungsaustausch mit den anderen Teilnehmern geschrieben hatten. Während der Dankesreden erlebten wir einen weiteren bewegenden Augenblick, als ein weißer Simbabwer seine Gleichgültigkeit nach dem Bombenanschlag auf mich beschrieb und sagte, er sei der Meinung gewesen, dass ich meine gerechte Strafe erhalten hätte. Er habe damals gedacht, „Wer mit Feuer spielt, verbrennt sich die Finger.“ Er bat mich dafür um Vergebung. Ich hatte das Gefühl, dass die Teilnehmer den Workshop mit einem neuen Selbstwertgefühl verließen und mit der Bereitschaft, zur Heilung anderer beizutragen.

Am Tag nach dem Workshop in Harare sollte ich auf einem Treffen von Pfarrern unterschiedlicher Kirchen sprechen. In der anschließenden Diskussion versuchten sie, unter diesen äußerst schwierigen Umständen Gottes Willen im Hier und Jetzt zu erkennen. Einer fragte, ob ich denjenigen, die mir die Bombe geschickt hatten, verziehen hätte. Ein anderer fragte, ob sich die Situation in Simbabwe meiner Meinung nach weiter verschlechtern würde. Beiden Fragen lagen die ungelösten Probleme zugrunde, wie mit Hoffnung und Verzweiflung umzugehen sei, wie man durchhalten und stark bleiben könne und ob Vergebung möglich sei.

Auf der Führungsebene gehen die Meinungen besonders zwischen Katholiken und Anglikanern je nach politischer Ausrichtung weit auseinander. Viele, sehr viele Christen fühlen sich von Gott verlassen und stellen sich die quälende Frage, was sie denn tun können und sollten. Die letzten zwei Tage der Reise verbrachten wir in Bulawayo, einer Stadt in Matabeleland, in der bald nach dem Fall der weißen Regierung von Ian Smith bei Auseinandersetzungen zwischen rivalisierenden politischen Gruppen zahllose Menschen ums Leben kamen. Für viele Menschen dort ist die Erinnerung an die Toten der Achtzigerjahre noch frisch und lebt durch die jüngsten Ereignisse wieder verstärkt auf. Auch dort traf ich mit Kirchenvertretern und Betreuern von Gewaltopfern zusammen. Ich war dankbar für das Treffen mit Erzbischof Pius Ncube von der katholischen Kirche, der wegen seines Einsatzes für die Opfer des gegenwärtigen Konflikts angegriffen wurde. Darüber hinaus bekam ich die Gelegenheit, Judith Todd und ihren Vater, den ehemaligen Premierminister Sir Garfield Todd kennenzulernen. Sir Garfield kommt, wie ich, ursprünglich aus Neuseeland, wurde aber dann simbabwischer Staatsbürger. Er vertrat liberale politische Ansichten, verurteilte den Rassismus und bemühte sich, die Lebensbedingungen der schwarzen Mehrheit zu verbessern, er blieb aber bis an sein Lebensende eine umstrittene Figur, weil er Mitglied der *United Party* war, die unter der Kolonialregierung die Privilegien der Weißen schützte. Nach der Beendigung seiner Karriere sprach er sich immer freimütiger gegen eine Regierung der weißen Minderheit aus und war noch mit vierundneunzig immer auf dem neuesten Stand. Er und seine Tochter engagierten sich ein Leben lang für soziale Gerechtigkeit, und beiden wurde die simbabwische Staatsangehörigkeit entzogen; sie wurden staatenlos.

Ich hatte das Gefühl, die Machthaber in Simbabwe klammerten sich um jeden Preis an die politische und wirtschaftliche Macht. Man fragt sich unweigerlich, wie lange es noch dauern wird, bis Wut und Hoffnungslosigkeit wegen der immer wieder ausfallenden Grundversorgung und drohender Hungersnöte zu Hungeraufständen und Verzweiflungstaten führen. Die Reaktion des Staates darauf mag man sich gar nicht vorstellen und auch die Opposition scheint keinen klaren Weg in die Zukunft weisen zu können. Viele Simbabwer fühlen sich im Stich gelassen, weil Südafrika nicht deutlicher Stellung bezogen hat, besonders während der letzten Präsidentschaftswahlen. Mit meinen bescheidenen Möglichkeiten habe ich als Südafrikaner versucht, den

Menschen dort durch Liebe und Zuwendung deutlich zu machen, dass sie weder vergessen noch verlassen sind. In seinem diesem Kapitel beigefügten Bericht schildert Immanuel Hlabangana, der an unserem Workshop in Mutare teilnahm, sehr anschaulich die persönliche Dimension dieser schwierigen Zeiten im heutigen Simbabwe.

Angesichts der scheinbar unüberwindbaren Kräfte, die die Hoffnung und bisweilen auch Leben zerstören, kann man leicht den Mut verlieren. Doch wenn die Menschen etwas Zuspruch erfahren, können sie eine außerordentliche Widerstandsfähigkeit entwickeln. Einen Monat nach dem Workshop in Mutare trafen sich die Teilnehmer wieder, und anschließend erhielt ich von Shirley De Wolf, die den Workshop organisiert hatte und bei dem Treffen anwesend war, folgenden Bericht:

> Wir begannen unser Treffen mit einer Diskussion über die bisher nachhaltigsten Auswirkungen des HOM-Workshops. Es war beeindruckend, wie sehr sich das Leben der Teilnehmer als unmittelbare Folge dieser Erfahrung verändert hat.
>
> Manche Teilnehmer hatten nach dem Workshop das Bedürfnis, beruflich völlig neue Wege zu gehen, so als wären sie bis jetzt immer rückwärts gelaufen, ohne nach vorne blicken oder den nächsten Schritt voraussehen zu können. Aufgrund seiner Arbeit im Workshop trat ein Mann ein Seelsorgeamt an.
>
> Manche wiederum zeigten sich nach dem Workshop offen für die Erkenntnisse anderer und waren bereit, ihre Fürsorge anzunehmen. Ein Mann war überzeugt, dass die Erfahrung seine Ehe gerettet hatte, ein anderer, dass sie seine Einstellung zum Pfarramt völlig veränderte. Vorher hatte er auf der Kanzel gestanden und Stärke und Moral verkörpert. Nun könne er seine natürliche Kleinheit und seine Bedürfnisse als Mensch erkennen, der auf der gleichen Ebene steht wie seine Gemeindemitglieder.
>
> Durch den Workshop fanden manche Teilnehmer den Mut, ihr Schneckenhaus zu verlassen und Anerkennung als vollwertiges Mitglied ihrer Gemeinde zu suchen. Andere wiederum erlernten das aktive Zuhören und verwenden nun manche der Übungen und Rituale in ihrer Kirche, in Kursen und anderen Gruppen. Ich habe selten erlebt, dass eine derart kurze Veranstaltung eine solche Wirkung auf die Teilnehmer ausübte!

Bei unserer Rückkehr nach Simbabwe im Februar 2003 hörte ich jemanden sagen: „Was wir hier erleben, ist Simbabwes Tod.“ Und dennoch fiel mir dabei die Strophe eines alten Kirchenliedes ein:

> Doch heil'ge Wächter rufen:
> Wie lang, Herr, bleibst du fern?
> Und auf die Nacht des Trauerns
> Folgt bald der Morgenstern.

Mitte Februar unternahm ich zusammen mit meinem Kollegen Mongezi Mngese eine zwölftägige Reise nach Simbabwe. Ich hatte eigentlich erwartet, dass man uns anrufen würde, um uns wegen des sich verschlechternden politischen und wirtschaftlichen Klimas von dem Besuch abzuraten. Ich bezweifelte, dass Menschen, die ums tägliche Überleben kämpften, die emotionale und spirituelle Kraft aufbringen würden, sich mit den Auswirkungen der Vergangenheit zu beschäftigen. Ich darf mit Zufriedenheit sagen, dass ich Unrecht hatte. Die Teilnehmer vergaßen für den Moment offenbar bereitwillig ihre alltäglichen Sorgen, um sich auf die giftigen Überreste der Vergangenheit ihres Landes zu konzentrieren. Wenn Simbabwer ihre Leidensgeschichte erzählen, wird deutlich, wie vielschichtig sie ist. Unter dem weißen Regime waren während des Unabhängigkeitskampfes bis 1980 Diskriminierung, Ausgrenzung, Folter und Mord gang und gäbe. Nach der Befreiung wurden Mitte der Achtzigerjahre während des Konflikts mit einer rivalisierenden Befreiungsbewegung – den das Apartheid-Regime noch anzuheizen versuchte – in Matabeleland Tausende von der simbabwischen Armee ermordet. Seit der Niederlage der simbabwischen Regierung bei einer Volksabstimmung über Verfassungsänderungen im Jahr 1999 eskalierte die politisch motivierte Gewalt und erreichte 2002 mit den heftigen Auseinandersetzungen um die Ergebnisse der Präsidentschaftswahlen einen Höhepunkt. Seit langem bin ich der Meinung, dass die gegenwärtige Situation auch durch die Erinnerungen an vergangene Konflikte verschärft wird, die in Simbabwe nicht zugegeben und bewältigt, sondern eher verdrängt wurden.

Bereits bei unserer Ankunft wurden wir mit der Krise des Landes konfrontiert: Alle redeten unablässig von der „Situation“. Das erste sichtbare Zeichen waren die endlosen Autoschlangen vor den Tankstellen, von den Fahrern war weit und breit nichts zu sehen. Weitaus beunruhigender jedoch waren die langen Schlangen von Menschen, die hofften, Grundnahrungsmittel wie Brot, Maismehl, Speiseöl und Zucker kaufen zu können. Vor kurzem legte die Regierung die Endpreise für einige Grundnahrungsmittel fest. Da die Preise aber nicht für die gesamte Produktionskette festgelegt wurden, können die Unternehmen nicht zum offiziellen Preis produzieren, wenn sie wirtschaftlich bestehen wollen. Für einen entsprechenden Preis ist illegal auf dem Schwarzmarkt so ziemlich alles zu haben. Unzählige Menschen, die nur den Mindestlohn verdienen oder gar keine offizielle Arbeit haben, verfügen nicht über ausreichende Mittel, um genügend Nahrung zu kaufen. Ihr Überleben hängt oft von Angehörigen in Südafrika oder Großbritannien ab. Ich fragte einen Freund, ob er in seiner Freizeit immer noch Fahrrad fahre, da ich wusste, dass es sein Hobby war, und er antwortete: „Nein, dazu reicht meine Energie nicht mehr. Ich bin viel zu hungrig.“

Unser Besuch begann in Bulawayo, Simbabwes zweitgrößter Stadt. Wir sollten dort einen Healing-of-Memories-Workshop abhalten und neue Seminarleiter ausbilden. Alle Teilnehmer waren Kirchenmitglieder oder Mitglieder von Gemeindeorganisationen, und die meisten übten Pflegeberufe aus. Wir kamen am Valentinstag an; eine Organisation von Frauen aller Ethnien und Volksgruppen hatte die Gelegenheit ergriffen, um für Frieden und Liebe zu demonstrieren und auf den Straßen Blumen zu verteilen. Unsere Teilnehmer waren erfreut und erstaunt über das gute Essen während des Workshops. Wir aßen aber nur deshalb so gut, weil einiges extra aus Südafrika und Botswana eingeführt worden war. Eine der Frauen, die das Essen für den Workshop zubereiten sollte, wurde eine Nacht lang von der Polizei festgehalten und am nächsten Tag freigelassen, ohne dass gegen sie Anzeige erstattet worden war – als ob wir noch eine Erinnerung an die Realität des Lebens in Simbabwe nötig gehabt hätten.

Einige Ugander, die in Simbabwe lebten, trugen zusammen mit uns Südafrikanern dazu bei, dass der Workshop einen willkommenen kontinentalen Anstrich erhielt. Am zweiten Abend sprachen wir darüber, wie wir alle ein Zeichen der Hoffnung sein könnten. Wie so oft bringen Krisen nicht nur das Schlimmste im Menschen hervor, sondern auch das Beste. Die Teilnehmer erzählten von Freundschaften, die sie in langen Warteschlangen geschlossen, und Gemeinsamkeiten, die sie angesichts der Not entdeckt hatten. Die Menschen hören zu und reagieren auf das Leid und die Not anderer und teilen mit ihnen das Wenige, was sie haben. Diese Großzügigkeit ist ebenso anzutreffen wie extreme Spannungen und Frustrationen.

Die letzten fünf Tage verbrachte ich in den Orten Marondera und Ruwa, die außerhalb von Harare liegen. Freunde zeigten mir eine Stelle, an der an Besitzer eines Parteibuchs wöchentlich Lebensmittel ausgegeben werden. Für Menschen, die noch kein Parteibuch haben, ist es nun zu spät: Sie dürfen nicht mehr beitreten. Um zu überleben, betreiben die meisten, wenn nicht alle Simbabwer in höchst unterschiedlichem Umfang illegale oder unmoralische Geschäfte. Beispielsweise wechselt niemand Geld in einer Bank zum offiziellen Wechselkurs von ZWD 55 für USD 1, wenn man auf dem Schwarzmarkt ZWD 1300 für USD 1 bekommt. Für viele der Workshop-Teilnehmer gelten Polizisten nicht als Verfechter von Recht und Ordnung, sondern als willige Helfershelfer bei Nötigung, Einschüchterung und Unterdrückung. Krisen, wirtschaftlicher Niedergang und der Zusammenbruch von Recht und Ordnung haben auch immer ihre Nutznießer, einige durch Zufall und andere durch kriminelle Machenschaften. Über die legale Landreform hinaus hat persönliche Habgier manche dazu verführt, das Land anderer illegal zu beschlagnahmen, nur weil sie einer anderen Ethnie angehören.

An meinem letzten Morgen in Simbabwe traf ich einen leitenden Funktionär der Regierungspartei ZANU-PF, der mehr als zwanzig Jahre lang als Minister dem Kabinett angehört hatte. Ich fragte ihn konkret nach der politisch motivierten Ungleichbehandlung bei der Nahrungsmittelzuteilung. Er selbst sei 1994 für die Lebensmittelvergabe zuständig gewesen, antwortete er, und allen Menschen seien unabhängig von ihrer Parteizugehörigkeit dieselben Mengen zugeteilt worden. Da dies 1994 so war, ging er anscheinend davon aus, dass es selbstverständlich auch 2003 zutreffen musste. Eine Vorzugsbehandlung der Mitglieder der ZANU-PF könne nur eine Reaktion auf Aktionen der Oppositionspartei MDC sein. Wie es mit Folter aussehe, wollte ich wissen. Zwei Journalisten seien ein oder zwei Jahre zuvor gefoltert worden, räumte er ein, doch von anderen Fällen sei ihm nichts bekannt. Die Opposition, weiße Farmer, nichtstaatliche Organisationen und Engländer seien für sämtliche Probleme Simbabwes verantwortlich. Die Frage, wer Mugabes Nachfolger wird, müsse in der Tat erörtert werden, aber man müsse ihm auch einen würdevollen Abgang sichern. Dann redete er sich etwas in Rage: „Wer sind denn diese unwissenden jungen Menschen? Was bilden die sich ein, uns zu erzählen, wie wir das Land regieren und die Wirtschaft führen sollen?" Versöhnung und Verhandlungen zwischen Regierung und Opposition müssten stattfinden, ja, aber nur wenn die MDC-Opposition ihre Rechtsbeschwerde gegen das Ergebnis der Präsidentschaftswahlen zurückziehe. Ich fragte mich, ob die Regierung im Gegenzug wohl bereit wäre, ihre Anklage wegen Hochverrats gegen den MDC-Führer fallen zu lassen. Ich nehme an, dass den meisten von uns, besonders Politikern, Schuldzuweisungen leichter von der Hand gehen als die Übernahme von Verantwortung. Wie viele Führer wohl noch heute die Verbitterung über die Vergangenheit in sich tragen? Als ich mich verabschiedete, sagte dieser Herr, dass er meinen Beitrag zur Heilung der Erinnerungen Simbabwes begrüße.

Tatsache ist, dass die ältere Generation simbabwischer Freiheitskämpfer nicht akzeptieren kann, dass sie nicht mehr mit der Zustimmung des Volkes regiert. „Wir Simbabwer werden dazu erzogen, Schmerz zu verinnerlichen. Südafrikaner würden sich das, was wir hier aushalten müssen, nicht gefallen lassen", sagte mir jemand. Fast alle Simbabwer, mit denen ich sprach, brachten eine Mischung aus Unverständnis, Wut, Frust, und Enttäuschung darüber zum Ausdruck, dass Südafrika sich ihrem Leid gegenüber so gleichgültig zeige und sich nicht für die Erhaltung ihrer Menschenrechte einsetze. Ich fragte mich, wie so viele andere auch, ob der von dem ZANU-PF-Funktionär angesprochene Generationenkonflikt und die historische Solidarität zwischen den Befreiungsbewegungen im südlichen Afrika nicht auch dazu beitragen, dass unser Präsident Mbeki Präsident Mugabe so hartnäckig unterstützt. Die Behauptung von Präsident Mbeki und dem nigerianischen Präsidenten Obasanjo, dass sich die Situation in Simbabwe verbessere, rief allgemeine Fassungslosigkeit hervor. Viele, die ich traf, waren seit jeher Anhänger der ZANU-PF, haben jedoch nun aus Enttäuschung über die ZANU-PF begonnen, die MDC zu unterstützen. Ich glaube nicht, dass die Simbabwer von Südafrika eine Megafon-Diplomatie nach Art von Tony Blair erwarteten, der die Mugabe-Regierung lauthals verurteilte, oder dass die südafrikanische Armee plötzlich vor der Tür stehen und sie befreien sollte. Sie erwarteten aber durchaus, dass wir uns von der Verletzung ihrer Grundrechte, die ja auch in unserer eigenen Verfassung verankert sind, öffentlich distanzieren würden. Sie erwarteten von uns eine Solidarität, wie sie ihnen von Botswana, Kenia, Senegal und Mosambik gewährt wird und wie wir sie während unseres Befreiungskampfes von der ganzen Welt erhielten.

Die Verhältnisse in Simbabwe sind furchtbar. Immer wieder wurde uns mit unheilvoller Miene gesagt, dass die Krise des Landes in diesem Jahr ihren Höhepunkt erreichen und etwas geschehen würde. Fast alle, mit denen ich sprach, befürworteten ungeachtet ihrer ethnischen Zugehörigkeit eine neue Landverteilung. Sie wehren sich aber gegen die Modalitäten der Durchführung, durch die das Land von der Kornkammer zum Armenhaus der Region wurde. Durch den Zusammenbruch der Wirtschaft, durch Hungersnot und AIDS sind nun fast acht Millionen Menschen vom Tod bedroht. Tausende von Landarbeitern, vor allem aus Malawi und Mosambik, wurden vertrieben, wodurch die Kriminalität rasch anstieg, Hunger und Verzweiflung ließen die Menschen gewalttätig werden.

Die Meinungen der Christen in Simbabwe über die Geschehnisse in ihrem Land gehen leider weit auseinander, auch darin zeigt sich spiegelbildlich die Gespaltenheit der Kirche Südafrikas während der Apartheid. Dennoch mehren sich die Stimmen derjenigen, die trotz unterschiedlicher Glaubensrichtungen gemeinsam ihre Zukunft gestalten wollen. Nach einem Gottesdienst, bei dem Folteropfer von ihren Erfahrungen berichteten, wurde der Erzbischof von Bulawayo, Pius Ncube, von der Polizei ermahnt, dass ein Gottesdienst ausschließlich religiöser Natur zu sein habe und nichts ansprechen dürfe, was eine Kritik an der Regierung darstelle. Er antwortete, dass Themen wie Hunger, wirtschaftliche Not und Gewalt nicht von der Religion zu trennen seien. „Wenn die Menschen leiden, kann sich die Kirche nicht einfach heraushalten." Paulo Freire sagte einmal, Menschsein bedeute in der Vorstellung der Unterdrückten, so zu werden wie die Unterdrücker, und diesen Wandel haben die Führer Simbabwes leider vollzogen. Ob die nächste Regierung wohl den Teufelskreis durchbrechen wird, der Opfer in Täter verwandelt?

Seit diesen Besuchen in den Jahren 2002 und 2003 bin ich zusammen mit anderen Kollegen unter der Schirmherrschaft verschiedener Organisationen praktisch jedes Jahr nach Simbabwe gereist. In den letzten Jahren sind wir eine Partnerschaft mit der Christlichen Allianz Simbabwes eingegangen, einem ökumenischen Zusammenschluss, der als Reaktion von Gläubigen auf die *Operation Murambatsvina*, also „Operation Müllentsorgung", entstand. Dabei handelte es sich um eine staatliche Maßnahme zur Zwangsevakuierung illegaler Armensiedlungen und zur Unterbindung des Schwarzmarkthandels in Harare und anderswo, die durchgeführt wurde, weil die Bewohner es gewagt hatten, die oppositionelle MDC zu unterstützen. Dieser Schritt wurde von der Mehrheit der Bevölkerung, von Glaubensorganisationen und sogar von den Vereinten Nationen verurteilt. Trotzdem setzte das Mugabe-Regime seine Menschenrechtsverletzungen fort, und es klammert sich weiterhin ohne jeden Skrupel an die Macht. Zum Beispiel berichtete die New York Times am 30. Mai 2011, dass die Bereitschaftspolizei eine Zusammenkunft zu einem Friedensgebet in der Nazarene Church mit Schlagstöcken auflöste.

In jüngster Zeit vereinbarten wir eine Partnerschaft mit der anglikanischen Diözese von Harare, der siebzigtausend Mitglieder und zweiundsiebzig Gemeinden angehören. Leider ist die Diözese selbst nun zu einem Ort der Auseinandersetzung mit der Regierung geworden. Nolbert Kunonga, der 2002 zum Bischof von Harare gewählt wurde, begann Priester zu ersetzen, die die Regierung kritisierten. 2007 versuchte er, die Diözese aus der *Church of the Province of Central Africa* (CPCA) herauszulösen, angeblich weil die Kirche sich der Homosexualität gegenüber aufgeschlossen zeige. Sein Versuch scheiterte, er wurde durch einen geschäftsführenden Bischof ersetzt und exkommuniziert. Später wurde Bischof Chad Gandiya zum Bischof von Harare gewählt. Es kam zu einem bis heute anhaltenden Rechtsstreit; währenddessen hindert die Polizei die Gläubigen daran, in ihrer eigenen Gemeinde zum Gottesdienst zu gehen. Die Priester dürfen nicht einmal Tote auf anglikanischen Friedhöfen beerdigen. Diejenigen, die Kunongas Maßnahmen ablehnen, werden verhaftet. Am 7. Oktober 2011 wurde in der New York Times berichtet, dass Bischöfe, die loyal zur CPCA stehen, verfolgt werden und Morddrohungen erhalten. Die anglikanische Kathedrale in Harare ist sonntags morgens praktisch leer, und die Gemeindemitglieder feiern den Gottesdienst in einem Zelt im Garten des Dekans. Unter Missachtung gerichtlicher Anordnungen unterstützt die Polizei Kunonga mit aller Gewalt. Auf entsprechende Fragen erwiderten die Polizisten, sie handelten auf Befehl „von oben". Darüber hinaus haben praktizierende Anglikaner viel zu erdulden. Während ich diese Sätze schreibe, wurden Bischof Gandiya und alle Gemeindemitglieder von Mbare, wo ich Priester gewesen war, verhaftet, weil sie im Pfarrhaus einen Gottesdienst abgehalten hatten – was nirgendwo eine strafbare Handlung darstellt. Am Morgen des 7. Februar 2011 ereignete sich ein besonders schockierender Zwischenfall: Jessica Mandeya, eine neunundachtzigjährige Großmutter und hochrangiges Laienmitglied der anglikanischen Kirche, wurde ermordet, wohl weil sie sich hartnäckig weigerte, Kunongas Kirche beizutreten. In den Wochen vor dem Mord hatte sie mehrere Morddrohungen erhalten.

Mitten in dieser prekären Situation wurde das Institute for Healing of Memories gebeten, Workshops für Gemeindemitglieder und Priester der CPCA in Harare durchzuführen. Zusätzlich zu dem Leid, das zahllose Simbabwer seit langem erdulden müssen, tragen diese Menschen an einer besonderen Last, denn inmitten der allgegenwärtigen politischen Repression dürfen sie nicht einmal ihren Glauben frei leben.

Healing of Memories ist zur Zeit für die meisten Simbabwer zweifellos weniger wichtig als Überleben und Ausharren, aber eines Tages werden

Heilung und Versöhnung größere Bedeutung erlangen. Wenn alles gutgeht, werden wir nach Simbabwe zurückkehren und dort Seminarleiter ausbilden und weitere Healing-of-Memories-Workshops abhalten. Es ist wichtig, dass zumindest einige nicht länger in Rachevorstellungen gefangen bleiben, sondern sich bereits auf dem Weg der Heilung befinden, wenn die gegenwärtigen Probleme endlich gelöst sind und ein wenig Stabilität einkehrt, damit sie dann den anderen den Weg in die Zukunft weisen können. Das Institute for Healing of Memories wird weiterhin Workshops anbieten, um in seinem bescheidenen Rahmen den Menschen zu helfen, das Gift der Vergangenheit zu erkennen und es langsam zu beseitigen. So können wir dazu beitragen, die Wunden zu heilen, und allmählich eine Grundlage für ein neues Simbabwe schaffen.

Gedanken aus Simbabwe

von Immanuel Hlabangana

Die Geschichte unseres Landes ist geprägt von Gewalt und dem Recht des Stärkeren. Erst gab es die Stammeskriege. Darauf folgte die fast einhundertjährige Kolonisation durch die Briten. Als wir dann schließlich 1980 unsere Unabhängigkeit erlangten, hatten wir in zwanzig Jahren erbitterter Auseinandersetzungen fast fünfzigtausend Tote zu beklagen. 1980 mussten wir vier Armeen zu einer verschmelzen: die rhodesische Armee von Ian Smiths rassistischem Regime und die Kämpfer von drei verschiedenen Befreiungsbewegungen. Der damalige Premierminister und jetzige Präsident, Robert Mugabe, verkündete „Versöhnung" als den Weg zum Wiederaufbau der Nation, erklärte aber nie, wie das geschehen sollte.

1980 sollte ich auch mit der Grundschule beginnen, aber wegen des Krieges verzögerte sich das um zwei Jahre. Als ich eingeschult wurde, hatte ich noch lebhafte Erinnerungen an weiße Soldaten, die Einwohner meines Dorfes zusammenschlugen. In der Folge wurde ich ein sehr unbeherrschtes Kind. In den sieben Jahren, in denen ich zur Grundschule ging, beeinflussten mich, psychisch und emotional gesehen, zwei Ereignisse besonders. Erstens brach nach drei segensreichen Jahren im Anschluss an die Unabhängigkeit der Krieg wieder aus. Diesmal handelte es sich allerdings um Gewalt unter Schwarzen, durch die bis zum sogenannten *Unity Accord* von 1987, einem Abkommen zwischen den zwei größten Befreiungsbewegungen, zwanzigtausend Angehörige meines Volkes den Tod fanden und in Massengräbern verscharrt wurden. Darunter befand sich auch eine fünfundsiebzigjährige Dame, die liebevoll Gogo (Oma) MaMlosthwa genannt wurde und meine Großmutter väterlicherseits war. Sie starb, nachdem sie zwei Wochen zuvor von Soldaten der neuen schwarzen Regierung in einer – wie Präsident Mugabe es nannte – „Kurzschlussreaktion“ zusammengeschlagen wurde, weil sie „Dissidenten versteckt“ habe. Dadurch verstärkten sich mein Hass und meine Verbitterung noch mehr. Die zweite emotionale Herausforderung kam, als wir von einer Township in einen Vorstadtbezirk umgesiedelt wurden, der früher Weißen vorbehalten war, und ich in eine ethnisch gemischte, mehrsprachige Schule gehen musste. Schon in jungen Jahren wurde mir deshalb klar, dass wir uns mit Fragen nach Gerechtigkeit, Wahrheit, Nächstenliebe und Frieden befassen und darüber hinaus unsere Vergangenheit aufarbeiten müssen, aber dabei auch die Zukunft nicht aus den Augen verlieren dürfen.

2002 nahm ich an einem Healing-of-Memories-Workshop mit Seminarleitern aus Südafrika teil. Zu diesem Zeitpunkt war ich durch unzählige Narben der Vergangenheit gezeichnet. Seit 2000 traf sich regelmäßig eine Gruppe von zwanzig bis dreißig Pastoren, Priestern und führenden Laienmitgliedern unterschiedlicher Konfessionen, um zu erörtern, wie man auf die soziale und politische Situation reagieren sollte. Dort freundete ich mich mit Shirley De Wolf an, einer weißen simbabwischen Pastorin der evangelischen Methodisten. Sie hatte an einem Healing-of-Memories-Workshop teilgenommen und vertrat mit Nachdruck die Ansicht, dass unsere Gruppe, ja das ganze Land sich einem Heilungsprozess unterziehen sollte. Als die Gruppenleiter von Healing of Memories aus Südafrika eintrafen und ich feststellte, dass der Seminarleiter, Pater Michael Lapsley, Weißer war, empfand ich dies als zusätzliche Herausforderung, denn ein Teil meines Heilungsprozesses bestand darin, mich mit der „weißen“ Seite meiner Geschichte auseinanderzusetzen. Ich hatte viele Fragen zu diesem Heilungsvorgang. Sollte ich für das ganze Wochenende zusagen? Oder sollte ich pro forma mitmachen, nur um Shirley einen Gefallen zu tun? Sollte man schlafende Hunde lieber nicht wecken? Warum sollte ich Probleme wieder hervorholen, die ich schon zu den Akten gelegt hatte?

Die Freundlichkeit der Gruppenleiter half mir, mich zu beruhigen. Als ich die persönliche Geschichte der beiden Leiter, Pater Michael und Themba, gehört hatte, konnte ich mich entspannen, konnte mitarbeiten und einen Heilungsansatz finden. Zu dem Workshop kamen insgesamt fünfundzwanzig Teilnehmer, fünfzehn Frauen und zehn Männer, fünf Weiße, zwei gemischter Herkunft und achtzehn Schwarze. Drei sprachen Ndebele, die übrigen Shona und Englisch. Ich erwähne dies, um die Vielfalt unseres Landes, seiner Kultur und Geschichte sowie die unterschiedlichen Auffassungen von unserer Geschichte und unserem Leid zu verdeutlichen. Um das Eis zu brechen, führte Themba einen Tanz auf und sang ein Lied und gab auf diese Weise die Stimmung für das ganze Wochenende vor: „Wenn wir als Volk die Zukunft gestalten wollen, müssen wir uns mit der Vergangenheit befassen.“ Dank der Erfahrungsberichte während des Healing-of-Memories-Workshops konnte ich in die untersten Schichten vordringen, und gehört zu werden war für mich der wichtigste Aspekt des Heilungsprozesses. Die angewandten Methoden und Verfahren waren sehr hilfreich und haben mir viel gegeben.

Die Situation in unserem Land ist immer noch kritisch, aber meine Einstellung zur Umgestaltung unserer Nation hat sich verändert. Unser Land muss seine Vergangenheit aufarbeiten und seinen Heilungsprozess einleiten, und ich bin glücklich, dass wenigstens einer von uns zwölf Millionen, nämlich ich, überzeugt wurde, dabei mitzumachen. Doch wegen unserer Schwierigkeiten fügen wir einander immer noch Leid zu. Aufgrund des Programms von Healing of Memories kann ich jetzt meine Verhaftung von 2003 nach Absatz 24 des gefürchteten *Public Order and Security Act* als Teil der Herausforderungen betrachten, denen wir uns als Volk stellen müssen, damit wir in all unserer Verschiedenheit zusammenleben können. Ich kann nun den Tätern die Hand zur Versöhnung reichen. Das, was uns zerstören soll, kann dazu dienen, uns zu besseren Menschen zu machen, wenn wir uns dem Heilungsprozess öffnen und ihn positiv auf unsere Umgebung einwirken lassen. Ich leite nun ganztags eine Abteilung einer nichtstaatlichen christlichen Organisation, die sich mit Konfliktumwandlung und dem Heilen der Erinnerungen befasst. Ohne das Auffangnetz, das wir durch unser Engagement in diesem Heilungsprozess geschaffen haben, würde ich immer mehr Leid und Narben anhäufen. Heute kann ich mit den Worten des Apostels Paulus sagen: „Mit dem Trost, der uns gespendet wurde, trösten wir nun viele“.

18

Folter

1975, als ich in Durban studierte, wurde der Juradozent Raymond Suttner, der Bruder eines Freundes, inhaftiert und unter anderem durch Elektroschocks an den Genitalien gefoltert. Gleichzeitig wurde auch eine Frau verhaftet. Ihre Eltern durften sie im Gefängnis besuchen. Sie erzählten mir, wie rücksichtsvoll und freundlich die Sicherheitspolizei doch sei. Was sie nicht wussten: Sobald sie gegangen waren, drohte die Polizei ihrer Tochter damit, dass sie ihre Eltern nie wiedersehen würde, wenn sie nicht alles preisgab, was sie wusste. Sie erzählte alles, und sie krümmten ihr kein Haar. Viele andere Fälle gingen jedoch ganz anders aus. Die südafrikanische Regierung hat die Folter zwar nicht erfunden, aber sie wurde zum wichtigsten Utensil in ihrem Arsenal von Repressionsmaßnahmen. In unbeabsichtigter Ironie begründete das Apartheidregime seine Existenz als gottgewollten Kampf gegen den gottlosen Kommunismus, setzte dabei jedoch entmenschlichende Mittel wie Folter gegen Mitmenschen ein, die gemäß der Bibel nach Gottes Ebenbild geschaffen wurden. Für die Christen unter uns ist es von grundlegender Bedeutung, dass wir Anhänger des Gefolterten sind.

Die Apartheid beruhte auf einer Lüge, auf der ungerechtfertigten Behauptung, dass die Hautfarbe und nicht die Menschlichkeit einem Menschen Wert verleiht. Diese Lüge und diese Entmenschlichung schaffen ein Umfeld, in dem alle Arten von Folter gedeihen können.

Leider wurde die Folter zu einem ständigen Begleiter des täglichen Lebens in Südafrika, besonders während der Achtzigerjahre, als Repression und Widerstand ihren Höhepunkt erreichten. Menschen wurden gefoltert, um Informationen zu erpressen, obwohl derartige Informationen natürlich oft absichtlich verfälscht wurden oder frei erfunden waren. Folter wurde auch als Strafe eingesetzt, um andere abzuschrecken und sie davon abzuhalten, dem Beispiel der gefolterten Person zu folgen. Folter gehörte also zum Repertoire des Staatsterrorismus. Sie wurde angewandt, um den Widerstandswillen der Bevölkerung zu brechen und ihr Streben nach Befreiung zu ersticken. Das Regime versuchte, die Menschen psychisch zu vernichten, indem es ihre Körper zerstörte. Trotz der schrecklichen Opfer, die die Folter forderte, blieb die Seele der Südafrikaner größtenteils ungebrochen. Diejenigen von uns, die im Exil lebten, liefen weniger Gefahr, von der südafrikanischen Regierung gefoltert zu werden. Stattdessen lebten wir in ständiger Furcht vor Anschlägen aus dem Hinterhalt, die von Agenten des Apartheidregimes verübt wurden: Mordanschläge durch Briefbomben und andere Sprengsätze, wie ich einen knapp überlebte, Giftanschläge und Fälle, in denen jemand auf rätselhafte Weise verschwand. Hinzu kamen auch direkte Angriffe wie das Maseru-Massaker. Währenddessen lebten die Folterer und Mörder als geachtete Bürger in ihren Gemeinden, und ihre Familienangehörigen haben vielleicht nie erfahren, wie sie ihre Tage verbrachten. Sie wurden belohnt und befördert und mit einem goldenen Handschlag in den Ruhestand verabschiedet.

1963 führte das Regime die 90-Tage-Haft ohne Gerichtsverfahren ein, die schon bald auf 180 Tage verlängert und 1967 durch ein Gesetz auf einen „unbegrenzten" Zeitraum ausgedehnt wurde. Nach dem Soweto-Aufstand von 1976 schwoll die Zahl der Gefängnisinsassen durch die Vorbeugehaft noch mehr an. In den späten Achtzigerjahren waren Schätzungen zufolge über achtzigtausend Menschen inhaftiert, von denen mehr als zehntausend unter achtzehn waren. Es gibt Anzeichen dafür, dass über 90 Prozent von ihnen gefoltert wurden. Anders als bei einem festen Strafmaß werden Gefangene durch die unbegrenzte Haftdauer schrecklichen Ungewissheiten ausgesetzt: Wie lange werden sie mich festhalten? Werden sie mich foltern? Wie lange wird das dauern? Werde ich es aushalten? Werde ich meine Kameraden verraten? Werde ich sterben? Wäre es nicht besser zu sterben als zu überleben? In den Achtzigerjahren versuchte eine Gruppe von Freiheitskämpfern, die psychologisch geschult waren, anderen, die immer wieder festgenommen wurden, Flüchtigen und entlassenen Häftlingen Hilfe anzubieten. Manche brachten denjenigen, die mit einer Festnahme rechnen mussten, Techniken zur Überwindung von Folter bei. Zu ihnen gehörten die Gründer des Trauma Centre for Victims of Violence and Torture, wo ich als Seelsorger arbeitete.

Zwar wurde schon oft über Folterungen geschrieben und gesprochen, aber ich glaube kaum, dass jemand, der es nicht selbst durchgemacht hat, das ganze Ausmaß des Schreckens und Grauens begreifen kann. Der Staat stellte Menschen, die die Folter überlebten, als verbrecherische Lügner dar, denen man keinen Glauben schenken durfte und die ihre Strafe verdienten. Überlebende Folteropfer sprechen oft von der Scham, die sie aufgrund ihrer erniedrigenden und demütigenden Erfahrungen empfinden. Sie können oft jahrelang, sogar jahrzehntelang nicht über das sprechen, was ihnen angetan wurde. „Wird man mir glauben? Was werden die anderen von mir halten, wenn sie herausfinden, was mir passiert ist?" Dies trifft besonders auf Opfer von sexueller Folter und Vergewaltigungen zu, und zwar sowohl bei Männern als auch bei Frauen. In der Tiefe ihres Herzens geben sich die Opfer manchmal selbst die Schuld an ihrer Situation. Dies sind mächtige Gefühle, die auch bei Menschen aufkommen können, die auf der rationalen Ebene durchaus verstehen, dass sie keineswegs für das verantwortlich sind, was ihnen zugestoßen ist. Kurz nach dem Briefbombenanschlag zum Beispiel entschuldigte ich mich bei meiner Freundin Phyllis Naidoo dafür, überlebt zu haben, während ihr Sohn sterben musste.

Die Apartheidregierung versuchte ihre entsetzlichen Menschenrechtsverletzungen zu verbergen, aber durch politisch motivierte Prozesse drangen sie doch an die Öffentlichkeit. Die Folter ist unter anderem deshalb so furchterregend, weil sie in völliger Abgeschiedenheit stattfindet. Niemand hört die Opfer schreien, und die Folterer achten darauf, dass sie keine Spuren hinterlassen. Es ist schon eine Ironie des Schicksals, dass der Gerichtssaal einer der wenigen Orte war, wo die Opfer über ihre Qualen sprechen konnten, und oftmals nannten sie Namen und Daten und beschrieben die Taten ausführlich. Dennoch weigerten sich viele Richter, Foltervorwürfen nachzugehen, wohingegen sie Aussagen akzeptierten, die unter Folter gemacht wurden. Weil die englischsprachige Presse diese Aussagen dokumentierte, drangen sie trotz der staatlichen Bemühungen, die Informationen zu unterdrücken, häufig an die Öffentlichkeit. Im Jahr 2000 flog ich zu einem Kurzbesuch nach Neuseeland und traf dort einen Freund, Pfarrer Michael Blain, der mir von einem Gespräch mit einer Südafrikanerin berichtete, die sich gerade in Neuseeland aufhielt. Er hatte ihr erzählt, dass ich in Südafrika mit Folter- und Gewaltopfern arbeitete. Sechs Jahre nach den demokratischen Wahlen und zwei Jahre nach dem Abschluss der Anhörungen der Wahrheits- und Versöhnungskommission zu den Menschenrechtsverletzungen antwortete diese Frau im Brustton der Überzeugung, dass es in Südafrika keine Folter gegeben hätte, aber sie räumte immerhin ein, dass manche Menschen umgebracht worden waren. Michael Blain versprach ihr etwas ironisch, mir ihre Botschaft zu überbringen: Ich sei dabei, meine Zeit zu verschwenden, da ja niemand gefoltert worden sei. Ich fragte mich, wie viele Strauße Neuseeland wohl aus Südafrika importiert hatte.

Ein Klima, in dem Folter und Menschenrechtsverletzungen vorkommen, zersetzt den sozialen Zusammenhalt der Gesellschaft. Manchmal stellt man mir Fragen zu dem sogenannten „Necklacing“ (Halskrausenmethode), einer schrecklichen Art des Tötens, bei der ein in Benzin getauchter Reifen über den Kopf des Opfers gestülpt und angezündet wird. Dies wurde besonders in Townships bei denjenigen angewandt, die man für Kollaborateure des Apartheidregimes hielt. „Wie konnte das passieren? Wie kann eine Gruppe von Menschen einem anderen menschlichen Wesen so etwas antun?“ werde ich gefragt. Oft waren junge Menschen in diesen Fällen die treibende Kraft. Ich antworte dann mit einer Gegenfrage. „Was wurde diesen jungen Menschen zugefügt, das ihr normales Gefühl für Menschlichkeit so verzerrte, dass sie sich an einem derartigen Akt ergötzen?“ Ich spreche sie also nicht von der Verantwortung für ihre Tat frei, weise jedoch darauf hin, dass junge Menschen unter dem Apartheidregime gefoltert und misshandelt wurden und aus dieser Erfahrung leider die Lehre zogen, dass ein Menschenleben nicht viel wert ist.

Im November 1980 erklärte Präsident Oliver Tambo in Genf feierlich, dass der ANC und sein militärischer Flügel, Umkhonto we Sizwe, sich an die

Genfer Konvention und deren neuere Protokolle zu kriegerischen Auseinandersetzungen halten würden. Der ANC war die erste Befreiungsbewegung, die einen solchen Schritt unternahm. Nach der Aufhebung des ANC-Verbots im Jahre 1990 wurden dennoch Misshandlungsvorwürfe laut, die vor allem die Internierungslager in Angola betrafen. Der ANC setzte mehrere Untersuchungsausschüsse ein, Vorläufer der TRC, betonte aber gleichzeitig, dass der gerechte Kampf für die Abschaffung der Apartheid und ihre ungerechte Verteidigung nicht als moralisch gleichwertig angesehen werden könnten. Dennoch übernahm der ANC die Verantwortung für diese Taten und gestand ein, dass sie gegen seine eigenen Wertvorstellungen verstießen. Später erstellte der ANC ausführliche Berichte für die Wahrheits- und Versöhnungskommission. Als ich beim Traumazentrum als Seelsorger arbeitete, hörte ich denjenigen zu, die über ihre Folterungen durch den ANC berichteten, dem ich ja angehörte. Mir war natürlich bewusst, dass zu der Zeit Krieg herrschte; dennoch machten mich diese Geschichten – gelinde gesagt – äußerst betroffen. Erstaunlicherweise legten viele dieser Menschen Wert auf eine deutliche Unterscheidung zwischen den Taten Einzelner und der Befreiungsbewegung als Ganzes, die sie immer noch unterstützten.

Alle, die vor der TRC aussagten, wurden von ihr mit der gleichen Würde und Achtung behandelt, unabhängig davon, ob sie vom Apartheidregime oder von der Befreiungsbewegung misshandelt worden waren. Für die Betroffenen und für den Aufbau einer neuen moralischen Werteordnung im demokratischen Südafrika war es ungemein wichtig, dass die TRC schwere Menschenrechtsverletzungen ungeachtet ihrer Urheberschaft für moralisch unannehmbar erklärte. In den Augen der Kommission heiligte der Zweck nicht die Mittel. Folter war und blieb Folter.

Oft ist es das Opfer, das den Täter befreit. Dies traf auch auf Johnny Issel zu, einen Anti-Apartheid-Aktivisten, den ich gut kannte. Seine Geschichte ist die eines Gefolterten, der versucht, seinen Folterer wieder zu vermenschlichen, und die der Wiederentdeckung ihrer gemeinsamen Menschlichkeit. Auf der Suche nach Heilung stellte das Opfer fest, dass der Folterer noch stärker der Heilung bedurfte. Mit Johnnys Erlaubnis berichtete Glenda Wildschut auf unserer internationalen Konferenz 2007 von dem Treffen zwischen ihm und seinem Folterer. Ihre Darstellung von Johnnys Geschichte ist diesem Kapitel beigefügt.

Die Abdankung des Apartheidregimes brachte leider nicht die Abschaffung der Folter in Südafrika. Definitionen sind schwierig, aber es ist offensichtlich, dass Folter von staatlicher und nichtstaatlicher Seite angewandt wird. Es wäre außerdem naiv zu glauben, dass Folter nicht auch in engen persönlichen Beziehungen vorkommt. In gewisser Hinsicht waren Folteropfer unter der Apartheid eine Zeit lang „beliebte" Opfer. Die heutigen Opfer sind sehr oft äußerst unbeliebt und haben kaum Fürsprecher, denn meistens werden die Anschuldigungen von mutmaßlichen Verbrechern erhoben. Wegen der zahlreichen Gewaltverbrechen hat die Öffentlichkeit häufig wenig Mitleid mit den Folteropfern unter den Straftätern. Es gab jedoch Ausnahmefälle, die gefilmt wurden und dadurch örtliche und internationale Aufmerksamkeit erregten. Folter im Strafjustizsystem bleibt ein schwerwiegendes Problem. Aufgrund der zunehmenden Arbeitslosigkeit und der weitverbreiteten Armut ist Ausländerfeindlichkeit auch zu einem Merkmal Südafrikas geworden. Im Fernsehen wurde von illegalen Arbeitssuchenden berichtet, auf die Polizeihunde gehetzt wurden. Dies löste eine Protestwelle aus. Zwar handelte es sich bei dem ausländerfeindlichen Aufruhr, der 2008 das Land erfasste, technisch gesehen nicht um Folter, weil er von einer aufgebrachten Menschenmenge verursacht wurde, doch starben dabei 62 Menschen, Hunderte wurden verletzt und viel Eigentum wurde zerstört. Auch 2009 fanden ähnliche Ausschreitungen statt.

Die südafrikanische Verfassung wird unter anderem für die Passagen gepriesen, die die Diskriminierung aufgrund sexueller Ausrichtung verbieten. Leider wurden dennoch Menschen, besonders afrikanische Lesben, deswegen gefoltert und ermordet. Unsere Regierung reagiert mit äußerst gemischten Signalen. Einerseits wurde ein Mann zum Botschafter in Uganda ernannt, der für seine homophoben Äußerungen berüchtigt und deswegen auch verurteilt worden war. Die Ernennung war besonders problematisch, weil Uganda für die Misshandlung von Homosexuellen bekannt ist. Andererseits setzte sich die Regierung im Menschenrechtsrat der Vereinten Nationen gegen den Widerstand vieler anderer afrikanischer Regierungen für eine bessere Behandlung homosexueller Menschen ein. Außerdem erwägt sie, auf nationaler Ebene neue Gesetze zum Schutz der Bürger vor Diskriminierung einzuführen.

Folter ist ein weltweites Problem, und die Vereinigten Staaten, die ich oft bereise, bilden da keine Ausnahme. Sie behaupten immer, dass sie keine Folter anwenden. Die Todesstrafe ist aber auch eine Art staatlich sanktionierter Folter. Glücklicherweise wurde sie durch die neue Verfassung in Südafrika abgeschafft. Nach Angaben des *U.S. Death Penalty Information Center* (US-Zentrum für Informationen über die Todesstrafe) saßen 2010 in den USA 3242 Häftlinge im Todestrakt, davon 41 Prozent Schwarze und 12 Prozent Latinos. Unter ihnen befand sich auch Mumia Abu-Jamal, der 30 Jahre im Todestrakt verbrachte, bevor seine Verurteilung schließlich im Dezember 2011 auf zunehmenden internationalen Druck hin aufgehoben wurde. Wie oft stirbt wohl ein zum Tode Verurteilter, bevor er letztendlich hingerichtet wird? Abgesehen davon wird Abu-Jamal nun eine lebenslange Freiheitsstrafe verbüßen, ohne Aussicht auf Begnadigung.

Vor einigen Jahren erhielt ich eine E-Mail-Nachricht von der katholischen Ordensschwester Dianna Ortiz, die in Guatemala gefoltert worden war. Sie arbeitete damals für die *Torture Abolition and Survivors Support Coalition International* (TASSC – Internationale Koalition für die Abschaffung der Folter und die Unterstützung der Überlebenden). Zu meinem Erstaunen deutete sie an, dass neue juristische Rechtfertigungen für die Folter konstruiert wurden, unter anderem auch von Alberto Gonzalez, dem damaligen Justizminister der USA. Ich war so schockiert, dass ich sie anrief und fragte, ob das denn wirklich wahr sei. Nachdem sie es bestätigt hatte, kamen mir immer mehr derartige Berichte unter. An dieser Stelle soll betont werden, dass diese juristischen Rechtfertigungen Wegbereiter für die furchtbaren Misshandlungen waren, die besonders in Abu Ghraib, dem US-Militärgefängnis in Bagdad, und in Guantanamo begangen wurden und einen weltweiten Proteststurm auslösten. Genauso bestürzend war die Auffassung der Bush-Regierung, dass manche Menschen als „illegale Kombattanten" galten, die nicht der Genfer Konvention unterlagen. Der Vorsitzende des Internationalen Komitees des Roten Kreuzes bestätigte mir persönlich, dass die Konvention für jeden Menschen auf dieser Erde gilt, ob Kombattant oder Zivilperson. Meine amerikanischen Zuhörer habe ich schon mehrmals darauf hingewiesen, dass jeder Angehörige der US-Streitkräfte durch die Missachtung der Genfer Konvention in Gefahr gebracht wurde, auch wenn die Verstöße noch so sehr im eigenen Interesse der USA zu liegen schienen. Daraufhin freundete ich mich mit dem pensionierten US-General James Cullen an, der sich innerhalb des Militärs gegen die Folter einsetzte und versucht hatte, Obama vor seinem Amtsantritt in dieser Hinsicht nachhaltig zu beeinflussen. Leider hat die Regierung Obama dadurch moralischen Kredit verspielt, dass sie Guantanamo nicht auflöst und sich weigert, gegen diejenigen, die Folterungen genehmigen, zu ermitteln und sie zur Rechenschaft zu ziehen. Nach der Ermordung von Osama Bin Laden meldeten sich wieder Befürworter der Folter zu Wort. Folter ist immer verfehlt, und der Mangel an moralischer Führung in der größten Militärmacht der Welt ist äußerst beunruhigend.

Die Geschichte von Johnny Issel

erzählt von Glenda Wildschut (mit Johnnys Erlaubnis)

Johnny Issel war ein sehr bekannter politscher Aktivist. Während der Jahre des Kampfes war er wohl eine der von der Polizei meistgesuchten Personen in der westlichen Kapprovinz. Er wurde oft festgenommen, inhaftiert und schwer gefoltert. Einer der Polizisten, die ihn folterten, ist ebenfalls bestens bekannt: Frans Mostert. Allein bei der Erwähnung seines Namens würden viele hier am Westkap erzittern. Diejenigen, die von ihm verhört wurden, hatten viel zu ertragen, und Johnny wurde oft von ihm verhört. Nach dem Ende der Apartheid versuchte Johnny auf unterschiedliche Weise, seine Wunden zu heilen. Er verbrachte einige Zeit in Europa und Australien, und ich glaube auch in Kanada. Dort begab er sich mehrfach in Behandlung und suchte viele Therapeuten auf. In einem dieser Behandlungszentren begriff er, dass er sich von demjenigen, der ihn so schwer gefoltert hatte, befreien musste, um nicht ewig mit ihm verbunden zu sein. Sie hielten sich, ob sie wollten oder nicht, gegenseitig gefangen.

Ich denke, dass Mostert seinen eigenen Heilungsweg zurückgelegt hat, aber ich bin darüber nicht informiert. Ich trat erst in Erscheinung, als Johnny mich bat, ihm bei einem Vermittlungsgespräch zwischen Opfer und Täter, das er mit Mostert führen wollte, zur Seite zu stehen. Logistisch war es kompliziert, weil Mostert in Pretoria lebt und Johnny im Westkap. Trotzdem schaffte Johnny es, die Treffen zu organisieren. Wir beide kamen mehrmals zusammen, um Johnny auf das Treffen mit Mostert vorzubereiten. Diese Sitzungen waren oft schwierig, weil allein die Vorbereitung auf das Treffen heftige Gefühle in ihm auslösten, aber er hielt durch. Schließlich trafen sie sich in einer kleinen Kapelle auf dem Campus der Universität von Stellenbosch.

Das Erstaunlichste an dem Treffen war für mich Johnnys Interesse an Frans Mosterts Wohlergehen. Es begann mit einem Gespräch nach der Art: „Was hast du so gemacht, seit wir uns das letzte Mal gesehen haben?“ Dann erzählte Johnny von dem Schmerz, dem Grauen und dem Schrecken, die Mostert in seinem Leben verursacht hatte. Er erzählte das aber nicht in klagendem Ton, sondern eher als nüchterne Klarstellung der Art und Weise, wie der Folterer sein Leben beeinflusst hatte. Während des gesamten Gesprächs kam Mostert manchmal auf einfache Fragen von Mensch zu Mensch zurück, zum Beispiel: „Wie geht es deiner Ex-Frau? Was machen die Kinder? Erinnerst du dich an (eine bestimmte Sache, die vorgefallen war)?“ Gemeinsam erinnerten sie sich dann an ein bestimmtes Zusammentreffen. Wir Beobachter wurden Zeugen der erneuten Vermenschlichung ihrer Beziehung. Diese beiden Menschen, deren Beziehung zuvor durch das völlig ungleiche Machtverhältnis von Folterer zu Folteropfer gekennzeichnet war, begannen nun auf einer menschlichen Ebene miteinander umzugehen, und die Initiative dazu war vom Folteropfer ausgegangen. Das war für mich besonders beeindruckend. Issel wurde zu Mosterts Befreier, und er tat dies auch im Namen anderer.

Einmal sagte Johnny zu Mostert: „In meiner Gemeinde bin ich sehr geachtet. Die Menschen blicken zu mir als Führer auf.“ Dann erzählte er ein wenig von dem, was er in seinem Leben erreicht hatte. „Was hast du in deinem Leben vollbracht?“ fragte er anschließend Mostert. Zunächst wusste der Polizist nicht, was er sagen sollte. Dann seufzte er tief und antwortete: „Ich glaube, ich war ein sehr guter Polizist.“ In der Kapelle war es so still, dass man eine Stecknadel hätte fallen hören können. In diesem Augenblick ging die Macht vom Täter zum Opfer über. Diejenigen, die die Menschenrechte verletzten, haben nun nichts mehr. Sie müssen ihren Weg allein gehen. Das erinnert mich daran, wie oft Pater Michael schon gesagt hat, dass das System bei uns allen Wunden hinterließ. Keiner von uns kann behaupten, er sei unversehrt geblieben.

Unmittelbar nach dem Treffen sagte Johnny zu mir: „Ich beauftrage dich, etwas für Frans Mostert und andere Menschen in seiner Situation zu tun. Sorge bei deiner Arbeit dafür, dass diese Menschen geheilt werden.“ So baue ich nun auf die Kirchenvertreter und andere in unserer Gemeinde, um diese Aufgabe zu übernehmen. Nicht lange nach dem Treffen rief Johnny mich an, und wir führten ein kurzes Gespräch. Es beeindruckte mich sehr, dass er Mitgefühl mit seinem Folterer zeigte, und ich gebe zu, dass mich das sprachlos machte. Er empfand Traurigkeit über diesen Mann und die Leere in seinem Leben. Trotz seines Heilungsweges ist Johnny gesundheitlich immer noch recht anfällig. Es ist eine schöne Geschichte, aber das heißt nicht, dass jetzt alles in bester Ordnung ist. Es gibt immer noch viel zu bewältigen, und die Situation ist weiterhin prekär. Also ja, es gibt Hoffnung, aber auch noch Schmerz und einen weiten Weg zurückzulegen. Aber dies war ein gewaltiger Durchbruch.

Am 23. Januar 2011 starb Johnny Issel im Alter von fünfundsechzig Jahren. Vor seinem Tod erhielt er viele Auszeichnungen, darunter den Orden von Luthuli, den ihm Präsident Thabo Mbeki überreichte. Der Ministerpräsident des Westkaps, Ebrahim Rasool, nannte ihn einen der bedeutendsten Architekten unserer Freiheit. Sein Tod ist ein großer Verlust für uns.

19

Das Heilen der Erinnerungen in den USA

Die USA nehmen einen besonderen Platz in der Geschichte des Instituts ein. 1998 boten wir in der Riverside Church in New York unseren ersten Workshop außerhalb Südafrikas an. Sein Erfolg überzeugte mich davon, dass unsere Methode länderübergreifend ist und Menschen mit unterschiedlichem kulturellen Hintergrund anspricht. In gewisser Hinsicht brachte der Riverside-Workshop die Globalisierung der Arbeit von Healing of Memories in Gang. Damals war ich Gastprofessor für Demokratie an der New School for Social Research in New York. In Gesprächen mit meinen Studenten zeigte sich, wie viele progressiv denkende Menschen in den USA durch den Sieg über die Apartheid in Südafrika inspiriert wurden. „Wenn es in Südafrika gelingen konnte, kann es überall gelingen, sogar hier in den USA", schienen sie zu denken. An dem Riverside-Workshop nahm auch Steve Karakashian teil. Danach war er in unserem Büro in Kapstadt drei Jahre lang ehrenamtlich tätig; er verfasste Subventionsanträge, entwarf eine Bewertungsstrategie für unsere Arbeit und leitete Seminare. Nun hilft er mir beim Verfassen dieser Memoiren. Während des Befreiungskampfes hatte ich zwar mehrmals die USA besucht, doch die Verbindungen, die ich auf dieser Reise knüpfte, erwiesen sich als besonders ergiebig. Ich reiste immer wieder in die USA, nicht jedes Mal zu Workshops, war aber immer auch im Namen von Healing of Memories tätig. Im Lauf der Jahre hat sich unsere Arbeit stark ausgeweitet, sodass wir 2009 in den USA als dem einzigen Land neben Südafrika offiziell als gemeinnützige Organisation anerkannt wurden.

Meine Reiseerfahrung hat gezeigt, dass sich Workshopmöglichkeiten oft durch persönliche Beziehungen ergeben, von denen sich manche später zu dauerhaften institutionellen Verbindungen entwickeln. Das hat sich jedenfalls in den USA bestätigt, wo wir nun in New York, Minnesota, Kalifornien und Hawaii arbeiten. In all diesen Fällen organisiert eine Schlüsselfigur unsere Arbeit. Zum Beispiel nahmen 1998 Connie Hogarth, die seit Jahren für soziale Gerechtigkeit kämpfte, und ihr mittlerweile verstorbener Mann Art Kamell an meinem Seminar an der New School teil. Sie wurden zu lebenslangen Freunden und Unterstützern des Instituts. Connie war entschlossen, mir in New York City mehr Präsenz zu verschaffen. Sie organisierte also einen weiteren Besuch im April 2002, der im Wesentlichen aus sechs wöchentlichen Seminaren am *Manhattanville College* bestand und unter der Schirmherrschaft des *Connie Hogarth Center for Social Action* (Connie-Hogarth-Zentrum für soziale Maßnahmen) stattfand. Bei dem Besuch sprach ich auch mit sehr aktiven Kirchengemeinden und Mitgliedern eines jüdischen Gemeindezentrums. Dieses letzte Treffen wurde von meiner langjährigen Freundin Donna Katzin organisiert, die schon früh in der Antiapartheid-Bewegung engagiert war. Sie leitet nun die Organisation *Shared Interest*, die mit Hilfe von Kreditbürgschaften soziale und wirtschaftliche Veränderungen in Südafrika fördert. Außerdem wurde ich von Radio und Fernsehen interviewt und besuchte Frauen in der *Bedford Hills Correctional Facility* (Bedford-Hills-Strafanstalt) und ein Jugendgefängnis in der Bronx. Am Ende meines sechswöchigen Aufenthalts hatte ich Beziehungen zu mehreren progressiven Gemeinden im Raum New York geknüpft, die ich im Laufe der Jahre auch weiter pflegte.

Die Ereignisse des 11. September 2001 haben sich tief in das Gedächtnis vieler Menschen eingegraben, besonders derjenigen, die Angehörige verloren haben. Alle wissen noch genau, wo sie waren, als sie die Nachricht vom Anschlag auf die Twin Towers erfuhren. 2002, kaum sechs Monate nach dem Anschlag, reiste ich nach New York und hielt in der *St. Paul's Chapel* am Ground Zero eine Predigt, bei der ich die ergreifenden Szenen des Gedenkens an die Getöteten mit eigenen Augen sah. Ich wurde auch zu einer Veranstaltung in der episkopalischen Kathedrale *St. John the Divine* eingeladen, wo ich Colleen Kelly kennenlernte, die der Organisation *September Eleventh Families for Peaceful Tomorrows* (Familien des 11. Septembers für eine friedliche Zukunft) angehört, in der sich Menschen zusammenfanden, die an jenem schrecklichen Tag Angehörige verloren hatten. Ich fühlte mich diesen mutigen Menschen eng verbunden, denn ihre Meinung kam in den USA nicht immer gut an, vor allem nicht bei manchen anderen Familien, die auch Angehörige verloren hatten. Außerdem hatte ich das Glück, bei einem Treffen der *Fellowship of Reconciliation* (Bund der Versöhnung) Phyllis und Orlando Rodriguez kennenzulernen, die ebenfalls Mitglieder von September Eleventh Families for Peaceful Tomorrows waren und deren Sohn in den Twin Towers ums Leben kam. Phyllis wurde ehrenamtliche Koordinatorin unserer Arbeit im Raum New York und ist Mitglied unseres Vorstands. Es ist eine anspruchsvolle Aufgabe. Sie plant meine Reiserouten und organisiert meine Vorträge und Healing-of-Memories-Workshops. Zusätzlich hat sie es ermöglicht, dass wir wie in Südafrika auch hier in Gefängnissen arbeiten können.

Am 11. September 2006, fünf Jahre nach dem Anschlag, organisierte September Eleventh Families for Peaceful Tomorrows eine internationale Konferenz zum Thema *Civilian Casualties, Civilian Solutions* (Zivile Opfer, zivile Lösungen). Die Konferenz fand in New York statt, und ich gehörte zu den Gastrednern. Durch diese Konferenz entstand die Organisation *International Network for Peace*, in der sich Überlebende politischer Gewalt aus siebzehn Ländern zusammengeschlossen haben. Ihr Ziel ist es, friedliche Reaktionen auf Gewaltakte zu fördern. Ihr gehört auch die irakische Organisation *La'Onf* an, deren Name „keine Gewalt" bedeutet. 2009 wurde La'Onf von der Fellowship of Reconciliation anlässlich einer Zeremonie in New York, an der ich als Gastredner teilnahm, der *International Pfeffer Peace Prize* verliehen. Der Iraker Abdulsattar Younus nahm den Preis im Namen von La'Onf entgegen. Kurz darauf wirkte Sattar an einem Healing-of-Memories-Workshop in White Plains in New York mit. Sein Beitrag war für alle Teilnehmer eine ergreifende Erfahrung. Die amerikanischen Teilnehmer konnten ihm gegenüber ihre Trauer und ihr Bedauern über die schrecklichen Dinge zum Ausdruck bringen, die die USA seinem Land angetan hatten. Sattar war sichtlich bewegt und erzählte der Gruppe, dass er Amerikaner bisher ausschließlich als Soldaten mit dem Finger am Abzug kennengelernt hatte. Nun habe er entdeckt, dass es in den USA friedliebende Menschen gab, die nicht nur gegen den Krieg waren, sondern denen auch das irakische Volk am Herzen lag und die selbst Leid erfahren hatten. Mit bewegter Stimme sagte er, dass er diese Botschaft mit heim in den Irak nehmen würde. Es folgte einer jener besonderen Momente, in denen sich aufgrund der ergreifenden Tiefe dessen, was gerade geschehen war, eine anhaltende Stille über die Gruppe legte.

An diesem Workshop nahmen auch Paul und Sally Bermanzohn teil, zwei Überlebende des Massakers, das am 3. November 1979 in Greensboro in North Carolina verübt wurde. Sie waren Teil einer Gruppe unbewaffneter Aktivisten unterschiedlicher Hautfarbe, die gegen den Ku Klux Klan demonstrierten. Während der Protestaktion eröffnete der Klan ohne Vorwarnung das Feuer auf die Demonstranten, und die Polizei schaute zu. Fünf Demonstranten starben, und zwei, darunter Paul, wurden in den Kopf geschossen und trugen dauerhafte Behinderungen davon. Paul und Sally hatten ihre Geschichte zwar schon oft erzählt, spürten aber, dass der tiefgehende Austausch im Workshop ihnen eine neue Dimension der Heilung erschließen würde. Ein Auszug des Interviews, das am Ende des Workshops mit ihnen geführt wurde, ist diesem Kapitel beigefügt.

Auf einer späteren Reise nach New York sprach ich in der *Holy Trinity Episcopal Church*. Unter den Zuhörern befand sich Paul Feuerstein, der wie ich Priester der Episkopalkirche ist, allerdings verfügt er über langjährige Erfahrung mit dem Problem der häuslichen Gewalt. Paul ist Leiter der gemeinnützigen Organisation *Barrier Free Living*, die misshandelten und behinderten Frauen ambulante Hilfe anbietet und auch eine große, gut ausgerüstete Notfallunterkunft für Frauen unterhält, die häusliche Gewalt überlebt haben und die entweder selbst behindert sind oder behinderte Kinder haben. Die meisten von uns denken gar nicht daran, aber behinderte Frauen sind durch häusliche Gewalt besonders gefährdet. Als Paul mich mit meiner Behinderung sah und hörte, wie ich über Healing of Memories sprach, konnte er einen Bezug zu seiner eigenen Arbeit herstellen. Unsere darauffolgenden Gespräche führten zu einer Partnerschaft zwischen dem Institute for Healing of Memories und Barrier Free Living. Wir bildeten Paul und einige seiner Mitarbeiter zu Seminarleitern für Healing of Memories aus, und die Workshops gehören nun zu den Diensten, die seine Organisation anbietet. Eine der Herausforderungen und wunderbaren Möglichkeiten dieser Partnerschaft bestand darin, den dreitägigen Workshop an einen Kreis von Teilnehmern anzupassen, die nicht vor Ort übernachteten. Als wir in den USA Fuß gefasst hatten, wurde Paul der erste offizielle Vorstandsvorsitzende des *Institute for Healing of Memories – North America.*

Unsere Arbeit in Minneapolis wurde durch Margaret Fell ermöglicht, eine episkopalische Priesterin, die ich kennengelernt hatte, als sie Südafrika besuchte. Margaret nahm an einer Konferenz der Anglikanischen Kirchengemeinschaft zum Thema Glaubenszeugnis teil, auf der ich einer der Hauptredner war. Durch ihren eigenen Lebensweg und ihr Engagement für Kriegsveteranen fühlte sie sich zu Healing of Memories hingezogen. Margaret hat nun von Paul Feuerstein den Vorstandsvorsitz übernommen und organisiert unsere Arbeit in Minneapolis. Bei mehreren Besuchen habe ich dort Beziehungen zur *Warrior to Citizen Campaign* aufgebaut, einem Programm für heimkehrende Kriegsveteranen, das 2007 vom *Center for Democracy and Citizenship* des *Humphrey Institute* als Bürgerbewegung ins Leben gerufen wurde und sich nun dem *Augsburg College* angegliedert hat. „Der Übergang vom Soldatenleben zum zivilen Leben ist in jedem Fall eine Feuerprobe, ob einem dabei geholfen wird oder nicht. In so jungen Jahren vor einem Leben in Ungewissheit zu stehen, kann ein Albtraum sein“, sagte ein Vietnamveteran und wies auf die steigende Zahl von Selbstmorden unter den Soldaten vor und nach der Entlassung hin. Bei der Warrior to Citizen Campaign wird versucht, die Führungsqualitäten dieser Menschen zu erschließen, indem Schwierigkeiten bei der Wiedereingliederung von Veteranen in die Zivilgesellschaft angesprochen werden. Als Teil dieser Bemühungen wurde 2008 im Rahmen der Warrior to Citizen Campaign eine Arbeitsgruppe gegründet, die Healing-of-Memories-Workshops für Veteranen und ihre Betreuer organisiert. Seit 2009 führen wir dort zwei Workshops pro Jahr durch und haben einen Kern von Seminarleitern ausgebildet. Viele Teilnehmer sind obdachlose Veteranen, die in Übergangsunterkünften wohnen.

Viele Menschen möchten die Vergangenheit bewältigen, fürchten sich aber vor ihr. Manche haben vielleicht sogar eine neue Identität aufgebaut, sodass sie die Aussicht auf Befreiung verunsichert. Aus meiner Erfahrung in Südafrika wusste ich, dass dies besonders auf ehemalige Kämpfer zutreffen kann, die oft überraschende Empfindlichkeiten aufweisen. Ich war also etwas nervös bei dem Gedanken, mit den Veteranen in Minneapolis zu arbeiten. Ob unsere Methode auch hier funktionieren würde? Die Reaktionen waren jedoch äußerst positiv. Viele müssen erst einen Weg der allmählichen Vertrauensbildung zurücklegen, bevor sie zu einem Healing-of-Memories-Workshop bereit sind. Oft tragen sie Leid mit sich, mit dem sie sich womöglich nur widerwillig befassen und das sie erst recht nicht mit anderen teilen wollen. So verhielt es sich auch in Minneapolis. Folglich ließen wir an unseren ersten zwei Workshops nur Veteranen teilnehmen. Die Nachricht von dem dort herrschenden vertrauensvollen Umfeld sprach sich unter den Veteranen schnell herum, sodass an den zwei weiteren Workshops auch die Betreuer teilnahmen. Ich bin zwar im eigentlichen Sinn kein ehemaliger Kämpfer, aber der Kampf gegen die Apartheid hat bei mir sichtbare Spuren hinterlassen, wodurch sich eine besondere Bindung zu den Veteranen ergab. Einer der ersten Workshops dort fand in einem Benediktinerinnenkloster statt, und die Schwestern empfingen uns herzlich. Ich fragte mich damals, ob die Veteranen sich in dieser in mancher Hinsicht sehr religiösen Umgebung wohlfühlen würden, aber die Unbefangenheit und die Offenheit der Schwestern trugen zu der Atmosphäre des Vertrauens bei, die wir für unsere Arbeit benötigen. Viele dieser Veteranen tragen ihr Leid in zahlreichen Schichten, von denen nicht alle mit ihrem Wehrdienst zu tun haben. Manche nahmen an mehr als einem Workshop teil, und einer beschrieb den Verlauf so: „Ich schäle die Zwiebel meines Leides".

Bei der Zusammenarbeit mit Kriegsveteranen muss insbesondere auch berücksichtigt werden, dass sie als junge Menschen von ihrem Land in den Krieg geschickt werden, doch – wenn es ein unpopulärer Krieg war – bei ihrer Rückkehr niemand ihre Geschichte hören will. Das traf in den USA besonders auf den Vietnamkrieg zu. Wenn es sich jedoch um einen populären Krieg handelt, dann wird er durch Märsche, Paraden und Medaillen glorifiziert, aber selbst dann wollen wir keine Geschichten von den Albträumen und dem anhaltenden Leid hören, die sie mit nach Hause bringen. Healing of Memories kann also in dieser Hinsicht meines Erachtens einen bedeutsamen Beitrag leisten.

Für einige der Veteranen war der Wehrdienst die entscheidende Zeit ihres Lebens, ob gut oder schlecht, für andere hingegen ganz und gar nicht. Manche gingen aus Vaterlandsliebe zum Militär, andere, weil sie in Armut lebten und den Wehrdienst als Möglichkeit sahen, an eine Ausbildung zu kommen. Einige haben gravierende Drogen- und Alkoholprobleme, andere nicht. Das Schöne an unseren Healing-of-Memories-Workshops ist eben auch, dass wir jeden Menschen als einzigartig betrachten und ihm ermöglichen, selbst die traumatischste Erinnerung als Teil seines Lebenswegs anzusehen. Sich nur auf einen Aspekt des Lebens zu konzentrieren, so schrecklich er auch gewesen sein mag, wirkt unter Umständen einengend und entmenschlichend. Wir mögen Veteranen sein und mit Behinderungen leben, aber wir sind weitaus mehr. Wir alle haben viele Seiten, und die Identität jedes einzelnen ist umfassend. Den Workshop in einen übergeordneten Rahmen zu stellen hilft Menschen, ihre grausamen Erinnerungen in ihren Lebensweg insgesamt zu integrieren. In diesen Workshops treten also breitgefächerte Themen und Geschichten zutage, und alle erfahren Anerkennung und Wertschätzung.

In Kalifornien wiederum sind wir in einem ganz anderen Bereich tätig. Dort arbeiten wir mit Professor Jerry Diller vom *Wright Institute* zusammen, einer Hochschule für klinische Psychologie in Berkeley. Vor mehreren Jahren kam Jerry während einer Urlaubsreise in unser Büro in Kapstadt und lernte einige unserer Mitarbeiter kennen. So entwickelte sich ein lebhaftes gegenseitiges Interesse an unserer Arbeit. Er ist nun Mitglied unseres Vorstands in den USA und hat zweimal über einen längeren Zeitraum mit uns in Kapstadt gearbeitet. Im Gegenzug boten wir Healing-of-Memories-Workshops für Studenten des Masterstudiengangs an sowie für das breitere Umfeld am *Wright Institute*. Jerry ermöglichte uns, unsere Forschungskapazitäten auszubauen, und zwei seiner Doktoranden schrieben Doktorarbeiten über Healing of Memories.

Jerry bildet nun eine Gruppe von Seminarleitern aus, um unsere Arbeit über das Wright Institute hinaus auf das gesamte Gebiet der Bucht von San Francisco auszuweiten. Außerdem bietet er interessierten Studenten einen Kurs über Healing of Memories an, in dessen Verlauf sie an einem Workshop teilnehmen, um die Methode kennenzulernen, und anschließend im Unterricht die Erfahrungen besprechen sowie eine Ausbildung zum Seminarleiter absolvieren können. Jerry beschrieb die Wirkung eines dieser Workshops auf die künftigen Mediziner mit folgenden Worten:

> Ich war überwältigt von der nachhaltigen Wirkung auf die Studenten. Durch diese Erfahrung werden sie ihre Arbeit später weitaus kompetenter ausüben können. Anfangs fragte ich mich, ob sie nicht zu abgestumpft oder distanziert sein würden, um wirklich schätzen zu können, was ihnen angeboten wurde, aber sie haben mich gründlich überrascht. Sie haben es richtig verinnerlicht, und es gelang ihnen, die Bedeutung des vertrauensvollen Umfelds, das wir schafften, sowie die ergreifende Wirkung des Erzählens und des Zuhörens in Worten auszudrücken. Sie sagten sogar, dass diese Art von Intimität und die Tatsache, Zeugen gegenseitigen Leids zu werden, den Kern der Psychotherapie darstellen und Gegenstand unserer Kurse sein sollten. Ich war sehr stolz darauf, wie viel sie gelernt und wie sehr sie sich menschlich und beruflich weiterentwickelt hatten.

Ähnlich äußerte sich Margaret Fell zur kulturellen Dimension dieses gegenseitigen Zuhörens in Gruppen bei Healing of Memories in den USA:

> Wir Amerikaner sind Gefangene unseres sturen Individualismus. Wir können uns nicht vorstellen, in einer Gruppe Halt zu finden. Doch von Veteranen höre ich dann Kommentare wie: „Zum ersten Mal in meinem Leben wollte mir jemand zuhören. Jemand interessierte sich für mich."

> Wir hungern nach Anerkennung dessen, was uns widerfahren ist. Wir sind ein einsames Volk.

Als ich Freunden zum ersten Mal erzählte, dass ich in Hawaii arbeite, schauten sie mich ungläubig an. Hawaii mag nach außen hin wie das Paradies auf Erden wirken, es verbirgt sich aber viel Schmerz unter der glatten Oberfläche. Das Leid hat mit Armut, Drogen und offenen Fragen der Souveränität Hawaiis und der Annexion des polynesischen Königreichs durch die USA zu tun, durch die die uransässigen Völker marginalisiert wurden. Ich reiste nach Hawaii, weil Glenda Wildschut als unsere damalige Vorsitzende in Südafrika 2007 eingeladen wurde, in der *Church of the Crossroads* in Honolulu die *Watada Lecture* (Watada-Vorlesung) zu halten. Crossroads wurde 1923, als die Kirchen Hawaiis ethnisch getrennt waren, von einer ethnisch gemischten Schülergruppe gegründet, die nicht einsah, warum sie nicht gemeinsam den Gottesdienst feiern durfte. Die Kirche hat sich diese ganzheitliche Einstellung über die Jahrzehnte bewahrt und sich als offene und bejahende Kirche betrachtet, die als progressive christliche Einrichtung Zeugnis ablegt für Frieden, Gerechtigkeit und den Schutz der Umwelt. Die Watada Lectures sind ein Ausdruck dieser Gesinnung. „Der Schmerz der Ungerechtigkeit und das Versprechen der Versöhnung" lautete der Titel von Glendas Rede. Sie erwähnte auch Healing of Memories. Das war der Keim, der zur ständigen Präsenz von Healing of Memories auf Hawaii gedieh.

Linda Rich und Liz Nelson leiten unsere Arbeit vor Ort. Sie haben die finanzielle Unterstützung organisiert und einmal sogar die lange Reise nach New York auf sich genommen, um an einer Ausbildung für Seminarleiter teilzunehmen. Bei meinem ersten Besuch in Honolulu führte ich einen Healing-of-Memories-Workshop durch, an dem jeder teilnehmen konnte, und hielt einen Vortrag in einem Frauengefängnis. Hawaii ist im wahrsten Sinne des Wortes eine halbe Weltreise von Kapstadt entfernt, und Linda und ich fragten uns, ob unsere Botschaft auch auf diesen Inseln sinnvoll sein würde. Wir hätten uns keine Sorgen zu machen brauchen. Die Inhaftierten bestätigten sofort die Auffassung, dass Täter zuvor oft selbst Opfer waren. Es waren überwiegend nicht-weiße Frauen. Ihre Bereitschaft, ihr eigenes Verhalten zu analysieren und mit den anderen zu erörtern, war beeindruckend. Mit ihrem anmutigen Hula-Tanz, den Kränzen und Sträußen aus selbst angepflanzten Blumen, die sie uns überreichten, brachten sie Schönheit und Hoffnung zum Ausdruck. Sie empfingen uns mit *Aloha*, diesem hawaiianischen Ausdruck der Liebe, Großzügigkeit und Gastfreundschaft, und das trotz ihrer Situation. Bei einem anderen Vortrag sprach eine Hawaiianerin darüber, wie sehr die Indigenen auch heute noch die Ungerechtigkeit und den Verlust ihrer Kultur empfinden. Sie war überrascht und dankbar, als ich respektvoll reagierte und meine Verbundenheit mit den Zielen der Indigenen ausdrückte. Vielleicht werden zukünftige Workshops Hawaiianer und Nicht-Hawaiianer zusammenführen und ihnen dabei helfen, die Wunden der Geschichte dieser Inseln zu heilen und jenes gegenseitige Verständnis zu fördern, das es ihnen ermöglichen wird, in eine gerechtere und friedlichere Zukunft zu blicken. Das Fundament ist gelegt, und wir werden unsere Arbeit in Hawaii fortsetzen.

Bisweilen werde ich gefragt, warum uns an der Arbeit in den USA gelegen ist. Hinter dieser Frage verbirgt sich vielleicht der Gedanke, dass die USA aufgrund ihres Wohlstands keine Wunden zu heilen haben. Das Land hat jedoch sehr viele Seiten, und dazu gehören unerträgliche Armut auf der untersten Ebene und eine immens reiche Elite an der Spitze, Rassismus und ethnische Diskriminierung, ein mangelhaftes Gesundheits- und öffentliches Schulwesen, eine der höchsten Häftlingsquoten der Welt sowie eine immer mehr um sich greifende „Jeder-für-sich-Philosophie", die eine gefährlich zersplitterte und gefühllose Gesellschaft hervorgebracht hat. Viele sind geprägt von tiefem Schmerz und einem starken Gefühl der Entfremdung. Wir bieten ihnen einen Ort, an dem sie ihre Last in einem sicheren und mitfühlenden Kreis ablegen können. Das ist ein wichtiger Schritt zur Heilung.

Die USA sind außerdem von einer bewegten Vergangenheit geprägt. Ich kann mich an einen Workshop in Hamburg erinnern, den die Teilnehmer unter das Motto stellten: „Die Last der Vergangenheit bewältigen". Ich habe oft von den Parallelen zwischen der Verleugnung der Geschichte durch einen Teil der Deutschen und auch der Weißen in Südafrika gesprochen. Aber Deutschland und Südafrika sind keine Einzelfälle. Dieses Verhaltensmuster ist auch in den USA weit verbreitet, wo die Sklaverei und die Behandlung amerikanischer Indigener gezielt verdrängt werden. Momentan sind die USA die einzige Weltmacht, und sie werden, selbst wenn ihre Vormachtstellung mit dem Erstarken Chinas und Indiens heute schon abnimmt, auch in Zukunft international unverhältnismäßig großen Einfluss ausüben. Allein deswegen ist es wichtig, dass Amerika seine Versäumnisse und seine eigene Gebrochenheit aufarbeitet, damit es zu einem Vorbild der Moral und Menschlichkeit werden kann, anstatt dafür bekannt zu sein, dass es die größte Zahl an Massenvernichtungswaffen besitzt oder mehr Menschen hinrichten lässt als die meisten anderen Länder der Welt. Durch das Institut können wir den Menschen in diesem Land ein wenig dabei helfen, vor der Vergangenheit und der problematischen Gegenwart nicht länger die Augen zu verschließen, und einen Weg zu suchen, um die Vereinigten Staaten von Amerika so umzugestalten, dass sie der übrigen Welt als Vorbild dienen.

Unsere neuen alten Freunde

von Paul und Sally Bermanzohn

Paul: Ich bin Straßenpsychiater in Poughkeepsie, New York. Ich nahm an dem Workshop teil, weil mich das Thema „Traumata" interessiert, da viele meiner Patienten arm und zutiefst deprimiert sind und unfassbare Schrecken durchlebt haben. Ich selbst gehörte zu den Opfern des Greensboro-Massakers vor beinahe dreißig Jahren. Ich wurde in den Kopf und in den Arm geschossen und bin heute noch stark gehbehindert. Der Workshop war eine meiner intensivsten Erfahrungen. Dabei entstand ein wundervolles Gefühl der Verbundenheit, besonders innerhalb meiner kleinen Gruppe. Indem wir anderen Menschen zuhören, erfahren wir, wie sehr wir uns alle gleichen. Es stimmt wirklich. Ja, es mag ein Klischee sein, aber es ist auch eine Tatsache, und zwar eine Tatsache, an die wir alle oft erinnert werden müssen. Was uns verbindet, ist grundlegender als das, was uns trennt.

Ich möchte auch etwas zu Pater Michaels Führungsstil sagen. Er verfügt über starkes Charisma und strahlt große Anziehungskraft aus. Er schafft eine wunderbare Atmosphäre für alle. Man fühlt sich willkommen und hat das Gefühl, ein sehr wichtiger Teil dessen zu sein, was passieren wird. Es wird erst angefangen, wenn alle anwesend sind. Er kann auch sehr witzig und selbstironisch sein. Als ich ihn fragte, wie seine Prothesen – diese beiden Haken – funktionieren, antwortete er: „Glaube und Hoffnung". Daraufhin überlegten wir, welcher Haken wohl „Glaube" und welcher „Hoffnung" heißt (lacht). Er arbeitet wirklich so: mit einem starken Glauben an die Menschen und großer Hoffnung auf die Zukunft. Er strahlt diese Einstellung aus, und das spürt man während des ganzen Workshops. Er ist ein sehr positiv eingestellter Mensch. Gleichzeitig ist er auch warmherzig. Bei oberflächlicher Beobachtung könnte man meinen, er sei passiv. Wenn man ihn aber bei seiner Arbeit genau beobachtet, merkt man, dass er ein starker, aber unaufdringlicher Leiter ist.

Sally: Ich möchte an das anknüpfen, was Paul über Pater Michaels Art gesagt hat. Er leitete die Gruppe auf subtile und einfühlsame Art, aber die Führung war unmissverständlich. Es war eine ziemlich große Gruppe, wir hatten nur ein Wochenende zur Verfügung und viel zu tun, sodass er keine kostbare Zeit verschwenden wollte. Er war sanftmütig, ließ uns aber spüren, dass von uns allen erwartet wurde, vollkommen bei der Sache zu sein. Auch sein Engagement beeindruckte mich. Er leitet ja oft solche Gruppen, und man hätte erwarten können, dass er denkt: „Ach, ich hab' das schon so oft gemacht, redet einfach untereinander". Stattdessen hörte er aufmerksam zu und wies uns darauf hin, wie einzigartig im Vergleich zu anderen unsere Gruppe war. Er ist ein guter Lehrer und teilte seine Erkenntnisse über die Bedeutung von Vergebung und Mitgefühl mit uns.

Ich möchte noch hinzufügen, was dieser Workshop für mich persönlich bedeutete. Ich kam kurz vor dem Gedenktag für das Greensboro-Massaker zu dem Workshop. Ich war traurig, etwas deprimiert und wollte meine Geschichte loswerden, um mich besser zu fühlen und glücklicher zu sein. Ich neige dazu, diese Gefühle abzukapseln und mich nicht mit ihnen auseinanderzusetzen, und der Workshop bot mir die Gelegenheit, meinen Kummer aufzuarbeiten und über seine Bedeutung in meinem Leben nachzudenken. Er war ein Geschenk. An dem Wochenende konnte ich Dinge erkennen, an denen ich noch arbeiten muss. Ich will mich mit dieser Trauer auseinandersetzen, weil ich froh war, das Mitgefühl anderer zu erleben, die auch schmerzhafte Erfahrungen gemacht haben. Ich möchte anderen so begegnen können, wie sie mir begegnet sind. Dieser Workshop hat mir dabei geholfen. Natürlich war ich traurig, aber ich fühlte mich auch erleichtert und eng mit diesen Menschen verbunden, die Paul unsere „neuen alten Freunde" nennt. Ich verspürte also auch Freude und Hoffnung.

20

Pedro, ein Guerillakämpfer für den Frieden

Als Institut arbeiten wir mit Menschen auf der ganzen Welt, denen schreckliche körperliche, psychische und spirituelle Wunden zugefügt wurden. Manche sind verbittert, hasserfüllt oder hoffnungslos, andere nicht. Aber ich denke, alle Menschen – mich selbst eingeschlossen – müssen daran erinnert werden, dass der menschliche Geist auch unüberwindlich scheinende Schwierigkeiten meistern kann. Meine eigene Geschichte ist ein Beispiel dafür, aber sie ist weder die beste noch die einzige. Deshalb stelle ich gerne die Geschichten anderer heraus, die mich inspiriert haben, in der Hoffnung, dass sie auch andere inspirieren. Pedros Lebensweg ist eine dieser Geschichten.

Ich lernte Pedro bei einer internationalen Konferenz in Bogotá in Kolumbien kennen, die von der *Fundación para la Reconciliación* (Stiftung für Versöhnung) organisiert wurde. Der Leiter, Pater Leonel Narvaez, ein römisch-katholischer Priester, hatte mich eingeladen. Jahrelang wurde Kolumbien von Aufständen und Killerkommandos geplagt, die in den blühenden Drogenhandel verwickelt waren. Pater Leonels Organisation hilft ehemaligen kolumbianischen Kämpfern, sich wieder in die Gesellschaft einzugliedern. Dies interessierte mich besonders, da auch in Südafrika ehemalige Kämpfer große Schwierigkeiten haben, wieder ihren Platz in unserer Gesellschaft zu finden. Vor einigen Jahren entwickelten wir für sie am Institute for Healing of Memories ein Programm, mit dem wir ähnliche Ziele verfolgten wie Pater Leonel mit seiner Organisation. Leider mussten wir diese Initiative wegen unzureichender Finanzmittel vorzeitig einstellen, aber das Projekt liegt mir weiterhin am Herzen. Viele der jungen Kolumbianer und Kolumbianerinnen in Pater Leonels Organisation wurden von linken und rechten paramilitärischen Gruppen als Kindersoldaten rekrutiert. Die Fundación bietet jungen Soldaten Beratung und soziale Dienste sowie Ausbildungskurse an. Außerdem können sie sich in ihren Schulen für Vergebung auch zu Friedensarbeitern ausbilden lassen. 2006 wurde die Fundación para la Reconciliación für ihre wichtige Arbeit geehrt und erhielt eine ehrenvolle Erwähnung im Rahmen des UNESCO-Preises für Friedenserziehung.

Am ersten Abend der Konferenz in Bogotá wurde der ehemalige Guerillakämpfer Pedro vorgestellt. Er hielt eine kurze Rede. Dann tanzte er vor uns ergreifend liebevoll mit seiner lebensgroßen Puppe Matilde. „Das ist jemand, der seine Vergangenheit auf eine Art wiedergutmachen will, die andere Menschen nachdrücklich ermutigen und inspirieren könnte", dachte ich, als ich ihn tanzen sah. Ich war entschlossen, die Mittel aufzutreiben, um Pedro nach Südafrika einzuladen. Dies gelang uns auch kurze Zeit später, und 2007 konnten wir ihn als Ehrengast zu unserer internationalen Konferenz für Seminarleiter von Healing of Memories nach Kapstadt einladen. Hier folgt Pedros Geschichte.

Als er noch ein Kleinkind war, setzte seine Mutter ihn im Haus seines Großvaters ab und verschwand. Es war kein glückliches Zuhause. Pedro kann sich nicht daran erinnern, dass man jemals „Ich habe Dich lieb" zu ihm gesagt oder ihn umarmt hätte. Stattdessen wurde er geschlagen und misshandelt. Er wurde zu einem zornigen und erbitterten kleinen Jungen, und schon als Zehnjähriger lief er von Zuhause weg und lebte auf der Straße. Er ist intelligent und überlebte, indem er mit einer Puppe tanzte und dafür von Passanten ein wenig Geld bekam. Als er volljährig war, ging er zur Armee und kämpfte mehrere Jahre lang gegen die FARC-Rebellen. Nachdem er aus der Armee ausgeschieden war, konnte er keine Arbeit finden, teils wegen seiner mangelnden Ausbildung, teils weil er als schwarzer Kolumbianer auf Rassismus stieß.

Er war eine Weile arbeitslos und lernte dann einen Mann kennen, der ihn für die Kokainindustrie in einem ländlichen Gebiet anwarb, das von seinen ehemaligen Feinden, den FARC, kontrolliert wurde. Die FARC stellten ihm Nutztiere und Land zur Verfügung und gliederten ihn auf diese Art nach und nach in die Guerilla-Streitkräfte ein. Pedro erzählt, dass die FARC zu seiner Familie wurden und ihre revolutionäre Ideologie seinem Verlangen nach Rache an denjenigen entgegenkam, die ihn so schlecht behandelt hatten. Jedoch ernüchterte es ihn zunehmend, mit anzusehen, wie die Guerilla Kleinbauern vertrieb, die sich ihr nicht sofort anschließen wollten. Ein Wendepunkt kam für Pedro, als seinem besten Freund, der einmal sein Leben gerettet hatte, ein Bagatelldelikt vorgeworfen wurde und die paramilitärische Einheit mehrheitlich beschloss, ihn hinzurichten. Pedro brachte es nicht über sich, bei der Hinrichtung zuzuschauen, kann sich aber noch lebhaft daran erinnern, wie die Schüsse fielen, als er sich abwandte. In jenem Augenblick schwor er sich, eine Möglichkeit zu finden, die FARC zu verlassen. Kurz nachdem sein Freund ermordet worden war, schickte man ihn in eine nahegelegene Stadt, wo er einen Einwohner umbringen sollte, der sich mit dem FARC-Befehlshaber überworfen hatte. Als er dort ankam, sah er diesen Mann mit einem Baby auf dem Arm die Straße entlanggehen. In diesem Moment wusste er, dass er den Mann nicht umbringen konnte. Stattdessen sprach er ihn an und bekannte ihm gegenüber, weshalb er dort war, und beide flohen zusammen.

In mancher Hinsicht hatte sich natürlich nichts geändert. Wie Pedro es ausdrückte: „Ich war immer noch schwarz, arm und allein.“ Außerdem war er nun auch noch ein ehemaliger Kämpfer der berüchtigten FARC-Guerilla. Eines Tages lud ihn ein Freund, der ebenfalls ein ehemaliger FARC-Kämpfer war, zu einem Workshop bei Pater Leonels Stiftung ein. Am ersten Tag ging er bald wieder, weil „sie uns zum Händehalten aufforderten, und das mochte ich nicht.“ Trotzdem sprach ihn irgendetwas an dem Workshop an, und er ging immer wieder hin. Schließlich begann er dort zu arbeiten. Er hatte zwar einen neuen Weg eingeschlagen, habe sich aber, wie er sagte, immer noch nicht dazu durchringen können, all jenen zu vergeben, die ihn misshandelt hatten, und sich selbst zu vergeben für die furchtbaren Taten, die er begangen hatte.

Nur wenige Monate, bevor ich Pedro kennenlernte, geschah etwas Schreckliches, das seinen Entschluss auf die Probe stellte. Er erhielt einen Anruf: In Cali, wo die Drogenbarone das Sagen haben und Gewalt an der Tagesordnung ist, sei sein Bruder ermordet worden. Als er zur Beerdigung dort ankam, reichte ihm sein Neffe eine Waffe. „Ich fühlte mich gleich wieder wie ein Guerillakämpfer, und Rachegedanken schossen mir durch den Kopf“, berichtete Pedro. Als er nach draußen ging, um etwas Luft zu schnappen, trat sein Neffe zu ihm und deutete auf einen Mann auf der anderen Straßenseite und sagte: „Ich kenne diesen Mann. Er hat die Waffe besorgt, mit der dein Bruder getötet wurde." Einen langen Moment war es für Pedro, als würden zwei Menschen in ihm heftig miteinander ringen. Der eine war der Guerillakämpfer, für den Töten nichts bedeutete, der andere derjenige, der bei der Stiftung von Pater Leonel arbeitete und sich auf dem Weg der Vergebung befand. Er ließ seine Hand sinken, weil er begriff, dass er diesen Mann nicht umbringen konnte. Er empfand aber mehrere Tage lang Schuldgefühle, weil er sich für einen Feigling hielt, der seinen Bruder nicht gerächt hatte.

Dennoch war dies ein entscheidender Augenblick für Pedro, und sein Leben änderte sich grundlegend. Bald darauf machte er seine Mutter ausfindig, die ihn ja im Stich gelassen und die er viele Jahre lang nicht gesehen hatte. Im Laufe der Zeit versöhnten sie sich, und Pedro hat sie schließlich liebgewonnen. „Meine Familie ist meine Lebensaufgabe", sagt er nun. Manchmal tanzt Pedro noch mit Matilde, wie bei unserer Konferenz, auf der er den Teilnehmern erzählte, dass er seine Waffe gegen einen Tanz eingetauscht habe. Viele weinten – auch Pedro.

21

Mit Mut und Hoffnung in die Zukunft

Vor mehreren Jahren hielt ich zum Abschluss einer Australienreise eine letzte Predigt in der *Anglican Church of the Ascension* in Alice Springs. Ich begann mit einem Zitat aus dem Buch Habakuk des Alten Testaments. Dort ist die Untätigkeit Gottes angesichts von Ungerechtigkeit und Gewalt Gegenstand eines Gesprächs zwischen dem Propheten und Gott. Warum, so ist man versucht zu fragen, hat Gott den Völkermord in Ruanda nicht verhindert? Warum nicht den Völkermord in Jugoslawien? Warum duldete Gott, dass Kinder von indigenen Australiern ihren Eltern weggenommen wurden oder dass die Gewalt und die Missachtung der Menschenrechte in Simbabwe weiter andauern? Und natürlich könnte ich auch fragen, warum Gott den Anschlag auf mich nicht verhinderte. Solche Fragen über individuelles Leiden und kollektive Ungerechtigkeit beschäftigen Menschen seit Urzeiten. Unser Gott schreitet nicht ein, um grausame Ereignisse zu verhindern, aber er steht uns auf unserem Lebensweg zur Seite, wie auch immer dieser aussehen mag. Dann liegt es an uns, wie wir reagieren. Für mich persönlich war es schon ein Sieg, dass der Versuch, mich umzubringen, gescheitert ist. Doch dann ergaben sich Fragen: Wie kann ich mir diesen Sieg zu eigen machen? Wie kann ich aus diesem Anschlag Erlösung gewinnen? Wie wandle ich ihn in etwas Lebensbejahendes um, für mich und andere? So ergeht es uns allen.

In Südafrika gibt es ein Lied, „Senzeni Na“, das Schwarze während der Apartheid sangen und das bedeutet „Was haben wir getan?“ Was haben wir getan, dass wir leiden müssen? Liegt es an unserer Hautfarbe? In der Entstehungsgeschichte heißt es, dass Gott alle Menschen – ohne Ausnahme – nach seinem Bilde schuf und deshalb alle gleichwertig sind. Im Lukasevangelium wird Zachäus als korrupter Zöllner verachtet, doch Jesus erkennt seinen grundlegenden Wert als Mensch. Immer wieder bestätigt Jesus die gemeinsame Menschlichkeit aller, der Prostituierten, des barmherzigen Samariters, des römischen Söldners, des Diebes am Kreuz und der Ehebrecherin. Gerade angesehene, gläubige Menschen haben häufiger Probleme mit der Botschaft Jesu.

Wir als Kirchenmenschen lernen oft langsam. Wir haben fast 1.800 Jahre christlicher Geschichte gebraucht, um einzusehen, dass die Sklaverei ein Unrecht ist, und selbst dann traten die Bischöfe in England nicht für ihre Abschaffung ein, nicht einmal so sehr, weil sie die Sklaverei befürworteten – obgleich dies manche womöglich taten –, sondern wegen eines inhärenten

Konservatismus, einer Trägheit und Abneigung gegen Veränderungen. Wer von uns jedoch würde heutzutage noch Sklaverei befürworten? Ein anderes Beispiel ist der Kampf für die Gleichberechtigung der Frauen. Neuseeland war in neuerer Zeit das erste Land, das das Wahlrecht für Frauen einführte. Viele Jahre später dann begannen Frauen, darauf zu bestehen, dass Gott sie als Priesterinnen sehen will. Die meisten unterstützten die Weihe der Frauen nicht aus theoretischen Gründen, sondern weil sie Frauen kannten, die berichteten, dass Gott sie gerufen habe. Und nun fordern homosexuelle Menschen ihr Recht auf einen gleichwertigen Platz in der Kirche und an der Sonne ein. Und wieder einmal werden Gefühle und Meinungen nicht durch Argumente geändert, sondern durch den menschlichen Kontakt zu Homosexuellen, mit denen man familiär oder freundschaftlich verbunden ist. Meiner Erfahrung nach stemmen wir uns gegen alle Formen der Unterdrückung außer der, die wir befürworten.

Erzbischof Tutu sagt oft, dass wir in einem moralischen Universum leben und diskriminierende Regimes dazu bestimmt sind, im Mülleimer der Geschichte zu landen. In den schlimmsten Tagen der „schlechten alten Zeit" erschien dies unvorstellbar, doch nur wenige Monate nach meiner Predigt in Alice Springs 2004 wurde die Partei, die die Apartheid ins Leben gerufen hatte, aufgelöst und verschwand von der Bildfläche. Und wer hätte sich 1976 zur Zeit des Schüleraufstands in Soweto schon vorstellen können, dass diese Schüler achtzehn Jahre später, als viele von ihnen noch junge Menschen waren, Nelson Mandela zum Präsidenten wählen würden? In gewisser Hinsicht ist Südafrika ein gigantisches moralisches Lehrstück. Natürlich stehen wir vor gravierenden Herausforderungen, doch vor einiger Zeit behaupteten alle, dass wir uns gegenseitig umbringen würden. Das taten wir nicht. Stattdessen brachte uns das Jahr 1994 die Demokratie. Unser Gott ist also ein Gott der Geschichte.

Die Lehre des Buchs Habakuk lautet, dass Gott allwaltend ist und es immer Grund zur Hoffnung gibt. Letzten Endes wird das Gute das Böse besiegen, und die Menschen sind aufgerufen, ihrem Glauben treu zu bleiben. Hoffnung ist nicht utopisch oder naiv, sondern sie erfordert Engagement, harte Arbeit, Kampf und Opfer. „Das Reich Gottes ist mitten unter Euch", sagte Jesus. Wir sollen nicht den Garten Eden neu schaffen, um uns dorthin zurückzuziehen. Im Buch der Offenbarung steht geschrieben: „Und es erhob sich ein Streit im Himmel. Michael und seine Engel stritten mit dem Drachen … und es ward ausgeworfen der große Drache." Dies sind martialische Worte, aber die Botschaft lautet, dass das Gute das Böse besiegt und wir alle aufgerufen sind, gemeinsam für eine gerechte Welt zu kämpfen.

Unsere Generation wird von ungelösten Problemen der Vergangenheit heimgesucht. Das Institut leistet lediglich einen bescheidenen Beitrag, aber

meiner Meinung nach ist für die Menschheit nun die Zeit gekommen, Erinnerungen zu heilen. Nach den Kriegen und Konflikten müssen wir eine gerechte Antwort auf die strittigen politischen und wirtschaftlichen Fragen finden. Ergänzend müssen wir aber die psychologischen, emotionalen und spirituellen Folgen der Auseinandersetzungen aufarbeiten. Ich bereise viele Länder und veranstalte dort Healing-of-Memories-Workshops, halte Vorträge und lerne die unterschiedlichsten Menschen persönlich oder durch die Medien kennen. Dabei versuche ich, einige der entscheidenden Fragen unserer Zeit anzusprechen. Was bedeutet heilen? Welche Rolle spielen unsere Erinnerung, unser Glaube? Sollten wir vergeben? Kann Vergebung mit dem Kampf für Gerechtigkeit in Einklang gebracht werden? Dies sind uralte Fragen, mit denen sich unsere Generation nun erneut beschäftigen muss.

Als junger Mensch war ich Freiheitskämpfer. Als Priester schloss ich mich dem ANC an, weil ich an einen Gott glaubte, der den Armen und Unterdrückten gegen ein engstirnig sektiererisches und brutales Regime beistand. In Südafrika hatten wir das Glück, dass unser Kampf auf der ganzen Welt unterstützt wurde. Überall erkannte man zu Recht, dass die allgemeinen Menschenrechte auf dem Spiel standen. Heute ist die südafrikanische Verfassung beispielhaft für die übrige Welt. Ich bin nun ein Heiler und bemühe mich, Menschen von ihrer Vergangenheit zu befreien, sie nicht an einem bestimmten Punkt ihres Lebens verharren zu lassen und ihnen zu ermöglichen, wieder aktiv an der Geschichte teilzuhaben und frei zu sein, um ihre Welt neu zu schaffen und zu gestalten. Dieses Bemühen ist ebenso ein Kampf für die Befreiung der Menschen wie der Freiheitskampf. Das Schlachtfeld hat sich verlagert, doch das Ziel ist dasselbe.

Wenn wir die Wunden der Verzweifelten nicht verbinden, können wir uns keine gerechte und nachhaltige Gesellschaft erhoffen, die jedem einen Platz an der Sonne bietet, denn Opfer werden viel zu schnell zu den künftigen Unterdrückern. Damals betete die Welt für mich und meine Heilung und unterstützte den Kampf des südafrikanischen Volkes. Nun möchten wir uns durch das Institut erkenntlich zeigen, indem wir in anderen Ländern, die sich von Kriegen und Konflikten erholen müssen, eine Möglichkeit zur Heilung anbieten. Wir arbeiten mit Menschen, die vielfältigen Diskriminierungen und Ungerechtigkeiten ausgesetzt sind: mit Opfern häuslicher, krimineller oder politischer Gewalt, mit Kriegsveteranen und Gefängnisinsassen. Viele von ihnen sind zutiefst traumatisiert und müssen sich noch zusätzlich mit ihrer Schuld und ihren Schuldgefühlen befassen, um überhaupt geheilt werden zu können. Wir arbeiten auch mit Mitgliedern von Glaubensgemeinschaften, besonders mit denjenigen, die im sozialen Bereich tätig sind und auch ihre eigene Last zu tragen haben. Ich denke, dass spirituell verankerte, kulturoffene und gemeinschaftsorientierte Heilungsverfahren den Weg in die Zukunft weisen.

Meine Aufgabe als Leiter des Instituts besteht darin, die Ziele zu definieren und für den Fortbestand der Programme zu sorgen. Es ist bisweilen eine einsame Rolle. Mein eigenes Bedürfnis, geliebt und geschätzt zu werden, darf nicht die Oberhand gewinnen, denn manchmal muss ich unpopuläre Dinge sagen und tun. Dann gibt es natürlich auch die unvermeidlichen Fehler, für die ich, wie alle Führungskräfte, die Verantwortung tragen muss. Außerdem verbringe ich zu viel Zeit als professioneller Bettler. Mein größter Traum wäre es, genügend Kapital aufzutreiben, damit wir unsere Arbeit je nach Bedarf ungehindert fortführen können, ohne uns um die finanzielle Ausstattung sorgen zu müssen.

Manchmal werde ich als Ikone betrachtet und gefragt, wie es kommt, dass ich mich nicht entmutigen lasse. Wenn ich eine Ikone bin, dann eine doch sehr menschliche mit all ihren Mängeln und Widersprüchen. Es gibt durchaus Momente, in denen ich völlig verzweifelt bin. Angesichts der Lage in Südafrika nach der Apartheid, ja sogar auf dem ganzen afrikanischen Kontinent kann man leicht den Mut verlieren. Es ist leicht, sich von dem heutzutage weltweit vorherrschenden Wirtschaftssystem und der Gefahr von Krieg und Armut entmutigen zu lassen. Aber Zeichen der Hoffnung gibt es immer. Ich erzähle dazu gern eine kurze Geschichte, die auch ein Lied ist: „Mud and Stars“ (Schlamm und Sterne) von Dawn Landes. Es waren einmal zwei Gefangene, die beide aus dem Fenster ihrer Zelle schauten. Der eine blickte nach unten und sah Schlamm, der andere blickte nach oben und sah Sterne.

Mit Erzbischof Desmond Tutu in Kapstadt, bei der Messe zur Feier des 20. Jahrestags meines Überlebens

So sehe ich wohl an schlechten Tagen den Schlamm, an guten Tagen die Sterne und an realistischen Tagen vielleicht beides.

Das langfristige Ziel des Instituts als Organisation und für uns als Einzelpersonen ist nicht, die Welt zu retten, sondern einfach unser Bestes zu tun. Ich rufe mir in Erinnerung, dass es im Christentum nur einen Retter gibt, und dieser Retter bin nicht ich. Andere Menschen tragen enorm zu unserer Organisation bei: unser Personal, unser Vorstand und besonders unsere Seminarleiter, in deren Händen unsere tägliche Arbeit liegt. Irgendwann werde ich von der Bühne abtreten, und das Institut wird mich vielleicht überleben, vielleicht auch nicht. Wenn es fortbesteht, werden andere auftreten und womöglich bessere Führer sein. Würde ich in fünfzig Jahren zurückkehren, wäre ich vielleicht begeistert oder auch entsetzt. So oder so ist es Gottes Welt, und wir setzen unseren Weg als Menschen fort. Auf meinen Reisen in die ganze Welt habe ich gelernt, dass jede Situation einzigartig ist, aber – und das ist genauso wichtig – ich habe auch immer wieder unsere Gemeinsamkeiten erfahren, im Guten wie im Schlechten. Meine Behinderung hat mir beigebracht, dass wir einander brauchen, um völlig Mensch zu sein, und dass wir einander heilen können. Die außerordentlichen Menschen, die den Mut haben, durch ihre Behutsamkeit, Warmherzigkeit und Nächstenliebe ein heldenhaftes und schönes Leben zu führen, verleihen mir Stärke. Viele von ihnen werden nicht besungen und sind kaum bekannt, aber sie inspirieren und ermutigen mich. Ich muss wieder an Südafrika zurückdenken. Generationen von Frauen und Männern, aber wohl vor allem von mutigen Frauen, erlebten keine Verbesserung ihrer Lebensbedingungen. Eigentlich sahen sie nur, dass alles immer schlimmer wurde, aber sie wagten es, zu hoffen. Sie wagten es, zu kämpfen. Sie wagten zu glauben, dass andere die Wende zum Besseren erleben würden, auch wenn sie selbst sie nicht mehr mit eigenen Augen sehen sollten. In der Tat haben viele von uns die Abschaffung des verfassungsmäßigen Rassismus in Südafrika miterlebt. Wir stehen erst am Anfang eines Weges, der viele Jahrzehnte, ja sogar viele Generationen brauchen wird, aber wir sind Zeugen eines Wendepunkts der Geschichte geworden.

Wie ich schon oft gesagt habe, spiegelt meine Geschichte die Geschichte Südafrikas wider. Der 28. April 2010 war der zwanzigste Jahrestag des Briefbombenanschlags. Drei Tage später hielt Erzbischof emeritus Desmond Tutu einen Dankgottesdienst in der anglikanischen Kathedrale von Kapstadt ab, um mein Überleben und meine Genesung zu feiern. In der Gemeinde befanden sich Menschen aus allen sozialen Schichten und von mehreren Kontinenten. Die Hauptreligionen der Welt waren vertreten. Dankgebete für mein Überleben und die Arbeit des Instituts wurden gesprochen sowie Fürbitten für Gewalt- und Folteropfer auf der ganzen Welt. Ein multiethnischer Jugendchor sang südafrikanische Musik mit so viel Inbrunst, dass der Gemeinde und dem Chorleiter selbst die Tränen kamen. Sie weinten nicht nur aus Freude über meinen Sieg, sondern auch über den Sieg, den das heutige demokratische Südafrika symbolisiert, das trotz all seiner Mängel mit diesem Erfolg einer zerrissenen Welt, die sich nach Hoffnung sehnt, als Beispiel dient. Ich glaube, dass wir als Menschen eine langfristige Perspektive des Wandels der Geschichte brauchen, die wir ja weder ganz kontrollieren noch vorhersehen können. Manches weiß nur Gott. Aber wir sind aufgerufen, Gottes Projekt für unsere Welt mitzugestalten. Dies ist der Sinn von Hoffnung, und aus diesem Grund gehen wir weiterhin gemeinsam mit anderen durch diese Welt, auf der Suche nach Heilung und in dem Streben nach einer besseren Welt.